铁路科技图书出版基金资助出版

京津城际延伸线工程建设丛书

软弱地层超大深基坑地下车站施工综合技术

张凤龙　主编

中 国 铁 道 出 版 社

2015年·北 京

内 容 简 介

京津城际铁路是我国第一条高速铁路，已于2008年由北京通车到天津塘沽站。京津城际铁路延伸线天津至于家堡的45 km线路也即将完工，计划2015年内通车。于家堡站是一座地下车站，站房基底开挖深度达22 m，长近864 m，宽14～86 m，地下连续墙深达60 m，属超大深基坑。于家堡地区地层软弱，地下水丰富，地质情况十分复杂。这座车站的建成，在攻克复杂地质条件方面有着积极的现实意义。

本书详尽介绍了于家堡车站地下超大基坑的综合施工技术，主要包括深基坑的设计，超深地下连续墙施工，超深超大直径扩孔桩施工，超大直径钢管柱施工，超大基坑降水和支撑等各项关键技术。

本书内容翔实新颖，可为土木工程技术工作者和高等学校有关专业师生学习借鉴。

图书在版编目(CIP)数据

软弱地层超大深基坑地下车站施工综合技术/张凤龙主编．—北京：中国铁道出版社，2015.6

(京津城际延伸线工程建设丛书)

ISBN 978-7-113-20126-5

Ⅰ.①软…　Ⅱ.①张…　Ⅲ.①地下铁道车站－软土地基－深基坑－工程施工　Ⅳ.①U231

中国版本图书馆CIP数据核字(2015)第059505号

书　　名：京津城际延伸线工程建设丛书
软弱地层超大深基坑地下车站施工综合技术
作　　者：张凤龙

策　　划：江新锡
特邀编辑：安鸿逵
责任编辑：张卫晓　　**编辑部电话：**010-51873065　　**邮箱：**zhxiao23@163.com
封面设计：王镜夷
责任校对：王　杰
责任印制：郭向伟

出版发行：中国铁道出版社(100054，北京市西城区右安门西街8号)
网　　址：http://www.tdpress.com
印　　刷：北京铭成印刷有限公司
版　　次：2015年6月第1版　2015年6月第1次印刷
开　　本：787 mm×1 092 mm　1/16　印张：17　字数：412千
书　　号：ISBN 978-7-113-20126-5
定　　价：60.00元

序

中国高速铁路的发展令世人瞩目，截至2014年底，已建成高速铁路1.6万公里，“四纵四横”高速铁路主骨架网基本形成，塑造了中国高速铁路“技术先进，安全可靠，性价比高”的国际品牌。在高速铁路建设和发展过程中，广大铁路建设者艰苦奋斗、集思广益、积极探索，经过了引进、消化、吸收、再创新的艰难历程，形成了自主知识产权，取得了丰硕的技术成果。京津城际及其延长线的建设和实践充分表明了这一点。

京津城际是我国第一条设计时速350 km的高速铁路，自开通运营至今，经受住了运营的考验，对京津两地经济和社会的发展起到了前所未有的支撑作用。津滨城际自天津至于家堡是京津城际高速铁路的延伸线，它的建成和开通运营对天津自贸区的发展将起到带动作用，必将进一步促进京津冀一体化的形成和发展。

京津城际延伸线虽然线路全长不足45 km，但修建难度大。线路从天津站城际场东咽喉引出，由有砟轨道、无砟轨道、25.65 km特大桥、明挖隧道横穿既有塘沽站场和城市主干道、盾构施工隧道及于家堡地下车站等单位工程组成，堪称高铁建设的博物馆，存在跨线、下穿、站场施工过渡、大直径盾构穿越繁华商业街建筑群保护、大直径盾构450 m小半径曲线施工、超大超深基坑、单层网壳穹顶钢结构、新型ETFE膜结构屋面施工、钢结构穹顶永久健康监测等许多技术难题。

特别是于家堡高铁站，是集高铁、城市轨道交通、公交、出租及社会车辆的综合地下交通枢纽，设地下两层，3台6线规模，地面层为“贝壳”形穹顶采光屋面。超大超深基坑盖挖区长为335 m，宽60 m；明挖区长529 m，宽24～86 m，深22.1 m，属首次在沿海地质复杂区进行如此规模超大超深基坑施工；穹顶钢结构是由36根正反螺旋编织而成的单层网壳钢结构，是目前世界上跨度最大的单层网壳。我曾参与设计评审及先后两次到施工现场，对工程难度深有体会。

京津城际延伸线的建设者，在工程施工过程中，树立“科学组织、精细管理、塑造精品、誓创一流”的建设理念，坚持精细化管理，加强科技攻关，克服了许多困难，解决了一个又一个难题。更为可喜的是，为总结京津城际延伸线建设实践的经验，给今后高速铁路建设提供借鉴，津滨城际铁路有限责任公司张凤龙同志担当主编，组织津滨城际铁路科研、设计、施工方面的技术人员和管理者，编写了《京津城际延伸线工程建设丛书》，将成功的经验和实践中存在的不足，呈现给了业界同行和广大的科技工作者。

该丛书分《大跨单层网壳钢结构穹顶施工综合技术》《软弱地层超大深基坑地下车站施工综合技术》《复杂条件下铁路大直径泥水盾构施工综合技术》三册，对京津城际延伸线建设过程中的技术难题及其解决的方法进行全面梳理和系统的总结思考，对今后高速铁路建设具有较强的借鉴作用和参考价值。

我将该丛书推荐给从事高速铁路设计咨询、建筑施工、科研和教学的相关专家和广大读者，并藉此向京津城际延伸线全体建设者致敬！

中国工程院院士
中国铁路总公司总工程师

2015 年 4 月

P 前言

REFACE

随着我国经济的持续快速发展，大规模的高层建筑、市政工程、大型综合交通枢纽等建设项目数量剧增，尤其在城市地区，开发利用地下空间是科学持续发展和提高城市功能的必经之路，基坑工程技术是地下空间开发建设的重要手段。滨海地区软弱地质条件下的深基坑工程涉及水文地质、岩土力学、工程力学、工程技术、信息工程及工程管理等多门学科。同时，基坑规模趋于大面积和大深度的发展、基坑周边环境保护要求的提高、工程工期和资源节约等建设条件的制约，给深基坑工程的设计、施工和管理提出许多挑战性的课题，这也是软土地区深基坑工程事故一直占有较高比例的客观因素。

于家堡地下站是京津城际延伸线的终点站，坐落于天津市滨海新区于家堡半岛咽喉处，临近海河，属于典型的滨海软土地质条件。于家堡地下站房面积86 128 m^2，基坑长864 m，宽 14～68 m，最深处 29.5 m，基坑面积 42 000 m^2。于家堡站的深基坑工程关系到站房工程的建设是否顺利，制约着全线铺轨的节点工期，由此列为原铁道部和天津市的重大风险源工程之一。

于家堡站深基坑综合施工技术的成功运用，顺利保证了于家堡车站站场、站房工程的正常实施。本书介绍了工程中八项关键技术的应用，超深异型复杂地质条件下地下连续墙的施工技术解决了淤泥层、砂层地质条件下地连墙难以成槽容易塌方的现象；超深超大直径 AM 扩孔桩施工技术保证了在地质条件复杂、承载力低条件下桩的施工质量；HPE 液压垂直插入钢管柱施工技术为盖挖区逆作法竖向结构的施工提供了保证，突破盖挖逆作法的传统工艺，保证了钢管柱的精度定位和铁路限界的要求；超深基坑降水施工技术解决了复杂水文地质条件的基坑安全和施工要求；超大基坑支撑施工技术，通过竖向、横向支撑杆件与地下连续墙的节点设计形成的支撑体系保证了基坑安全，支撑体系的空间布置为土方开挖提供了便利条件；超深基坑开挖技术采用顺做法和半顺半逆的施工方法进行结合，保证了深基坑土方的顺利开挖，减少了基坑的暴露时间和因时空效应影响基坑变形的风险；超深结构基坑防水施工技术，减少地下结构渗漏水的风险，为运营使用提供了安全保障；深基坑综合监测技术利用先进的信息技术和测量手段，对深基坑开挖过程进行动态管理和控制，为基坑工程的风险管理提供保障。

于家堡软弱地层超大深基坑地下车站施工综合技术的有效实施，为后期类似深基坑的施工积累了丰富的数据和经验，作为津滨城际铁路有限责任公司的总经理，笔者有幸参与了于家堡站工程设计和施工过程，主持了设计和施工过程中的全部技术攻关，组织进行了大量的性能试验和现场试验，解决了一系列技术和施工难题，从中也总结和积累了一定的经验。为使更多的人了解于家堡高铁站房软弱地层超大深基坑地下车站施工综合技术，使建筑界的业主和开发商、设计院和施工单位等相关人员更加深入地了解本工程深基坑施工的技术特点和技术原理，从而进一步推动该综合技术在我国建筑领域的广泛应用，笔者愿将所掌握和了解的相关技术呈现给建筑界和关注深基坑施工的各界同仁，这正是编写本书的目的所在。

尽管编者在于家堡施工之前对相关类似的深基坑工程进行了调查研究和实地考察，并亲历了于家堡站工程设计和施工的全过程，但由于地质条件的复杂性、工程本身的技术难度、涉及学科的多样性以及自身专业和经验有限，加之时间仓促，难免有不足之处，敬望谅解。

目 录
CONTENTS

概　　述

随着铁路大规模发展，大型高铁站房建设越来越多，站房的形式多种多样。不同地质条件下大型站房施工技术也随之不断创新，使用新技术来解决各种地质条件下大型站房的施工难题。

于家堡交通枢纽工程位于建设中的于家堡中心商务区的北端。滨海新区于家堡中心商务区位于海河北岸，北至新港路，东西南三面环水。该交通枢纽工程以城际铁路于家堡站为中心，并配套建有规划的城市轨道线路 Z4、B2、Z1 三线的预留地铁车站工程及出租车停车场、社会停车场等市政工程。建成的于家堡枢纽工程将使滨海新区于家堡地区的地铁、城际、常规公交及其他交通方式之间高效衔接，为天津滨海新区交通功能的改善发挥重要作用。

城际铁路于家堡站为京津城际铁路延伸线终点站，为国内罕有的地下二层火车站工程(以下简称"本工程")，车站规模为 3 台 6 线。与一般地铁车站工程相比，具有结构规模大、层高高、跨度大等特点。城际车站地下部分考虑运营期间使用功能及景观要求，车站站台范围不设中间立柱，只在城际站台两线间设置结构中立柱，结构横向跨度 20.5 m。对于普通钢筋混凝土地下结构来说，为超大跨度结构。且火车站的层高要求较高，使得地下一层的层高为 10.2 m，地下二层的层高为 10.5 m，这也为结构设计带来很大难度。

于家堡交通枢纽工程中，城际车站基坑深度约 20.5 m；Z4、B2 线车站与城际车站基本平行，Z4 线车站与城际车站密贴，基坑深度与其一致；B2 线车站与城际车站之间的社会停车场工程基坑深度约 16.5 m；Z1 线车站垂直下穿以上三站，基坑深度约 29.5 m；其余配套的出租车、商业开发等工程为地下一层结构，基坑深度约 10.5 m。整个基坑面积超过 13 万 m^2，为超大、超深规模基坑。

本工程临近海河入海口，地层软弱，砂层及微承压水层极厚，地质条件复杂，基坑开挖及降水的难度很高。

于家堡站站房工程大型深基坑是目前国内面积最大的全地下结构铁路站房深基坑工程，由于基坑面积大、开挖深、地下水位高、基坑周边邻近站房配套及附属工程多，施工环境复杂，经过不断总结和提高，采用"半顺半逆及钢便桥土方开挖施工技术"，总结出在复杂条件下大型深基坑工程的若干经验，确保了基坑支护结构、周边配套及附属工程和周围环境的安全，取得较好的效果。本书详细介绍大型地下深基坑"半顺半逆法"等施工关键技术，总结在复杂条件下大型深基坑工程的若干经验。

1 工程概况

于家堡站为地下高铁站房，站房建筑面积为 86 168 m²，站台规模为 3 台 6 线。于家堡车站为地下两层。地下二层为站台及轨道层；地下一层为候车大厅、设备用房及办公区层。地面层为“贝壳”形穹顶采光屋面，于家堡站房穹顶建筑效果图、平面图和剖面图见图 1—1～图 1—4。

图 1—1　于家堡站房穹顶建筑效果图

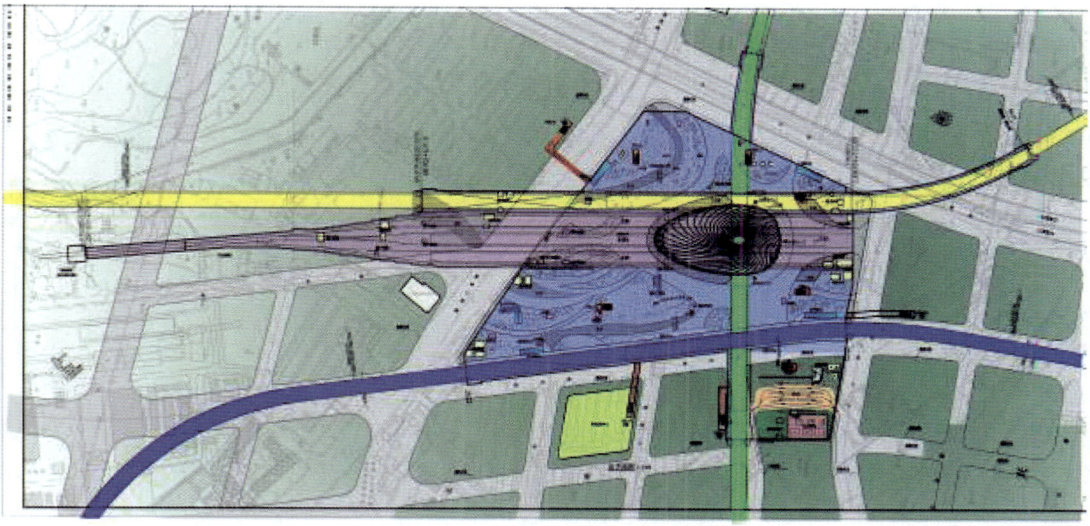

图 1—2　于家堡站平面图

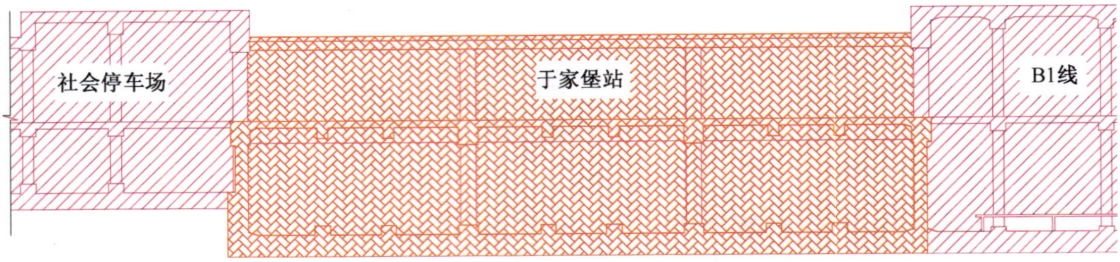

图 1—3 于家堡站横剖面图

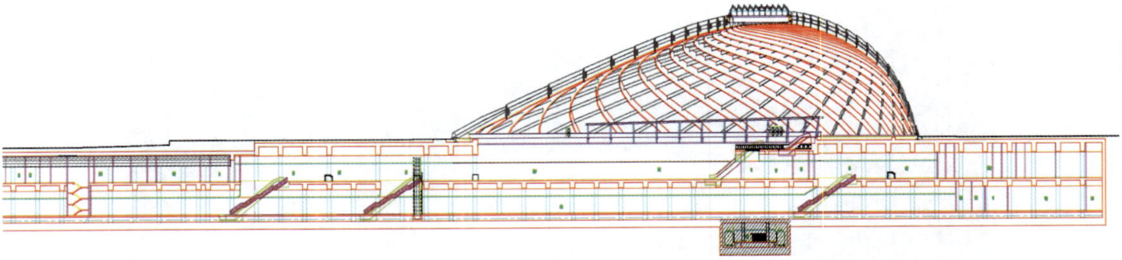

图 1—4 于家堡站纵剖面图

1.1 基坑形式和周边情况

于家堡站房工程的盖挖区南北向长为 335 m，东西跨度为 60 m；明挖区长为 529 m，东西跨度为 14～86 m 不等，于家堡站房工程基底相对高程－20.5 m(其中，相对高程指相对于场区自然地面大沽高程 1.60 m)，基坑开挖深度 22.1 m，分区见图 1—5。

其中，盖挖区东侧紧邻地铁 B1 线，地下两层，基底相对高程与站房相同；西侧与社会停车场相邻，地下两层，基坑底相对高程－14.9 m，基坑开挖深度 16.5 m；地铁 Z1 线车站横穿于家堡车站、B1 线，位于地下三层，基坑底相对高程－26.9 m，基坑深 28.5 m。

明挖区东侧紧邻地铁 B1 线，地下两层，基底相对高程与站房相同；西侧为 15 层银行大楼和居民小区，其中距离银行大楼最近处为 17 m。

1.2 基坑围护及支撑体系

盖挖区采用逆作法施工，利用主体结构代替水平支撑，基坑围护结构为 1 000 mm 厚地连墙，深度为 60 m。明挖区采用顺做法施工，基坑围护结构采用 1 200 mm 厚 T 形地连墙，深度 60 m，水平支撑采用钢筋混凝土支撑，共设计 4 道，明挖区水平支撑布置图见图 1—6。

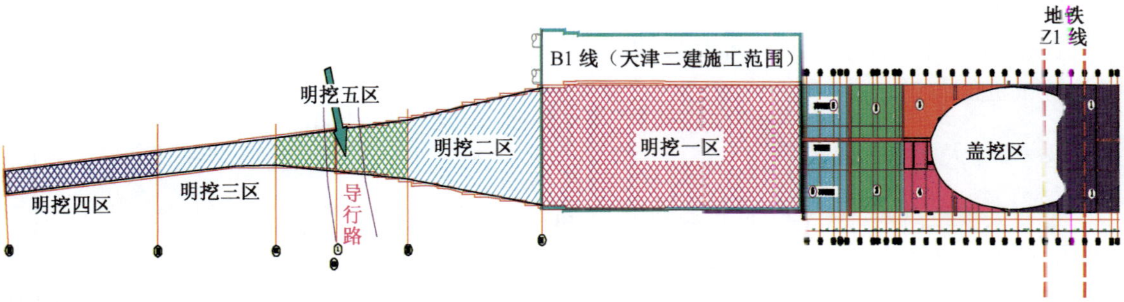

图 1—5 施工现场分区平面图

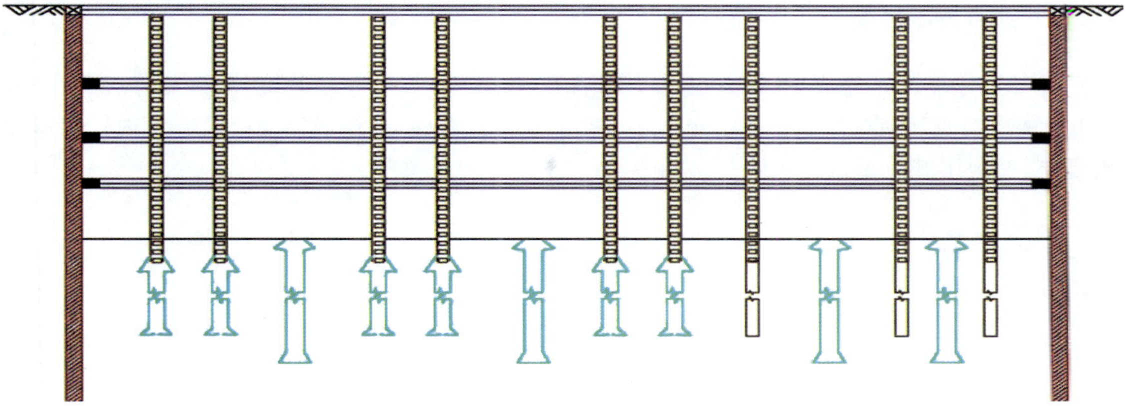

图 1—6 明挖区混凝土支撑示意图

1.3 加固措施

1.3.1 水泥搅拌桩

于家堡地下车站工程临近海河入海口，地层软弱（图 1—7 和图 1—8），砂层及微承压水极厚，地质条件复杂，基坑开挖及降水的难度大，极易产生流砂、涌砂，给地下连续墙（以下简称地连墙）施工及基坑开挖安全施工带来极大难度。为了防止地连墙成槽过程中塌方，地连墙两侧采用水泥搅拌桩进行土体的加固，确保地连墙施工过程中周边土体的安全和稳定。

图 1—7 淤泥层土质现场照片

图 1—8 砂层土质现场照片

为了确定加固土体的水泥掺量、寻求最佳的搅拌次数、确定水泥浆的水灰比、泵送时间、搅拌机提升速度、下钻速度及复搅等参数，以指导下一步水泥搅拌桩的大规模施工，先进行水泥搅拌桩试桩的施工。

1.3.2 银行大楼灌注桩加固

银行大楼距离基坑主体最近距离为 17.3 m，为了阻隔基坑开挖所引起的地层变形向建筑物基础的地层区域发展，控制银行大楼的变形，确保施工期间银行大楼的安全，在基坑地连墙和既有银行大楼之间设置两排直径为 1 m 间距为 1.5 m 钻孔灌注桩，以保证基坑施工过程中银行大楼的安全和稳定。

1.3.3 高压旋喷桩施工

地下连续墙施工完成后，在开挖前要对地下连续墙分幅接缝处基坑外侧，施作 2 根 ϕ800@400 的咬合高压旋喷桩，桩长为 60 m 深，整个基坑开挖后，地连墙接缝处没有发现任何渗漏水现象，避免了基坑漏水的风险。

2 深基坑设计研究

2.1 基坑总体设计方案暨施工工法的选择

于家堡枢纽地下结构投影平面见图2—1，其总面积约13万 m^2。

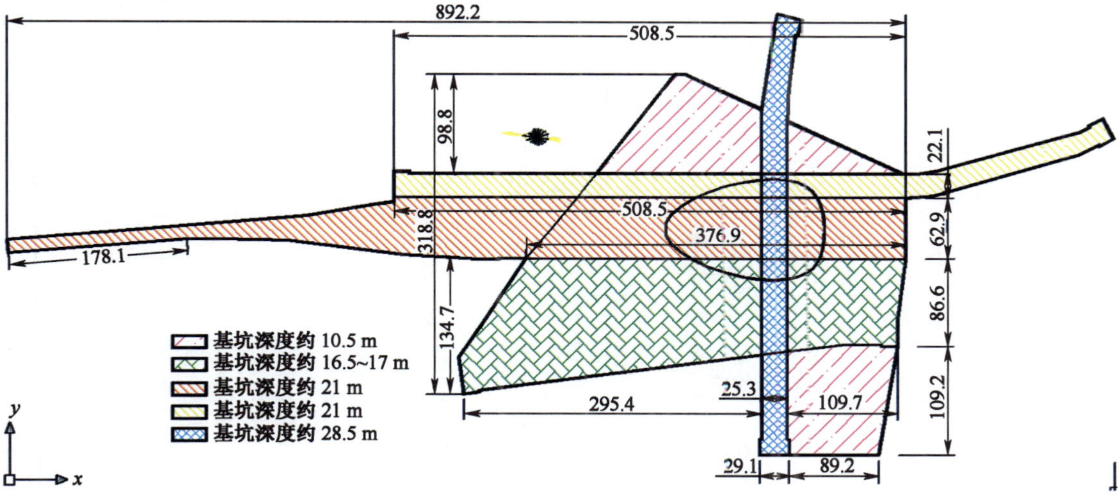

图 2—1 于家堡枢纽地下结构投影平面示意图(单位：m)

2.1.1 确定基坑总体方案的必要性

于家堡枢纽工程分为两部分工程项目：其一为"新建铁路京津城际延伸线天津至于家堡工程于家堡站"；其二为"于家堡站交通枢纽配套市政公用工程"。两工程项目投资管理分属不同业主方。

枢纽地下结构各部分功能不同、基底埋深不同、结构体系不同，但又密不可分、相互制约、相互影响，在进行详细的基坑设计之前，必须完成总体性的基坑施工方案研究，作为下阶段工作的基础和前提性条件。

2.1.2 基坑总体方案确定原则

(1)确保施工安全、环境安全、工程质量的原则。

(2)确保工期的原则。围绕工期关键路线、主要工期里程碑时间要求，选择工艺成熟、速度快、可平行交叉作业的工法。

(3)因地制宜，具有可操作性、可实施性的原则。

(4)技术可行、经济合理的原则。

2.1.3 基坑分区

(1)整体开挖方案的可行性研究

于家堡枢纽地下结构各部分基底埋深不同,最浅处约为 10.5 m(现状地面以下)。可以考虑整个枢纽地下结构基坑同步整体开挖至 10.5 m 深,然后将埋深较深的地下二层、三层结构作为大基坑的二级基坑进行下一步开挖。

由于枢纽地下结构平面轮廓超大,也可根据具体条件,在第一步整体开挖时将局部不规则的部分不包含在内。

国内已采用类似方案的大型枢纽有北京南站和上海虹桥站。

对于家堡枢纽来说,如采用此种方案,则第一步整体开挖(深度 10.5 m 的大基坑)的较为合理的范围见图 2—2。

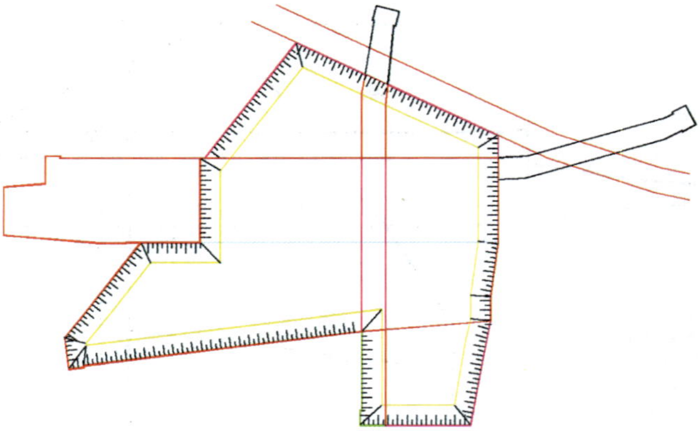

图 2—2 整体开挖方案第一步开挖范围

第一步开挖后的二级基坑范围见图 2—3。

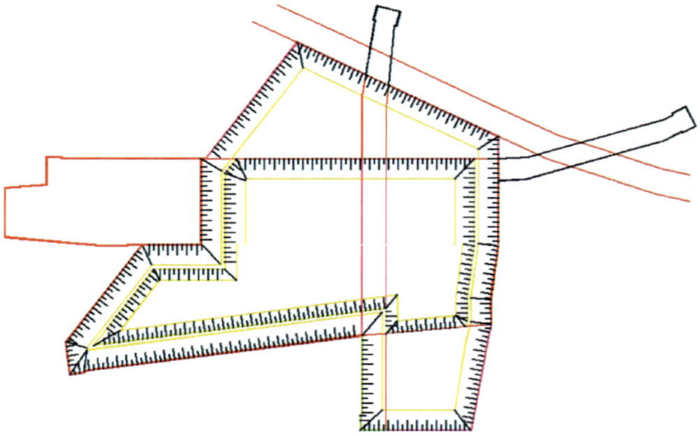

图 2—3 整体开挖方案第二步开挖范围

可以看出:①10.5 m 深大基坑的面积超大,达 10 万 m^2 左右;②有约 1/2 的边线与二级基坑边线重合;③二级基坑面积达到大基坑面积的 2/3 左右。

对于 10.5 m 深的超大基坑,由于难以设置内支撑体系,可以采用的工法是结合重力坝工法放坡开挖、直接放坡开挖或在围护结构内放坡开挖,以及盖挖工法,具体见以下分析。

①重力坝工法放坡开挖、直接放坡开挖或在围护结构内放坡开挖。

重力坝工法放坡开挖见图 2—4。

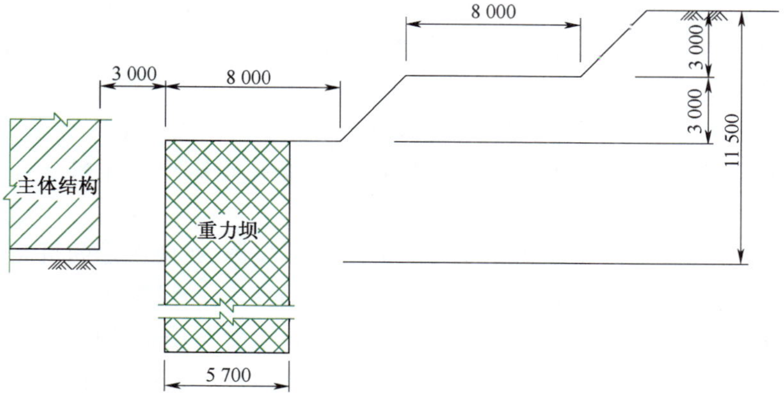

图 2—4　重力坝工法放坡开挖大基坑边坡剖面示意图(单位:mm)

②在围护结构内放坡开挖见图 2—5。

根据本工程的地质条件,重力坝工法放坡开挖的基坑边线外放尺寸约为 30 m;直接放坡开挖的基坑边线外放尺寸约为 40 m。本工程基坑面积较大,但综合地质条件及周边环境情况,重力坝工法放坡开挖、直接放坡开挖或在围护结构内放坡开挖的方法基于以下原因基本不可行。

a. 开挖范围内土体主要为填土、黏性土、粉土、淤泥质土,土质松软,直立性差。如自然放坡,坡率在 1∶4 以上才能保证边坡稳定,即基坑边线需在结构外缘基础上外放 100 m 以上,结合周边环境情况,基本不具备这种条件。

b. 如结合重力坝工法放坡,外放距离可以略微减少,但依然无法满足场地条件限制。

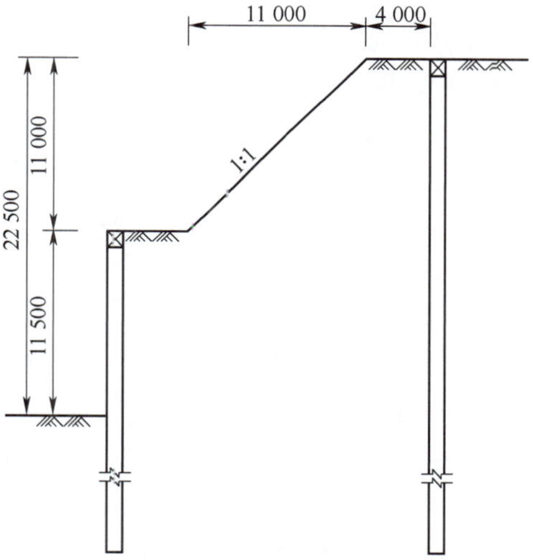

图 2—5　在围护结构内放坡开挖大基坑边坡剖面示意图(单位:mm)

c. 放坡法(或结合重力坝放坡法)均需实施区域降水,在天津地区采取区域降水方式会对地面环境造成较大影响,地表沉降很难控制,降水效果也难以保证。

d. 放坡法(或结合重力坝放坡法)基坑变形都比较大,不能很好的控制地面沉降,不适合周边有房屋、地下管线、道路等的基坑工程。

e. 在围护结构内放坡开挖,当围护结构与主体结构边线重合时,可以避免以上问题,但由于围护结构内反压土体占用场地过大,直接影响主体结构施工;如围护结构外放,放坡在主体结构边线外,又无法避免场地条件限制问题。

(2)盖挖工法

当基坑开挖面较大、基坑形状不规则、覆土较浅、周围沿线建筑物过于靠近,为尽量防止因开挖基坑而引起临近建筑物的沉陷等不利影响,需及早恢复路面交通,但又缺乏定型覆盖结构,可采用盖挖逆作法施工。

盖挖逆作法的施工顺序为：①在地面做好基坑的围护结构和中间桩柱；②开挖覆土，施作顶板；③在顶板的保护下分层分步开挖至中楼板结构底处；④施作中楼板及以上侧墙结构；⑤再向下分层分步开挖至底板结构底处；⑥施作底板及以上的结构从而完成整个结构施工。

在特别软弱的地层中或临近地面建筑物时，除顶板、楼板作为围护结构的横撑外，还需设置一定数量的临时支撑。

盖挖逆施作施工方法的主要优点是采用该法施工时，水平永久构件、楼板、底板可作为刚度很大的水平支撑且与基坑围护结构密贴结合，因此能有效地减少开挖基坑时周围地层的变形。

采用盖挖逆作法施工时，如主体结构与围护结构不连接，在两者之间可敷设完整的防水层，但需特别注意中层楼板在施工过程中因悬空而引起的稳定和强度问题，可采取在顶板和楼板之间增设连接杆的措施予以解决。如主体结构在楼板位置与围护结构连接，则防水质量难以保障，需增设防水措施，边墙、围护之间的柔性防水层与板墙节点处的刚性防水的衔接处理难度较大。

盖挖逆作法施工时，顶板一般都搭接在围护结构上，以增加顶板与围护结构之间的抗剪能力和便于敷设防水层。所以，需将围护结构外露部分凿除，或将围护结构仅做到顶板搭接处高程，其余高度用便于拆除的临时挡土结构围护。

盖挖逆作法与明挖顺作法相比，除施工顺序不同外，还具有以下特点：①对围护结构和中间桩柱的沉降量控制严格，以免对上部结构受力造成不良影响；②中间柱如为永久结构，则安装就位需采用先进工艺，施工精度要求高；③为了保证不同时间段施工的构件相互之间的连接能达到预期的设计状态，必须将各种误差控制在较小范围内，并有可靠的连接构造措施；④除在非常软弱的地层中或结构层高很大的情况下，一般不需再设置临时支撑，不仅可节省工程投资，也为施工提供了方便；⑤由于是自上而下分层施工主体结构，故可利用土模技术，节省模板和支架；⑥其挖土和出土往往成为决定工程进度的关键工序。

盖挖逆作法典型施工步骤见图 2—6 和图 2—7。

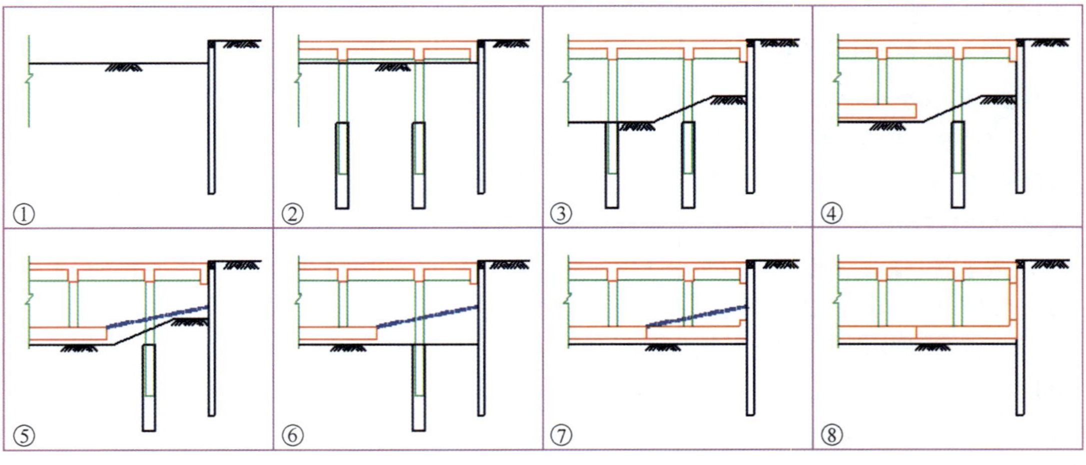

图 2—6　单层地下结构盖挖逆作法典型施工步骤图

分析及结论：本工程可以采用全盖挖工法或边跨盖挖工法。

但对于本工程来说，由于结构复杂，大基坑内由两家业主、四个施工单位共同组织施工，该

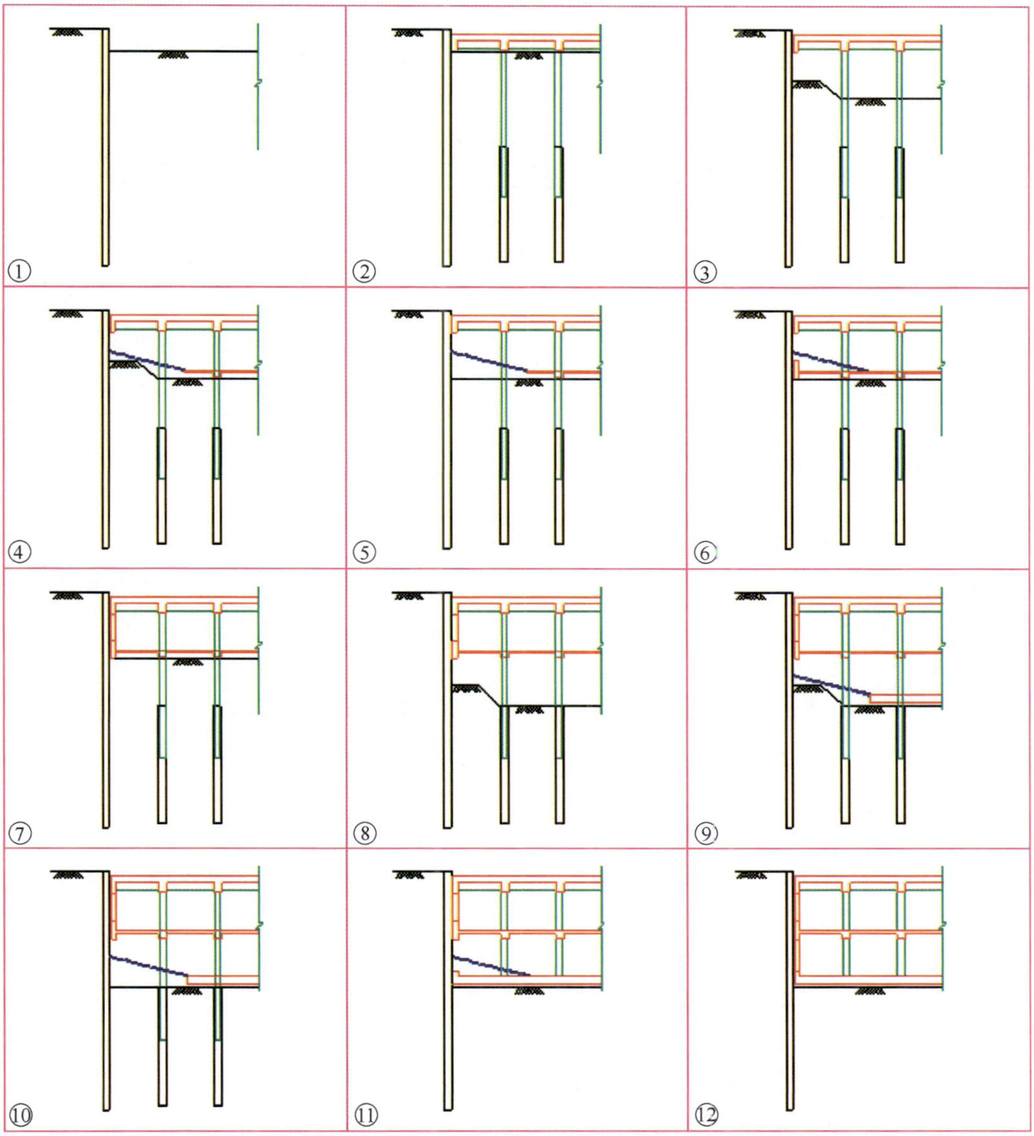

图 2—7　双层地下结构盖挖逆作法典型施工步骤图

工法对施工组织的要求极高，现场难以协调实施。如果采用该方案，现场有一家施工单位的施工进展出现问题，都会影响到其他几家施工单位的施工，不利于项目的投资计划实施和项目进展。故在项目进展初期就没有再对整体开挖方案的盖挖工法进行进一步研究。

(3)分区域开挖方案

在不能采用放坡法的情况下，只能在结构外缘位置施作围护结构。然后考虑下一步工法。

鉴于整体基坑面积较大，将基坑分为几个区域分别进行开挖，各区域之间以围护结构进行分隔。

每区域基坑视区域具体情况采取内支撑系统或盆式开挖。

按照项目的国铁、市政投资界面和施工标段划分的情况，以及枢纽的实际边界情况等，初期确定的分区方案见图 2—8。

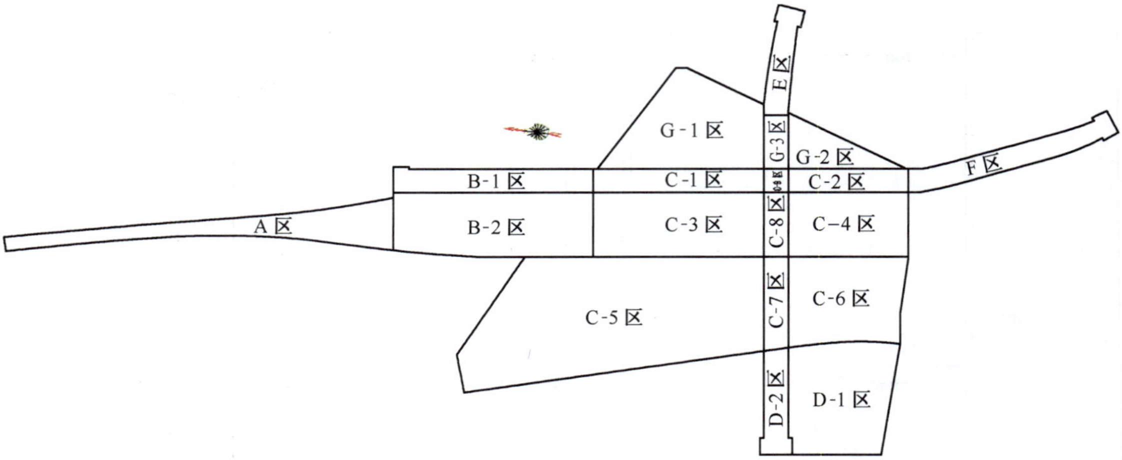

图 2—8 枢纽基坑分区初步方案图

各区域按以下情况分区。

①A区、B-2区、C-3区、C-4区、C-8区属于国铁投资范围，由国铁施工单位施工，但C-8区的负三层属于市政投资范围，由市政二标施工。这几个区域除C-8区基坑深度为约28.8 m外，其余为约20.5 m深。

②C-5区属于市政投资范围，由市政四标施工，基坑深度约16.5 m/17.5 m。

③D-1区属于市政投资范围，由市政三标施工，基坑深度约10.5 m。

④C-6区属于市政投资范围，由市政三标施工，基坑深度约10.5 m。

⑤C-7区、D-2区属于市政投资范围，由市政三标施工，基坑深度约28.5 m/30.1 m。

⑥B-1区、C-1区、C-2区属于市政投资范围，由市政二标施工，基坑深度约20.5 m。

⑦C-9区属于市政投资范围，由市政二标施工，基坑深度约29 m。

⑧E区属于市政投资范围，由市政一标施工，基坑深度约29 m/30.6 m。

⑨F区属于市政投资范围，由市政一标施工，基坑深度约21 m。

⑩G-1区、G-2区属于市政投资范围，由市政一标施工，基坑深度约10.5 m。

⑪G-3区属于市政投资范围，由市政一标施工，基坑深度约29 m。

分区方案可以最大程度地降低各施工单位的互相干扰和互相制约，为加快施工进度创造条件。但分区方案必然增加了围护结构的工程量，造成工程造价的大幅提升。另外，由于枢纽整体面积超大，个别处于枢纽中部的分区必然施工场地狭小，反而造成施工难度加大。

(4)枢纽核心区域分区与工法的方案比较

研究过程中对枢纽南段以城际站房为中心的区域着重进行分析。分为两个方案，见图2—9和图2—10。

两方案的不同之处在于：方案一中Ⅰ区基坑包含地铁Z4线车站；方案二中Ⅰ区基坑仅包含国铁车站结构。

过程方案一具有以下优点：

①省去Z4线地铁站与国铁车站之间的1地道连墙，可以降低整体工程投资；

②Z4线地铁站与国铁车站同时施工，有利于后期市政工程的施工组织。

过程方案二具有以下优点：

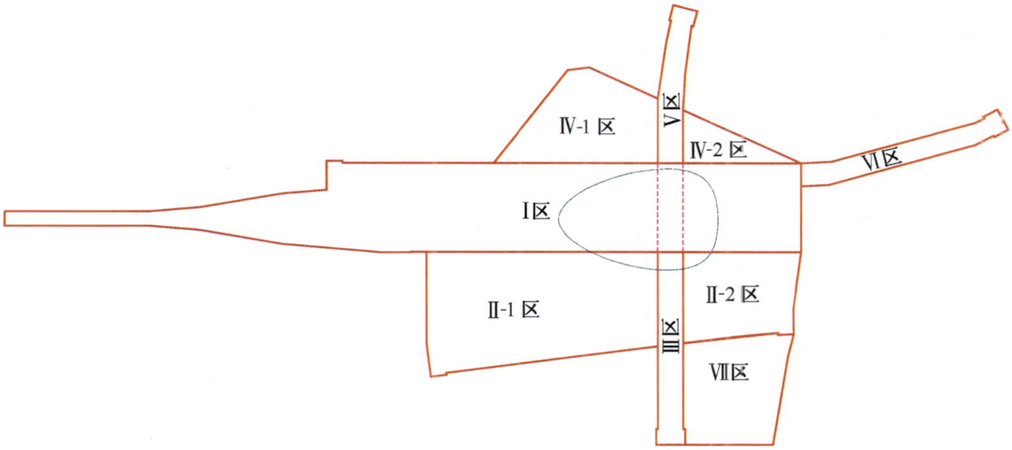

图 2—9 过程方案一

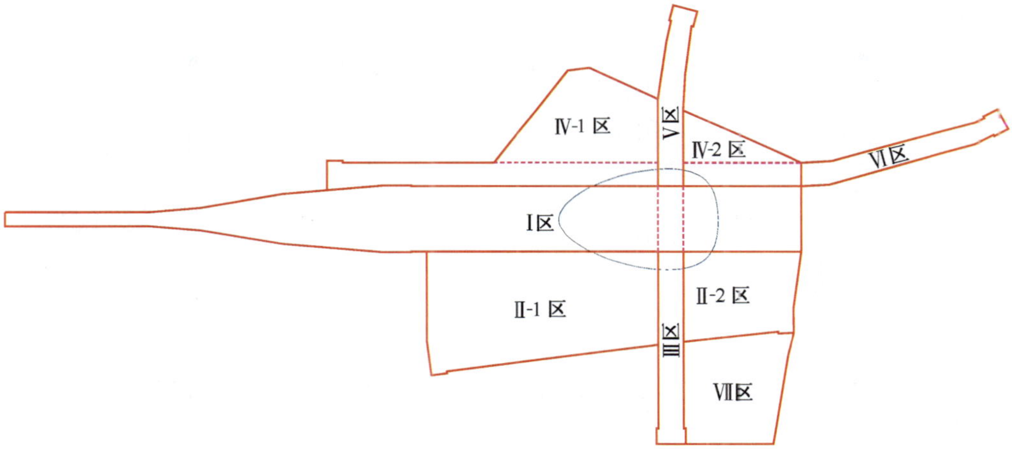

图 2—10 过程方案二

①有利于国铁车站的工期；

②有利于国铁和市政工程的施工、投资、建设管理接口的划分；

③基坑宽度较小，为 62.9 m，基坑开挖及降水难度相对较低。

(5)工法研究

Ⅰ区基坑深度约 20.5 m，综合考虑结构层高及顶板高程(顶板顶面高出现状地面大于 2 m)等因素，研究过程中对全明挖法、明挖＋局部盖挖两种工法进行比较。

全明挖法为混凝土支撑方案，明挖＋局部盖挖为钢管支撑方案。

①全明挖法为Ⅰ区基坑整体开挖，混凝土撑横向总长与基坑宽度相同。由于基坑深度原因，沿基坑竖向至少需布设 4 道混凝土撑，见图 2—11。

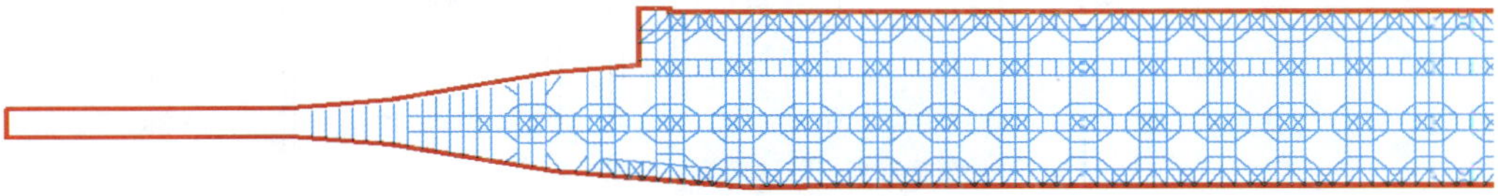

图 2—11 过程方案一的全明挖法混凝土撑布置示意图

②明挖＋局部盖挖法为沿基坑周边加设钻孔灌注桩，先行施工钻孔灌注桩与地连墙围护之间的条形主体结构，然后在此条形主体结构的支挡下，开挖中部土体，施作中间部分的主体结构。

其中，钻孔灌注桩不考虑止水，深度仅考虑土体稳定。

③过程方案一的施工步骤见图 2—12。

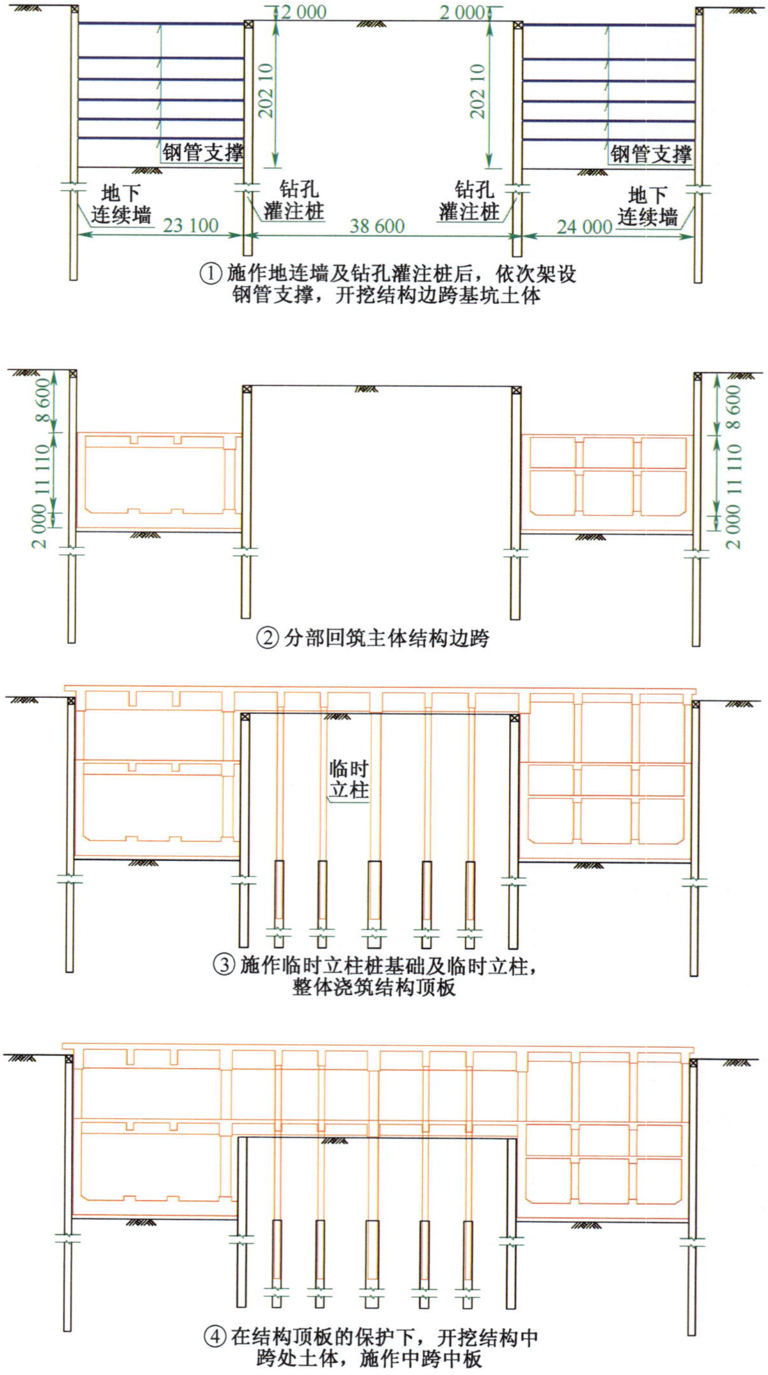

图 2—12

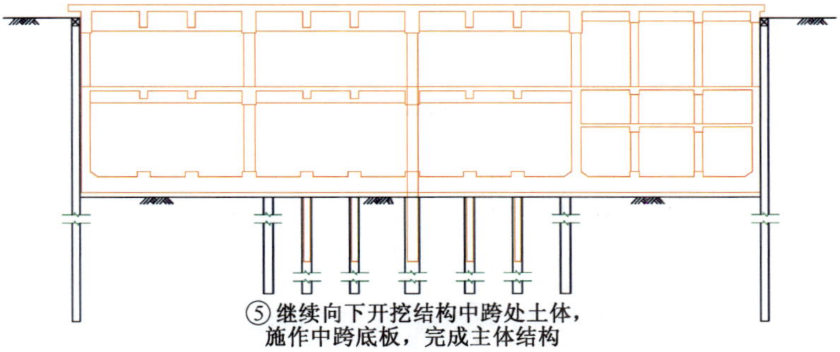

图 2—12 过程方案一的明挖＋局部盖挖工法施工步骤示意图(单位:mm)

④过程方案二的施工步骤见图 2—13。

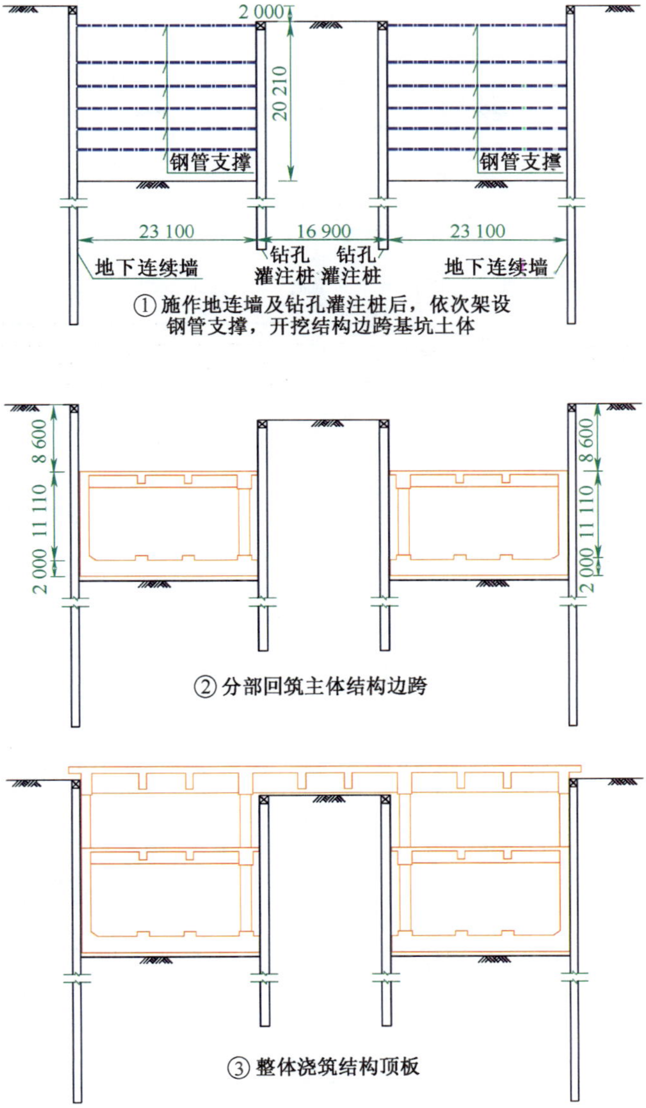

图 2—13

⑤明挖＋局部盖挖工法的平面施工路线见图 2—14。

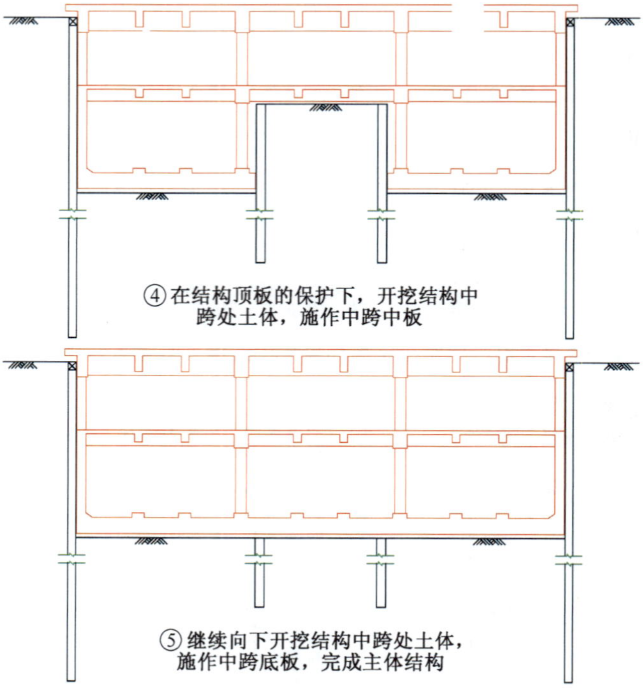

图 2—13　过程方案二的明挖＋局部盖挖工法施工步骤示意图（单位：mm）

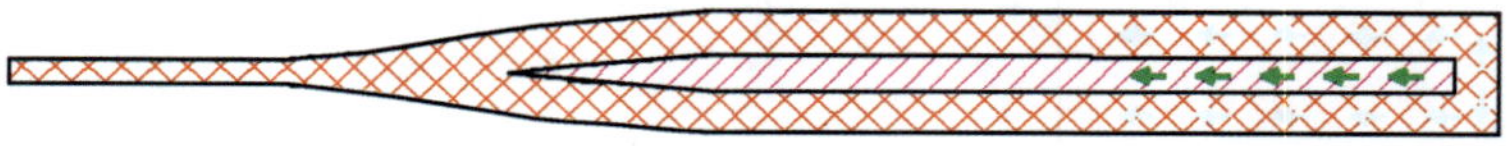

图 2—14　过程方案二的明挖＋局部盖挖工法平面施工路线示意图

（6）基坑支护初步验算结果

①全明挖法基坑架设 4 道混凝土支撑＋1 道钢管倒撑，其中钢管倒撑位于地下二层。其围护结构内力和变形见图 2—15。

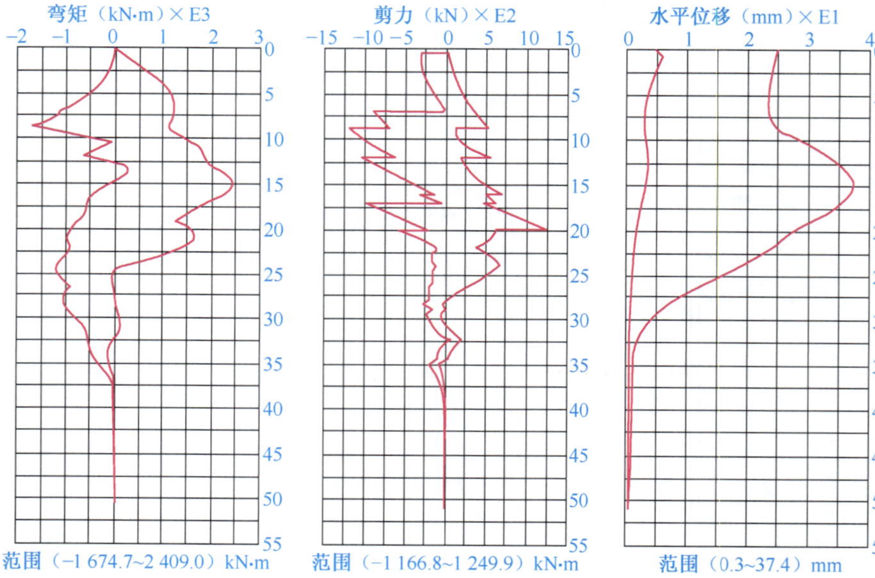

图 2—15　全明挖法围护结构内力和变形图

②明挖＋局部盖挖工法架设 6 道钢管支撑＋2 道钢管倒撑，其中钢管倒撑位于地下二层。其围护结构内力和变形见图 2—16。

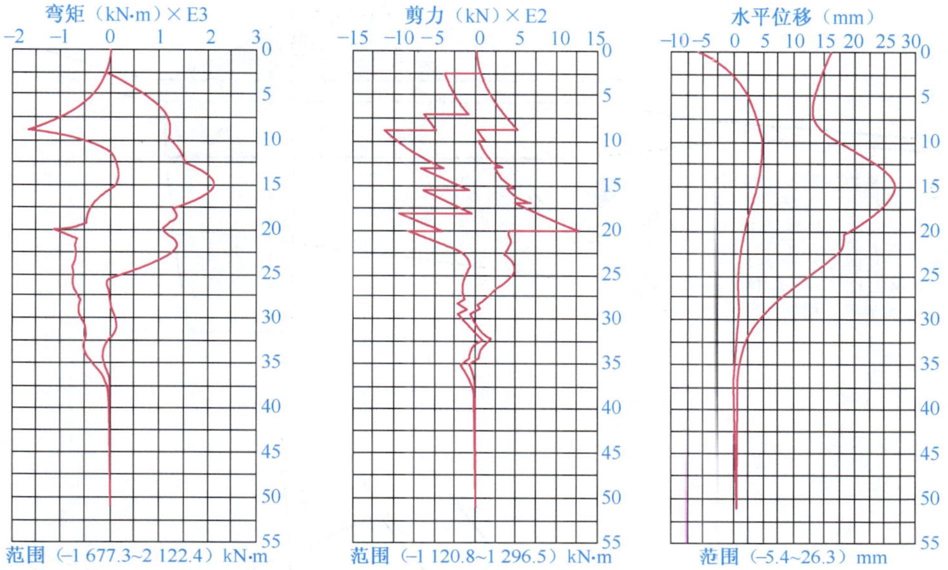

图 2—16　明挖＋局部盖挖工法围护结构内力和变形图

③可以看出混凝土撑方案的围护结构水平位移超出钢管支撑方案 50％左右，内力超出 15％左右。

(7)分析及结论

①全明挖工法至少需整体架设 4 道混凝土撑，并加设格构柱，在工期方面并不具备优势。

②4 道混凝土撑的工程量约为 36 000 m^3，回筑阶段需全部凿除；而钢管支撑方案需加打钻孔桩约为 900 根，工程量约为 25 200 m^3，回筑阶段仅需凿除 1/2(基坑开挖面以上的部分)。

③混凝土撑无法施加预应力，围护结构变形难以控制；且拆撑时应力集中释放，围护结构瞬间变形较大。

④混凝土撑整体性和稳定性较高，可以很好的避免基坑分步开挖过程中的超挖现象。

⑤钢管支撑废弃工程量较少，施工简便，工期短，但整体性和稳定性不如混凝土撑。

⑥两方案均可行，各有优缺点。

2.1.4　基坑总体方案

根据 2.1.3 节内容分析，整体开挖方案与分区开挖方案各有优缺点。最终确定的方案采用两种方案的结合：枢纽南部双层结构处负一层整体开挖的方案。方案具体分区见图 2—17。

(1)南部大基坑

枢纽南部大基坑范围见图 2—18。

①南部大基坑采用盖挖逆作法施工，但考虑到本工程基坑平面规模巨大，以及工期紧张的要求，将盖挖逆作法进行局部修改后应用。

具体工法为：枢纽南侧大基坑地下一层采用盆式开挖，中部结构明挖顺作，边部结构盖挖

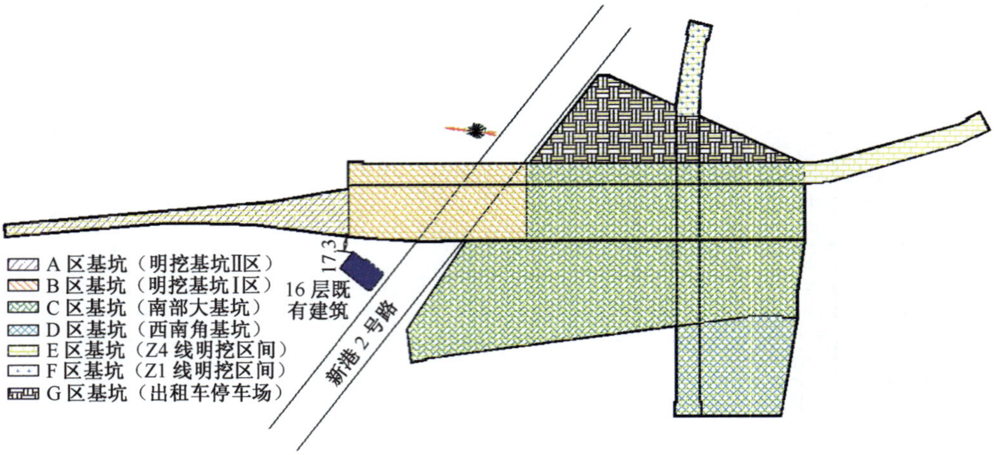

图 2—17 枢纽基坑总体设计方案基坑分区图

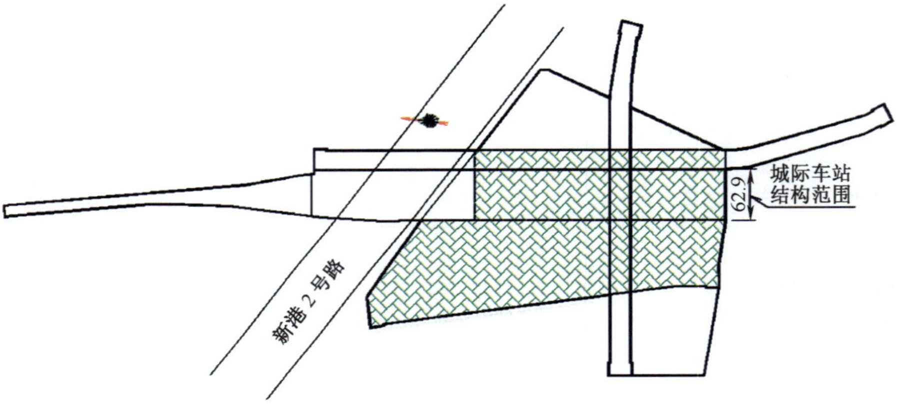

图 2—18 南部大基坑平面范围图

逆作；施作完成地下一层结构（负一层底板、顶板、负一层侧墙）后，盖挖逆作负二层、负三层结构。

②主要施工步骤。

a. 第一步：施作外围围护结构，施作中间立柱桩、临时立柱桩，永久钢管柱、临时格构柱随之就位，完成土体加固。

b. 第二步：按需施作顶板边跨，施作降水井，进行基坑降水。

c. 第三步：盆式开挖负一层土方至结构中板底。

d. 第四步：施作中间部分的结构中板。再向上施作结构顶板，将结构顶板中间部分与边跨封闭。

e. 第五步：盖挖负一层边跨土体，施作边跨中板、边墙。

f. 第六步：盖挖负二层土体，施作负二层底板、边墙。

g. 第七步：盖挖负三层土体，施作负三层底板、边墙。

h. 第八步：封闭出土孔等剩余结构。

i. 第九步：回填土方。

详见图 2—19。

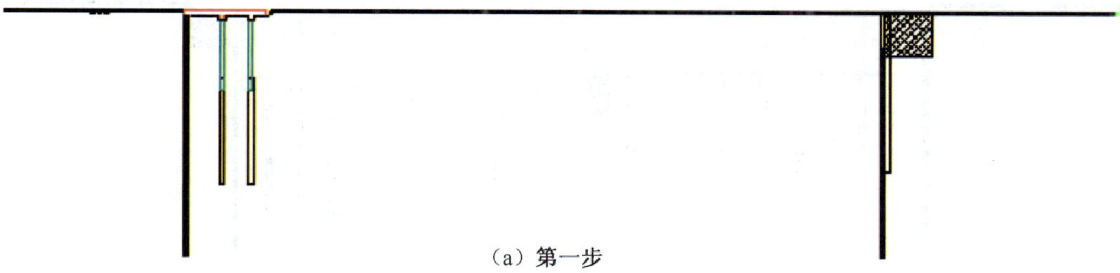

（a）第一步

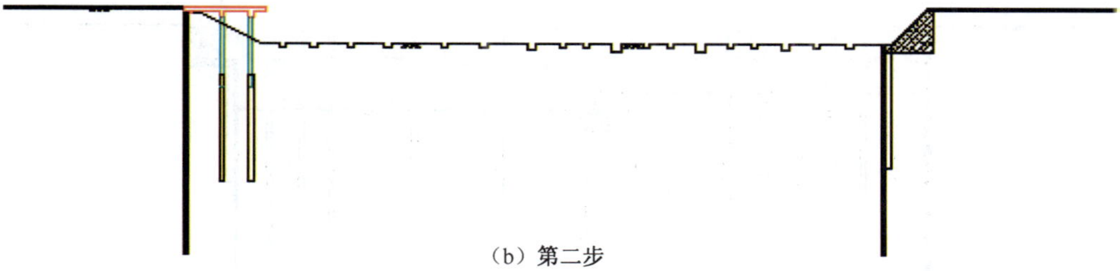

（b）第二步

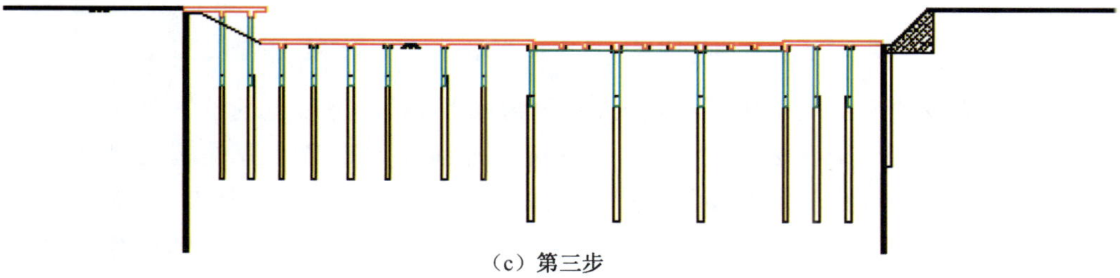

（c）第三步

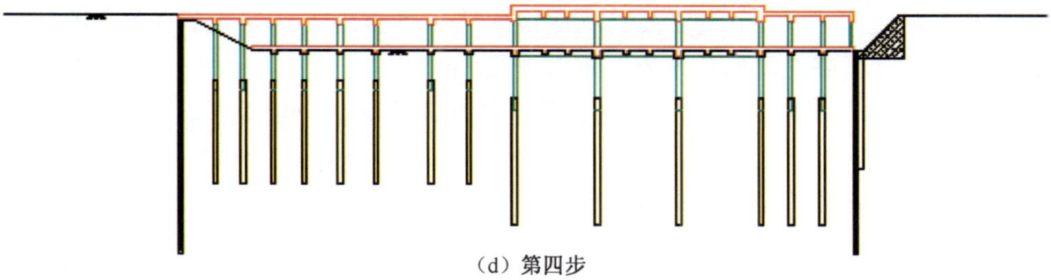

（d）第四步

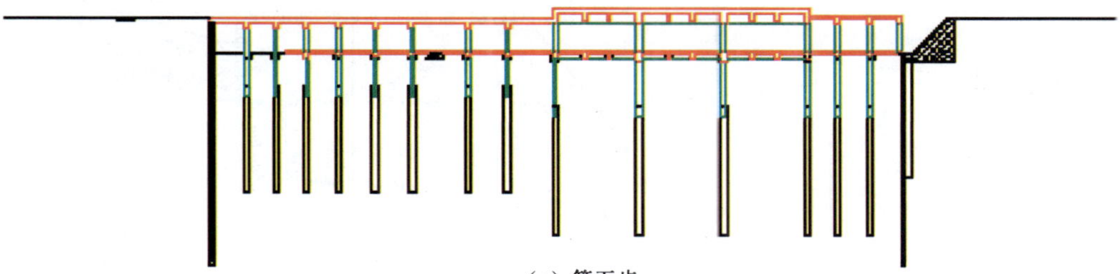

（e）第五步

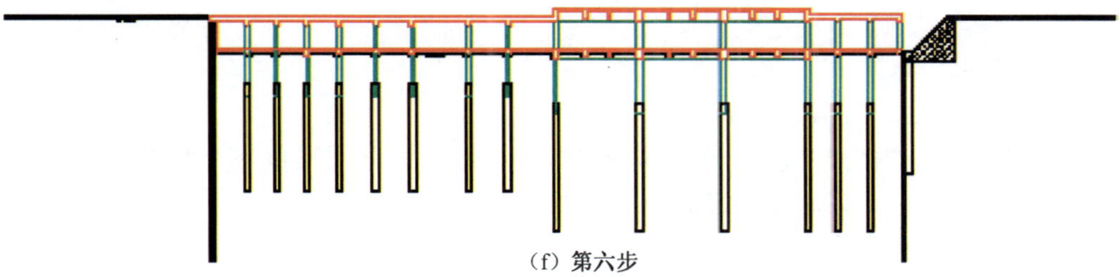

（f）第六步

图 2—19

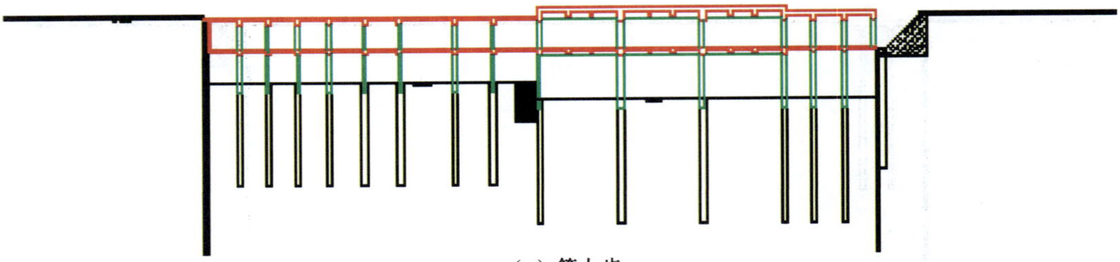

(g) 第七步

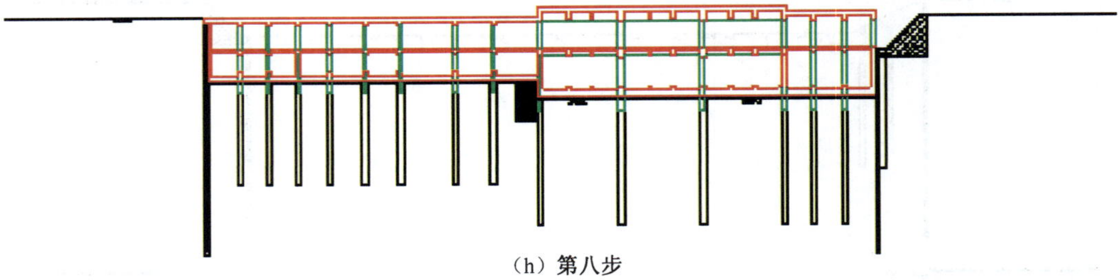

(h) 第八步

图 2—19 枢纽基坑总体设计方案的南部大基坑施工步骤

③另外，由于枢纽南部大基坑面积很大(面积约 7 万 m^2)，为避免基坑一处出现渗漏等险情影响整个基坑的施工，结合 Z1 线结构二级基坑地连墙及与市政工程的基坑错台处土体加固，设置分隔墙将基坑进行一定分隔。分隔时，地下一层土体开挖不必分隔，地下二层土体开挖需进行分隔。分隔墙两侧土体对称开挖，两侧高差应保证小于 1 m。待确认基坑没有出现渗漏等现象后，再将分隔的地连墙或土体加固凿除或挖除。其具体作法(图 2—20)：

a. 将大基坑范围内的 Z1 线二级基坑地连墙墙顶做至地下一层板底位置，其中由地下一层板底至地下二层板底之间的地连墙为素混凝土。

b. 将城际车站与市政工程的基坑错台处土体加固至地下一层板底。

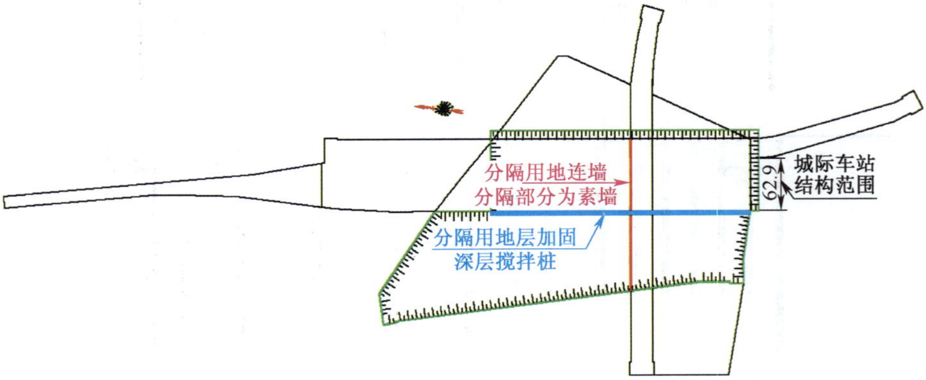

图 2—20 南部大基坑地下二层土方开挖分隔墙示意图(单位：m)

(2)明挖基坑Ⅰ区

明挖基坑Ⅰ区范围见图 2—21。

①新港 2 号路范围内的城际车站结构和 B1 线车站结构共同形成一个相对规模稍小的矩形基坑(明挖基坑Ⅰ区)，采用 4 道混凝土支撑明挖顺作。

②主要施工步骤。

a. 第一步：施作外围围护结构和抗浮桩。施作临时立柱桩(部分与抗浮桩结合)，临时格

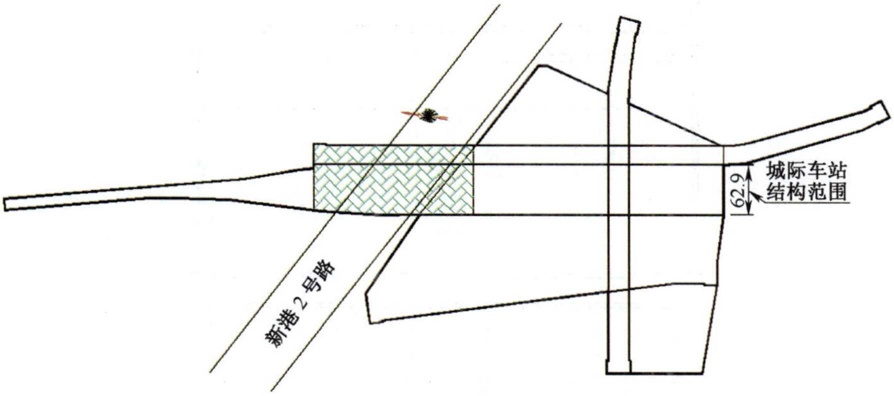

图 2—21　明挖基坑Ⅰ区平面范围图(单位:m)

构柱就位。施作降水井,进行基坑降水。

b. 第二步:分层开挖土体,依次施作 4 道混凝土支撑。

c. 第三步:开挖至基坑底,浇筑结构底板。

d. 第四步:拆除最下一道混凝土支撑,施作一定高度边墙。在边墙与结构底板之间架设。

e. 第五步:拆除第 3 道混凝土撑,浇筑结构中板。

f. 第六步:拆除第 2 和第 1 道混凝土支撑,浇筑结构顶板。

g. 第七步:拆除钢管斜坡倒撑。回填土方。

详见图 2—22。

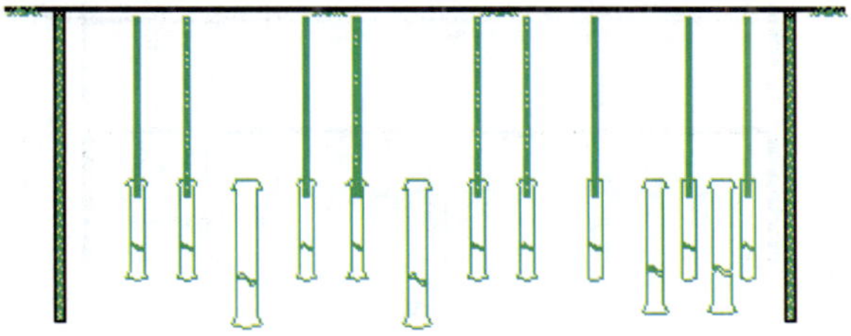

(a) 第一步

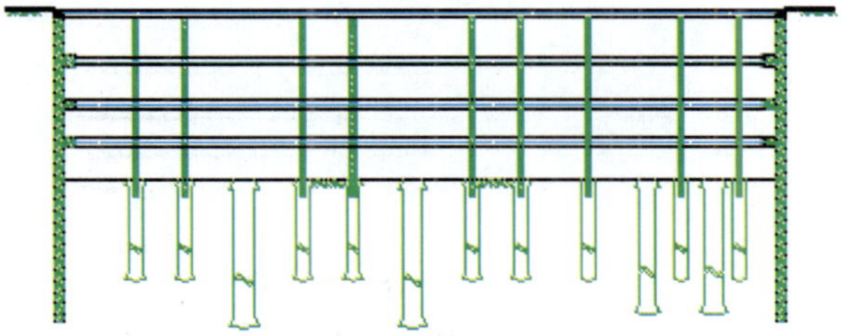

(b) 第二步

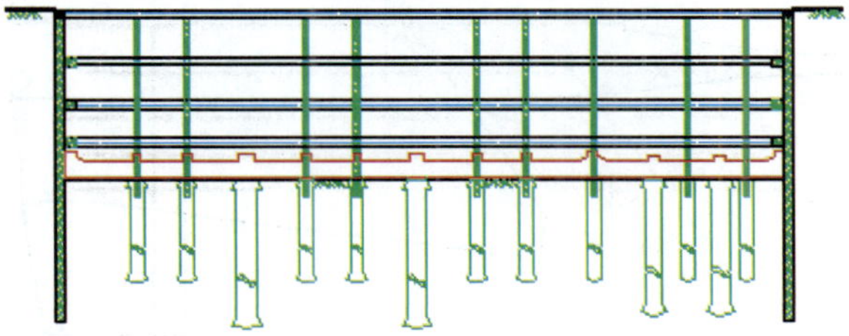

(c) 第三步

图　2—22

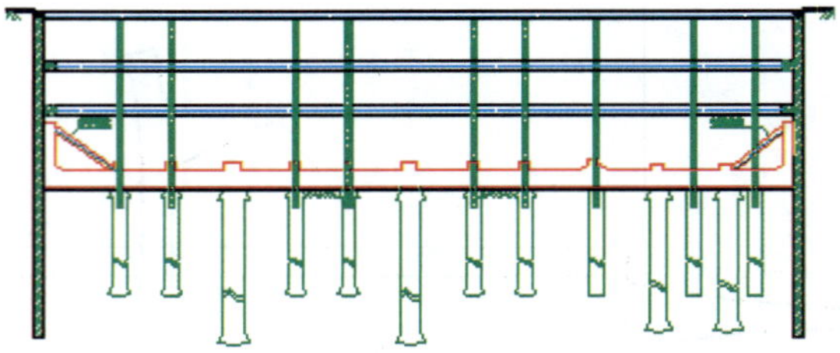

（d）第四步

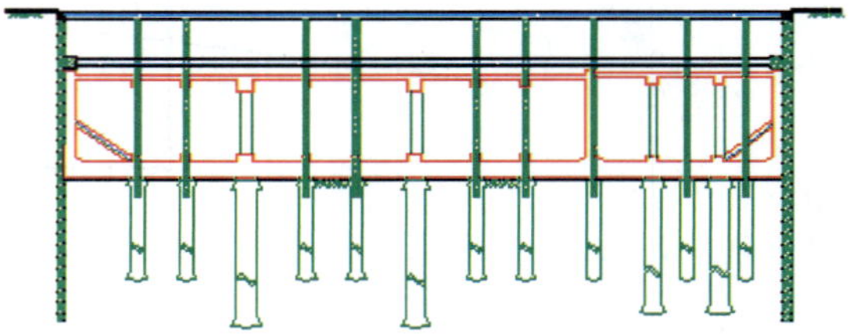

（e）第五步

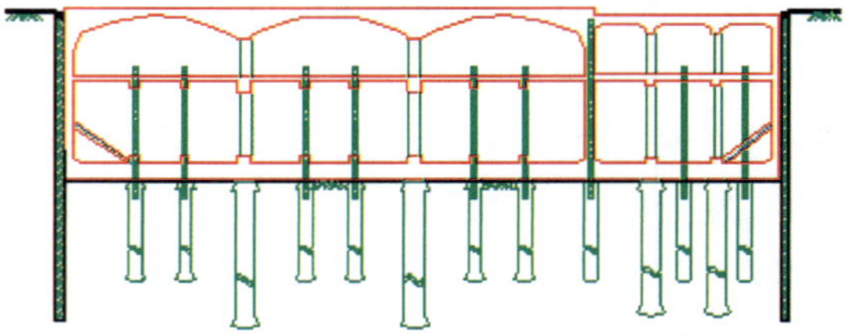

（f）第六步

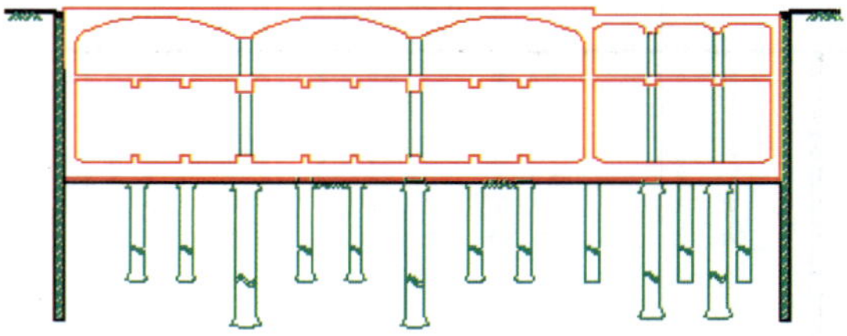

（g）第七步

图 2—22　枢纽基坑总体设计方案的明挖基坑Ⅰ区施工步骤

(3)明挖基坑Ⅱ区

明挖基坑Ⅱ区范围见图 2—23。

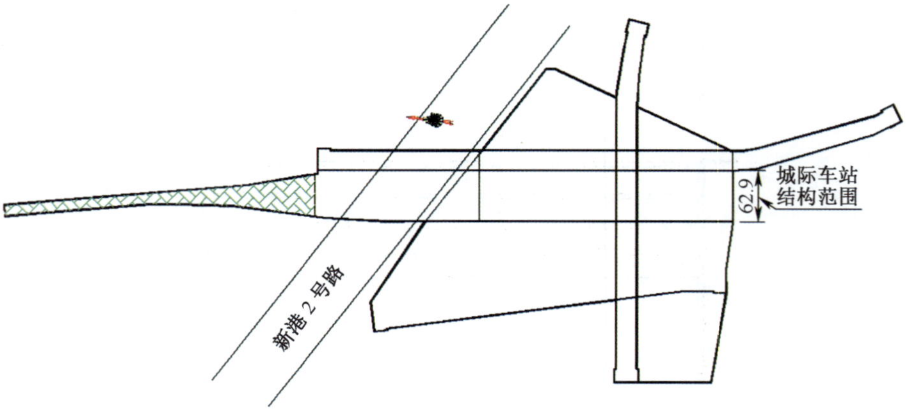

图 2—23　明挖基坑Ⅱ区平面范围图(单位：m)

新港 2 号路以北的剩余国铁车站结构形成一个独立的条状基坑(明挖基坑Ⅱ区),采用 4 道混凝土支撑明挖顺作。其主要施工步骤与明挖基坑Ⅰ区类似。

(4)枢纽西南部基坑

枢纽西南部基坑范围见图 2—24。

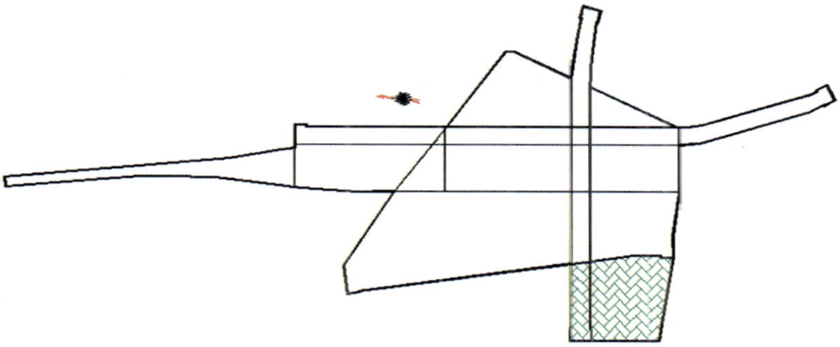

图 2—24 西南部基坑平面范围图

①枢纽西南部基坑采用盆式开挖,中部结构明挖顺作,边部结构盖挖逆作方法。

②主要施工步骤。

a. 第一步:施作外围围护结构,施作中间立柱桩、临时立柱桩,永久钢管柱、临时格构柱随之就位,完成土体加固。

b. 第二步:按需施作顶板边跨。施作降水井,进行基坑降水。

c. 第三步:盆式开挖负一层土方至 Z1 线车站结构中板底或负一层底板底。

d. 第四步:施作中间部分的 Z1 线车站结构中板或负一层底板。

e. 第五步:向上施作结构顶板,将结构顶板中间部分与边跨封闭。

f. 第六步:盖挖负一层边跨土体,施作 Z1 线车站边跨中板或负一层底板、边墙。

g. 第七步:盖挖 Z1 线车站负二层土体,施作 Z1 线车站负二层底板、边墙。

h. 第八步:盖挖 Z1 线车站负三层土体,施作 Z1 线车站负三层底板、边墙。

i. 第九步:封闭出土孔等剩余结构,回填覆土。

2.2 围护结构型式的选择

(1)围护结构选型

基坑围护结构形式可采用搅拌桩加型钢(SMW)、钻孔灌注桩、钻孔咬合桩和地下连续墙等支护形式。具体工程需根据基坑支护安全等级、工程地质及水文地质条件、施工难易程度、技术经济指标等因素确定,方案比较见表 2—1。

表 2—1 围护结构比较表

项目＼方案	SMW	钻孔灌注桩	钻孔咬合桩	地下连续墙
适用条件	适合于浅基坑,搅拌桩深度受到一定限制	地层条件无限制,应用广泛,但搅拌桩深度受到一定限制	地层条件无限制,应用广泛	适合多种地质条件,多用于深大基坑或周围地面沉降和变形有严格限制的地下工程

续上表

项目＼方案	SMW	钻孔灌注桩	钻孔咬合桩	地下连续墙
施工条件	可使用数台机械同时施工，施工简单、速度快，场地要求小	可使用数台机械同时施工，施工较复杂、速度慢，场地要求较大	可使用数台机械同时施工，施工较复杂、速度慢，场地要求较大	需专门挖槽机及泥浆处理设备，施工复杂、速度较慢，场地要求大
技术条件	技术成熟，专业性一般，止水效果好	技术成熟，专业性一般，止水效果好	技术成熟，专业性一般，止水效果好	技术成熟，专业性强，自身止水效果好
支护效果	刚度较小，支护效果稍差	刚度较大，支护效果较好	刚度较大，支护效果较好	刚度大，支护效果好
支护结构内力及位移	在同等条件下，搅拌桩的位移大，但内力较小	在同等条件下，桩的位移较小，但内力较大，增大直径可减小位移	在同等条件下，桩的位移较小，但内力较大，增大直径可减小位移	在同等条件下，墙的位移很小，但内力很大
可否挡水	挡水，不需另作止水帷幕	不挡水，需另作止水帷幕	挡水，不需另作止水帷幕	挡水，不需另作止水帷幕
地基变形	较大	较小	较小	小
与永久结构关系	不能作为永久结构的一部分	一般不考虑作为永久结构的一部分	一般不考虑作为永久结构的一部分	可作为永久结构的一部分
结构防水	除结构自身防水外，易做外包防水，防水效果好	除结构自身防水外，易做外包防水，防水效果好	除结构自身防水外，易做外包防水，防水效果好	依靠地下连续墙和结构自身防水，防水效果好
环保要求	噪声低，振动小，泥浆对环境影响较小，对周围建筑沉降影响大	噪声较低，振动小，泥浆对环境影响小，对周围建筑沉降影响较大	噪声较低，振动小，对周围建筑沉降影响较小	噪声低，振动小，对周围建筑沉降影响小
造价	低	较低	较高	高

由表 2—1 可见，连续墙支护可适用于各类地质条件，既可作为基坑开挖的护壁，又可作为框架结构外墙的一部分，与内衬共同组成重合墙以承受其荷载。当上部有其他建筑物时亦可作为建筑物的基础。当地质条件较好，且连续墙接缝处防水有可靠保证时，可采用单一式地下连续墙。地下连续墙具有刚度大、整体性好、止水效果好、地面沉降和地基变形小等优点，但又有造价高、施工复杂和场地要求大、接头防水难做等缺点；SMW 具有造价低、施工简单和场地要求较小、施工速度快、止水效果好、型钢可重复利用等优点，但又有整体刚度小、地面沉降和地基变形较大、搅拌桩深度受到限制（SMW 最适用于深度≤13 m 的基坑）等缺点；而钻孔咬合桩和钻孔灌注桩则正好介于这两者之间，但钻孔灌注桩的搅拌桩深度受到一定的限制，钻孔咬合桩当基坑深度太大时其咬合质量难以保证。

根据枢纽工程结构特点及场地地层条件，确定枢纽基坑围护结构均选用地下连续墙。

（2）地下连续墙主要设计参数

①Z4 线车站及城际车站南侧位置：采用 1 000 mm 厚地连墙，大基坑范围内为 T 形地连墙。

②城际西侧地下二和三层结构外缘：1 200 mm 厚地连墙。

③单层地下结构：800 mm 厚地连墙。

④大基坑内的二级基坑：1 000 mm 厚地连墙。

2.3 地连墙详细设计及研究

于家堡施工场地地面下地质状况复杂，含液化层、淤泥质土层等不良地质土层，地面下20～58 m范围均为砂层，58 m以下为较薄的隔水层，以下又为分布不均的砂层，地质条件较差。

2.3.1 地连墙计算图式及荷载图式

(1)计算原则

①结构计算模式应符合结构的实际工作条件、反映结构与地层的相互作用。当支护结构作为主体结构的一部分时，考虑两者共同工作，且宜按实际受载过程进行分析。

②本工程施工方法对于围护结构受力相当于采用盖挖逆作法(Z4线局部为明挖顺作)，主体结构水平构件和结构中柱作为施工开挖期间的支撑体系，使用阶段作为主体结构一部分。围护结构应按施工阶段和正常使用阶段进行结构强度计算，同时还应进行刚度和稳定性计算。对于钢筋混凝土结构，应进行裂缝宽度验算。围护结构内力计算模拟施工开挖、支撑全过程采用“增量法”原理分阶段进行结构计算。使用阶段按框架结构进行空间计算分析，其中底板的地基反力按弹性支撑考虑。

③地连墙按弹性地基梁计算(并承受主体结构传递的竖向荷载)，在开挖面以下地层采用一系列弹簧模拟，弹簧刚度 $K=A\times K$，(其中，A 为弹簧所分担的面积；K 为地基土的基床系数)。弹簧只承受压力不承受拉力，当出现拉力时，应将该弹簧拆除重新计算。主体结构水平构件(梁板体系)作为具有弹性压缩的杆单元。

④施工阶段应减少地连墙和中间桩柱的变位，控制地连墙、中间桩柱和主体结构的内力。为确保施工安全，根据开挖工艺和结构层高，设置必要的临时支撑体系。

⑤施工阶段采用朗肯主动土压力计算，使用阶段采用静止土压力计算。开挖过程每一个阶段的荷载为内外侧不平衡土压力的增量，主体结构封闭后土压力已不再发生变化，其土压力增量为零，因此荷载增量为开挖期间每部开挖深度土体、结构自重和施工荷载。土体开挖卸载引起的土弹簧的取消及支撑的拆除均在相对应位置以一个反集中荷载予以模拟。

⑥按“增量法”计算所得每一阶段的内力和变位，仅为本阶段内力和变位的增量，而真实的内力和变位应为前面几个阶段内力和变位的累加值。

⑦围护结构与结构边墙间除设置接驳器位置采用刚接模拟外，其余采用拉压弹簧模拟，二者之间只传递压力，不能承受拉力，当出现拉力时，程序自动将该节点弹簧取消重新计算。

⑧使用阶段的车站结构应对永久荷载、可变荷载及偶然荷载(地震荷载、人防荷载)进行组合计算。

⑨围护结构的计算与施工开挖步骤紧密相连，根据地层分布和土层的特性，采用水土分算。

(2)荷载

①永久荷载

结构自重按实际重量计算，钢筋混凝土重度按 25 kN/m^3 计。

土层侧压力按水土分算；静水压力采用全水头(勘探期间的稳定高水位)进行计算。

②可变荷载

施工期间基坑侧面超载一般按 20 kPa 计，盾构端头井侧面超载按 30 kPa 计。

(3)主要计算参数及荷载计算

①地连墙。

a. 厚度:1.2 m、1.0 m、T 形幅按刚度折算厚度计算;

b. 墙长按渗流计算需要确定;

c. 材料:C40 钢筋混凝土。

②围护结构模拟施工开挖的全过程进行受力分析,开挖期间地下连续墙作为支挡结构,承受全部的水土压力和施工荷载,采用有限元法。根据施工过程将结构受力、变形过程划分为若干相对独立的阶段,并考虑各阶段结构受力及变位的继承性。坑底以上按主动土压力三角形分布,坑底以下土压力按矩形分布,用水平、竖向弹簧模拟坑底地层对地下连续墙的水平、竖向约束作用。

③围护结构计算说明。

a. 采用"同济启明星《深基坑支挡结构设计计算软件》",版本 2006。

b. 所有土层土压力计算均采用水土分算。

c. 土层剪切参数 c、φ 值取固结快剪标准值。

d. 土层 m 值根据《建筑基坑围护技术规程》(JGJ 120—99)附录 C,采用同济启明星《深基坑支挡结构设计计算软件》(FRWS2006)自动计算得出。

④基坑稳定性分析。

按计算,基坑各部位稳定性系数[按《建筑基坑围护技术规程》(JGJ 120—99)方法计算]一般为 2.0 以上,满足一级基坑安全要求。

⑤入土深度的比选和确定。

按基坑渗流计算[《建筑基坑围护技术规程》(JGJ 120—99)方法]需要,围护结构入土比约为 1.3 左右。但考虑到场地地下水的水文地质条件,确定各部位地下连续墙长度。

a. 单层结构 10.5 m 深度基坑。

基坑底部基本位于④5、④6 淤泥质黏土层。场地内微承压水以第Ⅱ陆相层⑤21 粉质黏土、⑤11 黏土为相对隔水顶板。为满足施工及降水的安全要求,地连墙墙底不进入微承压水含水地层为宜。根据地质剖面,如果保证地连墙墙底不进入微承压水含水地层,则地连墙长度约为 22 m,入土比 1.1,可以满足基坑变形及稳定性要求。

b. 二层(16.5 m、17 m、21 m)、三层(28.5 m)结构基坑。

16.5 m、17 m 深基坑底部基本位于④1 粉质黏土层;20.5 m 深基坑底部基本位于⑤1、⑥1 粉质黏土层;28.5 m 深基坑底部基本位于⑦4 粉砂层。

由于场地内地面以下约 20~59 m 范围内基本为砂层,基坑围护结构地连墙必然进入砂层。

根据场地地质条件,并综合天津地区深基坑工程施工设计经验,考虑到场地内地面以下 20~59 m 范围内为砂层,并根据《岩土工程勘察报告》建议"围护结构宜穿透微承压水含水层置于下部相对隔水的黏性土中",初步确定地连墙墙底伸至砂层以下的⑩1 粉质黏土层、⑩3 黏土层中,地连墙墙底作至地面下约 60 m,隔断砂层及浅层微承压水,以满足施工及降水的安全要求。

其中,按计算需要以外的部分不设受力钢筋,为素混凝土(含有部分为稳定工字钢接头所需的构造钢筋)。T 形幅中"I"(与边墙垂直部分)为受力需要,长度按计算需要取值;"一"(与边墙平行部分)为满足止水需要,墙底作至地面下约 60 m。

c. 大基坑内的二级基坑。

二级基坑围护没有止水需要时,深度按计算需要确定,入土比一般为 1.0 左右。

d. 与城际车站基坑的错台。

社会停车场与城际车站底板底面存在 4.5 m 高的结构错台，相应基坑底错台高度为 4.5 m，该处选用宽度 5 m、深度 10 m(由社会停车场基坑底开始)的水泥搅拌加固。

⑥计算结果及分析。

基坑各部位围护结构内力及变形包络图计算结果：

a. Z4 线车站位于枢纽南部大基坑内的部分：20.5 m 深基坑；T 形地连墙、折算厚度 2.1 m，有效长度 8.7～60 m；围护结构外 1：1.5 放坡，坡高 8.7 m，放坡前土体预加固；地下二层结构盖挖逆作。详见图 2—25。

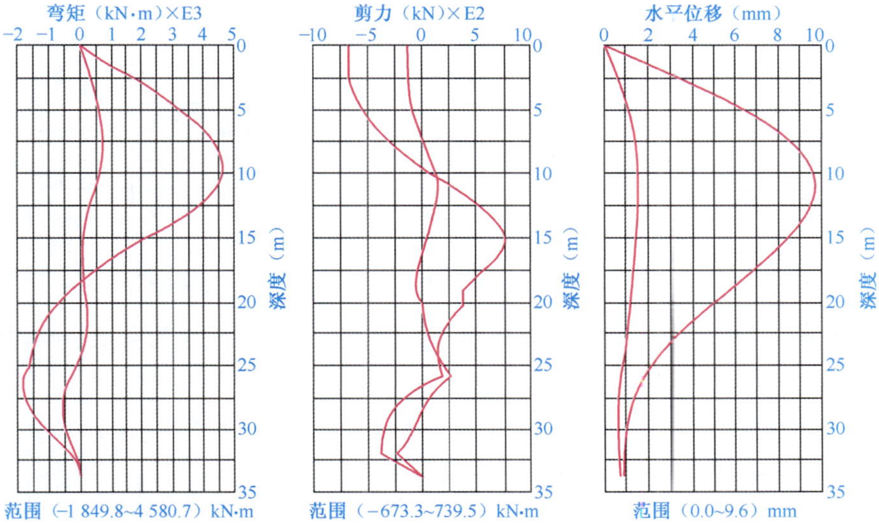

图 2—25 20.5 m 深盖挖基坑的 T 形地连墙内力变形图

b. Z4 线车站明挖标准段：20.5 m 深基坑，4 道混凝土支撑，1 道钢管斜坡倒撑，双层地下结构明挖顺作。详见图 2—26。

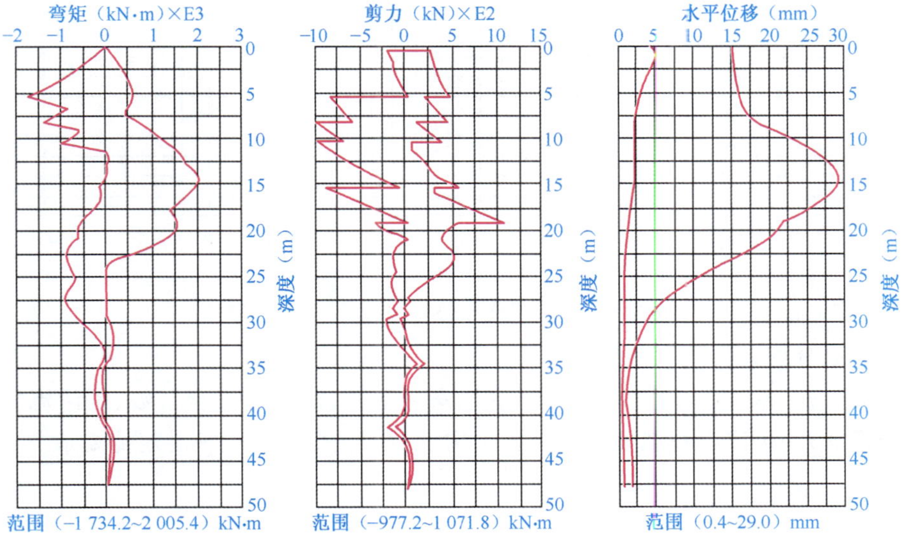

图 2—26 20.5 m 深明挖基坑的 T 形地连墙内力变形图

c. 16.5 m 深度基坑:厚度 1.2 m 地连墙,长度 60 m,双层地下结构盖挖逆作。详见图 2—27。

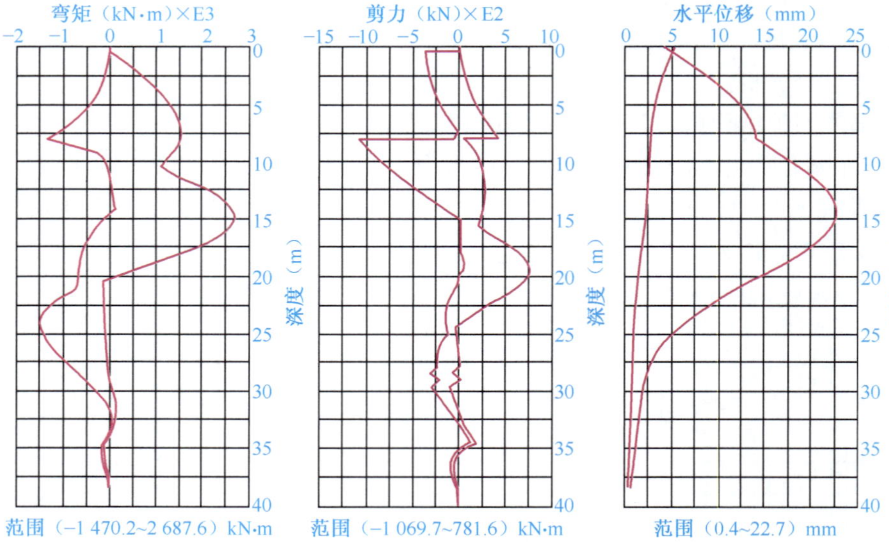

图 2—27 16.5 m 深盖挖基坑的 T 形地连墙内力变形图

d. 10.5 m 深度基坑:厚度 0.8 m 地连墙,长度 22 m,单层地下结构盖挖逆作,加设 1 道混凝土斜坡支撑。详见图 2—28。

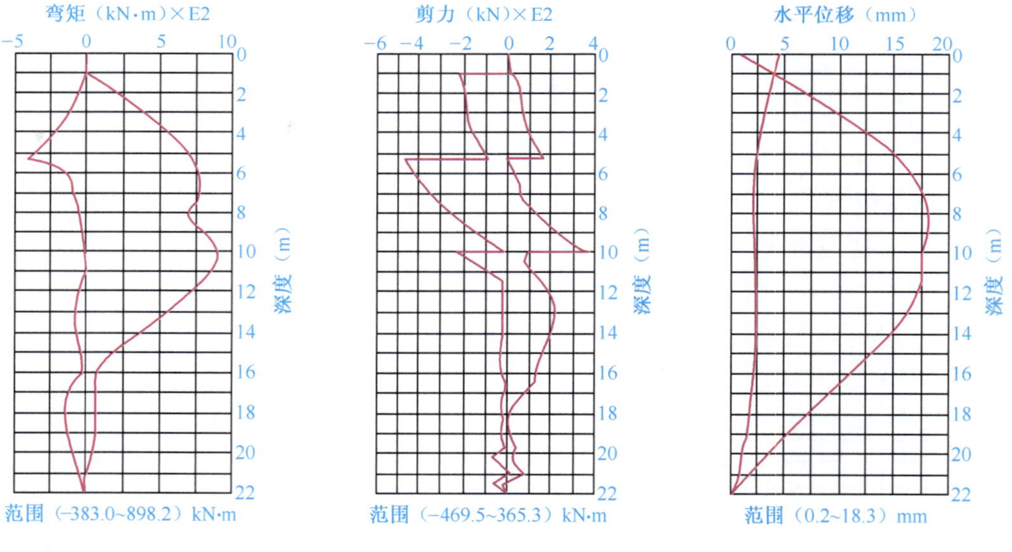

图 2—28 10.5 m 深盖挖基坑的 T 形地连墙内力变形图

⑦计算结果分析。

通过计算可知,基坑各项安全系数(稳定性安全系数、抗隆起安全系数、抗渗流安全系数、抗倾覆安全系数)均可满足规范要求。围护结构承载力及变形也能满足规范要求。

2.3.2 地下连续墙施工要求

(1)围护结构施工放线前必须与图纸核实无误后方可施工。设计图纸按 100 mm 外放(综合考虑地连墙平整度、找平层、主体结构边墙防水、施工误差等)；施工单位应根据自身经验及施工工艺水平，综合考虑测量误差、施工误差、垂直精度、局部凸凹等因素，并留出地连墙与结构侧墙之间防水作法(柔性防水层和砂浆找平层等)的空间和按基坑等级确定的地连墙水平变形的空间，确定具体外放量，以满足限界和结构边墙厚度的要求。

(2)地连墙定位偏差－0 mm、＋30 mm，垂直度小于3‰，平整度小于30 mm。

(3)围护结构施工前，应首先做好车站周围的拆迁、地下管线迁改和交通疏解工作。地表以下2 m范围内严禁采用机械开挖，以保护不明管线。场地内可能存在已拆迁建筑物的残留基础，施工前应探明并处理，避免对地连墙施工造成影响；尤其注意地下管线拆改后对原场地土应进行恢复并夯实，避免地连墙成槽时由于土体松动造成塌槽。施工前还应注意监测是否存在有害气体，如发现有害气体，应及时排除，以保证安全施工。

(4)地连墙成槽深度非常深，施工单位在正式成槽前应先进行成槽试验，取得成功经验，尤其是对槽壁稳定液的配比参数(黏度、比重等)要严加控制，从成槽各环节加强监控，保证地连墙成槽顺利和质量。

(5)考虑到地连墙成槽深度非常深，且场地内地层较软弱，为确保地连墙成槽顺利和墙身质量，成槽前在地连墙槽壁两侧预先施工水泥搅拌桩加固槽壁，加固深度以加固体底边缘进入淤泥质土层层底以下≥0.5 m为原则。

(6)为确保槽壁稳定，地连墙槽壁附近应避免堆载对槽壁产生附加应力，并减少振动。槽壁的垂直精度不小于1/300，清孔后槽底沉渣厚度小于100 mm。

(7)地连墙钢筋笼宜考虑整幅吊装。当受场地、机械等条件限制需要采用分节吊装时，接头应置于内力较小的截面处(截面配筋较少处)，主筋宜采用机械连接接头，并按规范要求错开。

(8)地连墙钢筋笼重量巨大，绑扎过程中施工单位应采取必要的措施保证钢筋笼的刚度和整体稳定，确保钢筋笼起吊、运输和就位过程中的安全。

(9)为确保地下连续墙主筋净保护层厚度及钢筋笼垂直度，在钢筋笼上与土体接触的两侧主筋上应设有钢筋保护层定位装置(焊接钢制垫块)；钢筋笼吊装时为保证整体刚度需增加的加强措施，施工单位可依具体情况增补。

(10)地连墙上应预埋混凝土支撑腰梁与地连墙之间的和结构底板与地连墙之间(抗浮用)的抗剪钢筋接驳器。预埋数量和定位应满足设计要求，避免后期植筋。

(11)地连墙施工前应与监控量测实施单位核实，避免地连墙施工时漏埋监控量测仪器。

(12)地连墙接缝为地连墙防水设计的关键部位，基坑开挖范围内和基坑基底以下的地连墙接缝都非常重要，要确保不产生渗漏。考虑到基坑深度、水文地质条件等因素，地连墙采用止水效果好的工字钢接头，并采取以下接缝止水措施。

①工字钢接头内预埋两根ϕ48注浆管，长度与地连墙等长，待地连墙施作完成后进行接缝止水注浆，注浆压力控制在0.4～0.6 MPa，浆液采用普通水泥浆和超细水泥浆两种浆液。注浆管提升时的每段注浆均为先注普通水泥浆，达到终止注浆压力后，再注一定量的超细水泥浆进行补强。

②基坑开挖前在地连墙各接缝处施作旋喷桩止水，每缝施作2根ϕ800@600旋喷桩，其长度为由成槽加固体(水泥搅拌)底部至基坑底以下10 m。为保证止水效果，旋喷桩与成槽加固(水泥搅拌)体应有一定搭接(0.5 m)。

旋喷桩的水泥土无侧限抗压强度 $q_{u28}\geqslant 1.0$ MPa，抗渗系数 $\leqslant 10^{-8}$ cm/s。其余位置（如基坑转角处的坑外加固）的旋喷加固体的性能指标要求与此一致。

③地连墙接头处采取防混凝土绕流措施：在工字钢接头外侧焊接 $\phi 36$ 钢管。$\phi 36$ 钢管采用可注浆钢管，作为后期地连墙接缝渗漏的储备措施，施工时应作好保护。

(13)地连墙应采用超声波透射法检测墙身质量，检验幅段数量不少于总幅段数的 20%。

(14)为了控制地连墙的竖向沉降量，提高地下墙的竖向承载力，每幅地下墙中设置两根 $\phi 48$ 墙趾注浆管，对墙底土体进行注浆加固，减少墙体垂直沉降，注浆压力及注浆量由试验而定。

(15)地连墙墙趾注浆和接缝注浆的普通水泥浆水泥为新鲜普通硅酸盐水泥，强度等级 42.5；超细水泥浆水泥指标：比表面积 ≥1 500 m^2/kg，凝胶时间 ≥80 min，流动度 ≥240 mm，初凝 ≥90 min，终凝 ≤150 min，抗压强度 1 h≥3 MPa、1 d≥12 MPa、3 d≥25 MPa，水中自由膨胀率 3 d≥0.01%；注浆终止压力应大于 1.5 MPa；因注浆压力、注浆量与地质情况和地连墙施工质量密切相关，在正式施工前应进行试注浆，以确定注浆参数，正式施工时应由经验丰富的人员进行操作。

2.3.3 邻近建筑物保护

(1)概况

①基坑概况

天津市商业银行塘沽支行大楼位于枢纽明挖基坑Ⅰ区和Ⅱ-2 区的交界附近。见图 2—29。

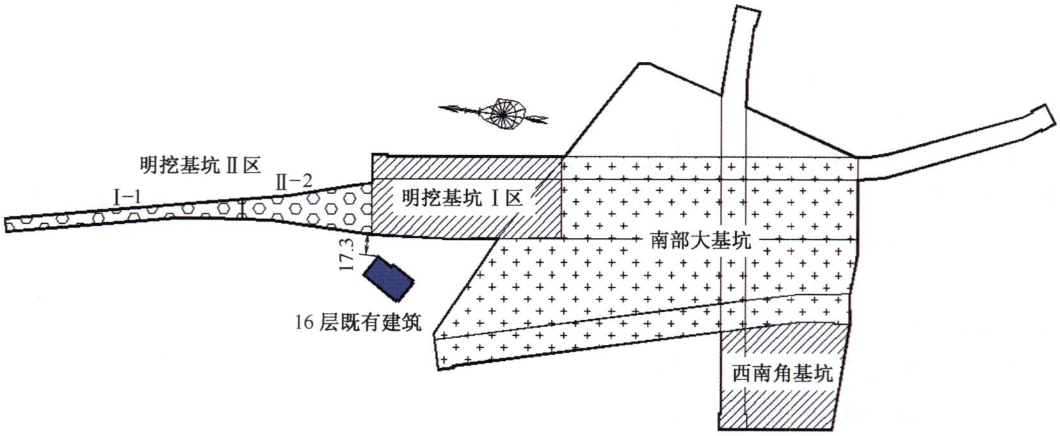

图 2—29 天津银行大楼平面位置图

明挖基坑Ⅰ区和Ⅱ-2 区围护结构均采用 1 000 mm 厚度地下连续墙，墙顶设 1 000 mm×1 000 mm 冠梁。该范围内Ⅰ区基坑深 20.4 m，宽 88.8 m，连续墙长 61 m 且穿透⑧5 粉砂层和⑨2 粉土层进入⑩1 粉质黏土层；Ⅱ-2 区基坑深 20.4 m，宽约 58 m，连续墙长 63 m 且穿透承压水层⑥2 粉土层、⑦4 粉砂层、⑧4 粉砂层进入⑩1 粉质黏土层。

范围内Ⅰ区和Ⅱ-2 区基坑均设置 4 道钢筋混凝土支撑和 1 道 $\phi 609$ 钢管钢管斜坡倒撑。第一道钢筋混凝土支撑尺寸 800 mm×800 mm，第二至第四道支撑尺寸 1 100 mm×1 300 mm，支撑竖向间距从上到下依次为 4 700 mm、4 100 mm、3 400 mm。

②主体结构概况

范围内主体结构横剖面见图 2—30，站房顶板结构采用三连拱形式，并在咽喉区处逐渐减小跨度，顶板拱顶处厚 1 000 mm，中板厚 600 mm，底板厚 2 000 mm，侧墙厚 1 200 mm。主体结构采用 C50 防水防腐钢筋混凝土。

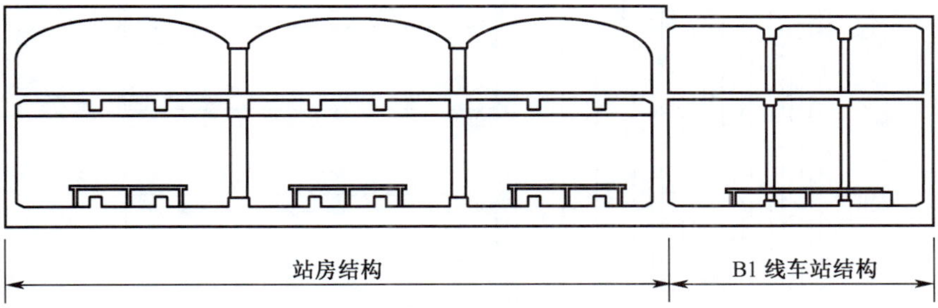

（a）范围内明挖基坑Ⅰ区地下结构横断面示意图

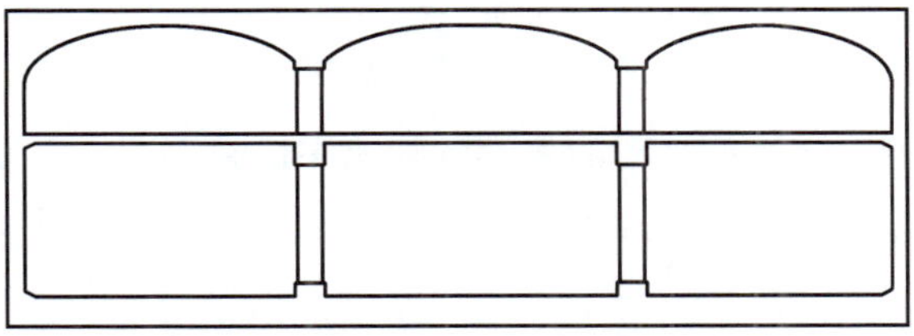

（b）范围内明挖基坑Ⅱ-2 区地下结构横断面示意图

图 2—30　主体结构剖面图

③银行大楼概况

天津市商业银行塘沽支行大楼建成于 1998 年，地下 1 层、地上 16 层，框架-剪力墙结构，建筑总高约为 58.07 m。楼(屋)盖采用现浇混凝土双向密肋板结构，其基础为独立承台桩基础，桩基直径 ϕ800 mm，桩底高程为－36.93 m。银行大楼平面布置呈 L 形，长向长度为 40.40 m，最大宽度为 24.30 m，建筑物距离其东侧站房主体结构最近距离为 17.3 m。

(2)银行大楼保护专项措施

①保护专项措施

为了阻隔基坑开挖所引起的地层变形向建筑物基础的地层区域发展，控制银行大楼的变形，从而确保施工期间银行大楼安全，在基坑地下连续墙和既有银行大楼之间设置两排 ϕ1 000@1 500 钻孔灌注桩(隔离桩)，其中靠近基坑第一排采用钢筋混凝土灌注桩，第二排采用素混凝土灌注桩，桩长 45 m。隔离桩冠梁尺寸为 1 200 mm×1 000 mm。隔离桩及冠梁混凝土等级为 C25 混凝土。为了最大限度发挥隔离灌注桩控制地表沉降和减少建筑物差异沉降的作用又能方便施工，将灌注桩设置在围护结构和建筑物中间位置，见图 2—31。

②建筑物变形控制标准

经清华大学房屋安全鉴定室鉴定，银行大厦检查区域存在楼板局部部位渗水；室外散水开裂；人行道局部塌陷等一些非结构性损伤，对银行大厦结构的整体安全及构件的承载力无影响。银行大厦目前的最大垂直度偏移量值约为 47.9 mm 左右。银行大厦的再允许沉降差值

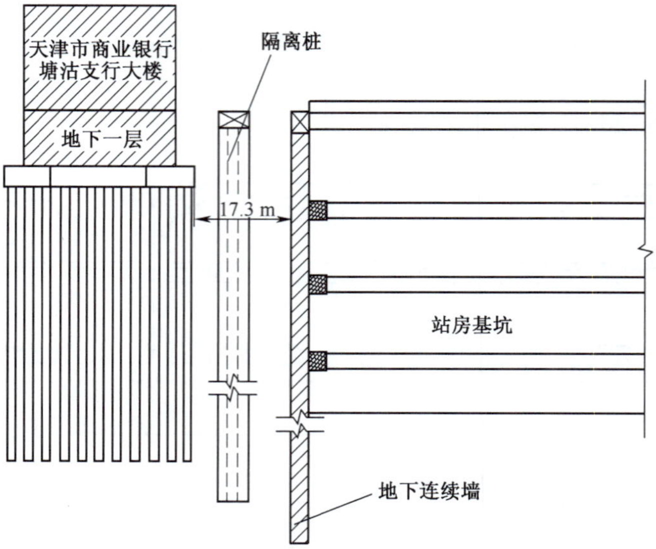

图 2—31 隔离桩立面图

约为 15～17 mm。施工期间银行大厦的最大沉降速率应控制在 0.3 mm/d 以内，同时对银行大楼进行严密的表观观测，一旦发现墙体产生裂缝等异常情况应及时采取有效措施，保证施工期间建筑物的安全。

(3)施工期间天津银行大楼垂直变形

地下结构施工期间，天津银行大楼垂直位移汇总见表 2—2。

表 2—2 天津银行大楼垂直位移汇总表

观测点	变化量(mm)	观测点	变化量(mm)
TF3	1.35	TF6	−0.03
TF4	0.62	TF7	0.56
TF5	−2.36	TF8	0.09

可以看出，在土方开挖及地下结构施工阶段，施工对银行大楼没有明显影响，说明保护措施起到了良好的作用。

2.4 基坑降水设计及研究

2.4.1 场地水文地质

根据岩土工程勘察报告，受基底构造、地层岩性和地形、地貌、气象及海进、海退等综合因素影响，天津地区水文地质条件复杂。地下水类型可分为以下几类：松散岩类孔隙水赋存于第四系、第三系松散堆积层中；基岩裂隙水赋存于碳酸盐岩溶裂隙中。根据地下水埋藏条件，可以将地下水划分为浅层地下水和深层承压水，一般将埋藏较浅、由潜水及与潜水有水力联系的微承压水组成的地下水称为浅层地下水，而将埋藏相对较深(一般 70 m 以下)，与浅层地下水没有直接联系的地下水称为深层承压水。

在自然条件下，天津地区总的地下水补、径、排特点是：在水平方向上，浅层水和深层水由北向南形成补给，在垂直方向上，下卧含水岩组接受上覆含水岩组的渗透补给。

浅层地下水有以下补、径、排特点。

(1)补给：地下水接受大气降水入渗和地表水入渗补给，地下水具有明显的丰、枯水期变化，丰水期水位上升，枯水期水位下降。

(2)径流：由于含水介质颗粒较细，水力坡度小，地下水径流十分缓慢。

(3)排泄：排泄方式主要有蒸发、向深层承压水渗透和人工开采。

本工程场地典型地层剖面见图 2—32。

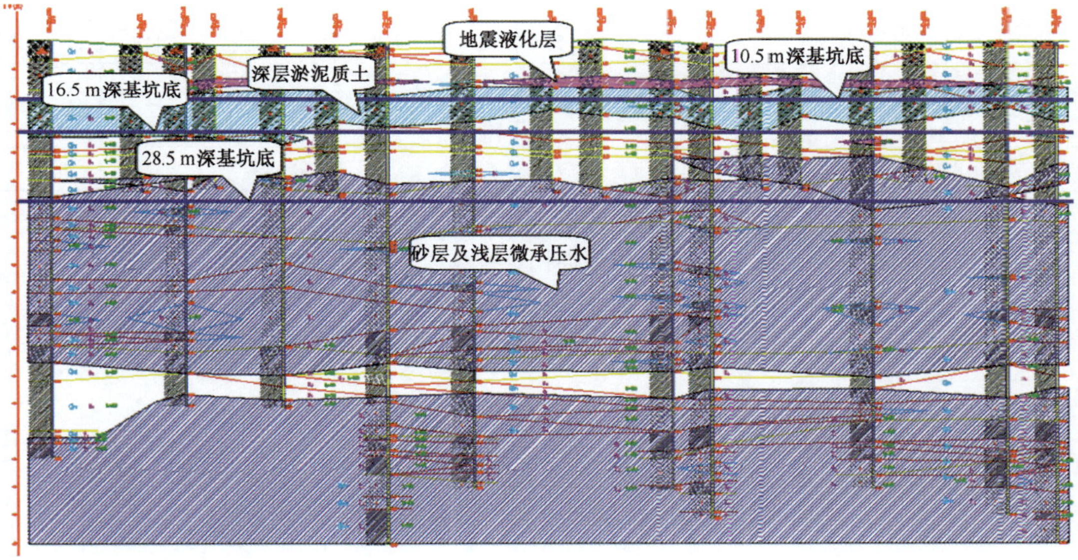

图 2—32 场地典型地层剖面图

2.4.2 浅层微承压水抽水试验

在工程施工前，进行降水设计的准备工作，即场地抽水试验。

(1)抽水试验目的

①通过试验观测潜水含水层和浅层微承压含水层的初始水位。

②通过现场单井抽水试验测定浅层微承压含水层的水文地质参数。

③通过抽水试验了解地层水位变化规律，判定各层之间水力联系特征。

④通过抽水试验测定浅层微承压含水层单井实际涌水量，测定涌水量与水位降深的关系曲线。

⑤利用群井抽水试验反演求参并建立地下水三维数值模型。

(2)试验情况

①井布置

a. 在潜水层布置 1 口观测井。

b. ⑦2、⑦4、⑦9 层 26.5～33.9 m 微承压含水层布置 1 口观测井。

c. ⑧4、⑧5 层 33.9～51.0 m 微承压含水层布置 5 口井。

d. ⑧4、⑧5、⑨2、⑨4 混合层 51.6～58.8 m 微承压含水层布置 1 口井。

e. ⑩2、⑩4 混合层 62.2～69.9 m 微承压含水层布置 1 口井。

井编号及井的深度、滤管位置、结构参数，详见表 2—3。

表 2—3 试验井参数表

试验地层层位	试验井类型	井数（口）	试验井号	井深（m）	井径（mm）	管径（mm）	滤管埋深（m）	井管长度（m）	填砾深度（m）
潜水含水层	观测井	1	G3	19	650	219	8～18	9	6～19
⑦2、⑦4、⑦9 含水层	观测井	1	G4	33	650	219	24～32	25	18～33
⑧4、⑧5	抽水井	3	K1～K3	51	650	273	33～50	34	31～51
	观测井	2	G1～G2	51	650	219	33～50	34	31～51
⑧4、⑧5、⑨2、⑨4 混合层	观测井	1	G5	60	650	219	50～59	51	48～60
⑩2、⑩4 混合层	观测井	1	G6	72	650	219	62～71	63	61～72
合计		9							

井群平面布置详见图 2—33，井结构剖面图详见图 2—34。

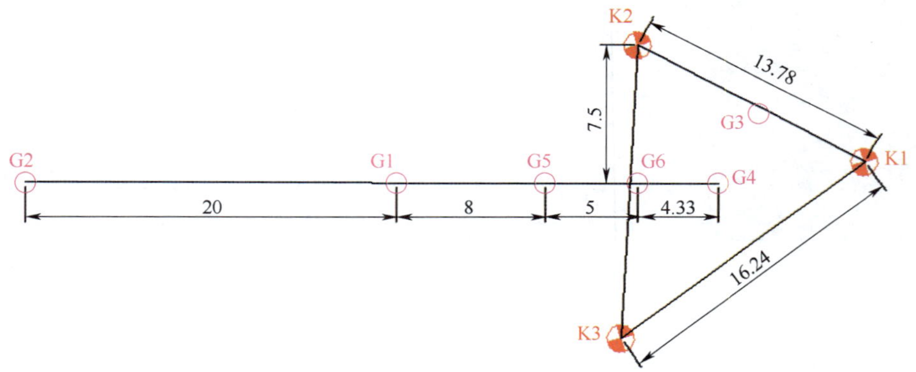

图 2—33 试验井平面布置图（单位：m）

②试验组成

a. 第一组抽水试验—第三微承压水单井抽水试验

K1 作为抽水井，抽汲第三微承压水层中的微承压水。抽水试验过程中，分别观测其余各井井中的地下水位变化。本组单井试验按 2 次降深进行。

b. 第二组抽水试验—第三微承压水群井抽水试验

K1～K3 作为抽水井，抽汲第三微承压水层中的承压水。

抽水试验过程中，分别观测其余井中的地下水位变化。

③成井施工

抽水试验井均采用正循环钻机开凿成井。成井后采用空压机正循环扬水至砂净，最后用深井泵进行试抽，达到水清砂净。

④试验设备

a. 抽水设备

采用 3 只深井潜水泵抽水，水泵技术指标：流量 30 m^3/h、扬程 50 m。

b. 水位自动化监测设备

水位监测系统由 1 台 DT515 全自动数据采集仪、9 只 PW 式传感器和 1 台电脑组成。

c. 流量表：3 个

⑤地下水流数值模型

根据试验场地的水文地质条件，包括试验场地的初始水位、地下水埋藏条件与分布特征、含水介质的土性与渗透特征等，利用国际上通用的《Visual Modflow》渗流软件，建立该地块地下水的渗流数值模型。对模型进行参数识别和验证后，利用该数值模型确定抽水试验期间地下水渗流场的时空分布规律。

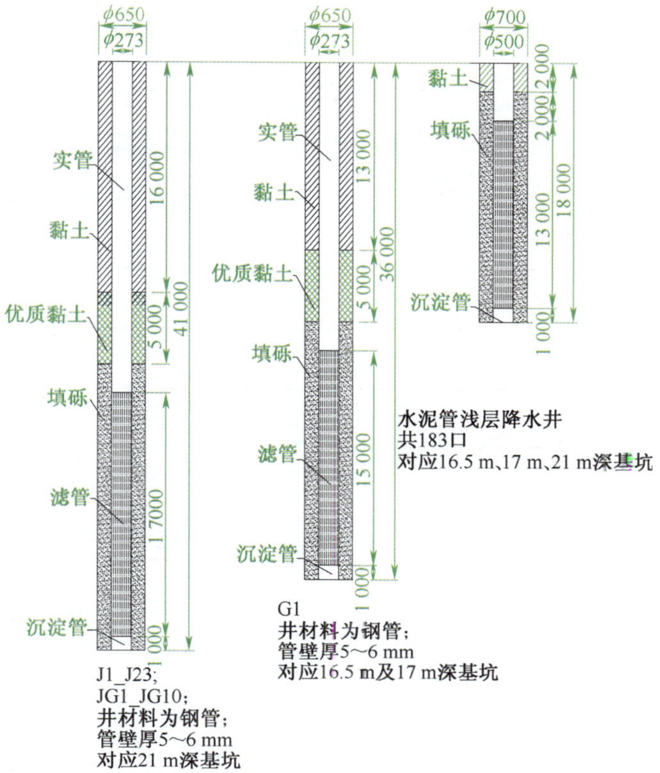

图 2—34 试验井结构剖面图(单位：mm)

(3)试验数据

①第一组单井抽水试验

在 K1 井内下入深井潜水泵进行抽水，试验中的实际出水量为 26.5 m^3/h。同时对其他观测井进行地下水位动态观测，经过约 1 800 min，水位基本稳定。各井水位降深统计见表 2—4，水位降深曲线见图 2—35。

表 2—4 第一组单井抽水试验水位降深观测数据

井号	到抽水井距离(m)	水位降深(m)	备 注
K2	13.37	2.19	观测井
K3	16.12	2.14	观测井
G1	25.09	1.88	观测井
G2	45.06	1.40	观测井
G3	5.92	0.02	观测井
G4	7.89	2.90	观测井
G5	17.12	1.40	观测井
G6	12.16	1.14	观测井
K1		6.04	抽水井

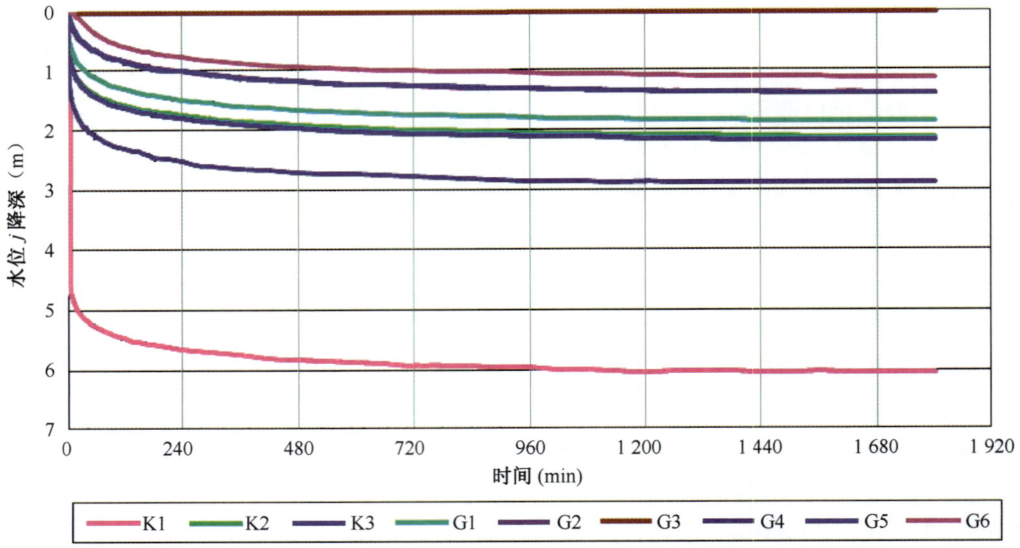

图 2—35 第一组单井抽水试验
观测井内的水位降深-时间关系曲线

②第二组单井抽水试验

在 K1 井内下入深井潜水泵进行抽水，试验中的实际出水量为 53.42 m^3/h。同时对其他观测井进行地下水位动态观测，经过约 960 min，水位基本稳定。各井水位降深统计见表 2—5，水位降深曲线见图 2—36。

表 2—5 第二组单井抽水试验水位降深观测数据

井号	到抽水井距离(m)	水位降深(m)	备 注
K2	13.37	4.48	观测井
K3	16.12	4.28	观测井
G1	25.09	3.83	观测井
G2	45.06	2.87	观测井
G3	5.92	0.04	观测井
G4	7.89	6.12	观测井
G5	17.12	2.86	观测井
G6	12.16	2.34	观测井
K1		11.48	抽水井

③群井抽水试验。

启动 K1、K2 和 K3 三口抽水井，同时观测其他观测井内的水位变化。

三口抽水井启动抽水后，每口井的出水量比较稳定，K1 井平均出水量为 25.5 m^3/h，K2 井平均出水量为 35.5 m^3/h，K3 井平均出水量为 13.2 m^3/h，群孔抽水试验抽水持续 7 d，井的出水能力并无衰减。三口井同时运行后，平均总出水量约为 74.2 m^3/h，每日出水量约1 780.8 m^3/d。

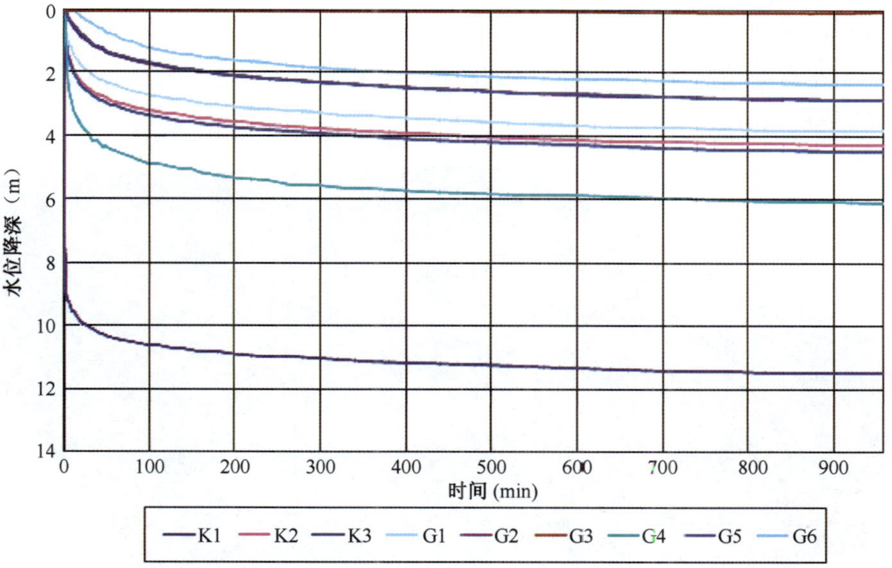

图 2—36 第二组单井抽水试验
观测井内的水位降深—时间关系曲线

观测井及抽水井内的水位降深监测结果见表 2—6 和图 2—37。

表 2—6 群井抽水试验水位降深观测数据

井号	K1	K2	K3	G1	G2	G3	G4	G5	G6
水位降深(m)	11.80	12.87	10.37	8.02	6.57	0.12	9.10	6.62	5.91

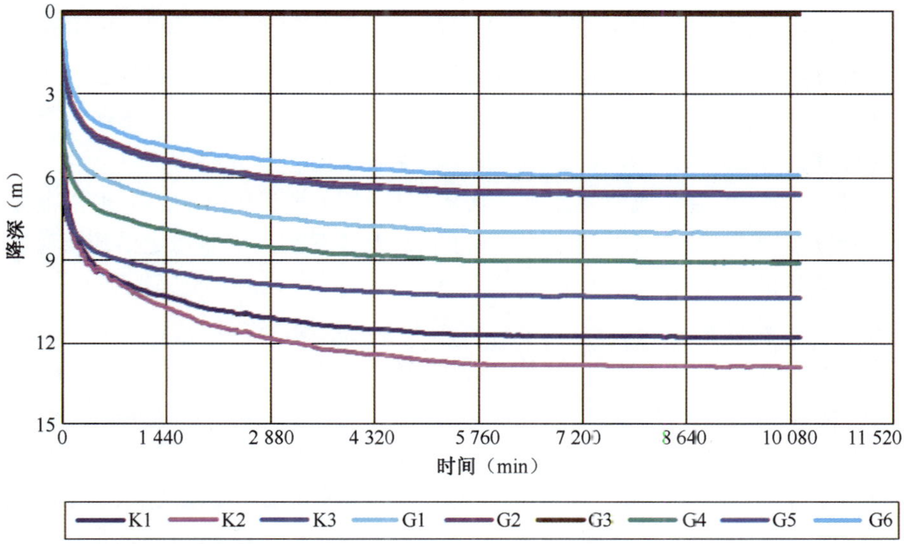

图 2—37 群井抽水试验观测井水位动态变化图

(4)地下水三维非稳定渗流数值模型

根据已有的岩土工程勘察报告、水文地质条件、钻孔资料，模拟区平面范围确定原则：以基坑为中心，边界布置在降水井影响半径以外。

①含水层的结构特征

数值模拟计算采用的含水层三维模型，即水文地质概念模型，见图 2—38。图 2—38 中地层从上到下，依次划分为 9 层。

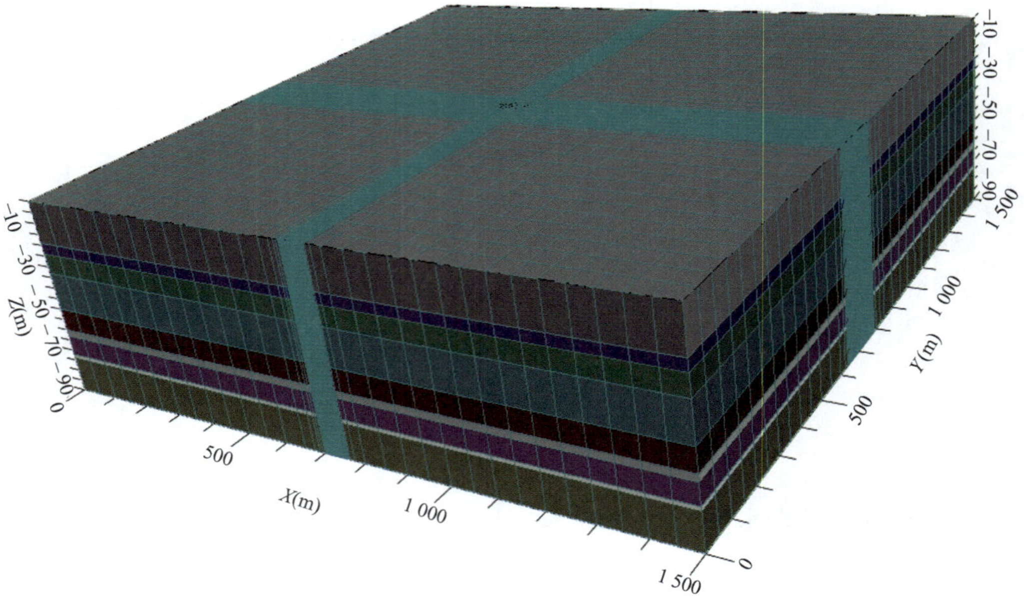

图 2—38 含水层三维模型

②水力特征

地下水渗流系统符合质量守恒定律和能量守恒定律；含水层分布广、厚度大，在常温常压下地下水运动符合达西定律；考虑浅、深层之间的流量交换以及渗流特点，地下水运动可概化成空间三维流；地下水系统的垂向运动主要是层间的越流，三维立体结构模型可以很好地解决越流问题；地下水系统的输入、输出随时间、空间变化，参数随空间变化，体现出系统的非均质性，但没有明显的方向性，所以参数概化成水平向各向同性。

综上所述，模拟区可概化成非均质水平向各向同性的三维非稳定地下水渗流系统。模拟区水文地质渗流系统通过概化、单元剖分，即可形成为地下水三维非稳定渗流模型。

③试验结果分析

a. 单井抽水试验分析

本次进行不同流量下的 2 次单井抽水试验，当 $Q=26.5\ m^3/h$，主抽水井的水位降深为 6.04 m；当 $Q=53.42\ m^3/h$ 时，主抽水井的水位降深为 11.48 m。既而可得 $S—Q$ 的关系，见图 2—39。计算得 K1 井的单位涌水量约为 1.16 L/(s · m)。在抽水层中，各观测井的水位与观测井、抽水井距离的关系见图 2—40，当用小流量抽水时其影响半径为 100.4 m，当用大流量抽水时其影响半径为 102 m。

利用承压水非完整井稳定流理论可以计算得到⑥2 至⑨4 层(20.7～58.8 m)混合含水层的渗透系数 $K=4.56$ m/d。

b. 单井抽水试验数值分析

依据三维渗流模型，在单井试验(小流量)基础上进行参数的优化反演，结果见表 2—7。

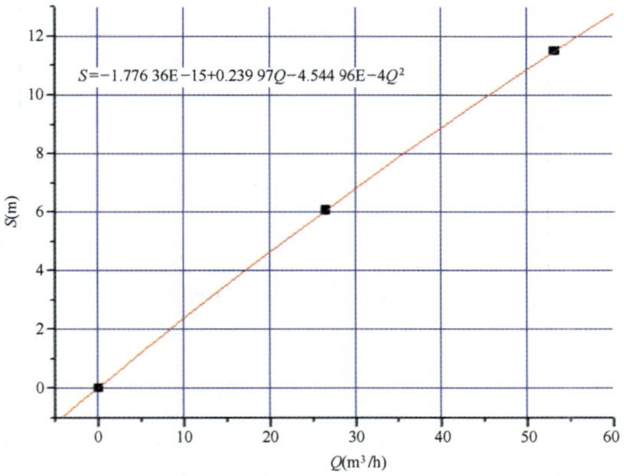

图 2—39 单井抽水试验 S—Q 关系曲线图

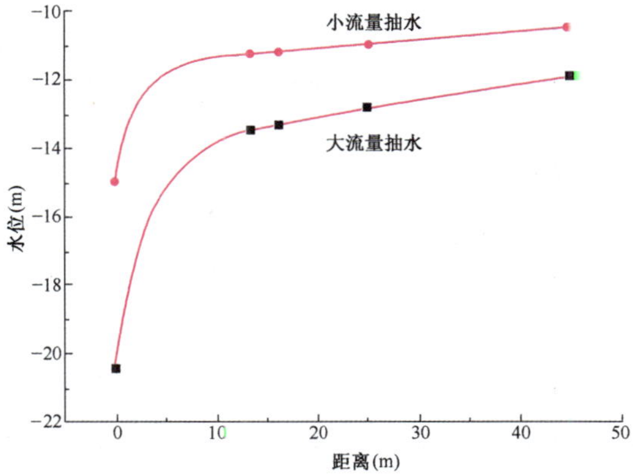

图 2—40 单井抽水试验各观测井的水位与观测井与抽水井距离的关系

表 2—7 单井抽水试验成果表

层　　位	水平渗透系数 k_h(m/d)	垂直渗透系数 k_v(m/d)	贮水率 S_s(L/m)
⑥2 层(20.7～26.5 m)	0.30	0.03	0.000 011
⑦2、⑦4、⑦9 层(26.5～33.9 m)	1.80	1.00	0.000 066
⑧4、⑧5 层(33.9～51.0 m)	4.42	1.20	0.000 075
⑧4、⑧5、⑨2、⑨4 混合层(51.0～58.8 m)	4.00	0.51	0.000 092
⑨3、⑩1 层(58.8～62.2 m)	0.35	0.41	0.000 022
⑩2、⑩4 混合层(62.2～69.9 m)	1.24	1.07	0.000 073 5

把反演得到的水文地质参数应用到地下水水流模型中，可以得到单井抽水试验中的观测井的实测数据曲线与数值模拟曲线的对比分析图，见图 2—41～图 2—47。

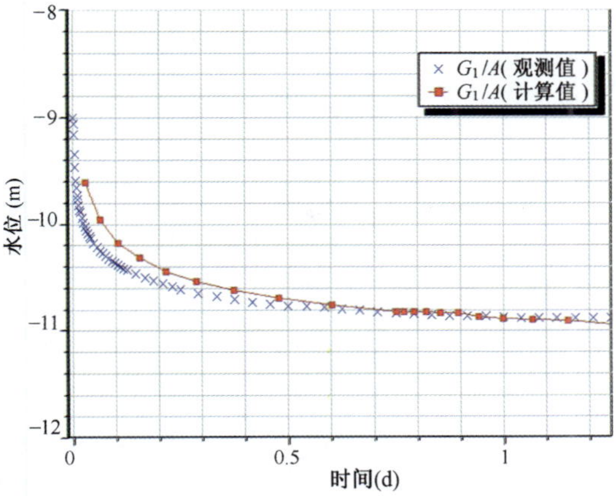

图 2—41 G1 井实测曲线与模拟曲线对比图

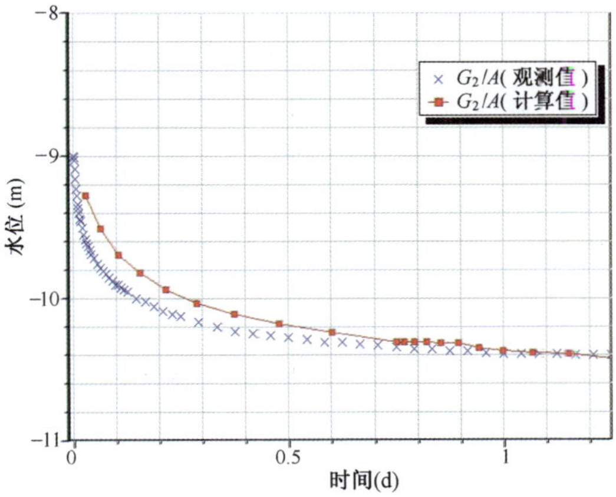

图 2—42 G2 井实测曲线与模拟曲线对比图

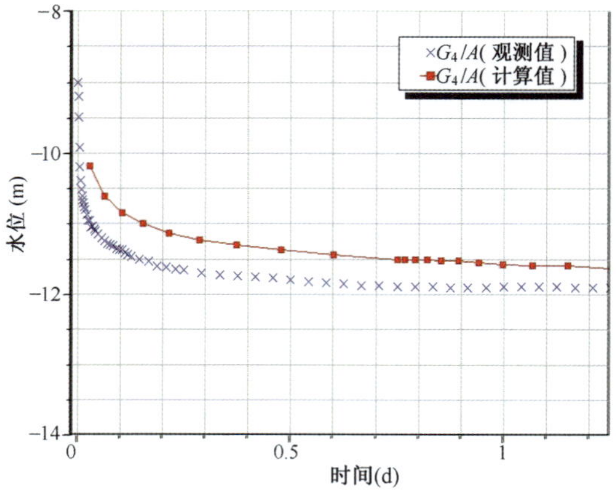

图 2—43　G4 井实测曲线与模拟曲线对比图

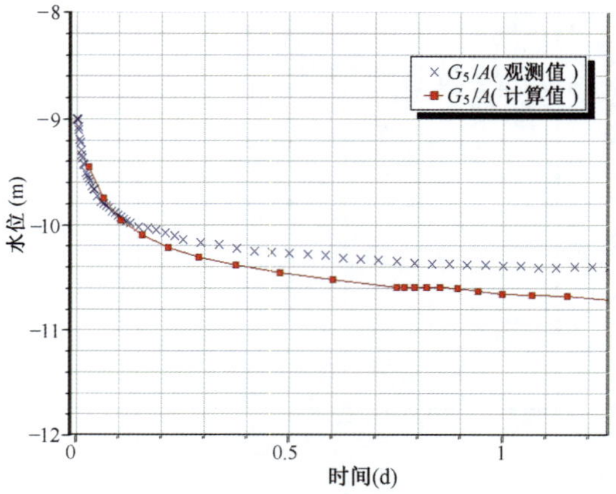

图 2—44　G5 井实测曲线与模拟曲线对比图

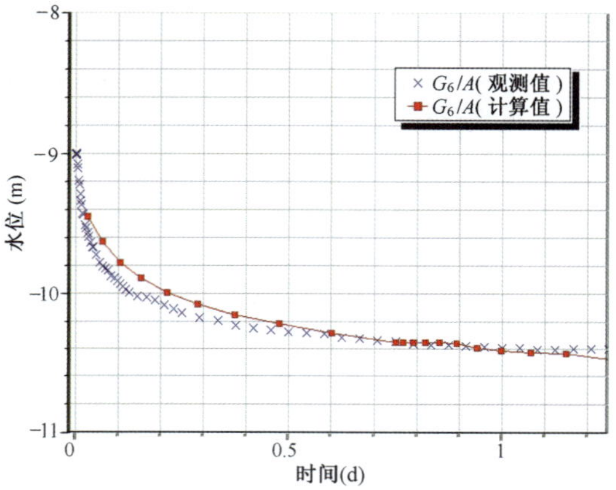

图 2—45　G6 井实测曲线与模拟曲线对比图

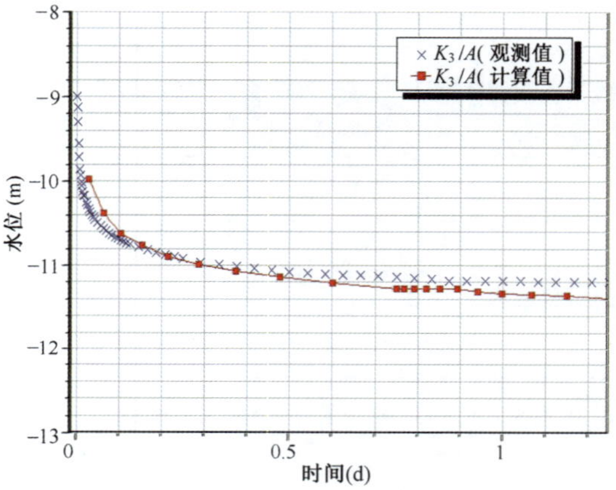

图 2—46　K2 井实测曲线与模拟曲线对比图

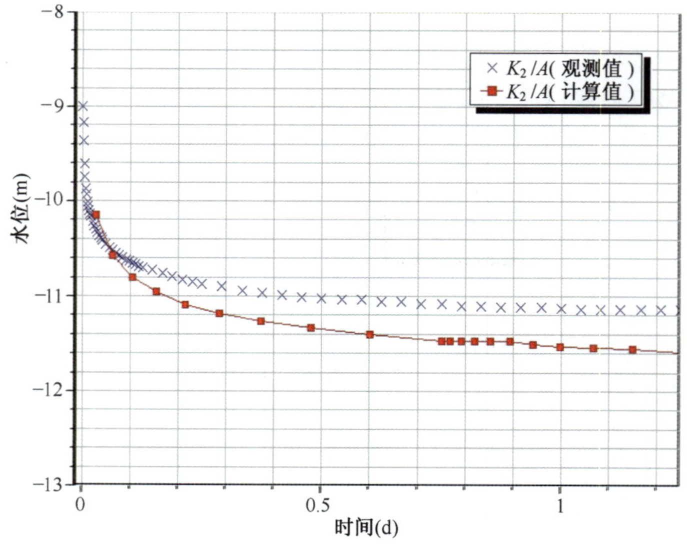

图 2—47　K3 井实测曲线与模拟曲线对比图

从水位随时间的动态变化可以看出，模拟计算的曲线与实际观测的曲线拟合较好，说明单井抽水试验取得的水文地质参数真实反映出含水层的水文地质特性。

通过对数值模型的识别与验证，数值模拟的结果与实测的观测井数据基本一致。通过该模型计算，得到该井抽水第 1 天时试验场地及周围环境微承压水头埋深模拟结果，见图 2—48。

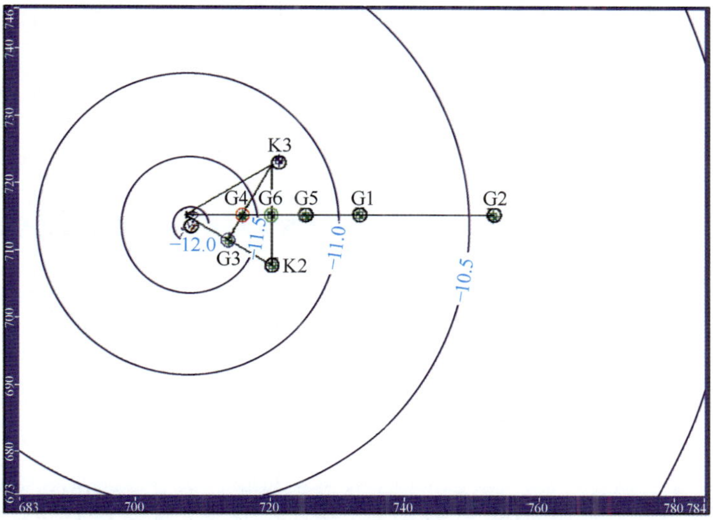

图 2—48　单井抽水试验

抽水 1 天后试验场地及周围环境的水位埋深等值线图(单位：m)

c. 群井抽水试验数值分析

依据三维渗流模型，在群井试验基础上进行参数的优化反演，结果见表 2—8。

表 2—8　群井抽水试验成果表

层　位	水平渗透系数 k_h(m/d)	垂直渗透系数 k_v(m/d)	贮水率 S_s(1/m)
⑥2 层(20.7～26.5 m)	0.33	0.05	0.000 011
⑦2、⑦4、⑦9 层(26.5～33.9 m)	1.80	1.00	0.000 070
⑧4、⑧5 层(33.9～51.0 m)	4.00	0.98	0.000 049
⑧4、⑧5、⑨2、⑨4 混合层(51.0～58.8 m)	3.31	0.53	0.000 061
⑨3、⑩1 层(58.8～62.2 m)	0.30	0.30	0.000 025
⑩2、⑩4 混合层(62.2～69.9 m)	1.2	1.13	0.000 046

把反演得到的水文地质参数应用到地下水水流模型中，可以得到群井抽水试验中的观测井的实测数据曲线与数值模拟曲线的对比分析图，见图 2—49～图 2—53。

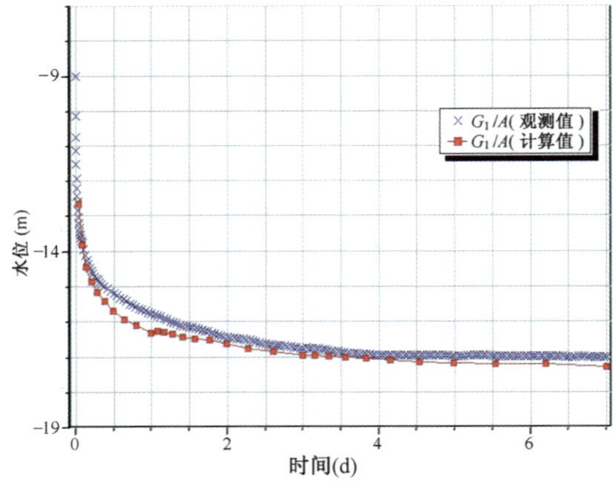

图 2—49 G1 井实测曲线与模拟曲线对比图

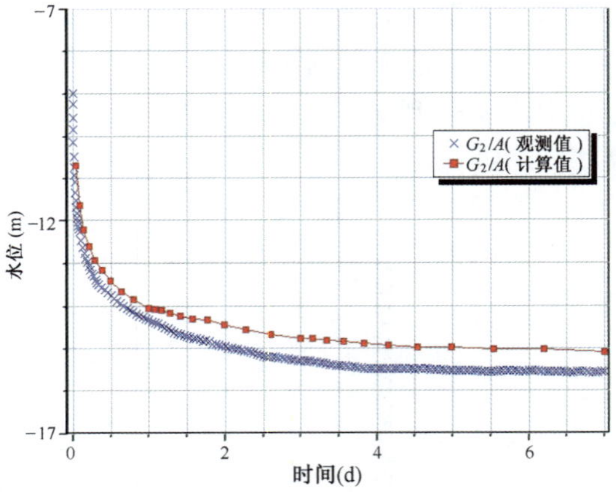

图 2—50 G2 井实测曲线与模拟曲线对比图

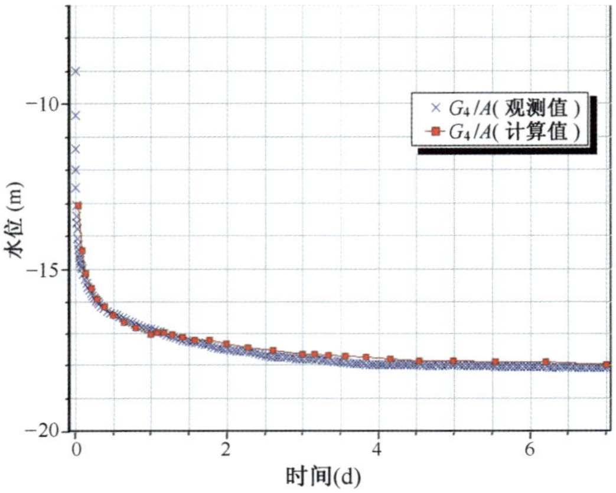

图 2—51 G4 井实测曲线与模拟曲线对比图

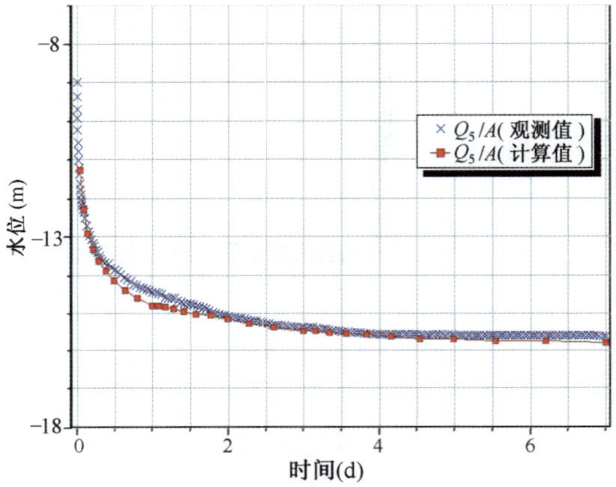

图 2—52 G5 井实测曲线与模拟曲线对比图

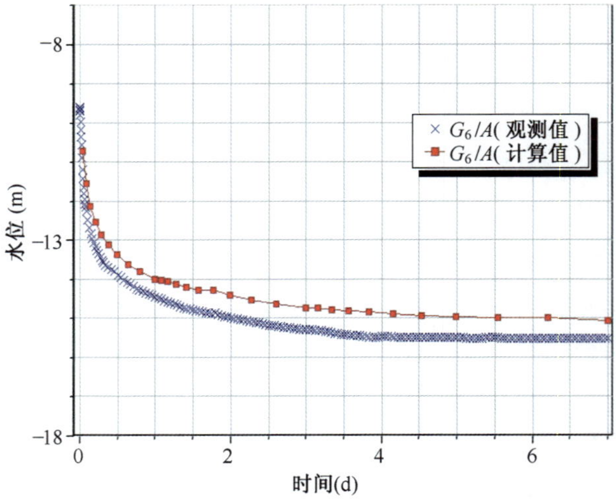

图 2—53 G6 井实测曲线与模拟曲线对比图

由水头随时间的动态变化可见，模拟计算的曲线与实际观测的曲线拟合较好，说明群井抽水试验取得的水文地质参数真实反映出含水层的水文地质特性。

通过对数值模型的识别与验证，数值模拟的结果与实测的观测井数据基本一致。通过该模型计算，得到该井抽水第 1 天时试验场地及周围环境微承压水头埋深模拟结果，见图 2—54。

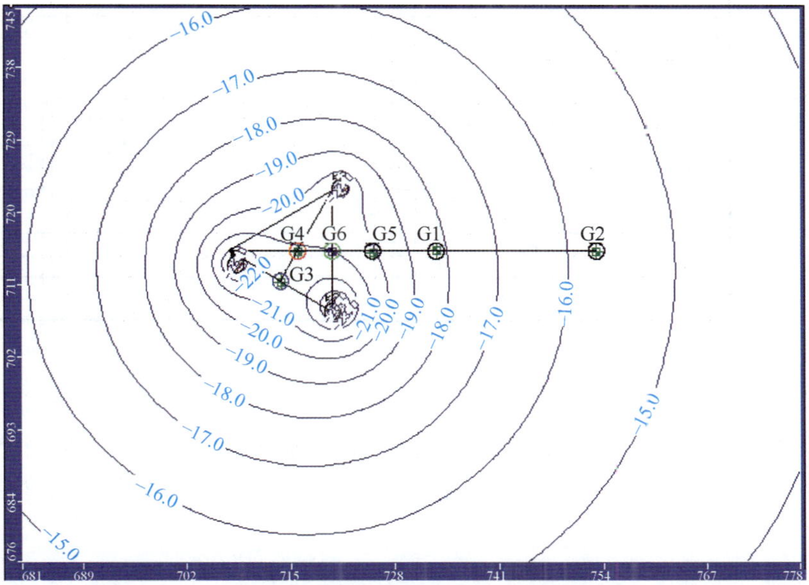

图 2—54　群井抽水试验

抽水 1 天后试验场地及周围环境的水位埋深等值线图(单位:m)

d. 水位恢复

在群井抽水试验结束后，对每个观测井的水位均进行水位跟踪观测，直到水位稳定为止。水位恢复曲线见图 2—55 和图 2—56。

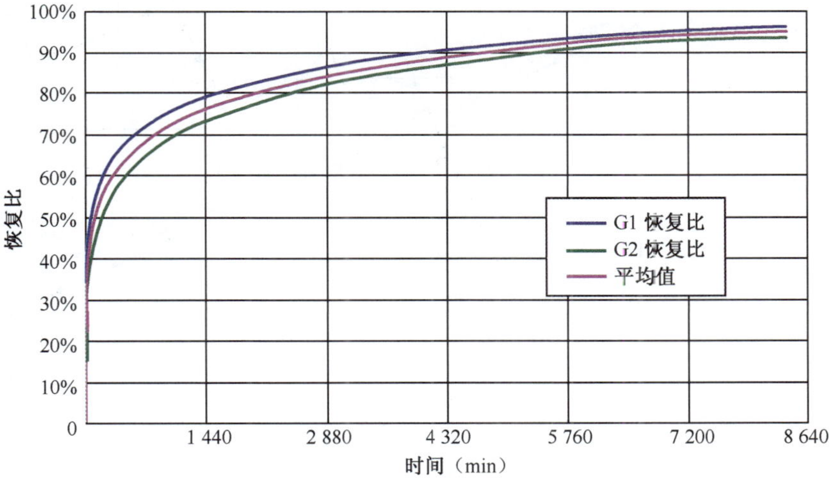

图 2—55　水位恢复比率历时曲线($S—t$)

通过分析得出以下结论：水位恢复 10%，大约需要 3 min；水位恢复 20%，大约需要8 min；水位恢复 60%，大约需要 5 h。所以，工程现场持续停电时间不宜超过 5 min。

(5)地面沉降

①沉降观测布点与数据

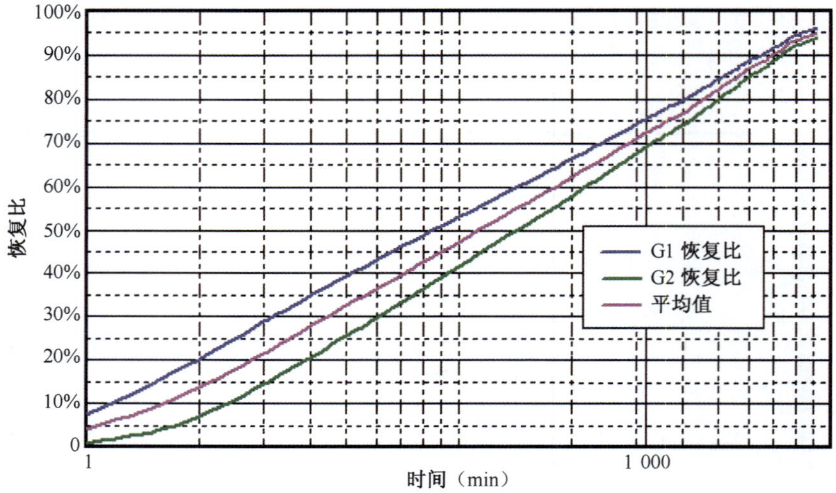

图 2—56　水位恢复比率历时曲线（S—lg$t$）

为初步掌握基坑减压抽水对周围环境的影响，在抽水试验井周围布置 34 个地面沉降观测点（图 2—57），在现场抽水试验期间，实测与分析相邻地面沉降的时空分布规律。

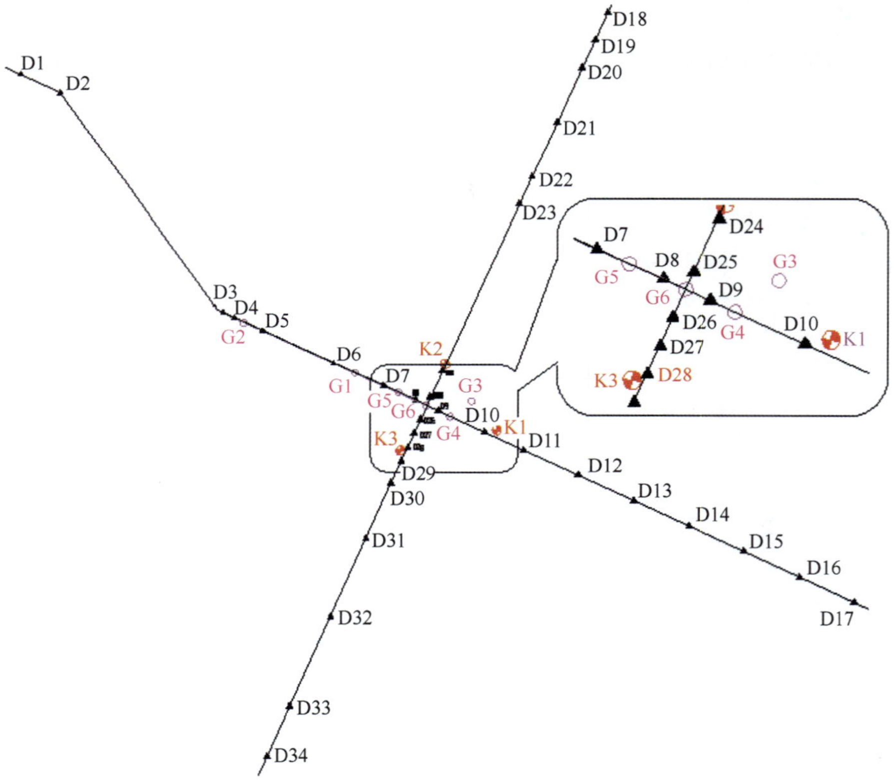

图 2—57　沉降监测点布置图

在图 2—58 中，群井抽水后地面均会产生一定的沉降量，而且随着与群井抽水区域之间距离的增大，地面沉降有逐渐减小的趋势（图 2—59）。抽水区域中心位置的实测最大沉降－29.96 mm，距离抽水区域中心最远处的地面沉降监测点位置的实测最大沉降约－1.19 mm，沉降影响的范围基本在沉降点布置的范围之内。

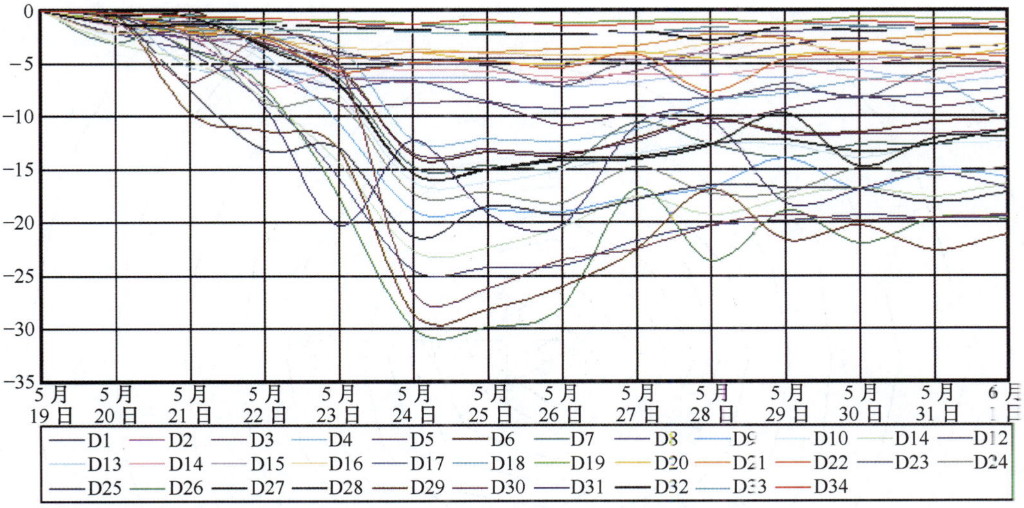

图 2—58　地面沉降随时间变化曲线图

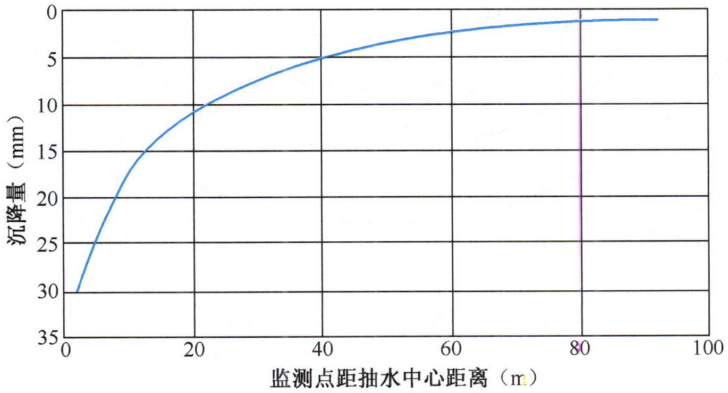

图 2—59　沉降与到井群中心距离由线图

在群井抽水试验停止以后，随着承压水位的逐渐恢复，地面沉降监测点的沉降值开始反弹。各个点恢复的沉降值为 14.01%～42.50%，沉降恢复平均值约为 23.57%。

②地面沉降分析

抽水过程中，水位较快达到稳定，但是沉降是逐渐发展的，最后经过一定的时间，沉降也渐渐趋于稳定。

针对群井抽水试验期间的地面沉降实测资料，选取代表性的沉降数据，运用沉降计算原理与太沙基固结理论进行分析，结合该场地的地质参数和沉降点的沉降随时间变化过程进行对比，以预测该点的最终地面沉降量。

抽水试验地面沉降稳定后的最终沉降值的平面分布图，见图 2—60。

(6)结论

①各微承压含水层间水力联系密切，而潜水含水层与微承压含水层间水力联系微弱。上部潜水层初始水位为 1.43 m，下部含水层初始水位埋深约为 9.00 m。

②地面沉降恢复量主要集中在抽水试验停抽后的短时间内。对于基坑工程开挖时间较长，降水时间也相对很长的情况下，降水引起的沉降变形主要表现为弹性变形和非弹性变形，停止降水后水位在短时间内可以恢复，弹性变形短时间内可以恢复，非弹性变形基本上不能恢

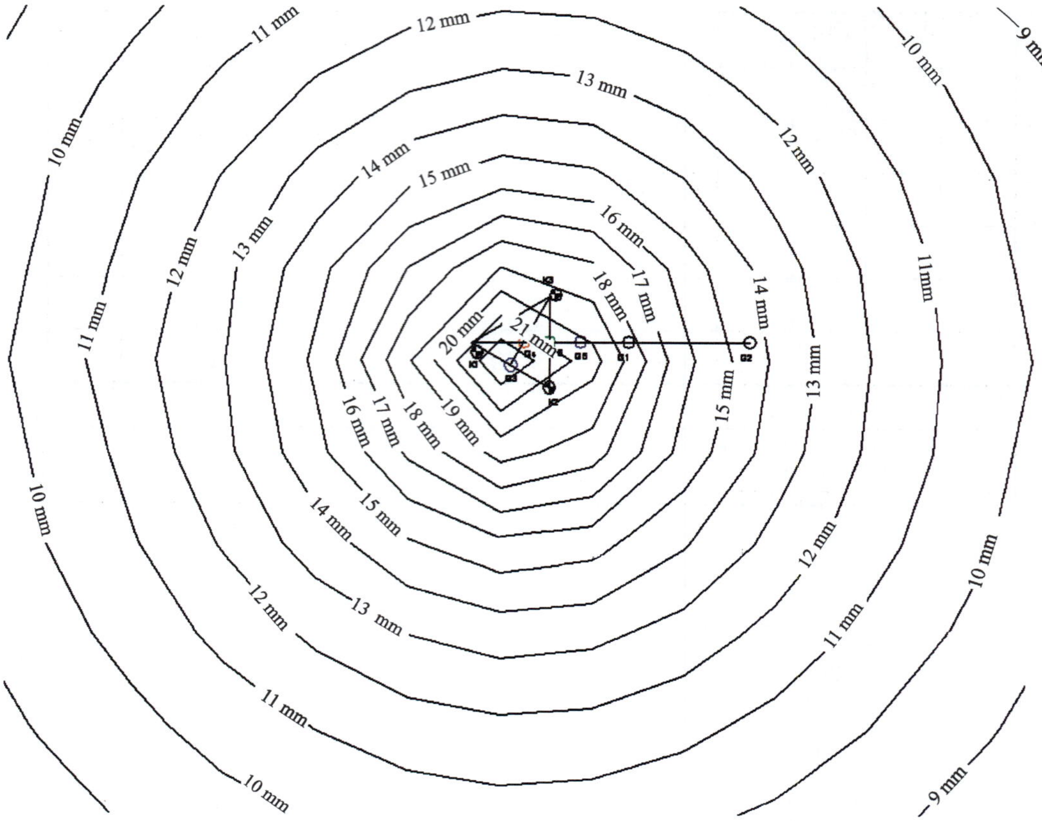

图 2—60　抽水试验地面沉降稳定后的
试验场地及周围环境最终沉降预测图(单位:mm)

复,根据试验分析,短期降水停止后变形回弹比率大约 23.57%左右。

③按水位降深 20.0 m 计算考虑,降水井单井允许出水量可达 80 m^3/h 以上。

④抽水试验过程中单井涌水量非常大,估计单井出水量达到 80 m^3/h 以上。

⑤降水井停止抽水后,3 min 内水位恢复 10%,8 min 内水位恢复到 20%,5 h 左右水位就恢复 60%,前期水位恢复非常迅速。

⑥⑥2 至⑨4 层渗透系数较大,各层水力联系比较明显,砂性较重。

2.4.3 浅层潜水抽水试验

(1)抽水试验目的

确定单井出水量,分析浅层潜水降水的近似等效影响半径;通过抽水试验停止后的水位恢复试验,了解浅层潜水水位恢复情况;通过浅层潜水的群井抽水试验,分析浅层潜水水位变化情况,为降水工程疏干井布置提供依据。

(2)抽水试验内容

①第一组抽水试验—单井抽水试验

以 1 口抽水井作为抽水井,其他作为观测井。抽水试验过程中,分别观测观测井井中的地下水位变化。抽水运行时间为 2 d,水位回复时间为 1 d。

②第二组抽水试验—群井抽水试验 1

以 7 口井作为抽水井，其余井为观测井。抽水试验过程中，分别观测观测井井中的地下水位变化及抽水井的出水量。抽水运行时间为 6 d，水位回复观测时间为 2 d。

③第三组抽水试验—群井抽水试验 2

以 15 口井作为抽水井，其余井为观测井。抽水试验过程中，分别观测观测井井中的地下水位变化及抽水井的出水量。抽水运行时间为 6 d，水位回复观测时间为 2 d。

(3)单井抽水试验

①试验过程

在图 2—61 中，以 S-18 井(图中红色)为抽水井，S-17 和 S-19 作为观测井(图中蓝色)。

抽水时间：2010-03-18　15：45～2010-03-20　15：48

恢复时间：2010-03-20　15：48～2010-03-21　8：48。

在本组试验过程中，西侧离观测井(Ⅳ-S-19)20 m 处连续墙正在成槽施工，北侧 100 m 处桩基正在钻孔施工。

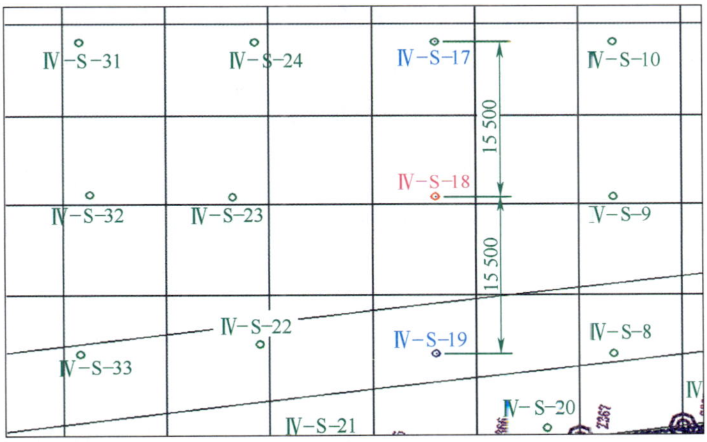

图 2—61　单井试验现场示意图

②试验结果

S-18 主抽水井动水位见图 2—62，最大水位降深 14.4 m，恢复观测中 2 h 水位恢复 73%，4 h 水位恢复 78%，单井出水量约 17 m^3/d。

S-17 观测井水位变化曲线见图 2—63，最大水位降深 0.2 m，恢复观测中 2 h 水位恢复 100%。

S-19 观测井水位变化曲线如图 2—64，最大水位降深 1.5 m，恢复观测中 2 h 水位恢复 73%，4 h 水位恢复 100%。

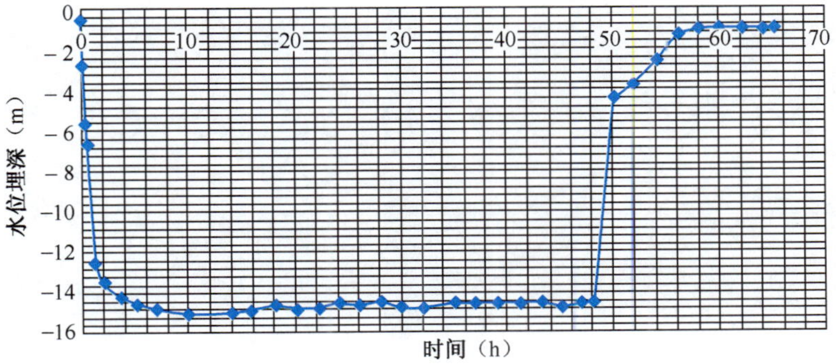

图 2—62　S-18 抽水井动水位变化曲线

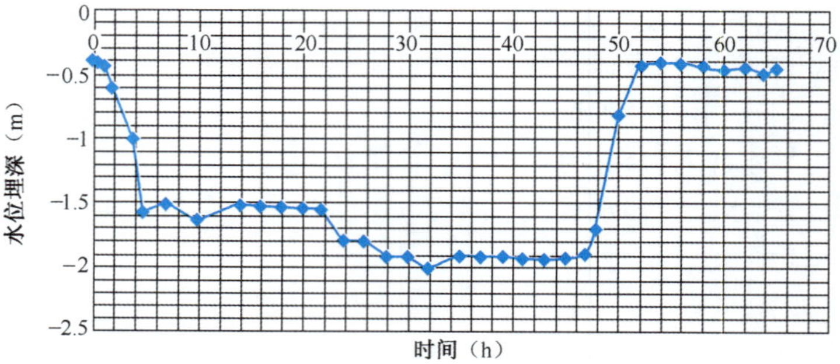

图 2—63　S-19 观测井水位变化曲线

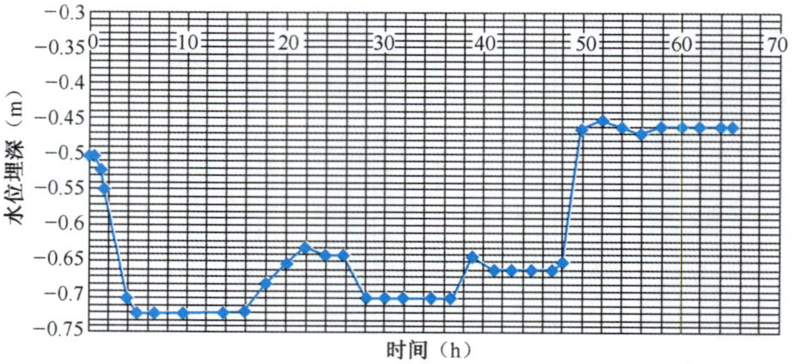

图 2—64　S-17 观测井水位变化曲线

(4)群井抽水试验 1

①试验过程

本次群井试验，以 S-24，S-30～S-32，S-38～S-40 的 7 口井(图中红色)为抽水井，S-17、S-19、S-22、S-33、S-44 和 S-45 作为观测井(图中蓝色)。见图 2—65。

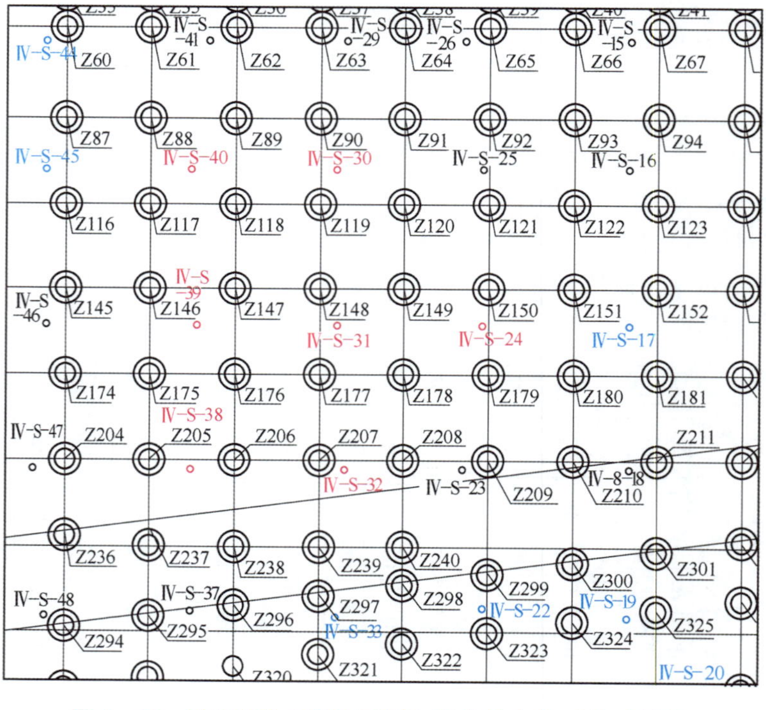

图 2—65　群井试验 1 现场示意图(红色抽水井，蓝色观测井)

抽水时间 2010-03-31 13:40～2010-04-05 14:00

恢复时间 2010-04-05 14:00～2010-04-07 18:00

在本组试验过程中，南侧连续墙施工相距 30 m 左右，恢复时连续墙施工完成，北侧桩基正在施工。抽水过程中 5 口抽水井出现断流现象，断流 5 min 后再次出现水流，抽水 2 min 后重新出现断流，2 口未断流。

②试验结果

各观测井水位变化曲线见图 2—66～图 2—71。

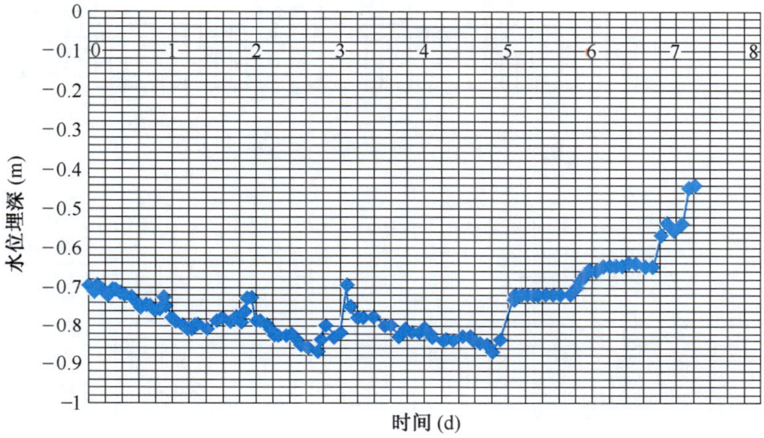

图 2—66 S17 观测井水位变化曲线

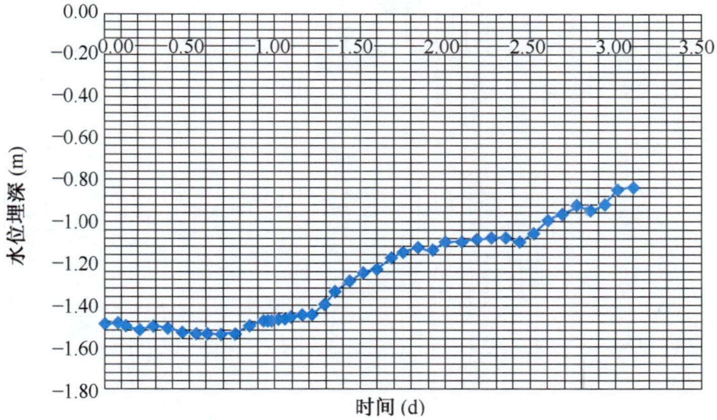

图 2—67 S19 观测井水位变化曲线(观测起始时间 4 月 4 日 15:40)

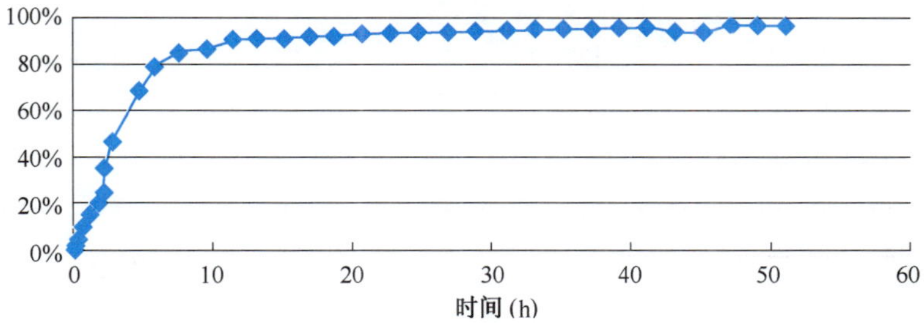

图 2—68 S22 观测井水位变化曲线(观测起始时间 4 月 4 日 15:40)

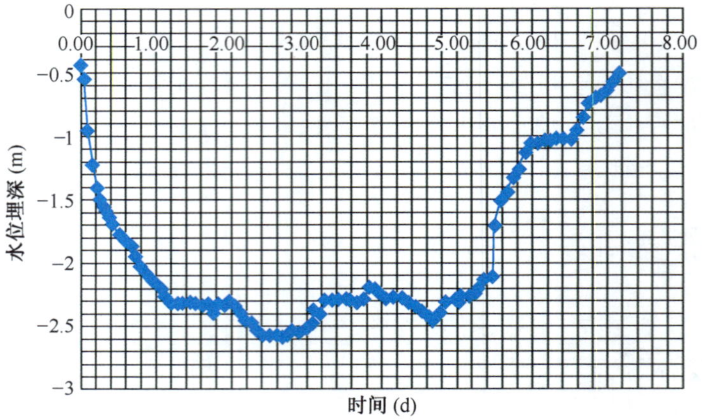

图 2—69 S33 观测井水位变化曲线

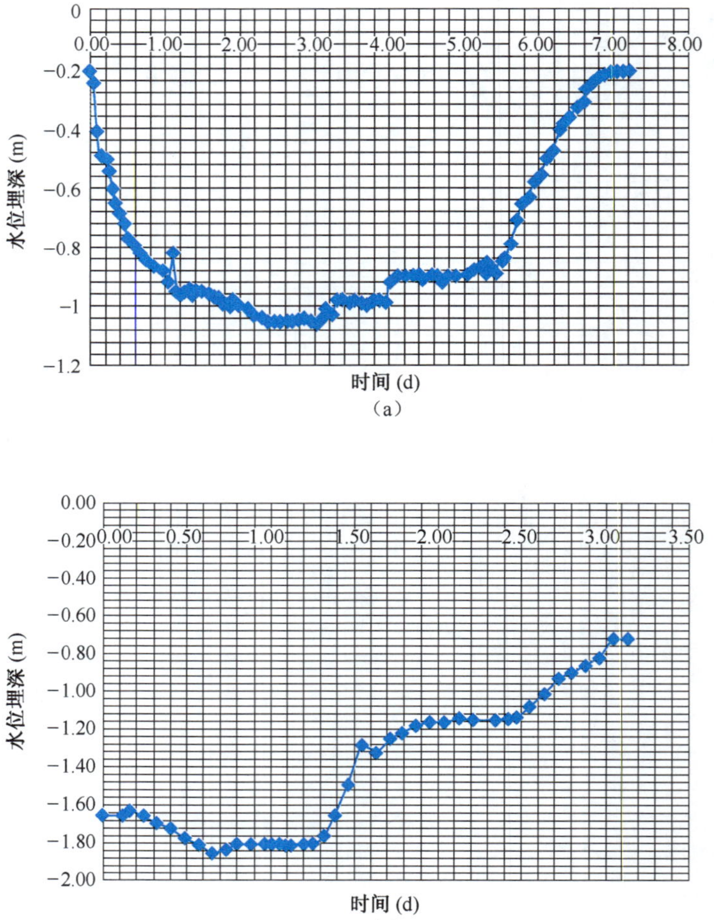

（a）

（b）

图 2—70 S44 观测井水位变化曲线

单井出水量 5～9 m^3/d。在图 2—72 中，恢复观测中 2 h 水位恢复 25%，5.7 h 水位恢复 80%。

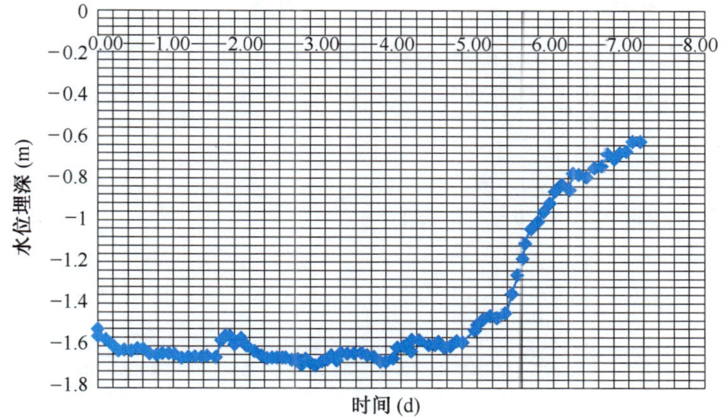

图 2—71　S45 观测井水位变化曲线

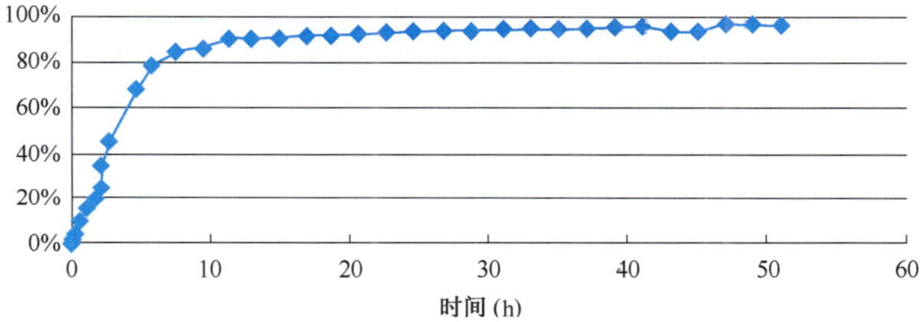

图 2—72　水位恢复时间图

(5)群井抽水试验 2

①试验过程

本次群井试验，以 S-8～S-10，S17～S-19，S-24，S-30～S-32，S-38～S-40，S45～S-46 的 15 口井(红色)为抽水井，S-4、S-5、S-33、S-54、S-59 和 S-69 作为观测井(蓝色)。见图 2—73。

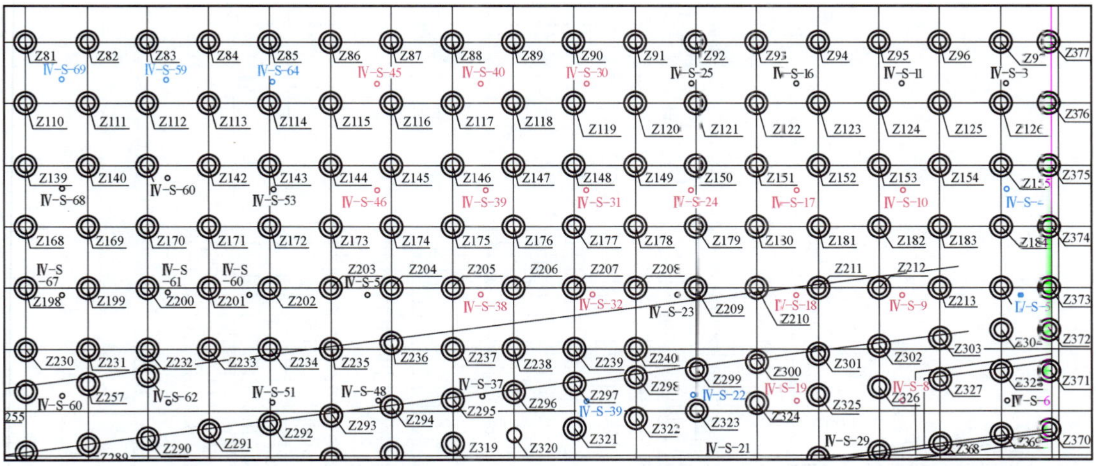

图 2—73　群井试验 2 现场示意图(红色抽水井，蓝色观测井)

抽水时间 2010-04-08　15:00 ～ 2010-4-14　16:25

恢复时间 2010-04-14　16:25 ～ 2010-4-16　16:00

在本组试验过程中，周边连续墙施工结束，东南侧桩基正在施工。本次抽水试验过程中15口井均出现断流现象，断流10 min后出现水流，抽水2 min后重新出现水流。断流后抽水时未出现水流浑浊、水量突然变大的现象，由此可见20 m深的井抽水断流后，没有发生井底管涌、涌砂的现象。

②试验结果

各观测井水位变化曲线见图2—74～图2—80。

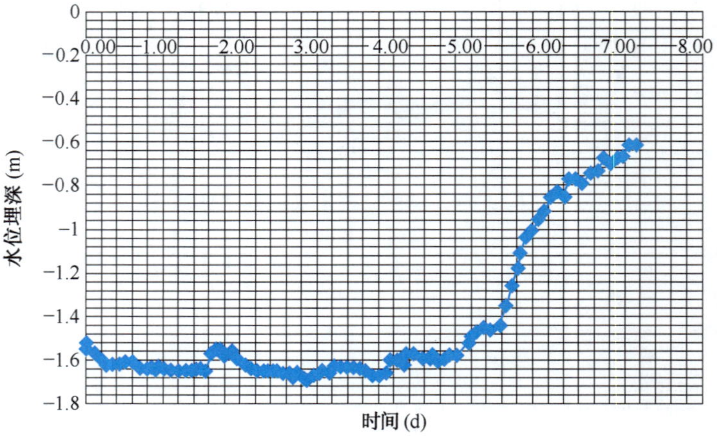

图2—74　S4观测井水位变化曲线

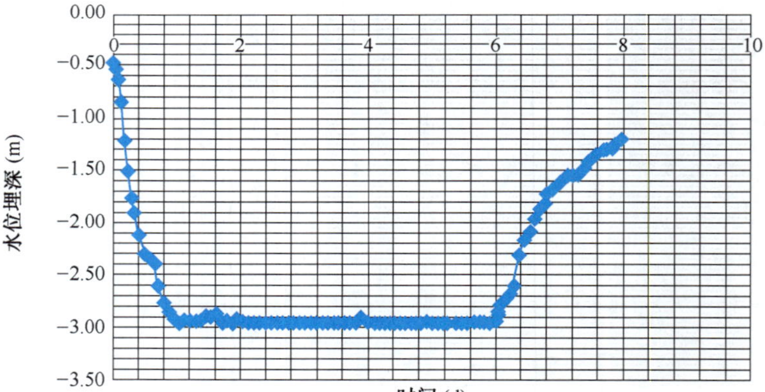

图2—75　S5观测井水位变化曲线

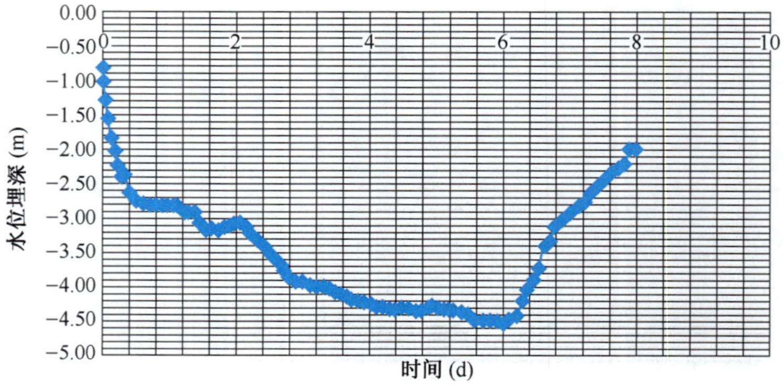

图2—76　S22观测井水位变化曲线

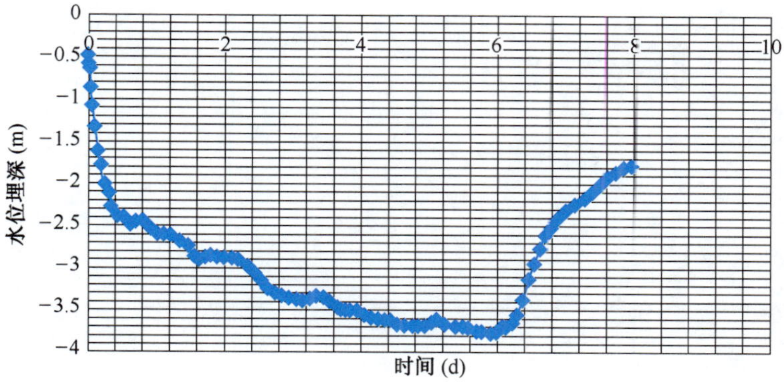

图 2—77 S33 观测井水位变化曲线

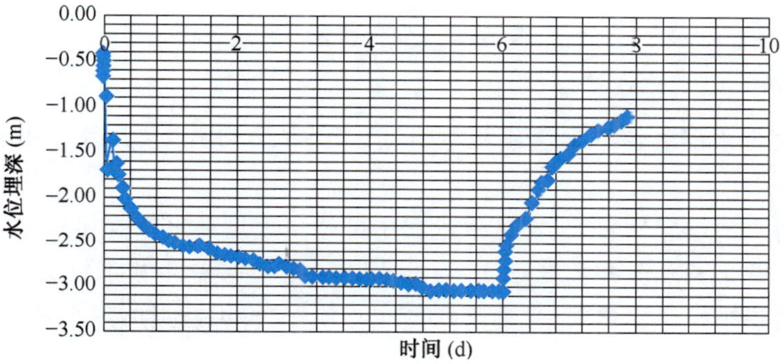

图 2—78 S54 观测井水位变化曲线

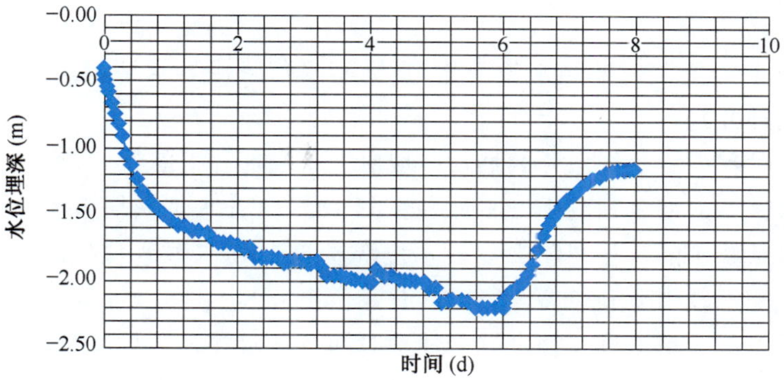

图 2—79 S59 观测井水位变化曲线

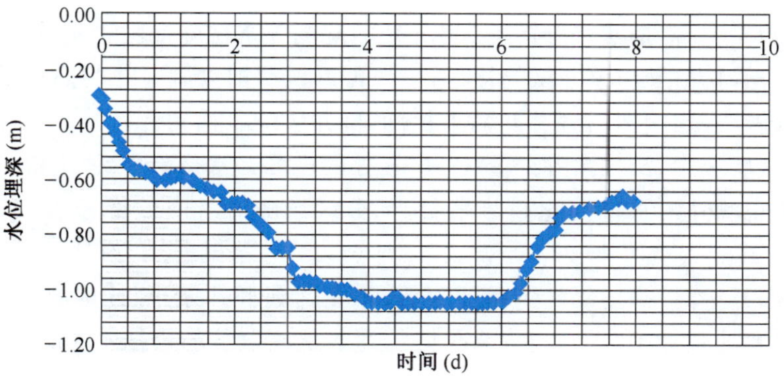

图 2—80 S69 观测井水位变化曲线

根据以上试验曲线图分析计算得知,单井出水量 4～7 m^3/d。在图 2—81 中,恢复观测中 2 h 水位恢复 20%,13 h 水位恢复 80%。

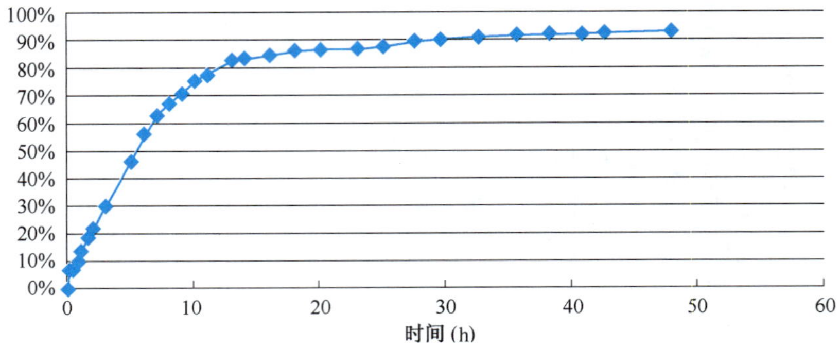

图 2—81　水位恢复时间图

(6)试验结果分析及结论

①浅层潜水含水层的综合渗透系数 $K=0.074\sim0.086$ m/d,其等效影响半径为 34.6～37.3 m。

②本地区潜水地层起伏较大,在疏干过程中可能出现局部水位变化异常的区域。

由单井和群井试验观测井数据可知,与抽水井同距离的观测井水位变化差异较大。分析其地质原因为地层黏性土含量大,且粉土层分布不均,使得不同点的降水效果会有很大的差异性。因此,有以下建议。

a. 在成井施工过程中,实际成井应与地层相结合,对起伏变化较大的地区,应适当调整井深及井结构;

b. 在降水运行时需随时监测水位变化,观测其水位降深异常性,对异常点进行相应的特殊处理(如导排、补井)。

③疏干降水过程中启动抽水井的抽水区域应大于局部开挖面积。

在单井抽水试验的恢复观测中,2 h 水位恢复 73%,4 h 水位恢复 78%。

在群井抽水试验 1 的恢复观测中,2 h 水位恢复 25%,5.7 h 水位恢复 80%。在群井抽水试验 2 的恢复观测中,2 h 水位恢复 20%,13 h 水位恢复 80%。

对比其结果可认为由于群井抽水试验抽水时间及抽水井开启数量对水位的短期恢复影响很大。这就要求在局部开挖过程中疏干降水必须提前启动且抽水井抽水区域应大于局部开挖面积。

在群井试验 1 中,沿抽水井外圈 15.5 m 处的观测井水位降深除个别井为 0.15 m,一般降深为 1.0～2.0 m,其结果与单井试验接近,也即可以说明抽水试验井的抽水影响半径较小,在一定时间段内超过一定距离后各井间的干扰低,群井效应未达到。

但在群井试验 2 中,沿抽水井外圈 15.5 m 处的观测井水位降深约 2.33～3.70 m,群井效应明显,同时从观测井的水位变化趋势来看,部分区域随着时间的推移水位有进一步下降的趋势。

因此在局部开挖时,需启动一定量的井后,才能达到群井效果,同时为达到最佳的疏干效果,必须要有足够的预抽水时间,建议水位降深达到坑底以下的预抽水时间定为 20～30 d。

如果抽水时间因工期需求需要压缩,挖土工况必须随至改变,可以通过分层降水来达到土体疏干的目的。根据本工程第一层土方开挖到负一层底板的要求，开挖前最少的预抽水时间也不得少于 15 d。

④单井及群井试验综合分析后，可以初步确定疏干井间距。

根据单井不间断的抽水试验数据得出浅部综合渗透系数 K 和上部浅层的综合影响半径 R，通过两组不同影响半径的群井抽水试验观测井水位下降趋势对得到的 K 和 R 值进行验证，证明由单井抽水试验数据计算出的 K 和 R 值是比较可靠的。

基于以上可靠分析对于家堡上部浅层潜水层土体特性可以得出以下判断：

a. 在大面积群井抽水的情况下，其单井出水量平均在 3～7 m^3/d，比天津常规的粉质黏土出水量要小，比纯粹的淤泥质黏土出水量要大。其浅层土体地质是粉土、粉质黏土、淤泥质黏土相互沉积交互地层，有别于天津常规浅层粉质黏土地层的土性特征。

b. 根据本工程上部浅层潜水降水的综合影响半径为 34.6～37.3 m，按照常规浅层疏干井布井经验值，井间距应控制在(1/2～1/3)R 之间，本工程疏干井布井间距控制在 15.0～15.5 m 为宜。

2.4.4 降水设计

(1)设计原则和前提条件

①于家堡枢纽工程体量大、基坑深，属超大、超深基坑，施工时存在工期紧、机械设备多、工序交错、施工复杂等特点，需要根据总体设计要求的施工工况对本工程降水进行专项设计。

②从地质勘察成果和大口径群井抽水试验显示，本基坑范围内的地质情况有别于天津地区其他区域的地质特性。在－60.00～－20.64 m 之间普遍存在着第⑥、⑦、⑧、⑨层粉土、粉砂，局部夹带着很薄的黏土、粉质黏土，也即在基坑下存在着厚度达 40 m 左右的承压含水层。且从抽水试验来看，51 m 的承压井无围护情况下单井出水量达 35 t/h 左右。因此，本工程四个基坑深度(10.5 m、17 m、20.5 m、28.5 m)的开挖均会受到承压水层的影响。如果无法对承压水进行有效控制，基坑发生突涌的风险极大。

③由于本工程二层结构采取明挖与盖挖结合的方式施工，对浅层潜水的疏干也提出与以往工程不同的要求，在设计布井及运行控制方面必须进行可行性研究。

④由于本工程深层承压井的单井出水量达 35 t/h 左右，因此，在降水设计时需要探讨抽水设备的有效出水量及出水扬程的关系，同时应考虑总排水系统的排水能力。

⑤本工程土建工期较短，各工序交叉施工，疏干与减压抽水基本考虑为不间断运行，必须提前考虑抽水对周边既有建筑物及将来可能开工的相邻建筑物的影响，进行专项的基底抗突涌稳定性验算及周边沉降预测数值计算。

⑥降水设计与运行控制必须遵循“分层降水、按需降水、动态调整”的控制原则，加强坑内、外水位及沉降观测，严格按照挖土深度、观测数据动态优化运行参数，切不可麻木抽水。

(2)基坑底面稳定分析计算

开挖过程中，当基坑开挖深度在含水层顶板上 1.0 m 以上时，基坑底面的安全稳定性，可按下式进行验算。

$$h_s \cdot \gamma_s > F \cdot \gamma_w \cdot h_w$$

式中 F——基坑底面突涌安全系数，取 1.20；

h_s——基坑底面至承压含水层顶板之间的距离(m)，计算时，承压含水层顶板埋深取最小值；

h_w——承压含水层顶板以上的承压水头高度(m)；

γ_s——基坑底面至承压含水层顶板之间土的层厚加权平均重度，取 19.0 N/m³；

γ_w——地下水的重度，取 10.0 kN/m³。

当基坑开挖深度在含水层顶板上 1.0 m 以内或低于含水层顶板时，需把地下水水位控制在开挖面下 1.00 m。

本区承压含水层顶板最浅埋深为 18.58 m，本工程降承压水临界深度为 12.53 m。当开挖深度为 20.5 m 和 28.5 m 时，需把该基坑中的地下水控制在－21.5 m 和－29.5 m。开挖深度为 16.0 m 时，需把该基坑中的承压水控制在－17.0 m，开挖深度为 10.5 m，不需要降承压水。

(3)降水设计

①采用疏干降水管井，对坑内浅层土体进行疏干降水，以达到有效降低被开挖土体含水率的目的。

②基坑内需进行承压水降水的目的含水层为浅层微承压水含水层，采用减压降水管井进行减压降水，达到保证基坑安全及施工顺利进行的目的。

③对坑内开挖深度以内的承压水进行按需疏干降水，即根据开挖进度，始终保证承压水位位于开挖面以下。

④对坑内开挖深度以下的承压水进行按需减压降水，即始终保持承压水位位于安全埋深以下。

⑤在基坑内外布置水位观测井，根据地下水位监测结果指导降水运行。

⑥开挖过程中，必须确保减压降水井的不间断工作。根据减压井抽水量及观测井内的承压水位监测值，确定开启的减压井数量、抽水速率，合理控制承压水水位，将减压降水对环境的影响控制到最低程度。

⑦为确保减压降水井的不间断工作，施工现场应有双电源保证措施，应配置备用发电机组。

(4)浅层潜水降水井

考虑浅层降水井井深不超过下部含水层隔水板，井深定为 16.0～18.0 m。按照每 200 m² 布设 1 口疏干井考虑，共布置 616 口浅层降水井。

潜水降水井平面布置见图 2—82。

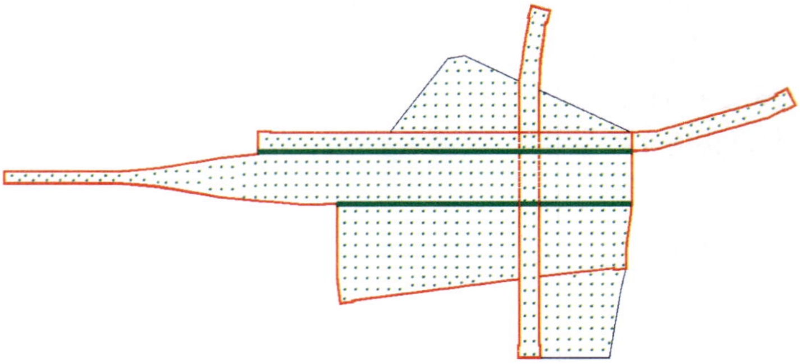

图 2—82　浅层潜水降水井平面布置图

(5)深层降水井设计

承压水在降水过程中,基坑外的地下水将通过基坑周围的围护连续墙墙底绕流进入基坑,坑内地下水位大幅度下降,地下水流态为三维非稳定流,基坑内地下水的降压井是唯一的源头和汇集项,采用 modflow 地下水三维模型进行降水设计,降水设计考虑基坑分块施工,中间设有分隔墙,墙深考虑 60 m。

①28.5 m 深度基坑:需要在坑内布置 25 口减压井(其中 7 口为备用减压井兼观测井)。

②20.5 m 深度基坑:需要在坑内布置 53 口减压井(其中 15 口为备用减压井兼观测井)。

③16.5 m 深度基坑:需要在坑内布置 17 口减压井(其中 5 口为备用减压井兼观测井)。

④坑外观测井:为了观测坑外水位,在基坑外布置 10 口水位观测井。

⑤微承压水降水井平面布置见图 2—83。

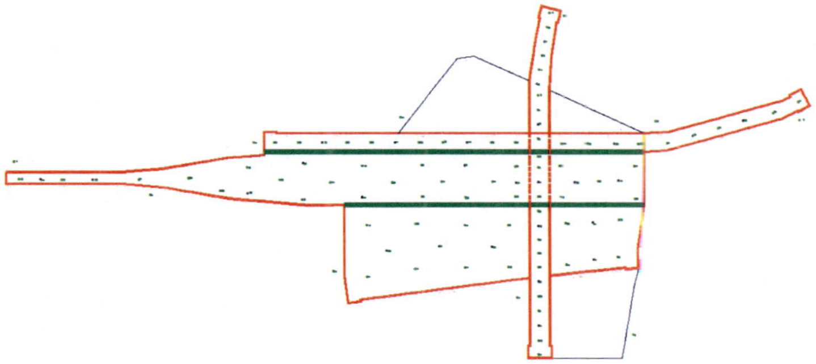

图 2—83 浅层微承压水降水井平面布置图

(6)沉降控制

①本工程降水引起的沉降预估,在基坑外侧最近为 50 mm 左右,沉降主要集中在深坑四周。

②临近建筑物和地下管线的减压井抽水时间应尽量缩短。

③采用信息化施工,建议对坑内外观测井进行实时跟踪自动监测,发现问题及时调整抽水井数量及抽水流量,进行按需降水。

④环境监测资料应及时报送,以绘制相关的图表、曲线,调控降水运行程序,确保基坑开挖安全和环境安全。

⑤在降水井群施工完成后,应进行试运行,再详细制定降压降水的运行方案。

⑥在降水运行过程中随开挖深度逐步降低承压水头,根据试运行得到的结果,按开挖深度确定井群的运行。在控制承压水头足以满足基坑稳定性要求的前提下,尽量减小承压水位降深,以减小和控制降水对环境的影响。

⑦对各种管线、需要保护的建筑、已建成的隧道、地连墙等,必须由专业监测单位进行监测。

⑧基坑施工过程中,如地下连续墙发生渗漏或严重渗漏,应及时采取封堵措施,以避免导致基坑外侧浅层潜水位发生较大幅度下降以及由此加剧坑外的地面沉降。

⑨当坑外观测井内的水位下降超过自然变化的最大值时,应加密监测次数。当地面沉降超过警戒值,必要时应考虑进行地下水回灌,回灌井另行根据沉降情况进行布设。

(7)潜水降水运行

①必须在围护结构及止水帷幕全封闭后才能进行坑内成井施工。

②地基加固施工结束后，方可进行成井施工，否则地基加固会影响成井质量。

③疏干井的成孔必须严格按照设计深度施工。

④疏干井降水应在基坑开挖前 15～30 d 或更早进行，以保证有效降低开挖土体中的含水率，确保基坑开挖施工的顺利进行。

⑤根据开挖进度，井内水位应控制在基坑开挖面以下一定深度内。

(8)微承压水降水运行

①对于深层降水井，为减少降水对周围环境的影响，必须按需降水，随开挖深度的逐渐加大，逐步降低承压水头，以尽量减少减压降水引起的对周围环境的影响。

②降水运行时开启减压抽水井数量和抽水量大小，应根据基坑开挖深度和对应的安全承压水头埋深进行控制。降水运行时，随开挖深度的逐渐加大，逐步降低承压水头，以尽量减少减压降水引起的相邻地面沉降。

③在全部减压井施工结束后，进行 1 次单井及群井减压抽水试运行，检验施工用电及排水情况，同时观测各井水位，根据各井的实际位置和实际出水量，计算与确定承压含水层的水文地质参数。根据基坑分段开挖和支撑的施工实际工况，对降水运行进一步细化，提出每个工况下开启减压抽水井的数量和井号，并计算出该工况下承压水位的安全深度，以指导降水运行。

④减压降水运行过程中降水单位需每天将抽水量和承压水位的动态情况报告总包和监理，总包方应每天将各工况的进展情况及监测资料抄送给降水单位，以便降水单位制作各种图表，掌握降水运行的过程。

⑤基础底板施工完成后，包括养护阶段和地下室及上部结构施工阶段，在确保承压水水头压力不大于抗浮力的情况下，逐步减少减压井的开启数量，直至静止水位情况下水头压力不大于抗浮力，降水全部结束。

(9)成井工艺

①钻井井位确定后应签字认可。钻机基础牢固，应放在硬黏土或碎石道砟上，安放稳固、水平。钻机护孔管中心、磨盘中心、大钩应成一垂线。埋设护孔管要求垂直，并打入原状土中 10～20 cm，外围用黏土填实夯实。井管、砂料到位后才能开钻，钻孔孔斜不超过 1%(对转盘采用水平尺校平)，要求整个钻孔孔壁圆整光滑，钻进时不允许采用有弯曲的钻杆。

②钻进中保持泥浆比重在 1.10～1.15，尽量采用地层自然造浆，整个钻进过程中要求大钩吊紧后徐徐给进(始终处于减压钻进)，避免钻具产生一次弯曲，特别是开孔口不能让机上钻杆和水接头产生大幅摆动。每钻进一根钻杆应重复扫孔一次，并清理孔内泥块后再接新钻杆，终孔后应彻底清孔，直到返回泥浆内不含泥块，返出的泥浆含砂率<12%后提钻。

③按设计井深事先将井管排列、组合，下管时所有深井的底部按高程严格控制，并且保持井口高程一致。井管应平稳入孔，每节井管的两端口要找平，其下端有 45°坡角，焊接时两节井管应用经纬仪从成 90°的两个方向找直，并有两人对称焊接，确保焊接垂直，完整无隙，保证焊接强度，以免脱落，井管每隔 3 m 焊接接箍一只，滤管每隔 1 m 焊接箍一只，接箍管壁厚同井管，长 100 mm。为了保证井管不靠在井壁上和保证填砂厚度，在井管上每隔 10 m 各加一组扶正器 4 块，保证环状填砂间隙厚度大于 150 mm。过滤器应刷洗干净，过滤器缝隙(约 1.5 mm)均匀，外包两层 40 目滤网(降压井采用不锈钢网，疏干井采用尼龙网)。下管要准确到位。自然落下，稍转动落到位，不可强力压下，以免损坏过滤结构。井管到位后下钻杆泥浆稀释到 1.05 左右，在稀释泥浆时井管管口应密封，使泥浆从过滤器经井管与孔壁的环状间返

回地面，稀释泥浆应逐步缓慢进行。

④稀释泥浆比重在 1.05 后关小泵量，将填砂徐徐填入，并随填随测填砂顶面的高度，不得超高。降压井填砂应严格填砂规格与级配。水平向填砂厚度不小于 150 mm，垂向填砂高度严格按设计图纸进行，填砂要求组级配连续，平均粒径 2 mm。

⑤降压井在填砂顶部填 5 m 厚的黏土球或优质黏土，以上再用黏土填实，一直填到地面，才能开始活塞洗井。

⑥洗井要求采用活塞空压机联合洗井方法，先用空压机洗井，待出水后改用活塞洗井，活塞洗井一定要将水拉出井口，形成井喷状，要求洗井到清水，然后再用空压机洗井并清除井底存砂，洗井历时初步估计 12 h。

⑦成井后水的含砂率达到凿井验收标准，确保洗井质量。

⑧安装泵体要稳，泵轴垂直，连接好排水管及电源线路进行抽水，测定井内水位及观测孔水位变化及流量。

⑨为了测定流量，要求每只降压井孔口配备水表测定流量，同时为控制抽水量要求孔口水管上设置止水阀和控制阀。

3 地质条件

3.1 区域地质概况

3.1.1 地形与地貌

天津市位于华北平原的东部，海河流域下游，北依燕山，东临渤海，南北长约 186 km，东西宽 101 km，全市总面积 11 919.7 km^2，其地理坐标介于北纬 38°33′57″～40°14′57″和东经 116°42′05″～118°03′31″。

京津城际延伸线于家堡站站房工程地处华北平原的北部，东靠渤海湾。工程所处地区为冲海积平原，地形平坦开阔，工程周围现均为既有建筑，地面高程－0.49 ～0.21 m，相对高差小于 2 m。

3.1.2 地质构造

本区位于新华夏构造体系与燕山纬向构造带—华北平原沉降带的交接部位，基底构造复杂，区域性深大断裂发育。区域内主要断裂有海河断裂、汉沽断裂、天津北断裂、天津南断裂、宜兴埠断裂等，最新活动早于晚更新世，全新世以来没有活动，且有巨厚的新生界第四系和第三系松散沉积层覆盖于古生界和元古界地层上。

海河断裂自渤海 2 号井以东，向西穿过天津市区，只双口以西，长约 100 km 以上。走向北西西，总体倾向南西，倾角 70°。人工地震资料表明，该断裂为由多条分支断裂组成的阶梯状正断层，断裂带宽达 10 km。据浅层人工地震揭示，该断裂西段双口断裂为中更新世活动断裂。海河主断裂据声波探测表明，上断点埋深 20～25 m，相当全新世早期，属全新世活动断裂。沿断裂有中等地震发生，并有微震活动。

3.1.3 水　文

流经本市的水系有海河水系和蓟运河水系。海河水系由上游的永定河、北运河、大清河、南运河、子牙河五大河流在天津市区及附近汇合，金钢桥以下称海河干流，至入海口全长约 72 km。蓟运河水系由燕山南、北运河和滦河之间各水汇流成蓟运河，在北塘入渤海。

3.1.4 气　象

天津市位于中纬度欧亚大陆东岸。虽面临渤海，但属内陆海湾，受海洋影响较小。主要受季风环境支配，因此属暖温带亚湿润大陆性季风气候。主要特点是：四季分明，冬季寒冷、干燥、少雪；春季干旱多风，冷暖多变；夏季气温高、湿度大、雨水集中；秋季天气晴朗、风和日丽。

3.2 场地工程地质条件

3.2.1 场地概况

(1)地形地貌

站区主要地貌为海积平原,地表经人工改造痕迹明显,原始地貌不复存在,现已成为居住区及商业区,地形较平坦开阔,地面起伏不大,地面高程−0.49～0.21 m。

(2)场地环境

工程所处地区均为工业、企业及民用建筑,建筑物密集,建筑物的基础范围、埋深对工程影响较大。

3.2.2 底层岩性

本区范围内地层主要为第四系全新统人工填土层(人工堆积 Q_4^{ml})、第Ⅰ陆相层(第四系全新统上组河床～河漫滩相沉积 $Q_{4^3}^{al}$)、第Ⅰ海相层(第四系全新统中组浅海相沉积 $Q_{4^2}^{m}$)、第Ⅱ陆相层(第四系全新统下组河床～河漫滩相沉积 $Q_{4^1}^{al}$)、第Ⅲ陆相层(第四系上更新统五组河床～河漫滩相沉积 $Q_{3^e}^{al}$)、第Ⅱ海相层(第四系上更新统四组滨海～潮汐带相沉积 $Q_{3^d}^{mc}$)、第Ⅳ陆相层(第四系上更新统三组河床～河漫滩相沉积 $Q_{3^c}^{al}$)、第Ⅲ海相层(第四系上更新统二组浅海～滨海相沉积 $Q_{3^b}^{m}$)、第Ⅴ陆相层(第四系上更新统一组河床～河漫滩相沉积 $Q_{3^a}^{al}$)、第Ⅳ海相层(第四系中更新统上组滨海三角洲相沉积 $Q_{2^3}^{mc}$)各层具体分布详见工程地质断面图及地质柱状图,其岩性特征描述见表3—1。

表3—1 岩性特征

时代成因	土层编号	岩土名称	土层厚度(m)	顶板高程(m)	岩性描述
Q^{ml}	①1	杂填土	0.50～5.30	−0.24～2.90	杂色,松散,潮湿,水位以下饱和,含碎石、砖块、灰渣等建筑垃圾及生活垃圾为主;局部以粉质黏土为主,灰褐色,硬塑
	①2	素填土	0.90～2.10	1.58～2.36	以黏性土主,灰黄色、黄褐色、褐黄色、灰褐色、褐色,可塑～流塑,局部含有机质及腐殖物;以粉土为主,湿,中密
Q_{43}^{al}	③1	粉质黏土	0.70～5.60	−5.30～0.87	褐黄色、黄褐色、灰褐色、黄灰色,可塑～流塑,夹粉土层,具锈斑,局部夹有黑斑,含螺壳,含较多氧化铁及锰质结核,土质不均
	③2	粉土	0.50～3.90	−5.42～0.46	褐灰色、黄灰色、黄褐色,中密～密实,湿～很湿,具锈斑及灰色条纹,夹粉质黏土薄层
	③3	黏土	0.60～3.50	−4.44～0.81	黄褐色,软塑～流塑,具锈斑、含腐殖质,具黑色条纹,土质不均
	③5	淤泥质粉质黏土	0.40～5.70	−6.89～0.52	灰黄色、灰褐色,流塑,具锈斑,夹黑灰色条纹,具有机质,夹薄层粉土
	③6	淤泥质黏土	0.50～3.40	−3.85～0.64	黄褐色、灰褐色、流塑,夹粉土薄层,含有机质,含姜石

续上表

时代成因	土层编号	岩土名称	土层厚度（m）	顶板高程（m）	岩 性 描 述
Q_{42}^{m}	④1	粉质黏土	0.60～14.50	－19.23～－1.27	灰色、灰褐色、褐灰色、软塑～流塑，含贝壳碎片，夹粉土薄层，具黑色斑点
	④2	粉土	0.50～5.70	－17.70～－1.61	褐灰色、灰色、湿～很湿，中密～密实，含贝壳碎片，夹粉质黏土薄层，含有机质
	④3	黏土	0.40～8.70	－18.20～－1.43	褐灰色、灰褐色、灰色，可塑～流塑，夹粉土团块，含贝壳碎片，具黑色条纹及斑点，局部含腐殖质
	④4	粉砂	1.50	－4.65	灰褐色，密实，饱和
	④5	淤泥质粉质黏土	0.50～8.20	－17.13～－1.14	灰色、灰褐色，流塑，含贝壳碎片，夹粉土薄层，具黑灰色斑点
	④6	淤泥质黏土	1.00～10.50	－14.35～－0.6	灰色、褐灰色、灰褐色、流塑，含贝壳碎片及有机质，夹粉土薄层
Q_{41}^{h}	⑤1	粉质黏土	0.60～4.90	－20.45～－7.49	浅灰色、灰白色、灰黄色、硬塑～软塑，顶部为灰黑色及黑色泥炭层，局部夹少量贝壳碎片
	⑤3	黏土	0.50～3.20	－19.82～－13.10	浅灰色、灰白色、灰黄色、可塑，顶部为灰黑色及黑色泥炭层
Q_{41}^{al}	⑥1	粉质黏土	0.60～5.80	－23.62～－10.69	灰黄色、黄褐色，软塑～可塑，具锈斑，夹螺壳，夹粉土薄层，含零星姜石
	⑥2	粉土	0.50～7.30	－24.80～－16.94	灰黄色、褐黄色，湿，密实，含螺壳碎片，夹粉砂薄层，具锈斑
	⑥3	黏土	0.50～5.60	－23.80～－17.56	灰黄色、褐黄色，软塑～硬塑，具锈斑，含姜石，夹黑色条纹
	⑥4	粉砂	0.20～5.70	－26.39～－19.27	褐黄色、灰黄色，中密～密实，饱和，夹黏性土薄层，含零星螺壳碎片
Q_{3c}^{al}	⑦1	粉质黏土	0.50～6.70	－29.55～－15.79	灰黄色、黄褐色、褐黄色、灰绿色，软塑～可塑，具锈斑，含姜石，土质不均，夹粉土薄层
	⑦2	粉土	0.60～8.70	－30.33～－21.20	灰黄色、灰褐色、褐黄色、湿，密实，具锈斑，含姜石，夹粉质黏土薄层
	⑦3	黏土	1.90～4.00	－27.83～－21.07	黄褐色、褐灰色，可塑，具锈斑，土质均匀
	⑦4	粉砂	0.40～10.00	－31.30～－21.51	灰黄色、黄褐色、褐黄色、中密～密实，饱和，成分以石英、长石为主，含螺壳碎片，局部夹粉质黏土薄层
	⑦9	细砂	0.60～6.40	－32.19～－21.91	灰黄色、褐黄色、黄褐色、密实，饱和，成分以石英、长石为主，含螺壳及贝壳碎片
Q_{3d}^{mc}	⑧1	粉质黏土	0.70～5.50	－52.26～－32.31	灰褐色、褐灰色、灰色、黄灰色，软塑～可塑，夹粉砂薄层及泥炭层
	⑧2	粉土	0.50～8.20	－54.30～－31.57	灰色，密实，湿，土质不均，含少量贝壳
	⑧3	黏土	1.10～5.00	－51.63～－41.17	灰褐色、褐灰色、黄灰色，可塑，局部夹砂条带
	⑧4	粉砂	0.70～27.70	－54.60～28.30	灰色、灰褐色、褐灰色，密实，饱和，成分以石英、长石为主，含贝壳碎片，夹粉质黏土薄层
	⑧5	细砂	0.80～11.7	－53.20～－29.34	灰色，褐灰色，灰褐色、黄灰色，密实，饱和，成分以石英、长石为主，夹少量贝壳碎片

续上表

时代成因	土层编号	岩土名称	土层厚度(m)	顶板高程(m)	岩性描述
Q_{3c}^{al}	⑨1	粉质黏土	0.90～4.30	−61.61～−45.81	褐黄色、黄褐色、黄灰色、灰黄色，硬塑～可塑，具锈斑及灰色条纹，含姜石，夹薄层粉土
	⑨2	粉土	0.80～6.50	−63.81～−47.34	黄褐色、灰黄色、褐灰色、褐黄色，稍湿～湿，中密～密实，具锈斑，局部夹薄层粉质黏土，粉砂层，含少量姜石
	⑨3	黏土	0.70～4.40	−59.18～−55.47	黄褐色、褐黄色、灰褐色、棕褐色，硬塑～可塑，具锈斑及灰色条纹，含姜石
	⑨4	粉砂	0.90～11.70	−56.87～−46.49	黄褐色、褐黄色、灰黄色，密实，饱和，成分以石英、长石为主，具锈斑，含少量姜石，夹黏土团块
	⑨5	细砂	0.30～4.50	−52.43～−50.84	灰褐色、灰黄色，密实，饱和，成分以石英、长石为主，含贝壳碎片，夹黏性土薄层及团块
Q_{3b}^{m}	⑩1	粉质黏土	0.50～8.90	−71.20～−55.99	灰褐色、褐灰色、深灰色、黄灰色，软塑～可塑，土质不均，具锈斑，含贝壳碎片，夹粉土及砂土薄层
	⑩2	粉土	0.70～6.00	−69.78～−55.95	灰褐色、深灰色，湿，密实，具锈斑，含贝壳碎片，夹砂土薄层
	⑩3	黏土	0.60～5.30	−65.40～−54.31	灰褐色、褐灰色、棕褐色、黄褐色，硬塑～可塑，具锈色条带及斑块，夹粉土、粉砂薄层
	⑩4	粉砂	0.60～9.50	−67.40～−54.43	灰褐色，密实，饱和，成分以石英、长石为主，夹粉质黏土薄层，具锈斑，夹贝壳碎片
	⑩5	细砂	1.20～6.00	−67.31～−59.83	灰褐色，密实，饱和，成分以石英、长石为主，夹粉质黏土薄层，具锈斑，夹贝壳碎片
Q_{3a}^{al}	(11)$_1$	粉质黏土	0.60～8.10	−84.02～−64.05	黄褐色，软塑～可塑，具锈斑，含姜石及贝壳碎片，局部夹粉土及砂类土薄层
	(11)$_2$	粉土	0.50～4.70	−83.61～−65.45	灰黄色、褐黄色，稍湿～湿，密实，具锈斑，含贝壳碎片，夹砂土薄层
	(11)$_3$	黏土	0.70～3.30	−78.20～−66.61	灰黄色、褐黄色、灰褐色、黄褐色，硬塑～可塑，具锈斑，含姜石及螺壳
	(11)$_4$	粉砂	0.90～7.63	−82.16～−62.20	灰黄色、褐色，密实，饱和，成分以石英、长石为主，具锈斑，含零星姜石，夹粉质黏土薄层
	(11)$_5$	细砂	1.00～5.10	−79.04～−68.66	灰黄色、灰褐色、褐黄色，密实，饱和，成分以石英、长石为主，具锈斑，含贝壳碎片，局部夹粉土薄层
Q_{23}^{mc}	(12)$_1$	粉质黏土	0.90～6.30	−88.12～−75.46	灰色、褐灰色，可塑～硬塑，土质不均，具锈斑，含姜石，夹粉土及砂类土薄层
	(12)$_2$	粉土	0.90～1.80	−86.32～−85.13	灰褐色、黄灰色、灰色，湿～稍湿，密实，具锈斑，含砂颗粒
	(12)$_3$	黏土	2.30～3.30	−83.97～−83.44	灰绿色、浅灰绿色、黄褐色，可塑～硬塑，具锈斑，含姜石，局部夹粉土薄层
	(12)$_4$	粉砂	0.90～15.32	−86.03～−73.50	褐灰色、褐黄色、灰黄色、黄褐色，密实，饱和，成分以石英、长石为主，局部夹黏性土及粉土薄层
	(12)$_5$	细砂	1.04～2.20	−92.11～−80.21	褐灰色、黄褐色、灰黄色、褐黄色，密实，饱和，成分以石英、长石为主，局部夹黏性土及粉土团块

3.2.3 岩土物理力学指标

(1)指标统计和确定原则

①当统计子样多于或等于6组时,给出最大值、最小值、平均值、标准差、变异系数、标准值;当统计子样少于6组时,给出最大值、最小值、平均值。在统计过程中,剔除偏差较大的数值。

②土体的物理指标:天然含水率、孔隙比、比重、重力密度、液限、塑限、塑性及液性指数和压缩系数、压缩模量,使用时宜采用其平均值。

③标准贯入击数、静力触探指标采用平均值。

④基床系数根据室内试验、扁铲侧胀试验及标准贯入试验,结合其他工程经验值综合确定。

⑤岩土热物理指标依据《地下铁道、轻轨交通岩土工程勘察规范》(GB 50307—1999)附录G确定。

(2)岩土物理力学指标

根据《地下铁道、轻轨交通岩土工程勘察规范》(GB 50307—1999)、天津市工程建设标准《岩土工程技术规范》(DB 29—20—2000)的规定,对现场原位测试及室内土工试验结果进行统计分析,各层物理力学指标见岩土物理力学指标统计表,具体指标详见土工试验报告。

(3)扁铲侧胀试验

扁铲侧胀试验采用静力压机把扁铲形探头压入土中,利用气压使扁铲侧面的圆形钢膜向外扩张进行试验,分别测定膜片中心外移0.05 mm和1.10 mm时的膜片内侧的气压P_0和P_1,由P_0和P_1通过理论计算可得到地基土的有关参数。利用扁铲侧胀仪的试验结果可估算地基土层的土类指数I_D、侧胀模量E_D、水平应力指数K_D、不排水抗剪强度C_u和静止侧压力系数K_0、水平向基床系数K_H等。

将试验成果一并进行统计分析。估算结果(采用算术平均值)见表3—2。

表3—2 试验结果表

土层序号	侧胀模量 E_D(kPa)	土类指数 I_D	水平应力指数 K_D	不排水抗剪强度 C_u(kPa)	静止侧压力系数 K_0	水平向基床系数 K_H(MPa/m)
③1	2 667.0	0.33	5.55	32.47	0.75	23.06
③5	1 957.0	0.30	4.74	25.75	0.69	16.95
③6	1 659.2	0.25	7.66	29.61	0.89	14.10
④1	4 623	0.42	2.91	39.40	0.52	40.68
④2	5 342.9	0.53	2.52	34.37	0.49	48.38
④3	3 585.3	0.28	2.68	42.84	0.51	29.42
④5	2 075.5	0.22	2.51	30.44	0.49	16.57
④6	3 342.1	0.35	2.81	33.41	0.52	28.81
⑤1	6 970.5	0.40	2.42	56.78	0.48	61.67
⑥1	6 263.3	0.47	1.76	43.17	0.40	55.72
⑥2	9 303.1	0.52	1.94	55.98	0.43	83.24
⑥3	5 888.8	0.37	2.21	51.53	0.46	50.22

(4) 室内试验测定基床系数

本次采用室内固结方法进行地基土水平、垂直向基床基床系数测定。固结试验法是根据试验中测得的应力与变形的关系来确定基床系数 K，其试验成果见表 3—3(试验数据为高 2 cm，环刀面积为 30 cm^2 试样的试验值)。

(5)标准贯入试验测定垂直向基床系数

根据《地下铁道、轻轨交通岩土工程勘察规范》基床系数与标贯击数 N 的经验关系为 $K=(1.5\sim3.0)N$，取用 2 倍关系按上述公式计算后结果见表 3—4。

表 3—3　垂直向基床反力系数一览表

地层编号	土层名称	水平基床系数(MPa/m)	垂直基床系数(MPa/m)
③1	粉质黏土	233	231.8
③3	黏土	218.7	195.1
③5	淤泥质黏土	207.2	256
④1	粉质黏土	223.7	201
④2	粉土	257.3	432.6
④3	黏土	177.7	179
④5	淤泥质粉质黏土	166.6	144.4
④6	淤泥质黏土	150.1	143.8
⑤1	粉质黏土	258.8	279.4
⑤3	黏土	166.4	175.5
⑥1	粉质黏土	307.1	275.7
⑥2	粉土	547.8	508.5
⑥4	粉土	280.6	229.1
⑦1	粉质黏土	346.9	363.2
⑦2	粉土	473.3	928.3
⑦3	黏土	319.3	283.6
⑦4	粉砂	1 070	651.1
⑧1	粉质黏土		598.7
⑧2	粉土	592.9	561.1
⑧4	粉砂	845.3	971.9
⑨2	粉土	458.1	445.3
⑨3	黏土	217.4	

表 3—4　垂直向基床反力系数一览表

地层编号	岩土名称	标贯击数	垂直基床系数(MPa/m)
③1	粉质黏土	3.8	7
③2	粉土	4.2	8
③3	黏土	3.3	6

续上表

地层编号	岩土名称	标贯击数	垂直基床系数（MPa/m）
③5	淤泥质粉质黏土	3.3	6
③6	淤泥质黏土	3.0	6
④1	粉质黏土	6.9	13
④2	粉土	8.8	16
④3	黏土	6.7	12
④4	粉砂	7.5	14
④5	淤泥质粉质黏土	4.1	8
④6	淤泥质黏土	4.2	8
⑤1	粉质黏土	11	22
⑤3	黏土	9.3	18
⑥1	粉质黏土	11.7	22
⑥2	粉土	19.1	38
⑥3	黏土	13.7	26
⑥4	粉砂	30.1	60
⑦1	粉质黏土	17	34
⑦2	粉土	29.5	58
⑦3	黏土	13	26
⑦4	粉砂	38.7	76
⑦9	细砂	47.3	94
⑧1	粉质黏土	25.1	50
⑧2	粉土	41.2	82
⑧3	黏土	33.7	66
⑧4	粉砂	49.5	98
⑧5	细砂	49.7	99
⑨1	粉质黏土	38.7	76
⑨2	粉土	45.1	90
⑨3	黏土	36	72
⑨4	粉砂	52	104
⑨5	细砂	51	102
⑩1	粉质黏土	41.5	82
⑩2	粉土	43.1	86
⑩3	黏土	35	70
⑩4	粉砂	50.7	100
⑩5	细砂	50.4	100
⑪1	粉质黏土	50.5	100

续上表

地层编号	岩土名称	标贯击数	垂直基床系数(MPa/m)
⑪2	粉土	50.0	100
⑪3	黏土	49	98
⑪4	粉砂	50.8	100
⑪5	细砂	50.5	100
⑫4	粉砂	50.7	100
⑫5	细砂	50.2	100

(6)十字板剪切试验

测定淤泥质土土体对抵抗扭剪的最大力矩，通过换算得到土体的抗剪强度值。试验结果见表3—5。

表3—5 十字板剪切试验

土层编号	平均深度(m)	原状土抗剪强度 C_u(kPa)	重塑土抗剪强度 C_u(kPa)	灵敏度
③1	4.15	32	7.5	4.28
③3	1.525	17.25	3.75	4.96
③5	3.1	25.6	6.68	3.85
③6	2.10	23.4	5.5	4.37
④1	5.58	39.58	10.67	3.97
④3	12.66	47.25	11.9	4.15
④5	9.57	38.8	10.1	3.90
④6	10.83	36.39	10.0	3.73

(7)旁压试验

旁压试验是一种对现场地基土的原位力学试验，通过这项试验可以得到旁压初始压力、旁压临塑压力、旁压极限压力以及旁压剪切模量等力学指标，是用于地基基础设计的重要参数。临塑压力 P_F、极限压力 P_L、旁压剪切模量、旁压模量等均采用旁压试验确定。

为了查明地基土的力学特性及变形特征，对3个指定钻孔进行旁压测试工作，其中1号孔测至39.70 m，2号孔和3号孔测试时，粉砂层涌砂较为严重，经多次尝试后，仍无法进行旁压测试工作，测深分别为28.20 m、31.90 m。共完成旁压试验点48个，其中1号孔完成19个，2号孔14个，3号孔15个。

在3个钻孔内不同层位共做48个点的旁压试验。除个别试验点因成孔质量没达到要求，使得曲线质量较差外，其余试验点均取得可靠的测试曲线。对旁压试验现场采集的数据进行分析计算，旁压试验成果汇总见表3—6(影响旁压测试结果因素较多，土体结构、物理力学特性是其主因，但钻孔成孔工艺对测试结果影响有时非常大，孔径过大或过小，孔壁扰动等)。

表 3—6 旁压试验成果表

旁压井号	土层编号	试验深度(m)	试验土层	初始压力 P_0(kPa)	临塑压力 P_0(kPa)	极限压力 P_0(kPa)	旁压剪切模量 G_m(MPa)	旁压模量 G_m(MPa)
1号	④1	11.36	粉质黏土	102.38	251.25	344.88	0.78	2.12
	⑤1	21.4	粉质黏土	117	456	756	1.59	3.16
	⑥1	24.8	粉质黏土	140	945.5	1 435	3.8	4.22
	⑦2	27.5	粉土	323	2 053	3 177	8.12	21.11
	⑦4	30.55	粉砂	221.5	1 456	2 046.5	4.285	11.14
	⑧2	21.07	粉土	197.75	1 342	2 453.25	5.07	13.18
2号	④1	9.06	粉质黏土	74.71	282.29	386.86	1.12	2.86
	④2	17.3	粉土	94	331	529	1.35	3.51
	⑥1	21.23	粉质黏土	146	418	758.5	1.75	4.66
	⑥2	24.9	粉土	362	1 433	3 035	11.3	29.38
	⑥4	26.5	粉砂	387	1 753	3 766	13.35	34.71
3号	④1	10.17	粉质黏土	72.86	237.43	362.43	1	2.77
	⑤1	19.25	粉质黏土	130	376	638.5	2.08	5.53
	⑥1	23.25	粉质黏土	181	652.5	866	2.36	6.28
	⑥2	26.2	粉土	194	1 120	2 164	3.21	8.35
	⑦4	27.9	粉砂	301	1 131	2 064	3.7	9.62

3.2.4 围岩分级、土石可挖性分级及承载力基本值

围岩分级依据《地铁设计规范》(GB 50157—2003)附录 A 确定，土石可挖性分级依据《地下铁道、轻轨交通岩土工程勘察规范》(GB 50307—1999)附录 B 确定；岩土承载力基本值采用物理指标、静力触探平均值、标准贯入试验修正锤击数，依据天津市工程建设标准《岩土工程技术规范》(DB 29—20—2000)分别查表，结合地区建筑经验综合取值，具体数据见表 3—7。

表 3—7 围岩分级、土石可挖性分级及承载力基本值一览表

地层编号及岩性 \ 项目		围岩分级	土石可挖性分级	承载力基本值 f_0(kPa)
①1	杂填土	Ⅵ	Ⅱ/Ⅲ	—
①2	素填土	Ⅵ	Ⅱ/Ⅲ	—
③1	粉质黏土	Ⅵ	Ⅱ	110
③2	粉土	Ⅵ	Ⅱ	130
③3	黏土	Ⅵ	Ⅱ	110
③5	淤泥质粉质黏土	Ⅵ	Ⅱ	80
③6	淤泥质黏土	Ⅵ	Ⅱ	80
④1	粉质黏土	Ⅵ	Ⅱ	110
④2	粉土	Ⅵ	Ⅱ	120
④3	黏土	Ⅵ	Ⅱ	100

续上表

项目 地层编号及岩性		围岩分级	土石可挖性分级	承载力基本值 f_0(kPa)
④4	粉砂	Ⅵ	Ⅰ	140
④5	淤泥质粉质黏土	Ⅵ	Ⅱ	80
④6	淤泥质黏土	Ⅵ	Ⅱ	80
⑤1	粉质黏土	Ⅵ	Ⅱ	130
⑤3	黏土	Ⅵ	Ⅱ	130
⑥1	粉质黏土	Ⅵ	Ⅱ	150
⑥2	粉土	Ⅵ	Ⅱ	160
⑥3	黏土	Ⅵ	Ⅱ	150
⑥4	粉砂	Ⅵ	Ⅰ	180
⑦1	粉质黏土	Ⅵ	Ⅱ	160
⑦2	粉土	Ⅵ	Ⅱ	180
⑦3	黏土	Ⅵ	Ⅱ	160
⑦4	粉砂	Ⅵ	Ⅰ	200
⑦9	细砂	Ⅵ	Ⅰ	250
⑧1	粉质黏土	Ⅵ	Ⅱ	160
⑧2	粉土	Ⅵ	Ⅱ	180
⑧3	黏土	Ⅵ	Ⅱ	180
⑧4	粉砂	Ⅵ	Ⅰ	250
⑧5	细砂	Ⅵ	Ⅰ	280
⑨1	粉质黏土	Ⅵ	Ⅱ	180
⑨2	粉土	Ⅵ	Ⅱ	200
⑨3	黏土	Ⅵ	Ⅱ	180
⑨4	粉砂	Ⅵ	Ⅰ	260
⑨5	细砂	Ⅵ	Ⅰ	280
⑩1	粉质黏土	Ⅵ	Ⅱ	200
⑩2	粉土	Ⅵ	Ⅱ	220
⑩3	黏土	Ⅵ	Ⅱ	180
⑩4	粉砂	Ⅵ	Ⅰ	280
⑩5	细砂	Ⅵ	Ⅰ	300
⑪1	粉质黏土	Ⅵ	Ⅰ	220
⑪2	粉土	Ⅵ	Ⅱ	230
⑪3	黏土	Ⅵ	Ⅱ	180
⑪4	粉砂	Ⅵ	Ⅰ	300
⑪5	细砂	Ⅵ	Ⅰ	320
⑫1	粉质黏土	Ⅵ	Ⅰ	210
⑫2	粉土	Ⅵ	Ⅱ	230
⑫3	黏土	Ⅵ	Ⅱ	180

3.2.5 地　震

根据国家标准《中国地震动参数区划图》(GB 18306—2001),本场地地震动峰值加速度 0.15g(地震基本烈度为Ⅶ度)。

根据国家有关规定,对重点工程应开展地震小区划及地震安全性评价工作。因此对重点工程设计采用的地震动参数应根据地震小区划及地震安全性评价结果确定。

设计所需其他参数应参照《天津市响锣湾中心商务区—于家堡金融区场地地震安全性评价报告》结果选用。

依据《建筑抗震设计规范》本场地为建筑抗震不利地段。

3.2.6 场地土类型、场地复杂程度及场地类别

(1)根据剪切波速测试孔 09-ZDy-068、09-ZDy-019、09-ZDy-077、09-ZDy-017-3 、09-ZDy-027-1,对地面建筑依据国家标准《建筑抗震设计规范》及天津市工程建设标准《岩土工程技术规范》的规定:场地 20.0 m 范围内等效剪切波速 158～167 m/s,场地类别为Ⅲ类,场地土类型为软弱～中软场地土,场地复杂程度为中等复杂场地。

(2)地铁构筑物场地土类型划分、建筑场地类别划分依据国家标准《铁路工程抗震设计规范》(GB 50111—2006)的规定。依据 09-ZDy-068、09-ZDy-019、09-ZDy-077、09-ZDy-017-3 、09-ZDy-027-1 孔物探剪切波速测试成果,场地 25.0 m 范围内平均剪切波速为 166 ～179 m/s。场地土类型为中软土,场地类别为Ⅲ类。

3.2.7 不良地质现象

(1)地震液化

根据《地下铁道、轻轨交通岩土工程勘察规范》(GB 50307—1999)3.0.11 规定,按照《铁路工程抗震设计规范》(GB 50111—2006)附录 B 和天津市工程建设标准《岩土工程技术规范》(DB 29—20—2000)14.4.3 规定的方法,对地下 20 m 范围内分布的饱和粉土及砂土进行液化判定。依据以上两种判别方法所得结果,综合分析判定本场地局部④2 粉土为地震液化层。详细勘察对判定结果进一步核实、补充。试验结果见表 3—8。

表 3—8　试验结果统计表

钻孔编号	N_0	d_w	d_s	ρ_c	GB 50111—2006				
					N_{cr}	N	初判	结论	抗液化指数
09－ZDy－026	8	0.7	8.6	5.2	6.46	15	液化	不液化	
09－ZDy－023	8	1.1	7.9	3.9	6.06	6	液化	液化	0.99
09－ZDy－023	8	1.1	8.8	4.3	6.37	6	液化	液化	0.94
09－ZDy－074	8	0.3	6.6	3.6	5.83	13	液化	不液化	
09－ZDy－020	8	0.4	8.6	4.3	6.58	8	液化	不液化	
09－ZDy－068	8	0.3	6.9	5.2	5.95	5	液化	液化	0.84
09－ZDy－073	8	0.2	20	3.5	8.12	9	液化	不液化	

续上表

钻孔编号	N_0	d_w	d_s	ρ_c	GB 50111—2006				
					N_{cr}	N	初判	结论	抗液化指数
09－ZDy－067	8	0.5	6.3	5.6	5.63	10	液化	不液化	
09－ZDy－019	8	0.5	10	5.2	6.99	4	液化	液化	0.57
09－ZDy－066	8	0.6	7.3	5.2	6.01	10	液化	不液化	
09－ZDy－058－1	8	0.7	5.8	6.8	5.34	9	液化	不液化	
09－ZDy－015－2	8	0.3	6.6	4.6	5.83	3	液化	液化	0.51
09－ZDy－051－3	8	0.5	6.6	3	5.76	5	液化	液化	0.87
09－ZDy－092	8	3.9	8.6	6.1	5.22	5	液化	液化	0.96
09－ZDy－051－2	8	1.3	8.3	5.6	6.13	9	液化	不液化	
09－ZDy－017－3	8	0.9	6.6	3.6	5.62	5	液化	液化	0.89
08－ZD－0401	8	1.2	7.3	3	5.80	32	液化	不液化	
08－ZD－0402	8	1	7.9	6.1	6.10	10	液化	不液化	
08－ZD－0407	8	0.4	7.9	6.1	6.32	16	液化	不液化	
08－ZD－0411	8	1	7.1	3	12.87	9	液化	液化	0.70
09－ZYJP－027	8	0.3	7.2	3	13.51	3	液化	液化	0.22

钻孔编号	N_0	GB 50011—2001						
		W_i	d_i	N_{cr}	结论	I_{IEi}	I_{IE}	液化等级
09－ZDy－066	8	8.5	1.5	14.2	不液化			
09－ZDy－058－1	8	9.5	1.5	12.4	不液化			
09－ZDy－015－2	8	8.9	1.5	15.3	液化	6.5	6.5	中等
09－ZDy－051－3	8	8.9	1.5	18.8	液化	1.8	1.8	轻微
09－ZDy－092	8	7.6	1.5	11.3	液化	0.5	0.5	轻微
09－ZDy－051－2	8	7.8	1.5	13.3	不液化			
09－ZDy－017－3	8	8.9	1.5	16.9	液化	1.5	1.5	轻微
08－ZD－0401	8	8.5	1.5	18.2	不液化			
08－ZD－0402	8	8.1	1.5	12.9	不液化			
08－ZD－0407	8	8.1	1.5	9.3	不液化			
08－ZD－0411	8	8.6	1.5	12.1	液化	3.9	3.9	轻微
09－ZYJP－027	8	8.5	1.5	12.7	液化	10.0	10.0	中等
09－ZDy－026	8	7.6	1.5	14.2	不液化			
09－ZDy－023	8	8.1	1.5	16.1	液化	0.1	0.1	轻微
09－ZDy－023	8	7.5	1.5	15.3	液化	0.7	0.7	轻微
09－ZDy－074	8	8.9	1.5	17.3	不液化			
09－ZDy－020	8	7.6	1.5	15.8	不液化			
09－ZDy－068	8	8.7	1.5	14.4	液化	2.1	2.1	轻微
09－ZDy－073	8	0.0	1.5	17.6	不液化			
09－ZDy－067	8	9.1	1.5	13.8	不液化			
09－ZDy－019	8	6.7	1.5	14.3	液化	4.3	4.3	轻微

(2)地面沉降

塘沽区是天津市地面沉降最为严重地区之一。塘沽区城区具有明显的外高内底的"盆地"形态。大部分地区年均地面沉降在 20～30 mm。天津市经济技术开发区年均沉降 30 mm;保税区年均沉降约 27 mm;天津港年均沉降 16 mm,只是在于庄子～中心庄一带沉降在 30～60 mm。1985～1990 年是塘沽区地面沉降速率最大时间段,塘沽区新华路平均沉降速率达 68 mm,从 20 世纪 90 年代之后,沉降速率明显下降,基本控制在 20 mm 左右,特别是塘沽区城建区,控沉工作效果显著。渤海石油基地到塘沽农场之间,从 1990 年之后的沉降速率小于 1985～1990 年,但是沉降速率仍然增大,需要重视。

地面沉降对地下构筑物的危害主要为过大的地面沉降将导致地下构筑物结构变形和渗漏。设计过程中应考虑运营过程中地面沉降对地下构筑物的长期影响。

3.2.8 特殊土

(1)填土

由杂填土构成,填筑年限约为 20 年。杂填土,杂色、褐灰色、黄灰色、褐灰色、灰褐色,松散,潮湿,水位以下饱和,含碎石、砖块、灰渣等建筑垃圾及生活垃圾为主;局部以粉质黏土为主,灰褐色,硬塑。杂填土成分复杂,土质不均,结构松散,工程性质较差,在表层普遍分布,层厚 0.90～2.90 m。

(2)软土

主要为③5、③6、④5、④6 层淤泥质土,③5 及④5 层呈透镜体状分布,成层性较差,③6、④6 层呈层状分部,场地内均匀分布,压缩系数 $\alpha_{0.1\sim0.2}=0.614\sim0.925\ \text{MPa}^{-1}$,$c=12.0\sim15.2$ kPa,$\varphi=2.8°\sim3.7°$,具灵敏度高、低强度等特点,极易发生蠕动和扰动,上部软土欠固结,工程性质差。

3.2.9 土壤冻结深度

土壤最大冻结深度 0.7 m;标准冻结深度 0.6 m。

3.3 水文地质特征

3.3.1 区域水文地质条件

天津的地下水受基底构造、地层岩性和地形、地貌、气象以及海进、海退等综合因素的影响,水文地质条件较复杂。按地下水类型可分为:松散岩类孔隙水,赋存于第四系、第三系松散堆积层中;基岩裂隙水赋存于碳酸盐岩溶裂隙中。

从地下水资源评价和地下水开采条件方面,将赋存于不同含水组的地下水划分为浅层地下水和深层承压水,一般将埋藏较浅、由潜水及与潜水有水力联系的微承压水组成的地下水称为浅层地下水,而将埋藏较深(一般 70～90 m 以下),与浅层地下水没有直接联系的地下水称为深层承压水。

天津地区在天然条件下,总的地下水补、径、排特点是在水平方向上,浅层水和深层水由北向南形成补给,在垂向上,下伏含水岩组接受上覆含水岩组的渗透补给。

浅层地下水有以下补给、径流和排泄特点:

(1)补给

地下水接受大气降水入渗和地表水入渗补给,地下水具有明显的丰、枯水期变化,丰水期水位上升，枯水期水位下降。

(2)径流

在水动力作用下，浅层地下水由山前平原向滨海平原径流，但由于含水介质颗粒较细，水力坡度小，地下水径流十分缓慢。

(3)排泄

排泄方式主要有蒸发、向深层承压水渗透和人工开采。

3.3.2 场地地下水类型及特征

场地浅层地下水表层为第四系孔隙潜水，赋存于第Ⅱ陆相层与第Ⅴ陆相层之间的粉土、砂土层中的地下水具承压性，为浅层承压水。第Ⅴ陆相层层以下的粉土、砂土层中的地下水与浅层地下水没有直接联系或联系很小，为深层承压水。

(1)浅层地下水

潜水地下水位埋藏较浅，地下水位埋深约为 0.50～1.50 m(高程－1.74～－0.84 m)。该层水以第Ⅱ陆相层⑤1 粉质黏土及⑤3 黏土及⑥1 粉质黏土、⑥3 黏土为相对隔水底板。人工填土层为①杂填土，土体结构松散，含水率高，土层渗透系数大。第Ⅰ陆相层以③1、③3、③5 粉质黏土、黏土、淤泥质土为主，土体渗透性能较差，土层渗透系数较小。第Ⅰ海相层主要含水层为④2 粉土。④1 粉质黏土中夹有大量粉土薄层，出水量较小，垂直、水平方向渗透系数差异较大。

浅层承压水以第Ⅱ陆相层⑤1 粉质黏土、⑤3 黏土及⑥1 粉质黏土为相对隔水顶板。⑥2 粉土、⑥4 粉砂、⑦2 粉土、⑦4 粉砂、⑦5 细砂、⑧2 粉土、③4 粉砂、⑧5 细砂、⑨2 粉土、⑨4 粉砂、⑨5 细砂为主要含水地层，含水层厚度较大，分布相对稳定。浅层承压水水位受季节影响不大，水位变化幅度小。该层承压水接受上层潜水的越流补给，同时以渗透方式补给深层地下水。该层承压水水位恢复具有以下特点：该层水上升很快，一般在 40 min 之内即完成全部上升高度的 80%左右，40 min 后水位上升速度变缓慢，经过 24 h 之后，稳定水位一般稳定于潜水位以下。根据本次勘察抽水试验及大口径抽水试验结果，稳定水位埋深约为 7.4～9.62 m。浅层承压水位观测曲线见图 3—1。

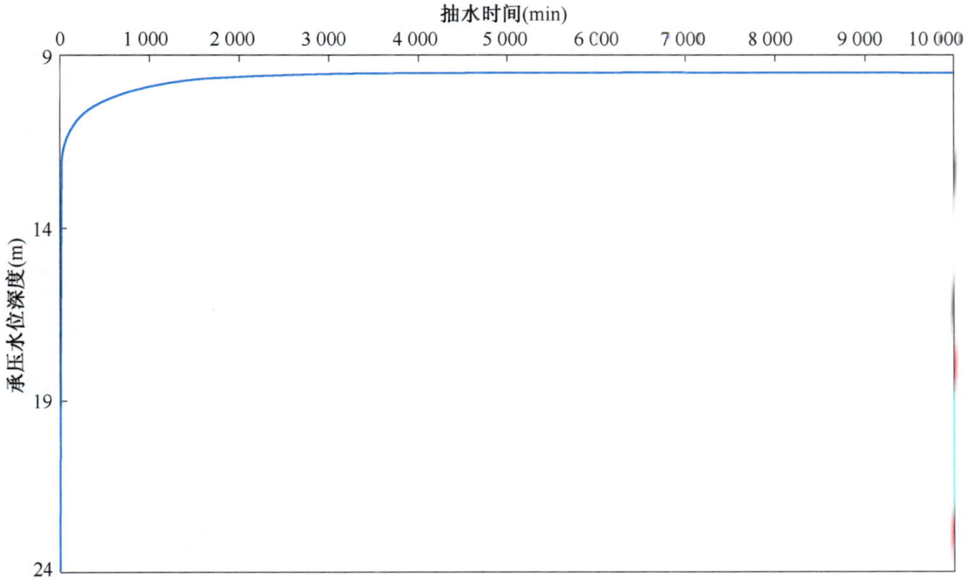

图 3—1 浅层承压水位观测曲线

潜水、浅层承压水含水层含水介质颗粒较细，水力坡度小，地下水径流十分缓慢。各地层的渗透系数及透水性见表 3—9。

表 3—9　各地层的渗透系数及透水性

项目 地层编号及岩性		室内垂直渗透系数(m/d)	室内水平渗透系数(m/d)	抽水试验渗透系数(m/d)	渗透系数推荐值(m/d)	透水性
①1	杂填土				0.5	弱透水
③1	粉质黏土	0.3×10^{-4}	0.3×10^{-4}		0.1	弱透水
③3	黏土				0.005	微透水
③5	淤泥质粉质黏土			0.09	0.005	微透水
③6	淤泥质黏土				0.005	微透水
④1	粉质黏土	6.5×10^{-3}	4.5×10^{-3}		0.05	弱透水
④2	粉土	1.0×10^{-3}	4.0×10^{-2}		0.1	弱透水
④3	黏土	2.5×10^{-4}	3.3×10^{-3}		0.005	微透水
④5	淤泥质黏土	2.1×10^{-2}	2.3×10^{-3}		0.005	微透水
④6	淤泥质黏土	0.8×10^{-4}	0.5×10^{-3}		0.005	微透水
⑤1	粉质黏土	0.4×10^{-3}	6.9×10^{-3}		0.005	弱透水
⑤3	黏土	0.5×10^{-3}			0.001	微透水
⑥1	粉质黏土	5.7×10^{-3}	1.8×10^{-3}	0.3～1.8	0.005	弱透水
⑥2	粉土	0.7×10^{-3}	0.3×10^{-3}		1.0	弱透水
⑥4	粉砂				2.5	中等透水
⑦1	粉质黏土	7.8×10^{-3}	0.2×10^{-3}		0.1	弱透水
⑦3	黏土	0.8×10^{-4}			0.05	弱透水
⑦4	粉砂	0.8×10^{-4}	0.8×10^{-4}		3.0	中等透水
⑦9	细砂				3.5	中等透水
⑧1	粉质黏土	0.7×10^{-3}	0.8×10^{-4}		0.05	弱透水
⑧2	粉土	2.6×10^{-2}	2.5×10^{-2}		1.0	弱透水
⑧4	粉砂				2.5	中等透水
⑧5	细砂				3.0	中等透水
⑨3	黏土				0.05	弱透水
⑨1	粉质黏土				0.1	弱透水
⑨2	粉土			2.53～4.0	1.0	弱透水
⑨4	粉砂				3.5	中等透水
⑨5	细砂				4.5	中等透水
⑩3	黏土				0.005	微透水
⑩1	粉质黏土				0.1	弱透水
⑩2	粉土				0.5	弱透水
⑪3	黏土				0.005	微透水

续上表

项目 / 地层编号及岩性		室内垂直渗透系数(m/d)	室内水平渗透系数(m/d)	抽水试验渗透系数(m/d)	渗透系数推荐值(m/d)	透水性
⑪1	粉质黏土			2.53～4.0	0.1	弱透水
⑪2	粉土				1.0	弱透水
⑪4	粉砂				3.0	中等透水
⑪5	细砂				3.5	中等透水

注:1 m/d=1.2×10^{-3} cm/s。

(2)深层承压水

勘察所揭示的深度范围内深层承压水主要分布于第Ⅴ陆相层以下的粉土、粉细砂层中,其稳定水位较深,对工程影响不大。

由于本工程基坑深、面积大,结构复杂,所以针对工程的特点,勘察结合专家建议,提请业主同意,在工程场地进行大口径抽水试验,试验完成两组单井抽水试验、一组群井抽水试验,试验由专业公司完成。抽水试验有以下结论:

①由抽水井及观测井得到的试验前期平均静止水位埋深。

潜水含水层:1.43 m;

⑦2、⑦4、⑦9 浅层承压含水层:8.00 m;

⑧4、⑧5 浅层承压含水层:9.00 m;

⑧4、⑧5、⑨2、⑨4 浅层承压含水层静止水位:9.10 m;

⑩2、⑩4 浅层承压含水层静止水位为 9.62 m。

②据单井抽水试验结果,计算得到了抽水井的影响半径范围为 100 m,深度 50.00 m 的抽水井的单位涌水量为 1.16 L/(s·m),通过单井试验结果求解析法得混合含水层(⑤2 至⑨4 层)的渗透系数为 $K=4.56$ m/d。

③通过群井抽水试验数值模型的识别与验证,水头随时间的动态变化可以看出,模拟计算的曲线与实际观测的曲线拟合的很好,说明单井抽水试验取得的水文地质参数真实的反映含水层的水文地质特性。将实测与数值模拟的最终稳定水位降深进行对比,两者的偏差很小,满足工程精度要求。因此,可以使用本次数值模拟的成果预测和分析试验场地以及周围地区的承压水头的时空分布。通过单井试验及群井试验数值反演结果,本区的水文地质参数见表 3—10。

表 3—10 水文地质参数建议

层 位	水平渗透系数 k_h(m/d)	垂直渗透系数 k_v(m/d)	贮水库 S_s(L/m)
⑥2 层(20.7～26.5 m)	0.30	0.04	0.000 011
⑦2、⑦4、⑦9 层(26.5～33.9 m)	1.80	1.00	0.000 068
⑧4、⑧5 层(33.9～51.0 m)	4.2	1.1	0.000 062
⑧4、⑧5、⑨2、⑨4 混合层(51.0～58.8 m)	3.6	0.53	0.000 076
⑨3、⑩1 层(58.8～62.2 m)	0.35	0.35	0.000 023
⑩2、⑩4 混合层(62.2～69.9 m)	1.22	1.10	0.000 060

④通过群井抽水试验成果，查明抽水引起的地下水位变化趋势，得到减压降水对环境的影响范围及影响程度，为以后基坑降水井群的设计与布设提供依据。

⑤群井试验中，通过各观测井测得 的水位变化表明各浅层承压含水层间水力联系密切，而潜水含水层与微承压含水层间水力联系微弱。

⑥通过抽水试验分析，得到群井抽水条件下地下水流场和地面沉降的分布规律：根据对试验实测的数据反演分析，还原了抽水试验期间场地的地下水流场和场地内各点的承压水头降深与地面沉降的分布情况，得到抽水试验期间水头降低范围和沉降影响范围。群井抽水开始后地面均会产生一定的沉降量，而且随着距离群井抽水中心区域越来越远，沉降有逐渐减小的趋势。抽水试验区域中心位置的实测最大沉降为－29.96 mm，最远监测点(距离抽水中心约90 m)的地面沉降观测点实测最大沉降为－1.19 mm。

⑦通过对群井抽水试验期间地面沉降的观测，各地面沉降点的沉降量在停抽后短时间内有所恢复，各个点的沉降恢复平均值大约在 23.57%，说明地面沉降恢复量主要集中在抽水试验停抽后的短时间内。对于基坑工程开挖时间较长，降水时间也相对很长的情况下，降水引起的沉降变形主要表现为弹性变形和非弹性变形，停止降水后水位在短时间内可以恢复，弹性变形短时间内可以恢复，非弹性变形基本上不能恢复，根据试验分析，短期降水停止后变形回弹比率大约 23.57%左右。

⑧通过水位恢复试验分析得出下述结论：水位恢复 10%，大约需要 3 min；水位恢复 20%，大约需要 8 min；水位恢复 60%，大约需要 5 h。所以，工程现场持续停电时间不宜超过 5 min，应准备备用电源。

3.3.3 地下水腐蚀性评价

据钻孔 08-ZD-0401、08-ZD-0405、08-ZD-0411-1 、09-ZDy-070、09-ZDy-001、09-ZDy-017-4、09-ZDy-024、09-ZD-062 等孔分层取水样化验，依据《岩土工程勘察规范》(GB 50021—2001)评价：潜水对混凝土结构具硫酸盐强腐蚀性、镁盐弱腐蚀性、总矿化度中等腐蚀性，在干湿交替作用下对钢筋混凝土结构中的钢筋具强腐蚀性，对钢结构具中等腐蚀性；浅层承压水对混凝土结构具硫酸盐中等腐蚀性，对钢筋混凝土结构中的钢筋具弱腐蚀性，对钢结构具中等腐蚀性。

依据《铁路工程地质勘察规范》(TB 10012—2007)评价：潜水对混凝土具硫酸盐侵蚀，环境作用等级为 H4；具镁盐侵蚀，环境作用等级为 H3；浅层承压水对混凝土具硫酸盐侵蚀，环境作用等级为 H2；具镁盐侵蚀，环境作用等级为 H1。

依据《混凝土结构耐久性设计规范》(GB/T 50476—2008)评价：在化学腐蚀环境下，潜水中硫酸盐和镁盐对混凝土结构构件的环境作用等级为 V-D，干湿交替环境下环境作用等级为 V-E；浅层承压水在长期浸水作用下，水中硫酸盐对混凝土结构构件的环境作用等级为 V-C，镁盐环境对混凝土结构构件环境作用的等级为 V-C。

4 超深地下连续墙施工技术

4.1 概　　述

京津城际延伸线于家堡站站房工程共有地下连续墙 287 幅，地下连续墙平均深度约 60.5 m，墙厚 1.0 m，幅宽 4～5 m。包含“T 形”、“Z 形”、“L 形”等多种异型幅地下连续墙，技术难度高。且于家堡地区位于沿海地区，地质软弱，有较厚的淤泥层，施工过程中易发生塌孔等状况，施工难度大。

4.2 施工重、难点分析

4.2.1 超大、超深、T 形幅地连墙施工质量是重点

盖挖段基坑的东侧和南侧均采用 1 m 厚地下连续墙作为基坑围护结构，地连墙深约 60 m，穿越淤泥质粉质黏土、粉土、粉砂、细砂等不良地层，并且成槽时成槽机要变换成槽的方向，因此成槽过程容易出现塌孔现象，施工过程中控制好地连墙的垂直度和止水效果，对于确保基坑安全，周围周边环境稳定，具有十分重要的意义。因此，地下连续墙的施工质量是围护结构施工重点，必须针对施工过程中可能发生的问题进行全面的分析，做到提前预防和控制。

4.2.2 超长、超重、T 形幅钢筋笼安全起吊是重点

B1 线区间钢筋笼最长 50 m，首开幅钢筋笼重 77 t；Z1 线区间钢筋笼最长 50 m，首开幅钢筋笼重 72.2 t。如此长而重并且偏心的钢筋笼起吊风险大，一旦发生钢筋笼散落、弯折、吊车倾覆、钢筋笼的垂直度不能保证，其后果严重，因此超长超重的钢筋笼安全起吊是围护结构施工的重点，必须对钢筋笼的加工制作质量以及起吊方案做到万无一失。

4.2.3 成槽精度控制是难点

地下连续墙墙深达 60 m，要求成槽垂直度必须控制在 3‰以内，垂直度较难保证。为此，需要在机械设备、施工工法及施工过程中加强控制才能保证垂直度，满足设计及规范要求。地连墙垂直度控制是围护结构施工的难点之一。

控制措施：成槽垂直度控制的第一步就是导墙的垂直度控制。导墙是成槽机破土入槽时保证抓斗垂直度的有力保障，所以必须严格控制导墙的施工质量，尤其是其内墙面的垂直度和平整度。但是根据现场地质情况来看，在场地内土层上部分布了较厚的一层粉质黏土和淤泥质黏土，标贯值 2～3，承载力极低。坐落在该层土的导墙为保证其基底的稳定性，预先应对导墙下的土体进行搅拌桩加固施工，提高其承载力，保证在机械成槽和钢筋笼下放过程中，导墙

的坚实稳定。

成槽机在正常挖槽过程中其垂直度控制主要是依赖于其自身的垂直度显示仪和自动纠偏装置，以及操作人员的操作经验和水平。挖槽过程中抓斗的中心线与导墙的中心线重合，抓斗入槽、出槽应慢速、稳定，抓斗下放时，应靠其自重缓速下放，不得放空冲放，并根据成槽机的仪表显示的垂直度情况及时纠偏，如出现较大偏斜，纠偏困难时，应暂时停止挖槽，采用优质黏土回填至偏斜位置以上 1～2 m，待回填土沉积密实后，先用旋挖钻机打导向孔，再用成槽机顺着导向孔继续挖槽，以使成槽满足精度要求。同时，通过测量监测手段从其钢丝绳垂直度情况间接判断其抓斗垂直度也是一个行之有效的辅助手段。

4.2.4 地面下 30～60 m 范围内砂层开挖困难且容易塌槽

在地面下 30～60 m 范围内主要为粉砂和细砂层，标贯值大。根据相关施工经验，在标贯值大于 30 的土层中，液压成槽机的成槽效率急剧下降，大于 50 就很难挖掘。在试槽时，直接采用液压抓斗挖土的方式，成槽宽度 5 m 约用时 78 h，而通过对相邻项目的试槽情况来看，在采用旋挖钻引孔的情况下，在砂层液压成槽机每小时成槽进尺约 1 m 左右，效率很低。而且由于该层粉砂和细砂含微承压水层，地下水丰富，孔壁稳定性差，可能发生流变，因此 30 m 深度以下的砂土层易发生塌孔，对成槽垂直度影响很大。

同时，由于在硬砂土层的成槽效率低，30 m 以上的杂填土、淤泥质黏土、粉土、粉质黏土层，成槽后长时间晾槽也容易出现塌孔。因此，如何在施工过程中合理地配置泥浆、控制成槽进度，防止塌孔是围护结构施工的难点之一。有鉴于此，采取以下控制措施：

(1)严格控制槽边荷载。

成槽机本身很重(约 60 t)，如此的荷载施加到上部的软弱地层很容易导致土体产生滑移，使槽段发生塌孔或导墙坍塌。所以在成槽机施工过程中在成槽机下铺设钢板或路基箱，将成槽机对土层形成的附加应力分散，减小土体内的应力，保证土体稳定。同时，在成槽施工范围 5 m 内禁止大型机械行走。挖出的土方及时由装卸车运到临时堆土场地放置，严禁在槽边堆放土方。

控制坑边荷载后，若在挖槽时仍出现上部槽段塌方，则在槽段两侧进行水泥搅拌桩或粉喷桩加固施工，提高土体的黏聚力和强度，控制塌方事故的发生。

另外，在挖槽初期慢速挖槽，控制槽段内液面高于地下水位 1.0 m 以上；在砂层中开挖，控制进尺，不能过快；以免扰动泥浆形成负压导致塌槽。

(2)在砂土层中挖槽时提高泥浆比重，控制在 1.2 左右；但是严格控制其含砂率，对循环泥浆用大功率振动除砂器进行除砂，处理后含砂率仍不符合要求的(>8%)，予以废弃。以免因含砂率大导致沉渣过厚、减小对压油管的磨损。

(3)针对泥浆比重大导致混凝土浇筑困难的情况，在完成钢筋笼、导管下放后，对槽底进行清孔，当槽底泥浆比重小于 1.15 时，立即进行混凝土浇筑。同时，对槽内的泥浆也进行置换，减小比重和含砂率。

(4)如在挖槽或混凝土浇筑过程中发生轻微塌槽，使用空气吸泥机或其他吸泥设备吸掉泥土后继续挖槽或继续浇筑。如发现大面积坍塌，应及时将抓斗提出地面，用优质黏土(渗入 20%水泥)回填至坍塌处以上 1～2 m，待沉积密实在槽壁外侧注浆后再行挖槽。

4.2.5 混凝土绕流防治措施

地连墙混凝土绕流的主要原因是槽内泥浆液面高度不够、泥浆性能指标不合格、地连墙钢筋笼平整度差、成槽垂直度不满足要求、成槽到灌注时间过长等原因引起的槽壁坍塌；地连墙工字钢板下端未插入槽底或插入深度不满足要求；地连墙工字钢板两侧与槽壁间未采取防绕流措施；接头箱未下放到槽底或起拔时间过早；接头箱背后回填料不密实。

有鉴于此，挖槽过程中派专人控制槽内泥浆液面高度，液面下降及时补浆，确保槽内液面高于地下水位 1 m 以上；根据不同的地层条件选择合适的泥浆，保证泥浆的护壁效果；加强挖槽过程控制，充分利用成槽机垂直度控制系统，随时检查挖槽垂直度，发生偏斜后及时对槽壁进行修正，合格后方可继续挖槽；钢筋笼起吊时合理设计吊点位置，避免钢筋笼产生纵向弯曲变形，使钢筋笼入槽孔时，保持垂直状态；挖槽过程中严格控制成槽深度，避免因超挖造成地连墙工字钢板悬空或插入深度不足；挖槽时适当放大幅宽，保证接头箱正常下放；提前装好充足碎石袋，接头箱下放完成后，其背后空隙用碎石回填，为保证回填密实，每回填 8～10 m 用吊车吊接头箱或其他重物将碎石砸压密实；按设计要求安放好工字钢两侧 $\phi 30$ 的钢筋，防止混凝土从钢板两侧绕流；工字钢两端也可以采用适当的止浆形式，在加工钢筋笼时，在工字钢板两侧，沿笼体通长设置 0.3 mm 的薄铁皮，铁皮宽 1 m 左右，浇筑混凝土时，利用混凝土的流动性，使薄铁皮受挤压后紧贴槽壁，封堵接头钢板与槽壁间空隙，使混凝土不能从两侧绕流。若发生绕流，则在混凝土浇筑完拔出接头箱后，采用旋挖钻对工字钢板后的绕流进行处理，对工字钢夹角处的混凝土绕流也能起到松动的作用，然后再用自制的铲刀对工字钢背后的绕流混凝土进行处理，铲刀安装到液压抓斗上，利用液压抓斗的自重，将铲刀贴紧在工字钢上。对于强度比较高的绕流混凝土可以采用接头箱底部焊接钢板三角形铲刀，对绕流定位冲击。

4.2.6 槽段接头质量控制

地连墙的接缝止水性能对基坑开挖的安全至关重要。本工程地下连续墙基坑开挖前在坑内设置降水井实施基坑内降水，降水后坑内水位在地表下 30 m 左右，而坑外的承压水水头在地表下 1 m 左右，水头差达到近 30 m，一旦发生围护接缝渗漏水的险情，堵漏工作极其困难，将对基坑安全和周边环境带来风险。因此接缝处理是施工的难点之一。

有鉴于此为增强接缝的止水效果，地下连续墙采用“工字钢板止水接头”。工字钢板接头的止水性能有可靠的保障，提高基坑开挖的安全度。先行幅(带止水钢板)施工完成后，顺幅成槽时，由于泥浆的黏附作用，可能在止水钢板上形成一层泥皮，成为地下水的渗漏通道。针对此情况，将采用专门止水钢板刷壁器，并利用导向配重使刷壁器上下刷壁时，紧贴止水钢板，达到良好的刷壁效果。

在进行水下混凝土浇筑时，由于槽内混凝土液面在导管处混凝土面高，而在止水钢板侧的混凝土面低，容易导致在混凝土浇筑时将混凝土面上的泥砂等济向止水钢板并积存在止水钢板和混凝土面之间形成夹泥，导致接缝漏水。针对这一情况，一方面每个槽段设 2 个灌注管同时灌注(转角处设置 3 个导管灌注)；导管埋入混凝土深度为 2.0～6.0 m，两导管混凝土高度差不大于 0.5 m，始终保持快速连续浇筑，槽内混凝土上升速度不应低于 2 m/h，尽量减小槽内的混凝土面落差。另一方面，做好在混凝土前的第二次清空和泥浆比重调整工作，以便严格控制在混凝土浇筑过程中的泥浆比重，控制沉渣。再者，根据设计图纸，开挖前在接头处打 2

根咬合高压旋喷桩，增加接头止水效果。

4.2.7 钢筋笼变形控制措施

钢筋笼长度近 60 m，重达 72.2 t，在起吊过程中如果钢筋笼加强措施不到位或起吊方法不对，极易导致钢筋笼发生不可恢复弯曲变形，导致钢筋笼难以入槽。另外，加工过程中钢筋笼尺寸偏差或加工场地平整度达不到要求，钢筋笼本身存在一定的扭曲，也将导致钢筋笼难以入槽。

为防止钢筋笼在吊装过程中变形，要对钢筋笼进行加固；制定专项钢筋笼吊装方案，合理设置吊点位置，吊点设置在纵、横向桁架交点处，设置吊环、拉筋、斜拉筋，并加设大圆钢直径以使钢筋笼受力均匀；吊装过程中轻起慢放，防止产生较大冲击荷载。另外，严格控制钢筋笼外形尺寸，其长宽应比槽孔小 20 cm；钢筋笼入槽孔时，保持垂直状态。如因槽壁弯曲钢筋笼不能放入则修整后再放钢筋笼。

严格控制钢筋笼加工平台的相对高差，保证钢筋笼加工平台的平整，根据以往施工经验，平台相对高差应控制在 10 mm 以内，以保证钢筋笼加工平整度。

4.3 施工总体安排

4.3.1 施工平台

根据本工程现场情况及施工需要，在施工场地内布置施工作业平台，用带钢筋网片混凝土进行场地硬化，以满足成槽机施工及土方外运车辆的行驶要求，弃土临时堆放在施工场地的中部空地上。

按照液压抓斗挖槽机和旋挖钻机操作规程及安全规定，因主机重量较大，且在工作过程中可能会产生振动，要求地面必须具有较大的地基承载力(100 kPa 以上)，因此在挖槽机、旋挖钻行走工作路段修筑混凝土施工平台，施工平台铺设 ϕ16@300 双层钢筋网片，采用强度等级 C30 钢筋混凝土，混凝土厚度为 25 cm。施工平台混凝土直接倒入垫层面上，用人工找补均匀，因厚度为 25 cm，采取一次摊铺，其松铺厚度保持 2 cm 以上，摊铺后迅即用 2.2 kW 平板振捣器均匀振捣。完成后在平台上铺设钢板，有效分散机械施工时造成的附加应力。

4.3.2 泥浆循环系统

泥浆循环系统是地下墙施工的重要系统，根据本工程特点，泥浆循环系统按以下要求布设：

(1) 泥浆池布设位置：因场地所限，基坑南侧及东侧部分地下连续墙施工需要的泥浆池布设在基坑范围以外，业主项目部南侧，避开中央大道规划管线路由、海河隧道围护结构；B1 线泥浆池布置在盾构井附近。

(2) 泥浆池容量及结构：泥浆池分为新浆池、循环池、废浆池，泥浆池长 30 m，宽 10 m，深 2.5 m，泥浆池底板为 200 mm 厚混凝土，池壁采用 24 砖墙砂浆砌筑，砂浆强度等级为 M7.5；池内壁抹水泥砂浆(1∶2)。

(3) 泥浆输送：施工所需泥浆，用泥浆泵泵送，临时拌和及近距离传送采用泥浆泵，泥浆输送管道采用 ϕ80 软管。

(4) 废浆排放:泥浆性能不能满足规定要求时,应及时清运出场。废浆清运采用罐车封闭运输,并按照市环卫局要求排放至指定位置。

4.3.3 水电系统设置

(1) 供水系统:目前现场接水采用 ϕ100 的自来水管引到泥浆加工场,作为施工现场临时用水。

(2) 供电系统:目前现场放置了三台 400 kW 变压器,以供泥浆制备机械、除砂机械、泥浆泵等设备及现场零星用电。变压器设总配电箱,泥浆池旁边设置分配电箱。分配电箱电源由总配电箱引出,其输电线路用橡胶电缆铺设;零星用动力电及照明电由总配电箱引出。另外,现场配备 2 台 200 kW 发电机作为备用电源。

4.3.4 储运设施

现场储运设施包括膨润土储存库,临时材料库,渣土临时堆放场。膨润土储存于搭设好的板房内,并做好防排水。

挖槽的渣土严禁在槽边堆放,直接由自卸汽车运至临时堆土场;随时用装载机对散落的渣土进行清理,避免多次洒落后被车辆压实。

4.3.5 场地排水

在槽段周围、临时渣土堆场周围和泥浆池周围设置明沟,明沟上部用钢筋网格覆盖。以汇总排除现场污水,用水泵集中抽取,连同废泥浆用废浆车清理出场。

4.3.6 进场机械设备

投入地下连续墙试挖槽施工的主要机具设备见表 4—1。

表 4—1 主要机具设备表

序号	名称	型号规格	单位	数量	用途
1	泥浆池	35×10×2(700 m^3)	座	2	泥浆系统设备
		22×16×2(704 m^3)	座	2	
2	双轴搅拌机	4 m^3/套	套	4	
3	土渣分离筛	600 型	只	4	
4	双层振动筛	2DD -918 型改造	只	4	
5	泥浆泵	3LM 型(5 kW)	只	4	
6	泥浆泵	4PL-250 型(15 kW)	只	8	
7	手拉葫芦(t)	0.5~1	只	8	

续上表

序号	名称	型号规格	单位	数量	用途
8	泥浆取样筒	1 000 cm^2	个	4	泥浆测试器具
9	泥浆测试仪器	成套产品	套	2	
10	液压抓斗	宝峨 BS-650	台	1	成槽作业
		金泰 SG40A	台	6	
11	旋挖钻机	YTR220(倾斜精度 0.01°)	台	4	
12	全站仪	徕卡 TS06	台	1	测量监测
13	水准仪	DSZ3—32A	台	2	
14	精密水准仪	徕卡 DNA03	台	1	
15	发电机	200 kW	台	1	备用电源
16	自卸汽车	黄河 20 t	辆	14	弃土外运
17	装载机	ZL50C	辆	7	
18	泥浆罐车	28 m^3	辆	2	废弃泥浆外运
19	钢筋切断机	QJ40-1	台	5	钢筋加工设备
20	钢筋弯曲机	WJ40	台	5	
21	电焊机	BX-350	台	20	

4.4　施工方案

4.4.1　挖槽设备选择

地下连续墙成槽设备的选型是成槽施工工艺中的一个关键环节，必须针对实际工程的地层特性、开挖深度、墙体厚度和强度、施工条件、机械设备特性、工期、造价等方面的要求进行总体分析，科学合理的进行比选。

根据 Z1 线与 B1 线的地质情况，开挖槽段大部分为黏土、粉土、粉质黏土、粉砂、细砂，在地面下 30～60 m 范围内主要为粉砂和细砂层，标贯值大。槽深为 60 m，墙体厚度均为 1 m，混凝土强度等级为 C30P10。Z1 线拟采用三台 SG40A 型液压抓斗挖槽机，B1 线拟采用三台 SG40A 型液压抓斗挖槽机进行挖槽施工，并配以自卸汽车运至临时渣土堆场，经晾晒后再转运出场。

液压抓斗具备以下特点：

(1)液压抓斗施工效率高，抓斗闭合力大。卷扬机提升速度快，施工的辅助时间短；闭合力大，有利于进行复杂地层的连续墙施工。

(2)液压抓斗配有倾角传感器和纵向及横向纠偏装置，首先通过倾角传感器实时检测抓斗的状态并发送到处理器进行处理，由处理器发出纠偏信号到控制油缸，调整抓斗状态。在工作中能够随时对槽壁进行前后左右全方位的修整，在软土层施工中纠偏效果明显。

(3)先进的测量系统。抓斗配备触摸屏电脑测量系统，记录、显示液压抓斗开挖的深度和倾斜度，其挖掘深度、升降速度和 x、y 方向的位置可在屏幕上准确显示，测斜精度可达 0.01°，并可通过电脑储存并自动打印输出。

(4)可靠的安全保护系统。驾驶室设有安全操纵杆及配有多项中央电子检测系统,可随时预报各主要部件的工作状况。

(5)抓斗旋转系统可使抓斗相对臂架回转,在不移动底盘的情况下,完成任何角度的成墙施工,显著提高了设备的适应能力。

(6)性能先进的底盘和舒适的操作系统。选用卡特彼勒专用底盘,力士乐公司的主阀、泵和马达,性能先进、操纵方便。驾驶室内配有冷暖空调、立体音响和全方位可调节司机座椅,操作方便。

4.4.2　地下连续墙挖槽施工工法

地连墙挖槽使用“地下连续墙液压抓斗”工法,选用 SG40A 型液压抓斗挖槽机配合进行成槽施工,地连墙施工工艺流程见图 4—1。

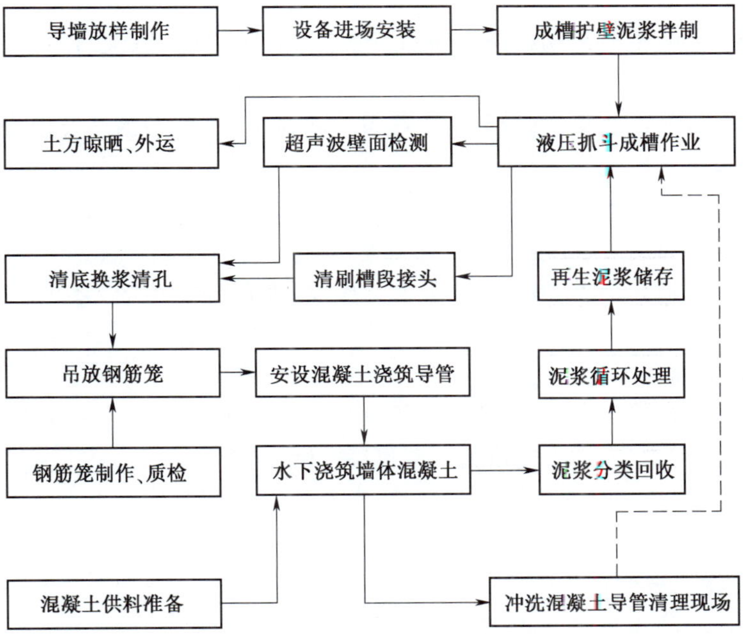

图 4—1　地下连续墙施工流程图

4.4.3　施工平台

按照 SG40A 型液压抓斗挖槽机、275 t 履带吊车、YTR220 旋挖钻操作规程及安全规定,因主机重量较大,且在工作过程中可能会产生振动,要求地面必须具有较大的地基承载力(100 kPa 以上),因此在挖槽机、履带吊、旋挖钻行走工作路段修筑混凝土施工平台。因 275 t 吊车在基槽边运行,故基坑中间拟铺设 ϕ16@300 双层钢筋网片,采用强度等级 C30 钢筋混凝土,混凝土厚度为 25 cm。

4.4.4　测量放样

(1)定位、定标控制点

①根据交桩记录和各桩点,进行复核测量,经复核无误后,填写接桩记录。

②在施工场地利于保护和放样的地方设置地面导线点，根据平面交接桩记录，采用全站仪将控制点引入场地内，测出地面导线点的平面坐标。

③根据高程交接桩记录，采用水准仪将高程引入施工场内，在场地内均匀设5个高程控制点。

④所设控制点均应距基坑至少25 m，减小施工时对控制点的影响。控制点经复核无误后，上报监理、业主、总测单位复核，经复核无误后方可投入使用。

⑤由于施工时会对控制点桩位产生影响，对正在使用的点应每10 d复核一次，当点位变化超过允许误差后，应对桩位进行调整，并报监理复核。

(2)导墙测量放样方法

①根据设计图纸提供的坐标计算出地下连续墙中心线角点坐标，计算成果经内部复核无误后，采用地面导线控制点，用全站仪放样出地下连续墙角点，并立即做好护桩。报监理、业主、总测单位进行复核。

②确定出施工规划的管线切改路由和海河隧道围护结构地连墙施工位置。

③根据设备性能，为确保主体结构的净尺寸符合要求，导墙中心轴线外放60 mm。

④在导墙沟槽开挖结束后，立即将中心线引入沟槽下，以控制钢筋及模板施工，确保导墙中心线的正确无误。

⑤在导墙混凝土浇筑前，检查地连墙轴线角点坐标是否符合设计要求，并将导墙顶面相对高程放样于模板面上，以控制导墙顶面相对高程。

⑥导墙模板拆除后，检查导墙的中心线和平整度、垂直度是否符合要求。

⑦导墙施工结束后，立即在导墙顶面作出分幅线，以确保钢筋笼就位的位置准确。

(3)钢筋笼相对高程控制

在钢筋笼下放到位后，为确保预埋件的相对高程，应立即用水准仪测量钢筋笼笼顶相对高程，根据实际情况进行调整，确保笼顶相对高程符合设计要求。

4.4.5 导墙下水泥土搅拌桩加固施工

(1)搅拌桩加固必要性分析

①根据相邻标段的施工经验，巨厚硬砂层内液压抓斗成槽慢

根据地质报告，现场场地内地面下25～60 m范围内主要为粉砂和细砂层，标贯值很大，接近甚至超过50。根据相关施工经验，在标贯值大于30的土层中，液压成槽机的成槽效率急剧下降，大于50就很难挖掘。通过对相邻标段的试槽情况来看，在采用旋挖钻引孔的情况下，液压成槽机在砂层中每小时成槽进尺约1 m左右，效率很低；虽然通过增大泥浆比重能够保证了砂层的稳定，但是较长的成槽时间直接导致槽段上部的软弱土层(淤泥质粉质黏土层)发生坍塌。

②根据地质报告资料，场地内不均匀分布软弱土层

根据地质报告，在基坑围护结构场地下方大范围内分布着厚度不均的软弱地层(淤泥质粉质黏土)，其存在深度范围为地面下1.5～17 m，厚度在1～12.5 m不等。该层淤泥质粉质黏土层土灵敏度高、强度低，呈流塑状，极易发生蠕动和扰动，工程性质差；其天然平均含水率为40%，最高达68%，孔隙比约1.1。

施工区间淤泥质粉质黏土层分布情况统计见表4—2和表4—3。

表 4—2　Z1 线地质孔资料统计表

孔号	厚度(m)	层底高程(m)	层顶高程(m)	孔口高程(m)
09－ZDY－039	6	−11.95	−5.95	1.55
09－JDY－053	4.7	−12.01	−7.31	1.79
09－ZDY－038	7.6	−13.7	−6.1	2
09－ZDY－037	2	−10.8	−8.8	1.9
09－ZDY－027	3.2	−10.97	−7.77	1.03
	2.3	−15.07	−12.77	
09－ZDY－027－02	无淤泥层			
09－JDY－057	2	−2.44	−0.44	1.06
	1	−14.44	−13.44	
09－JDY－055	6.8	−13.99	−7.19	1.6
09－JDY－058	1.1	−2.1	−1	1.7
	4.4	−11.9	−7.5	
09－ZDY－055	6.9	−12.77	−5.87	1.33
09－JDY－054	无地质报告			

表 4—3　B1 线地质孔资料统计表

孔号	厚度(m)	层底高程(m)	层顶高程(m)	孔口高程(m)
09-ZD-0411	2.2	−2.54	−0.34	1.26
	4.7	−10.94	−6.24	
09-JDY-045	3.4	−2.89	0.54	1.11
	6.7	−12.89	−6.19	
09-ZDY-030	1.4	−1.64	−0.24	1.36
	12.5	−15.74	−3.24	
09-JDY-048	3.4	−2.6	0.8	1.8
	4.8	−4.8	−3.6	
	1.2	−11.6	−6.8	
09-ZDY-032	1	−2.7	−1.7	1.7
	2.7	−10.2	−7.5	
09-JDY-051	2.5	−3.05	−0.55	1.75
	4.6	−10.95	−6.35	
09-ZDY-034	1	−5.94	−4.94	1.56
	1.5	−9.94	−8.44	
09-ZDY-035	1.5	−3.09	−1.59	1.91
	1.3	−7.89	−6.59	
	2.7	−10.59	−7.89	
	1.5	−13.89	−12.39	

续上表

孔号	厚度(m)	层底高程(m)	层顶高程(m)	孔口高程(m)
09-ZDY-036	4.6	−11.2	−6.2	1.3
	1.8	−15	−13.2	
09-JDY-047	2.6	−2.86	−0.26	1.24
	5.1	−10.96	−5.86	
09-ZDY-031	1.7	−10.35	−8.65	1.75
09-ZDY-033	7.3	−11.89	−4.59	1.51
09-JDY-049	无地质报告			

根据B1、Z1线区间围护结构沿线附近孔位的地质情况统计，绘出施工区间内淤泥质粉质黏土层分布见图4—2。

(2)根据试挖槽情况分析

通过在试挖槽过程中，对槽段内的土质情况进行统计，在地面25～60 m范围内存在巨厚砂层，与地质报告情况基本吻合。2009年6月7日，采用成槽机进行试挖槽施工，厚1 m，宽5 m，深61 m的试验槽，先开挖第一抓，宽2.8 m，采用直接开挖，挖至46.6 m处，共用时30 h，但挖至42 m处成槽机就很难挖掘，每小时下挖深度不到1 m，至55.35 m处，连续成槽2 h，均为空抓，停止成槽，未挖到槽底。2009年7月25日采用旋挖钻引孔成槽，单抓成槽用时22 h，旋挖用时4.5 h，单抓共计用时26.5 h。分别在28.67～47 m和54.3～59 m利用旋挖机进行引孔，以保证成槽的速度。

根据第一抓成槽记录，绘制出成槽深度与成槽时间曲线图，见图4—3。

由图4—3可见，第一抓斗成槽时间为26.5 h，前24.8 m槽完成时间为3.5 h，平均每小时进尺为6.5 m；在到达24.8 m以下的砂层后，至28.67 m共用时92 min。可见，硬砂土层对于液压抓斗成槽机的施工工效影响很大，28.67 m以下采用旋挖钻进行引孔。

在成槽后，立即进行超声波检测。通过超声波检测，槽壁垂直度情况良好，满足要求。但是从超声波图上可以明显看出，导墙下的土层存在一定的坍塌现象。

在成槽后8 h，重新进行了超声波检测，从该次超声波检测结果，反映比较突出的问题就是地面以下6～9 m位置的软弱土层部位在长时间晾槽后，有明显的坍塌现象。

综合以上几点原因，拟采用适用于处理正常固结的淤泥和淤泥质土、粉土的深层水泥土搅拌加固方法对正式导墙下的土体进行加固，提高土体强度，增加土体稳定性，保证地连墙施工期间槽壁土的稳定，为地连墙施工提供安全保证。

(3)搅拌桩施工部署

①施工部位

导墙下软弱土层采用ϕ600@400水泥土搅拌桩进行加固，采用湿法施工，桩中心到开挖槽壁边750 mm。考虑到地下水位埋深较浅，为避免被水长时间浸泡，保证墙趾处土层承载力，不宜过深开挖施作导墙。同时，将搅拌桩桩顶施作到导墙底，将导墙直接施作在具有一定承载力的搅拌桩顶，见图4—4和图4—5。

根据对现场淤泥层埋深和厚度的统计，B1线淤泥层的最大埋置深度为−15.74 m(高程)，Z1线淤泥层的最大埋置为−15.74 m(高程)，为保证搅拌桩在开挖过程中能够整体保持稳定，

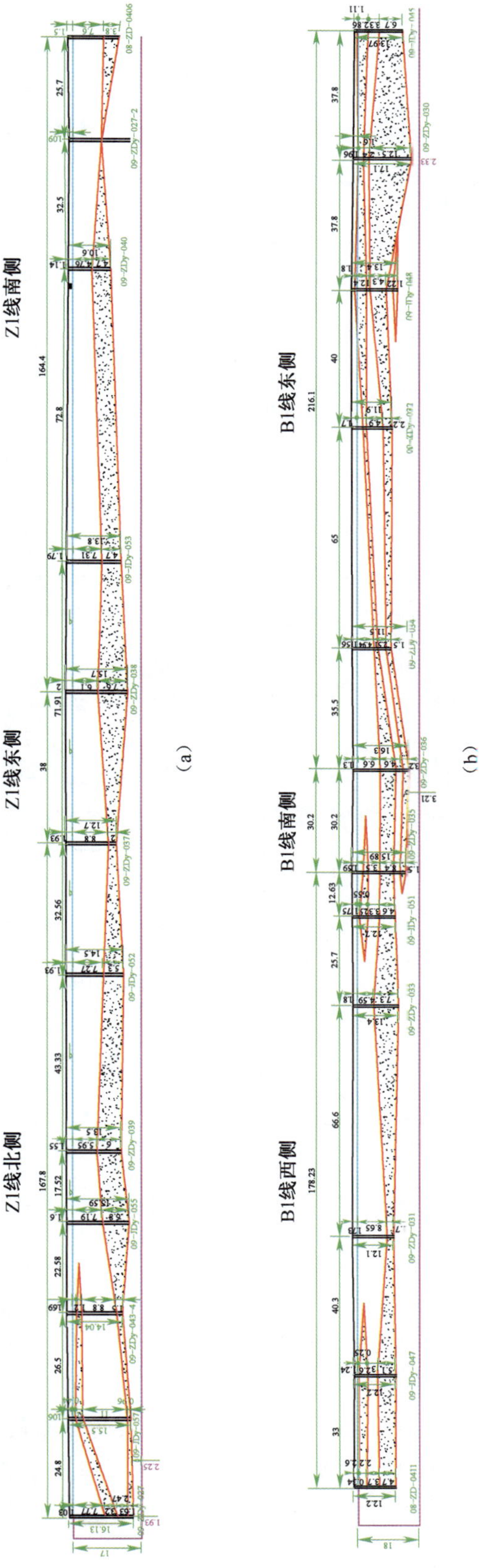

图 4—2 B1 线、Z1 线区间淤泥质粉质黏土层分布图

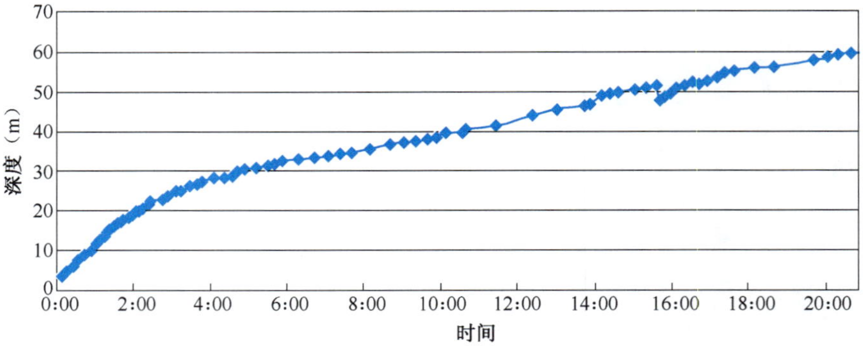

图 4—3　成槽与时间曲线图

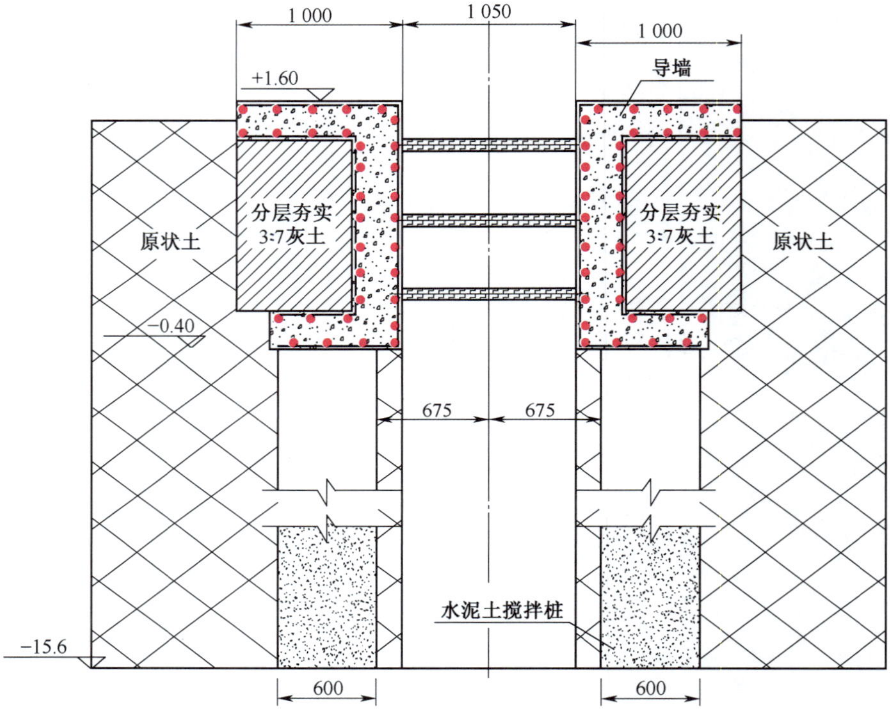

图 4—4　导墙下水泥土搅拌桩加固剖面图(结构尺寸单位:mm;相对高程单位:m)

必须使搅拌桩的桩趾进入较为稳定的黏土层。经协商,拟定 B1、Z1 线搅拌桩桩长均为 17 m。

②施工参数

水泥土搅拌桩施工采用 42.5 普通硅酸盐水泥,水灰比为 0.45～0.55,水泥浆液比重 1.77～1.87,水泥掺入量为 17%,每组两根每延长米水泥用量不少于 190 kg。由于水灰比较小,水泥浆液较为黏稠,现场根据制浆设备、泵机及泵浆管长度等因素的限制,可能存在难以泵送的现象,现场可根据实际情况,酌情增大水灰比。但是,水泥浆液水灰比不得大于 1∶1.2,比重最小不得小于 1.6,且每组两根搅拌桩其每延长米水泥用量及总体水泥用量必须严格按要求控制,不得少于设计用量。

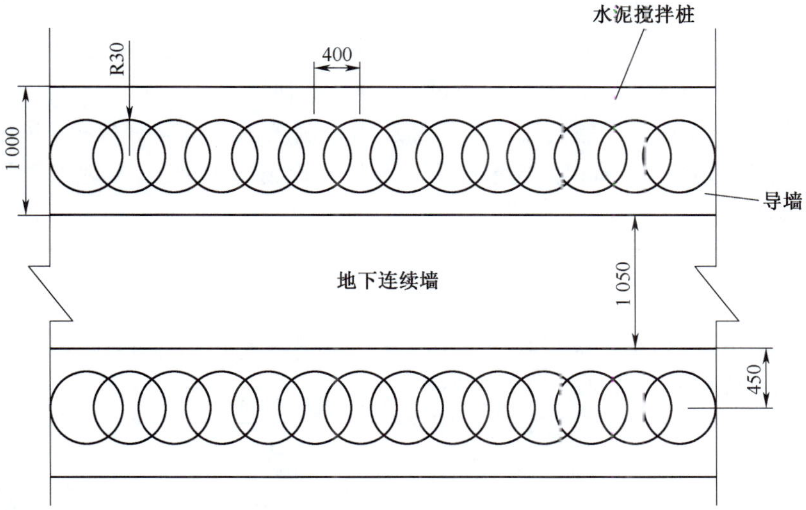

图 4—5　导墙下水泥土搅拌桩加固局部详图(单位：mm)

③搅拌桩施工工艺

现场水泥图搅拌桩施工具体施工程序见图 4—6。

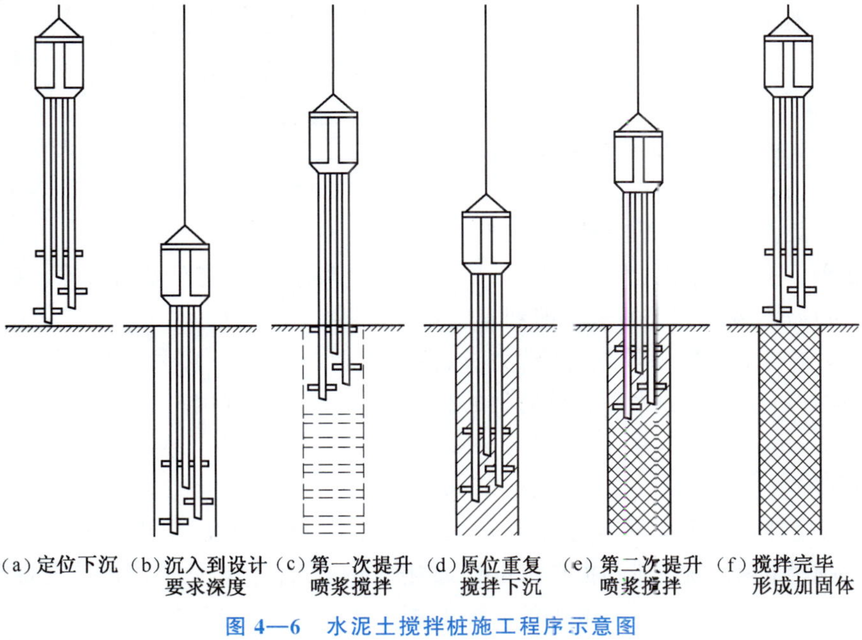

图 4—6　水泥土搅拌桩施工程序示意图

施工前应做以下准备工作。

a. 深层搅拌桩施工场地应事先平整(即待场地硬化完毕);同时,需对桩位位置挖深沟,查明是否存在管线。若存在管线,为废弃管线时予以清理,对于使用中的现状管线,跳过管线继续施工水泥土搅拌桩,管线处待管线切改后采用高压旋喷柱填补。

b. 水泥搅拌桩应按设计使用水泥。使用前,由监理工程师进行见证抽样后将水泥的样品送指定的第三方试验室检验。尽量不采用产量较小、质量不稳定的小水泥厂生产的水泥。同时,水泥的堆放应该符合防雨、防潮的要求,直接地面堆放时,必须用垫高水泥堆放平台,并设置遮雨篷，防止水泥受潮或淋雨。严禁使用过期、受潮、结块的水泥。

c. 水泥搅拌桩施工机械必须具备良好及稳定的性能，所有钻机开钻之前经项目经理部组织检查验收合格，并上报监理工程师检验通过后，方可开钻。

d. 对于水泥搅拌桩施工机械的流量计量和压力控制表进行检验和校核，以便了解和控制水泥浆用量及喷浆均匀程度。同时，现场记录人员做好现场施工记录，监理工程师随时对现场记录进行抽检检查。

(4)水泥搅拌站施工工艺(图 4—7)

①测量定位

对施工场地的基准点、水准点进行复核；对于标定的基准点做好明显的标志和编号，并妥善保护；使用经纬仪和钢卷尺等，采用坐标法进行桩位区域边线的测定；同时做好测量记录，以便上报监理工程师进行复核。现场施工过程中必须注意对控制点位的保护，对于可能对施工产生影响的点位，采用按规定方位外放挪移的办法，将控制点移出影响施工的范围，以保护点位并能继续对施工点位进行控制。

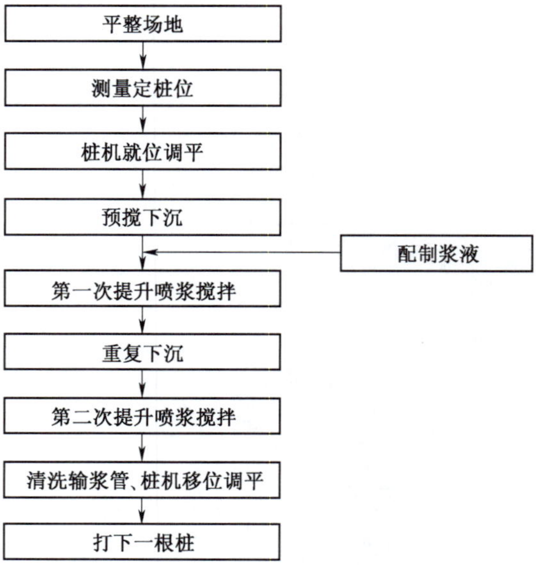

图 4—7 水泥搅拌桩施工工艺流程图

②桩机就位

a. 利用吊车悬吊搅拌机到达指定桩位，起吊过程中保持吊车行走平稳。

b. 由专人负责统一指挥桩机的就位工作，移动桩机前，先查清桩机上下、左右、前后各方有无障碍，发现有阻及时排除。移动结束后，检查桩机定位情况，发现偏差较大及时纠正。

c. 桩机就位对中后平稳周正，其动力头、搅拌头及桩位三者的中心处于同一铅垂线上。施工中保持搅拌桩机底盘的水平和导向架的竖直，搅拌桩的垂直偏差不超过 0.5%，桩位的偏差不得大于 50 cm。

③预搅下沉

a. 将深层搅拌机用钢丝绳吊挂在卷扬机上，用输浆胶管将贮料出罐砂浆泵同深层搅拌机接通，待深层搅拌机就位后，启动搅拌机电机，放松卷扬机钢丝绳，使搅拌机借设备自重沿导向架搅拌切土下沉。下沉速度可由电机的电流监测表控制，工作电流应控制不大于 70 A，以防止烧毁电机。

b. 如遇到较硬地层下沉速度过慢时，通过中心管压入少量稀浆使土体湿润，从而加快下沉速度。

c. 现场控制搅拌桩长时，采用在杆上用红布绳定出搅拌下沉到设计桩长时，孔口或者其他某一固定点相对的钻杆位置，以方便现场控制下沉深度。当钻机挪位时，需对挪位后的地面相对高程进行测量，重新定位红布绳位置。

④制备水泥浆

在深层搅拌机预搅下沉的同时，利用灰浆拌制机按设计确定的配合比拌制水泥浆，在深层搅拌机下沉到一定深度时，待压浆前将水泥浆倒入集料斗中。

⑤喷浆搅拌提升(第一次注浆提升搅拌)

搅拌机下沉到设计深度后，开启灰浆泵，将水泥浆从搅拌机中心管不断压入土中，同时旋转搅拌钻头，以 0.3～0.5 m/min 的均匀速度边喷浆、边提升深层搅拌机。待深层搅拌机喷浆提升至设计桩顶相对高程以上 0.5 m 时，关闭灰浆泵，完成第一次注浆提升搅拌。第一次喷浆提升速度应取较小值，使得搅拌头对土体进行充分的搅拌，水泥浆液能够与土体进行充分的混合，避免形成水泥“结核”，也保证水泥的掺入量。根据以往的经验，第一次搅拌时，其水泥掺入量应不少于设计每延长米水泥用量的 60%。

⑥重复上下搅拌(第二次注浆提升搅拌)

深层搅拌机提升至设计加固深度的顶面相对高程时，集料斗中的水泥浆应正好排空。为使软土和水泥浆搅拌均匀，再次将搅拌机边旋转边沉入土中，至设计加固深度后再将搅拌机提升出地面，在搅拌机第二次提升的同时，向地层中同时连续地压入水泥浆。完成第二次注浆提升搅拌，至此即完成一根柱状加固体，外形呈“8”字形，一根接一根搭接，即成壁状加固体。在第二次提升时，应注意水泥浆液注入量与提升速度关系，通过记录计算保证每延长米的水泥用量满足设计用量。确实由于现场土层存在的土质不均导致每延长米水泥用量不均，在采用重复多次搅拌无效的情况下，应以桩体的水泥总量进行控制，总水泥用量必须满足设计用量。

⑦清洗

向集料斗中注入适量清水，开启灰浆泵，清洗全部管路中残存的水泥浆，直至基本干净，并将黏附在搅拌头的软土清洗干净。

⑧桩机移位

待深层搅拌机提出地面后，关闭电机，然后将桩机移至新的桩位，重复上述步骤进行下一根桩的施工。

(5)搅拌桩成桩试验

由于加固用水泥土搅拌桩数量大，为保证成桩质量，在正式施工前进行 2 组 4 根试桩施工，以确定包括水灰比、水泥掺入量、搅拌转速、提升速度等施工参数。试桩完成后进行检测，主要采用 7 d 后轻便触探(N_{10})和 28 d 钻芯取样方法检查桩身强度、完整性、桩土搅拌均匀程度及桩长。根据相关施工经验，当搅拌桩 7 d 强度大于 0.5 MPa 时，就能够满足 28 d 抗压强度大于 1 MPa(设计要求)。

①成桩 7 天后采用轻便触探法进行桩身质量检验

根据现有的轻便触探击数(N_{10})与水泥土强度的对应关系表 4—4，7 d 龄期的击数 N_{10} 大于 40 击时，桩身强度能达到要求。轻便触探的深度一般不超过 4 m。

表 4—4 轻便触探击数(N_{10})与水泥土强度对应关系

N_{10}(击)	15	20～25	30～35	>40
q_u(kPa)	200	300	400	>500

②28 d 钻芯取样法进行桩身质量检验

水泥搅拌桩成桩 28 d 后，用钻孔取芯的方法检查其完整性、桩土搅拌均匀程度及桩的施工长度。每根桩取出的芯样由监理工程师现场指定相对均匀部位，送实验室做 28 d 龄期的无侧限抗压强度试验，以测定桩身强度。

对搅拌桩取芯后留下的空间应采用同等强度的水泥砂浆回灌密实。

③外观鉴定

成桩 7 d 后开挖桩顶部位土方，检查桩体是否圆匀、有无缩颈和回陷现象；排桩桩顶是否整齐；咬合是否均匀。

在试桩检验完成后，根据相应的检测数据，确定出包括水泥浆水灰比、泵送时间、搅拌机提升速度和复搅深度等参数，并编制总结报告上报监理工程师进行复核。

4.4.6 导墙施工

（1）导墙作用

地下连续墙成槽开挖前应浇筑导墙及施工便道，导墙制作必须做到精心施工，导墙质量的好坏直接影响地下连续墙的轴线和相对高程，导墙的关键要求是必须座于原状土上。其作用除了在成槽中起一定的导向作用外，其主要作用还为了满足以下几方面的施工要求。

①承受施工过程中车辆设备的荷载，避免槽口坍塌。

②存储泥浆稳定液位。

③搁置入槽后的钢筋笼。

④承受顶拔接头管时产生的集中反力。

（2）导墙形式的确定

导墙断面采用"][" 形现浇钢筋混凝土，满铺 $\phi16@200$ 钢筋网片，混凝土强度等级为 C30，导墙顶板宽度为 1 m，底板宽度为 0.8 m，导墙墙厚 0.2 m，导墙高度 2 m，以墙趾进入原状土不小于 30 cm 为宜。如杂填土较厚，可采用置换土的方法进行加固。导墙的净距按照《钢筋混凝土地下连续墙施工技术规程》（DB 29—103—2004）的要求大于地下连续墙的设计宽度 60 mm。具体形式见图 4—8。

（3）导墙施工顺序

平整场地→测量放样→挖槽→浇筑垫层混凝土→绑扎钢筋→立竖墙模板→浇筑底板及竖墙混凝土→养护→设置横向支撑→外侧回填土→浇筑顶板。

（4）导墙施作

①平整场地：施工前平整场地，采用推土机平整施工场地，并于场地上行走 4～5 遍进行预压实，做到"三通一平"。

②测量放线：导墙开挖前根据测量放样成果、地下连续墙的厚度，实地放样出导墙的开挖宽度。

③挖槽：挖沟槽测量放样后，用 0.4 m^3 的反铲挖土机根据放样位置进行沟槽开挖作业，挖土相对高程及槽壁由人工修整控制。槽壁两侧 1∶1.5 放坡，沟槽基底相对于导墙底超挖 10 cm，用于填筑垫层混凝土，沟槽开挖后在槽底设置排水沟，配备水泵排除积水。导墙必须筑于坚实的土面上，不得以杂填土为地基。若遇建筑物拆除后回填的松土，应挖除，然后用灰土分批回填分层夯实。

④浇筑垫层混凝土：导墙沟槽开挖后立即将导墙中心线引至沟槽中，将预先用方木制作好的底模放入槽内并调整至设计位置，再用混凝土固定。

⑤绑扎钢筋：底模施工结束后，在混凝土垫层面上弹线定出钢筋位置，然后绑扎钢筋。导墙钢筋设计用 $\phi14$ 螺纹钢，在钢筋加工场加工成形，然后现场绑扎，钢筋施工结束并经"三检"

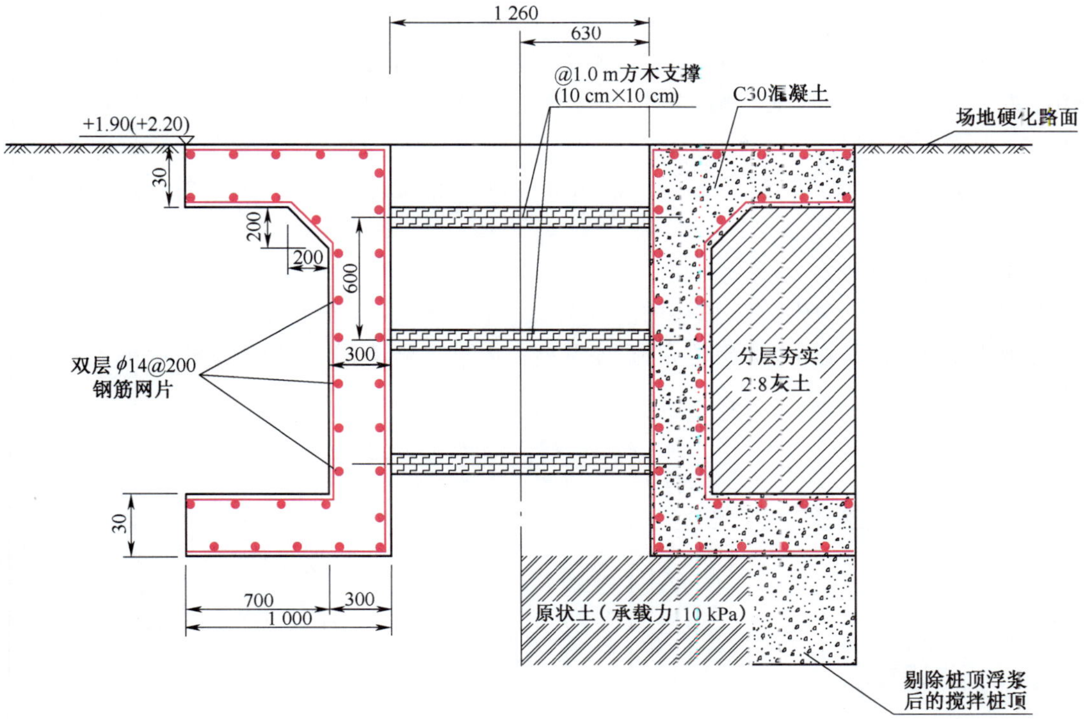

图 4—8 导墙及施工平台结构形式示意图(相对高程单位:m,其余单位:mm)

合格后,方可进行下道工序施工。

⑥立竖墙模板:为确保导墙施工质量,导墙侧墙模板采用大型整体钢模或木模,模板在施工前先检查模板的平整度。模板外侧用钢管或方木加固以增加模板整体刚度,纵向三道,横向间距 0.6 m;两侧导墙之间应加对撑,外侧用方木支撑于开挖土体上;每侧导墙模板之间还须加设对拉钢筋,上下两道,间距 0.6 m。所有用的钢管支撑或木支撑必须支牢固、无松动,并保证轴线和净空的准确。混凝土浇筑前先检查模板的垂直度和中线是否符合要求,检查合格后方可进行混凝土浇筑。导墙分段施工,模板可周转使用。

⑦浇筑底板及竖墙混凝土:导墙混凝土采用 C30 混凝土,混凝土罐车运输,浇筑时采用溜槽入模,利用插入式振捣器振捣,间距为 600 mm 左右。施工时如发生走模,应立即停止混凝土的浇筑,重新加固模板,并纠到设计位置后,方可继续进行浇筑。竖墙纵向分段浇筑,一次浇筑到倒角位置。

⑧养护:竖墙混凝土洒水养护,强度达到 70%设计强度后方可拆模。

⑨设置横向支撑:模板拆除后立即架设 10 cm×10 cm 木支撑或钢支撑,支撑上中下各一道,横向间距 1 m,防止导墙内挤,并在导墙顶面铺设安全网片,保障施工安全。

⑩外侧回填土:待 36 h 后拆模(内侧模板与对撑不拆),用 2∶8 灰土对导墙两侧回填夯实,每次虚铺灰土厚度不超过 30 cm,回填至导墙顶板设计底相对高程。然后再进行导墙顶板钢筋、混凝土施工。

⑪浇筑顶板:竖墙外侧回填土至竖墙倒角后夯平,在上面浇筑顶板混凝土。达到设计强度后在导墙顶板上用红油漆作好分幅线并标上幅号。

(5)导墙模板拆除

①混凝土浇筑完 36 h 后才能拆除模板。拆模后应立即再次检查导墙的中心轴线和净空尺寸以及侧墙混凝土的浇筑质量,如发现侧墙混凝土侵入净空或墙体出现空洞应及时修凿或封堵,并上报经理部主管工程师,分析事故发生原因,制定出相应措施,防止类似问题再次发生。

②模板拆除后立即架设 10 cm×10 cm 木支撑或钢支撑,支撑上中下各一道,横向间距 1 m,防止导墙内挤。

(6)导墙转角处理

因成槽机的抓斗呈圆弧形,抓斗的宽度为 2.8 m,同时由于分幅槽宽等原因,为保证地下连续墙成槽时能顺利进行以及转角断面完整,转角处导墙需沿轴线外放不小于 0.3 m,见图 4—9。

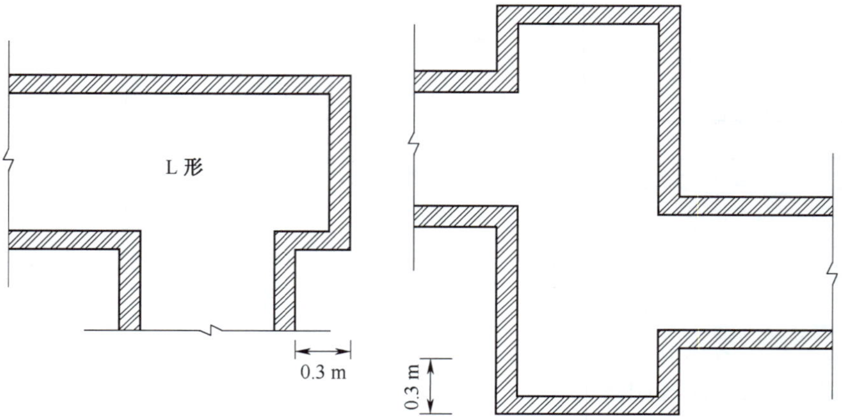

图 4—9 导墙拐角延伸示意图

(7)导墙验收标准

导墙质量验收标准见表 4—5(GB 50299—1999 第 4.2.5 条、GB 50202—2002 第 7.6.12 条)。

表 4—5 导墙质量验收标准表

序号	验收项目	标准
1	内导墙与地下连续墙轴线平行度	10 mm
2	内外导墙间距	10 mm
3	内导墙面垂直度	2‰
4	导墙内墙面平整度	3 mm
5	导墙顶面平整度	5 mm

4.4.7 泥浆的制备与管理

在地下连续墙挖槽过程中,要保证液压抓斗成槽的安全与质量,护壁泥浆生产循环系统的质量控制指标是关键的一个环节。泥浆起到护壁、携渣、冷却机具、切土润滑的作用。性能良好的泥浆能确保成槽时槽壁的稳定,防止坍槽,同时在混凝土浇筑时对保证混凝土的浇筑质量起着极其重要的作用。护壁泥浆生产循环工序流程见图 4—10。

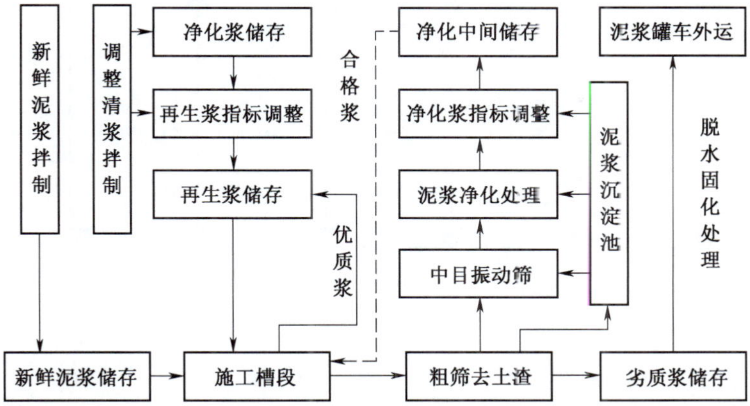

图 4—10 泥浆生产循环工序流程图

(1)泥浆池容量设计

按每个槽段的体积计算和施工经验推算，本工程考虑 Z1、B1 两条线施工作业 6 台挖槽机，故每台挖槽机各设置一个泥浆池，盛装泥浆的泥浆池的容量应能满足成槽施工时的泥浆用量。每个挖槽机按开挖 1.2 m×5 m 标准槽段计算。

Z1、B1 线地连墙的标准槽段挖土量按下式计算：

$$V_1=60\times5\times1.2=360\ \text{m}^3$$

新浆储备量按下式计算：

$$V_2=V_1\times25\%=90\ \text{m}^3$$

泥浆循环再生处理池容量计算：

$$V_3=V_1\times1.2=432\ \text{m}^3$$

混凝土灌注产生废浆量计算：

$$V_4=V_1\times25\%=90\ \text{m}^3$$

泥浆池总容量计算：

$$V=V_2+V_3+V_4=612\ \text{m}^3$$

Z1 线拟采用泥浆池长 37 m，宽 11 m，深 2.5 m，地面以下 2 m，地面以上 0.5 m，泥浆循环再生处理、废浆池容量为 1 017.5 m^3，为开挖方量的 1.66 倍，满足开挖泥浆供给要求。

B1 线拟采用泥浆池长 22 m，宽 18 m，深 2.5 m，地面以下 2 m，地面以上 0.5 m，泥浆循环再生处理、废浆池容量为 990 m^3，为开挖方量的 1.62 倍，满足开挖泥浆供给要求。

(2)泥浆池结构设计

泥浆池底板、池壁采用 24 砖墙砂浆砌筑，砂浆强度等级为 M5.0 并设 C15 混凝土圈梁；池内壁抹水泥砂浆(1∶2)，泥浆池平面尺寸及结构详见图 4—11，图中括号内数据为 B1 线泥浆池尺寸。

泥浆池采用半埋式，地下埋深 2.0 m，地上 0.5 m。地下部分因装满泥浆后，在泥浆的压力下，墙体受被动土压力，因此无垮塌危险；地上 0.5 m，当泥浆池装满泥浆时，主要受泥浆的侧压力，可在泥浆池周围堆土夯实防止垮塌。

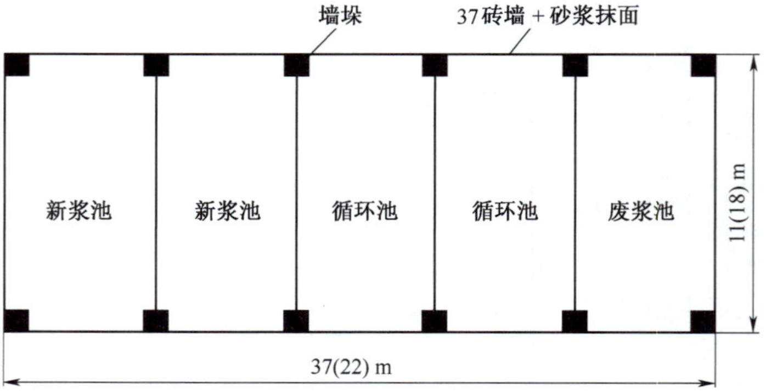

图 4—11 泥浆池结构设计

(3)泥浆配合比设计和制备方法

①配合比设计

根据在地层、地下水状态及施工条件和天津滨海地区施工经验进行泥浆配合比设计，采用优良的膨润土、纯碱、高纯度的 CMC、重晶石和自来水作原料，通过清浆冲拌和混合搅拌二次拌和而成。

泥浆配合比及质量指标控制：基坑开挖前，首先制备足够的优质泥浆待用。泥浆配合比根据所选用的原料先行试配，再检测各项指标，按检测的情况适当增加外加剂，改善泥浆性能，使之符合要求。将 CMC 事先与水搅拌成液体，加入浆液。泥浆在循环使用过程中，配备专人检查和管理泥浆，保证泥浆质量，使各项指标达到规范要求，新制泥浆配合比见表 4—6。

表 4—6 新制泥浆配合比(1 m^3 浆液)

膨润土品名	材料用量(kg)				
	水	膨润土	CMC	Na_2CO_3	其他外加剂
钙土(Ⅱ级)	1 000	80～100	0～1	2.5～4	适量

②制备方法

泥浆配置方法见图 4—12。

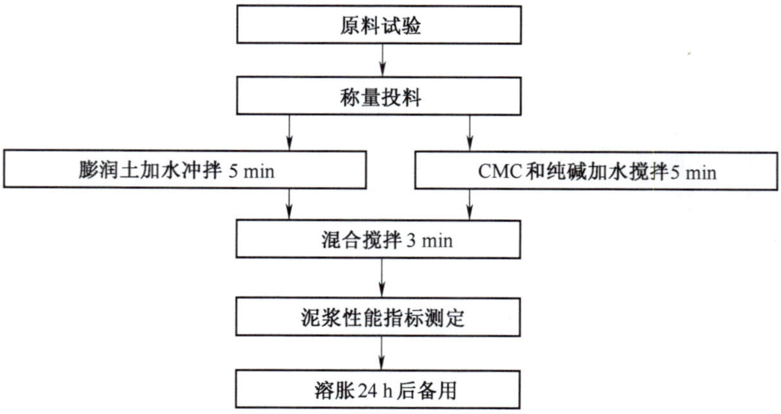

图 4—12 泥浆配置方法

将水加至搅拌筒 1/3 后，启动制浆机。在定量水箱不断加水的同时，加入膨润土粉、碱粉等外加剂，搅拌 2 min 后，加入 CMC 液继续搅拌 1 min 即可停止搅拌放入新浆池中，待静置膨化 24 h 后使用。

(4)泥浆性能指标检验标准及测定频率

护壁泥浆对表 4—7～表 4—9 中的有关指标进行测试，检查新浆、循环泥浆和废弃泥浆的质量。根据现场的实际地质情况，为了保证在 30 m 以下的砂层稳定，现场适当提高泥浆比重和黏度，增大槽内泥浆的静水压力，提高支撑效果。如果按常规掺入膨润土，可能无法达到要求的比重，可以采用增加适量重度剂(重晶石)或适量的优质、干燥黄土。在掺入泥浆池前将成块状的黄土捣碎再掺入泥浆池中充分搅匀，以达到提高泥浆比重的目的。

表 4—7 新制泥浆指标控制指标表

泥浆性能	黏性土	砂性土	检验方法
比重	1.04～1.05	1.06～1.08	比重计
黏度	20～21	25～30	漏斗计
含砂率	<3	<4	洗砂瓶
pH 值	8～9	8～9	试纸

表 4—8 循环使用泥浆性能控制指标表

泥浆性能	黏性土	砂性土	检验方法
比重	<1.10	<1.15	比重计
黏度	<25	<35	漏斗计
含砂率	<4	<7	洗砂瓶
pH 值	>8	>8	试纸

表 4—9 废弃泥浆性能指标

泥浆性能	黏性土	砂性土	检验方法
比重	>1.25	>1.35	比重计
黏度	>50	>60	漏斗计
含砂率	>8	>11	洗砂瓶
pH 值	>14	>14	试纸

根据现场泥浆控制指标，现场由专人随时进行泥浆指标的测试，并对泥浆的性能指标进行控制。主要测试部位包括新拌制泥浆、供给泥浆、槽内的泥浆等，具体控制措施见表 4—10。

表 4—10 泥浆质量控制表(只取液压抓斗施工静止法泥浆质量控制部分)

编号	泥浆	取样时间和次数	取样位置	试验项目	备注
1	新拌制泥浆	搅拌泥浆达到 100 m^3 时取样一次。搅拌后和放置一天后各取一次	新浆池	稳定性、比重、漏斗黏度、pH 值(含砂率)	
2	供给的泥浆	开挖前，挖至中间深度和接近挖槽完成时各取样一次	优质泥浆的送浆泵吸口	稳定性、比重、漏斗黏度、pH 值、含砂率、(含盐量)	

续上表

编号	泥浆	取样时间和次数	取样位置	试验项目	备注
3	槽内的泥浆	挖至中间深度和接近挖槽完了时各取样一次	槽内泥浆的上、中、下三个位置	稳定性、比重、漏斗黏度、pH 值、含砂率、(含盐量)	因土渣混入而泥浆质量急剧恶化时,应增加测定次数
		在槽挖完时,静置一段时间后取样			按 3 h、6 h、12 h 定期进行测定

(5)泥浆的循环使用与回收处理

①泥浆储存:泥浆储存采用半埋式砖砌泥浆池,容量 700 m^3。包括一个新浆池、一个循环池、一个为废浆池,输送方式为泵送软管方式。对于需过路的泥浆管路,在路面内预留沟槽,所用软管随用随收。

②在开挖过程中,不断向开挖槽段中供给浆液。利用置于贮浆池中的泥浆泵将泥浆泵入开挖槽段中,保持槽段中泥浆液面高于地下水位 1 m 以上。

③循环池中的泥浆,一部分来自旧泥浆的再生处理,一部分为配制的新鲜浆液,新泥浆配制采用螺旋浆式搅拌机按配合比进行调配,生产能力为 40 m^3/h。

④液压抓斗成槽施工泥浆处理方式:旧浆液主要采用物理再生处理方式,即重力沉淀处理。利用泥浆泵将旧浆泵入循环池沉淀,浆液中的土渣粗粒沉淀到池的底部,较轻的浆液在上。循环池中下部废浆、泥砂,用挖掘机清除或用泥浆泵抽入废浆池,泥浆车外运排弃。

⑤在正常施工中,保证泥浆性能符合现场泥浆指标的规定。在穿过松散透水、稳定性差的粉砂层时,适当提高泥浆比重,添加堵漏剂,增加泥浆黏度,提高泥浆悬浮砂粒的能力。遇砂层等稳定性较差的地层,适当调整泥浆指标,以保证槽内压力平衡,从而保护槽壁。

⑥回收的泥浆分不同部位予以处理。槽段内大部分泥浆可回收利用,对于距槽底的泥浆必须先经过除砂振动器除砂,使其砂粒充分去除,排入循环池调整后待用。对于距槽底 5 m 以内泥浆排入废浆池,并及时外运。

⑦本工程地层含砂率较高,对泥浆性能有较大的破坏作用。循环泥浆经过充分除砂后才可回收利用。为了保证正常泥浆供应,对泥浆池内沉砂及时清除,以保证泥浆池有足够的容量。

4.4.8 成槽施工

(1)施工准备

①成槽前对导墙顶相对高程、垂直度、间距、轴线等进行复核。

②在导墙上用红漆标出单元槽段位置、每抓宽度位置、首开幅成槽宽度位置、钢筋笼搁置位置及泥浆液面高度,并标出槽段编号。

③液压抓斗、自卸车就位。拆除单元槽段导墙支撑,并在槽段两侧进行筑挡水埝,将槽段内垃圾杂物清除干净。

④接通泥浆管并试送泥浆,检查其是否畅通和漏浆,并检漏,随后向该幅槽段内注入泥浆至泥浆液面位置。送入槽内泥浆的各种性能指标应有详细的记录备查。

⑤对于闭合槽段,应首先复测槽段的宽度,如有较大变动,应立即通知技术负责进行核定。

(2)槽段开挖

①开挖方法

根据施工经验,现场地连墙施工范围内的地层状况存在差异,在成槽过程中,不能局限于某种单一的挖槽形式，应根据现场实际情况，实时调整挖槽方法，提高挖槽速度，同时保证成槽的垂直度。通过总结，主要采用以下三种方法进行现场挖槽施工。

a.“一钻两抓”成槽

根据试挖槽的经验，在无导向孔的情况下，液压抓斗第一抓成槽时在两侧均为原状土时，其垂直度较好，一抓成槽的时间为 21 h。如果第二抓用旋挖钻进行引孔，能够提高第二抓的成槽效率，缩短成槽时间。该方法适于在地层砂层标贯值较小，液压抓斗能够顺利成槽时使用。具体工法步骤见图 4—13，现场照片见图 4—14。此方法适用于顺序幅地连墙施工。

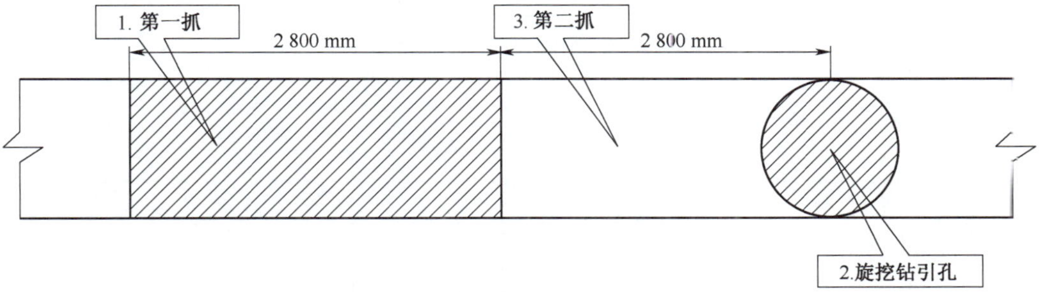

图 4—13 “一钻两抓”成槽示意图

图 4—14 “一钻两抓”成槽

b.“三钻两抓”成槽

先用液压抓斗进行成槽，当挖至 30 m 以下的硬砂土层时，用旋挖钻机打导向孔，再用液压成槽机进行挖槽施工，提高挖槽效率，见图 4—15。

c.“三抓”成槽

第一抓和第二抓斗均直接采用液压抓斗进行挖槽，两抓之间留设 80 cm 的自立“鼻梁土”，在两抓完成后，再开挖中间的自立“鼻梁土”；该方法能够有效保证成槽精度，见图 4—16。

②挖槽土方外运

为减小槽段边的堆积荷载，采取一边挖土一边装车外运，集中堆放在现场的临时堆土场

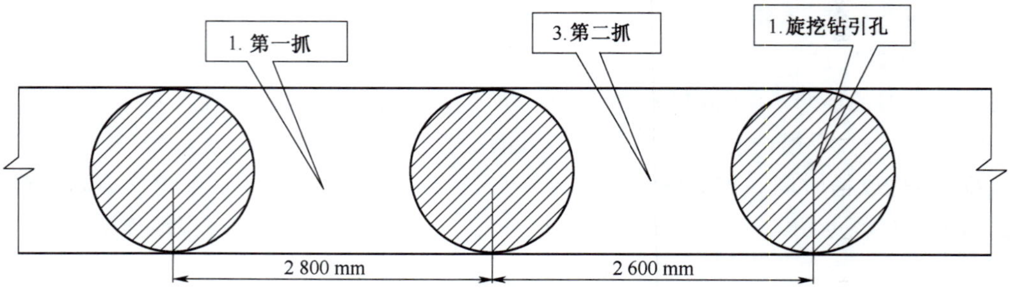

图 4—15 “三钻两抓”成槽示意图

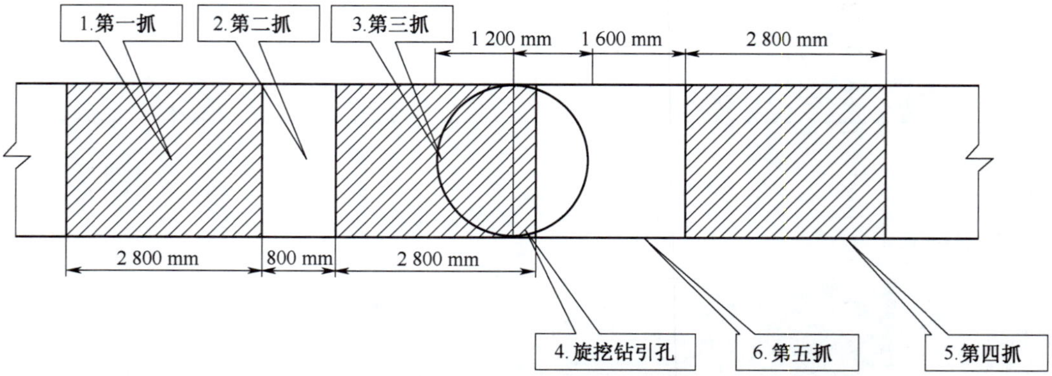

图 4—16 “三抓”成槽示意图

地，待晾晒后晚上组织外运。晚上开挖时，采用封闭好的车辆，下铺塑料布，直接用液压成槽机装卸在运土车上运走。

(3)刷壁

刷壁是连续墙施工中的一个至关重要的环节，刷壁的好坏将直接影响到连续墙围护防水的效果。由于槽段超深，且接头箱直接放置在止水工字钢板之后，很难完全紧密贴合，从而导致浇灌混凝土的过程中，在接头箱和止水钢板夹缝内不可避免的产生或多或少混凝土砂浆和进入的砂性土体等混合形成结牢物。在成槽过程中悬浮在泥浆中的砂颗粒迅速沉淀在工字钢板的内侧，沉积后，又形成非常坚硬的胶结物。如果以上所说的这些结牢物、胶结物不能有效清除，地下连续墙接头就形成夹泥，成为基坑开挖后渗漏水的渠道，会严重危害基坑开挖的安全。为了妥善处理该部位，避免这些结牢物、胶结物在后期强度上升以后难以处理，在前序幅接头箱顶拔完成之后，立即用成槽机或旋挖钻进行相邻幅段与其接头部位的成槽施工。同时，现场连接专用的可拆卸液压抓斗铲刀，对工字钢板上的泥皮、土渣、绕流物等进行铲除，见图4—17 和图 4—18。

对于槽段下较深处的混合物、绕流混凝土等，由于成槽时间较长变得较硬且液压抓斗铲刀冲击力减小而难以铲除，则在槽段成槽结束后采用地连墙接头部位接头箱底部增加钢板三角铲刀，并借助锁口管定位冲击。

通过以上两种措施，紧排挖槽工序，将止水钢板上的硬化附着物在其最终凝固上强度之前进行铲除，保证止水钢板接缝处的止水效果，见图 4—19 和图 4—20。

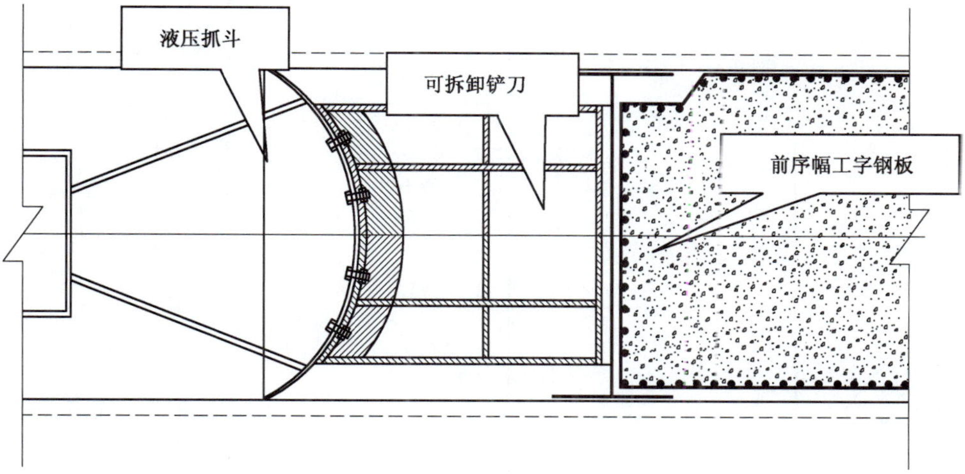

图 4—17　液压抓斗装可拆卸铲刀示意图

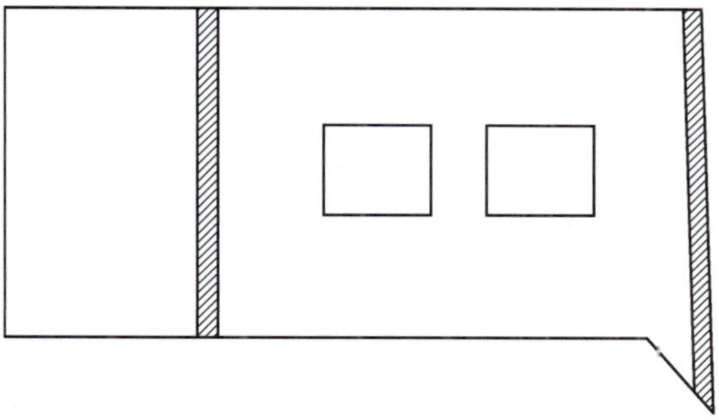

图 4—18　铲刀剖面示意图

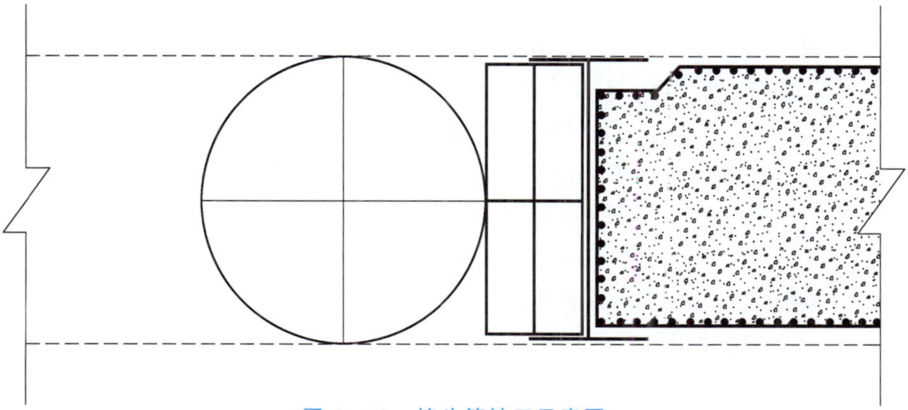

图 4—19　接头箱铲刀示意图

在清除绕流附着物后再采用刷壁器进行刷壁，以去掉接头钢板上的泥皮。

①刷壁器采用偏心吊刷，以保证钢刷面与接头面紧密接触从达到清刷效果。

②后续槽段挖至设计相对高程后，用偏心吊刷清刷先行幅接头面上的沉渣或泥皮，上下刷壁的次数应不少于 10 次，直到刷壁器的毛刷面上无泥为止，确保接头面的新老混凝土接合紧密。

接头偏心吊刷见图 4—21。

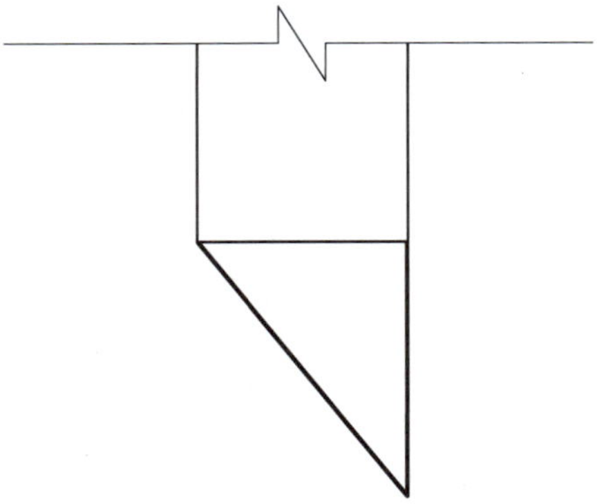

图 4—20　接头箱铲刀示意图

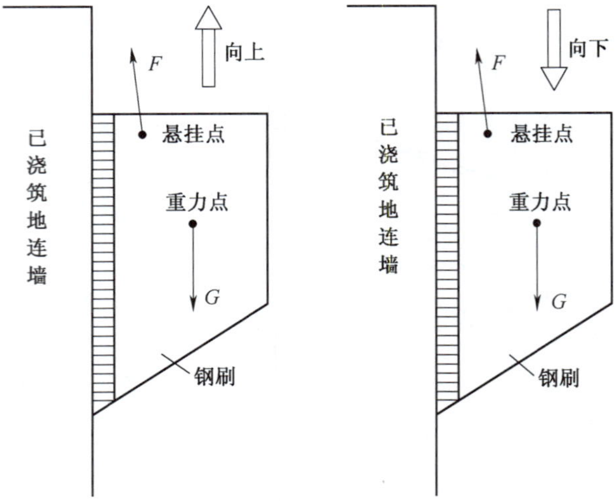

图 4—21　接头偏心吊刷示意图

(4)成槽质量控制措施

①槽段质量检验

a. 将抓斗就位，就位前要求场地平整坚实，以满足施工垂直度要求，成槽机履带与导墙垂直，抓斗要对准导墙中心线。抓斗下放时，应靠其自重缓速下放，不得放空冲放。为减少抓斗施工的循环时间，提高功效，每台抓斗用自卸汽车在抓斗旁接渣，将泥渣运至临时堆放场暂存。

b. 各抓作业顺序注意保证成槽时两侧邻界条件的均衡性，以保证槽壁两个方向的垂直度良好。

c. 抓斗入槽、出槽应慢速、稳定，并根据成槽机的仪表及实测的垂直度情况及时纠偏，以满足成槽精度 3‰的要求。

d. 单元槽段成槽挖土过程中，抓斗中心应每次对准放在导墙上的孔位标志物，保证挖土位置准确。抓斗闭斗下放，开挖时再张开，每斗进尺深度控制在 0.3 m 左右，上下抓斗时要缓慢进行，避免形成涡流冲刷槽壁，引起塌槽。

e. 成槽时，派专人负责泥浆的放送，泥浆液面高出地下水位 1 m 以上，同时也不能低于导墙顶面 0.3 m 以下，在泥浆供应不足时，应停止挖槽，待泥浆加足后再进行。

f. 单元槽段中每抓挖到设计槽底相对高程以上 0.5 m 时停挖，待全槽达到此相对高程时，再由一端向另一端用抓斗细抓扫孔清底至设计相对高程。

g. 用超声波测壁仪检测成槽的垂直度。

h. 用测锤、量具检测槽深、槽长和槽位精度。

②成槽作业垂直度控制措施

成槽垂直度的好坏，关系到钢筋笼吊装，预埋装置安装及整个地下连续墙工程的质量，故要求成槽过程须随时注意槽壁垂直度情况，发现倾斜指针超出规定范围，应立即启动纠偏系统调整垂直度，确保垂直精度达到规定 3‰的要求，力争达到 2‰以上。

③成槽时泥浆液面控制

a. 成槽时，派专人负责泥浆的放送，视槽内泥浆液面高度情况，随时补充槽内泥浆，确保泥浆液面高出地下水位 1.0 m 以上，同时也不能低于导墙顶面 0.3 m，杜绝泥浆供应不足的情况发生。

b. 成槽中如发现泥浆突然消失潜入地下，应不断补充比重 1.3 以上的泥浆，同时回填槽段直到泥浆液面稳定，再重新成槽，适当提高泥浆比重，且注意观察泥浆液面变化。

④清底换浆

a. 清底换浆使用空气升液器，由起重机悬吊入槽，空气压缩机输送压缩空气，以泥浆反循环法吸除沉积在槽底部的土渣淤泥，并置换槽内黏度、比重或含砂率过大的泥浆，使全槽泥浆都符合清底后泥浆的质量要求。

b. 清底开始时，令起重机悬吊空气升液器入槽，使空气升液器的喇叭口在离槽底 0.5 m 处上下左右移动，吸除槽底部土渣淤泥。

c. 当空气升液器在槽底部往复移动不再吸出土渣，实测槽底沉渣厚度小于 10 cm 时，方可停止移动空气升液器，开始置换槽底部泥浆。

d. 清底换浆是否合格，以取样试验为准，当槽内每递增 5 m 深度及槽底处各取样点的泥浆采样试验数据都符合规定指标后，泥浆重度不应大于 1.2 kN/m³，清底换浆才算合格。

e. 在清底换浆全过程中，控制好吸浆量和补浆量的平衡，不能让泥浆溢出槽外或让浆面落低到导墙顶面以下 30 cm。

4.4.9　钢筋笼加工与吊装

(1)钢筋笼制作

①钢筋笼加工平台

现场专门搭设五座钢筋笼加工台架，Z1 线二座，B1 线三座，平台尺寸分为 7×42 m 和 5×50 m 两种，平台采用 10 号槽钢焊接成格栅，平台相对高程用水准仪校正。为便于钢筋放样布置和绑扎，在平台上根据设计的钢筋间距、插筋、预埋件的设计位置画出控制标记，以保证钢筋笼和各种预埋件的布设精度。钢筋加工机具设备，紧凑布置其间及周边。加工平台应保证台面水平，四个角应成直角，以保证钢筋笼加工时钢筋能准确定位和钢筋笼标准横平竖直，钢筋间距符合规范和设计的要求。标准段和端头井的钢筋笼采用整体制作成形。L 形、T 形、Z 形钢筋笼因加固钢筋、斜撑较多，重量大，吊装困难，通过减小槽段宽度以减小钢筋笼重量。

②钢筋笼加工

a. 钢筋笼施工前先制作钢筋笼桁架，桁架在专用模具上加工，以保证每片桁架平直，桁架的高度一致，以确保钢筋笼的厚度。桁架利用钢筋笼的主筋制作，并采用机械连接成一根相同直径的通长钢筋。

b. 钢筋笼在平台上先安放下层水平分布筋再放下层的主筋，下层筋安放好后，再按设计位置安放桁架和上层钢筋，每幅钢筋笼纵向设计 5 排桁架，横向加强桁架除吊点设置外其他每隔 5 m设置一道，导管处桁架不布设腹杆。考虑到钢筋笼起吊时的刚度和强度的要求，另每 5 m 在钢筋笼上下层设置 ϕ16 剪力拉条，在钢筋笼顶部将横向钢筋做成双排。横向桁架加设斜筋。

c. 钢筋笼的钢筋主筋采用机械连接、埋设件焊接采用电焊，除主要结构连接处结点须全部焊接外，其余接头可按 50%间隔焊接，焊接搭接长度必须满足单面焊 $10d$(d 为较小直径)，搭接为 $45d$ 搭接，吊钩与主筋采用双面焊接，长度为 $5d$。

d. 每幅预留两个混凝土浇筑的导管通道口，两根导管相距 2～3 m，导管距两边 1～1.5 m，每个导管口设 8 根通长的 ϕ12 导向筋，以利于混凝土浇筑时导管上下。

e. 为保证钢筋的保护层厚度，在钢筋笼内外每侧按竖向间距 4 m 设置两列钢垫块，垫块

采用厚 $\delta=3$ mm 钢板制作，做成 ⎍ 形状，为保证钢筋笼整体刚度，还应设置剪力筋。

f. 工字钢与钢筋笼整体焊接，采用双面焊接。为了防止混凝土从钢板跟脚处绕流，工字钢长度满足底部深入槽底 20 cm。

g. 槽段依据工艺分为首开槽、顺槽、封闭槽三种，首开槽为双工字钢；顺槽为单侧加工字钢；封闭槽不加工字钢。为防止绕流，在工字钢两外侧设 $\phi30$ 的钢筋，两内侧设 $\phi50$ 的注浆管固定在工字钢板上，均与工字钢板同长，$\phi50$ 的注浆管在地连墙混凝土浇筑后可以起到弥补接头止水效果的作用。工字钢背混凝土侧采用接头箱，接头箱上焊接角钢，起到防混凝土绕流的作用，挖宽部分夯填碎石、土袋。

③钢筋接驳器安装与控制

a. 钢筋接驳器根据设计图纸提供的间距、规格、地下连续墙宽度，计算出每一幅地下连续墙中预埋接驳器的数量、相对高程、规格。

b. 钢筋接驳器安装时基坑内侧面每一层接驳器固定于一根 $\phi18$ 或 $\phi20$ 的钢筋上，对应于钢筋笼顶安装时使接驳器的中心相对高程与设计的压顶梁钢筋相对高程相同，确保每层板的接驳器数量、规格、中心相对高程与设计一致。

c. 钢筋接驳器预埋钢筋与地下连续墙外侧水平钢筋点焊固定，焊点不少于 2 点。

d. 导管口部位由于混凝土浇筑时内部有混凝土导管上下，无法安装接驳器，施工时将该部分接驳器移至导管口两边，但必须保证每幅墙的钢筋接驳器的数量。

e. 钢筋笼加工结束后，应将钢筋接驳器的盖子拧紧，在钢筋笼下放入槽时，应再次检查盖子是否全部盖好，如漏盖或未拧紧情况，应立即补上并拧紧。确保结构施工时每一个接驳器均能使用。

f. 由于接驳器的安装相对高程是根据钢筋笼的笼顶相对高程来控制的，为确保接驳器的相对高程正确无误，钢筋笼下放时用水准仪进行跟踪测量钢筋笼的笼顶相对高程，下放到位后，根据实际情况及时用垫块加以调整，确保预埋接驳器的相对高程正确无误。

g. 钢筋接驳器的外侧用泡沫板加以保护。

④钢筋笼质量控制与验收标准

a. 对钢筋笼制成品必须通过“三检”合格并经监理单位验收签证后才能吊装入槽，否则不可进行下道工序的施工。

b. 钢筋笼外观平直方正，表面洁净无油渍和锈蚀等，在同一截面上的钢筋连接接头不超过 50%，对焊接头无裂纹、错位。

c. 钢筋笼质量验收标准按照有关规范（DB 29-54—2003 第 5.3.5 条，GB 50299—1999 第 4.5.2 条，GB 50208—2002 第 4.1.12 条）进行，见表 4—11。

表 4—11 钢筋笼制作与吊放允许偏差

<table>
<tr><th rowspan="2">序号</th><th rowspan="2">项目</th><th rowspan="2">允许偏差或
允许值(mm)</th><th colspan="2">检查频率</th><th rowspan="2">检查方法</th></tr>
<tr><th>范围</th><th>点数(点)</th></tr>
<tr><td>1</td><td>钢筋笼长度</td><td>±50</td><td rowspan="5">每个钢筋笼</td><td rowspan="5">10</td><td rowspan="5">用钢尺量测</td></tr>
<tr><td>2</td><td>钢筋笼宽度</td><td>±20</td></tr>
<tr><td>3</td><td>钢筋笼厚度</td><td>0～−10</td></tr>
<tr><td>4</td><td>主筋间距</td><td>±10</td></tr>
<tr><td>5</td><td>分布筋间距</td><td>±20</td></tr>
</table>

续上表

序号	项目	允许偏差或允许值(mm)	检查频率		检查方法
			范围	点数(点)	
6	预埋件中心位置	±10	每件	1	用钢尺量测
7	钢筋笼保护层厚度	+10	每个钢筋笼	10	

(2)钢筋笼吊装

①吊机选型

钢筋笼一次成形，B1 线和 Z1 线地下连续墙钢筋笼分 42 m 长和 50 m 长两种规格。吊装机具共选用 400 t、300 t 和 150 t 3 种履带吊车。其中，50 m 长标准首开幅重约 72.16 t(加双工字钢)，采用 400 t 履带吊和 150 t 履带吊配合起吊，400 t 履带吊作为主吊下放钢筋笼；42 m 长标准首开幅重约 65.4 t(加双工字钢)，采用 300 t 履带吊和 150 t 履带吊配合起吊，300 t 履带吊作为主吊下放钢筋笼。起吊吊梁均用 I40 工字钢。

各种吊机参数见表 4—12～表 4—14。

表 4—12　主机选择:300 t 履带吊作为主机

序号	QUY300 型履带吊性能	参　数
1	起重量(t)	95/78/66
2	回转半径(54 主臂)(m)	14/16/18
3	有效高度(m)	52.1/51.6/50.9
4	仰角(°)	74.8/72.9/70.5

表 4—13　主机选择:400 t 履带吊作为主机

序号	QUY400 型履带吊性能	参　数
1	起重量(t)	110/98/87
2	回转半径(70 主臂)(m)	14/16/18
3	有效高度(m)	68.6/68.1/67.6
4	仰角(°)	78.5/76.6/75

表 4—14　副机选择:150 t 履带吊作为副机(SCC1500)

序号	QUY150 型履带性能	参　数
1	起重量(t)	50.9/42.8/35.6
2	回转半径(48 m 主臂)(m)	12/14/16
3	有效高度(m)	46.5/45.9/45.2
4	仰角(°)	75.6/73/70.3

②50 m 钢筋笼吊装

a. 吊装计算(图 4—22)

Z1、B1 线 50 m 钢筋笼为 5 m 宽标准首开幅，重约 72.16 t，钢筋笼长 50 m，取标准首开幅进行验算。钢筋笼共 6 排纵向桁架，横向桁架每隔 5 m 一道。假设纵向桁架在横向上不会失稳，对纵向强度进行验算。

G=654 kN 钢筋笼总重(包括两边连接钢板、止水钢板)；

$q=G/42/6=2.41$ kN 每个纵向桁架每米受力；

$I_Z=33\ 300\ \text{cm}^4$ 钢筋对 Z 轴惯性矩；

$W_Z=I_Z/y_{\max}=640\ \text{cm}^3$ 钢筋对 Z 轴抗弯截面系数；

$E=206$ GPa 钢筋弹性模量。

ⓐ计算吊点距离

由钢筋笼起吊时钢筋笼挠度$<L/300$，得两吊点之间最长距离：

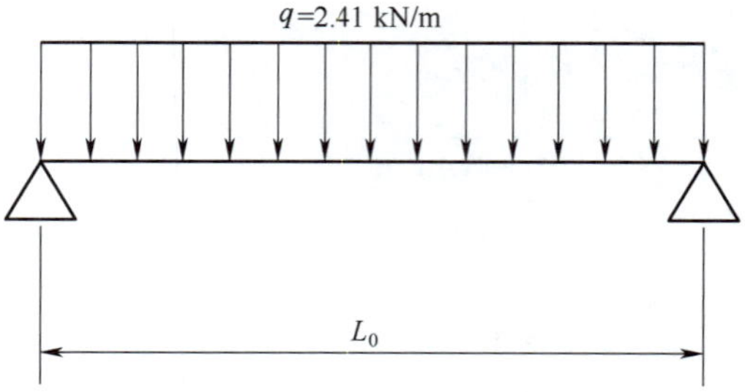

图 4—22 吊装时钢筋笼受力示意图

$$L_0=\sqrt[3]{384EI_Z/1\ 500/q}=19.38\ \text{m}$$

为减小钢筋笼的挠度，应将挂钩位置贴近侧板。为了使钢筋笼回直后基本垂直，必须根据重心合理的选择吊点位置。必要时在两吊点之间增设吊点，用以减小钢筋笼的挠度。

ⓑ强度验算

由 $\sigma=M/W$ $M=qL^2/8=113.1\ \text{kN}\cdot\text{m}$

所以，$\sigma=176.8\ \text{MPa}<[\sigma]=219.4\ \text{MPa}$

因上弦杆上密布主筋，所以不存在受压失稳问题。

ⓒ主吊最重吊点吊环验算

吊环的设计应满足以下要求：吊环采用Ⅰ级钢筋制作，严禁使用冷加工钢筋；每个吊环按 2 个截面计算；考虑副吊撤离后主吊单独承重，构件上 4 个吊环同时发挥作用。

吊环计算：

$$A=\frac{9\ 800G}{nf_0}$$

式中 A——一个吊环的钢筋截面积(mm^2)；

G——构件重量(t)；

n——吊环截面个数；

f_0——Q235 级钢筋屈服点；

9 800——吨换成牛顿。

$$A=\frac{9\ 800\times72.16}{8\times235}=376.15\ \text{mm}^2$$

计算钢筋直径为 $d=21.88$ mm；

安全系数取 1.7，$d=21.88\times1.7=37.2$ 取 42 mm。

ⓓ吊点的布设

Z1 线钢筋笼吊装需采用 16 个吊环。其中主吊吊环 4 个，主吊副钩和副吊共 12 个吊点。吊点间最大间距 12.35 m，满足要求。具体布置见图 4—23。吊装实况见图 4—24。

ⓔ重心计算

对于 Z1 线标准的首开幅来说，重约 72.2 t。在钢筋笼横向上，关于钢筋笼中心对称，按钢筋笼幅宽 5 m 来算，吊点按 0.9 m、3.2 m、0.9 m 布置为宜。在钢筋笼纵向上：$M_{总}=1\ 753\ 915.6\ \text{kg}\cdot\text{m}$，$G_{总}=72.16$ kg，则重心距笼顶 $i=M_{总}/G_{总}-0.05=24.256$ m。

纵向吊点位置为笼顶下 0.45 m+1.81 m+8 m+8 m+12.35 m+8.47 m+8.47 m 钢筋

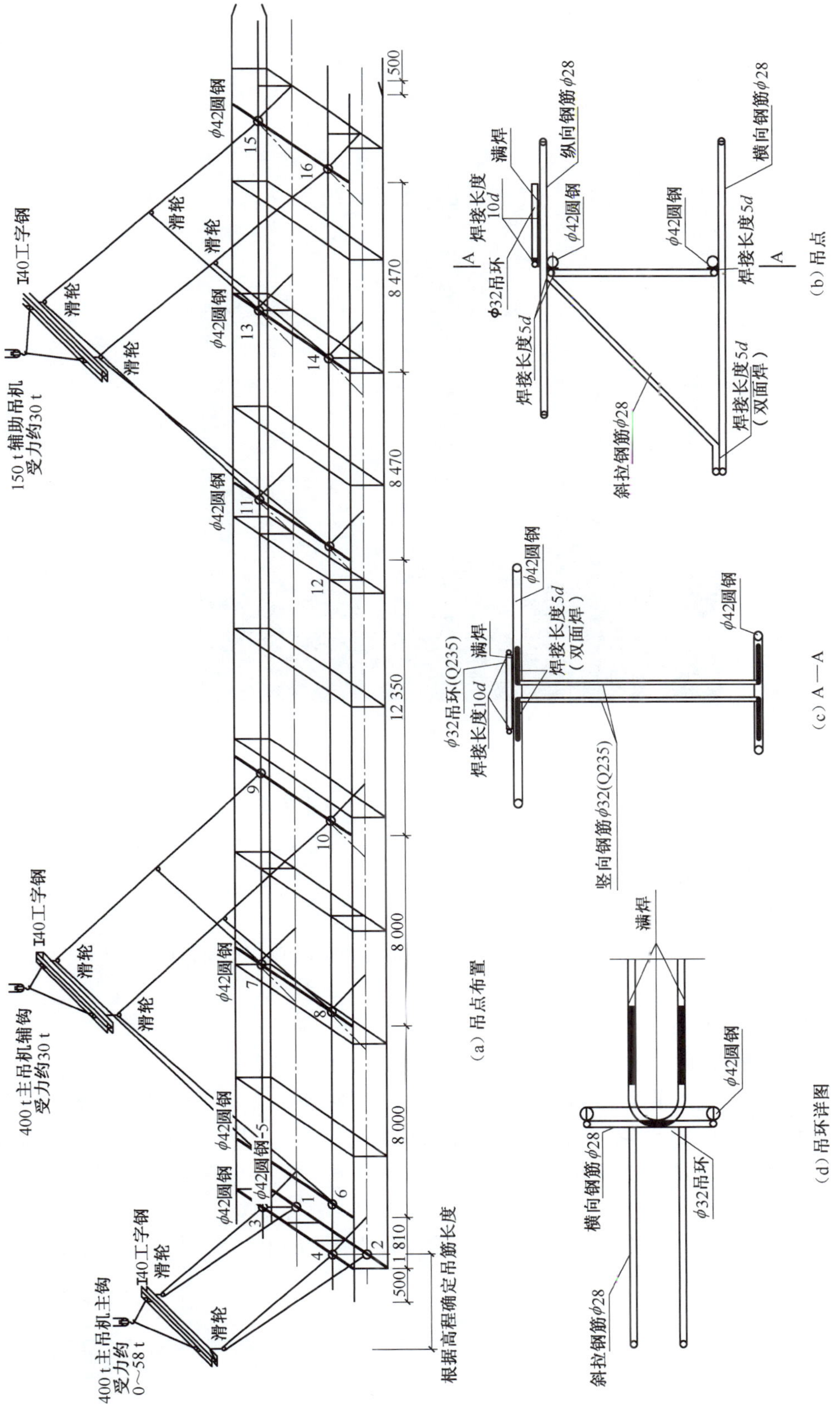

图 4—23 吊点布设（单位：mm）

图 4—24 地连墙钢筋笼吊装

笼底部有 2.39 m 结余。

对于 Z1 线顺序幅来说，重约 58.940 5 t(加单工字钢)。在钢筋笼横向上：

$M_{总}$=113 586.275 kg·m，$G_{总}$=58.940 5 kg，则重心距工字钢板一侧 $d=M_{总}/G_{总}$=1.927 m。在横向上，两吊点位置应关于 1.927 m 对称。

在钢筋笼纵向上：

$M_{总}$=1 423 428.1 kg·m，$G_{总}$=58.940 5 kg，则钢筋笼重心距笼顶 $i=M_{总}/G_{总}-0.05=24.1$ m。

横向吊点位置为：距工字钢板一侧 0.5 m+2.88 m+1.64 m

吊点位置为在纵向上：

由于纵向重心变化不大，为施工方便，还采用标准首开幅的吊点位置。

焊接时，每个吊环对称焊接在钢筋笼纵向桁架筋上，吊环与纵向桁架主筋焊接，焊接时，采用单面焊或双面焊，焊缝长度分别不小于 10 倍、5 倍的钢筋直径。吊环焊接位置周围 2 m 范围内钢筋交叉点应 100%焊接，吊点上下设置对拉钢筋。其中笼顶下 0.45 m 设置 4 个主吊吊环。

ⓕ钢丝绳强度验算

钢丝绳采用 6×37，公称强度 1 550 MPa，安全系数 K 取 6。由《起重吊装常用技术手册》查得钢丝绳数据，见表 4—15。

表 4—15 钢丝绳数据

钢丝绳直径(mm)	钢丝破断拉力总和(kN)	额定(t)
52	1 555	21.25

续上表

钢丝绳直径(mm)	钢丝破断拉力总和(kN)	额定(t)
56	1 825	24.94
60.5	2 115	28.9
65	2 430	33.2

主吊钢丝绳验算：

钢丝绳在钢筋笼竖立起来时受力最大。

吊重：$Q_1=Q+G_{吊}=72.16\ t+1.5\ t=73.66\ t$

钢丝绳直径：60.5 mm，$[T]=28.9\ t$

钢丝绳：$T=Q_1/4\sin45°=26.04\ t<[T]$（钢丝绳长度大于 6 m）满足要求。

主吊扁担下部钢丝绳验算

钢丝绳在钢筋笼竖立起来时受力最大。

吊重：$Q=72.16\ t$

钢丝绳直径：60.5 mm，$[T]=28.9\ t$；钢丝绳长度：22 m(起吊绳)

钢丝绳：$T=Q/(4\sin70°)=72.16/(4\sin70°)=19.2\ t<[T]$（钢丝绳长度 3.8 m）满足要求。

⑧副吊扁担下部钢丝绳验算

钢丝绳直径：56 mm，$[T]=24.9\ 4\ t$，Q_2 取 40 t 计算。

钢丝绳：$T=Q_2/(4\sin44.80)=14.19\ t<[T]$（钢丝绳长度 24 m）满足要求。

同上，由于扁担上部钢丝绳之间夹角更小，钢丝绳直径也采用 56 mm 同样满足要求。

ⓗ吊机起吊高度及回转半径的界定

采用 70 m 主臂进行计算，400 t 主吊吊臂仰角为 75°，此时起吊高度为 67.6 m，回转半径 18 m。钢筋笼长 50 m，笼底距地面 0.5～1 m，上部吊钩高度约 1.2 m。另外必须保证扁担不能碰到吊臂，此时需要吊机的起吊高度为 $H=50+1.2+2\tan75°=58.7$ m。此时回转半径为 $r=15.19$ m，在 50 m 高度处，吊臂距钢筋笼水平距离为 $d=15.19-50/\tan75°=1.79<2.5$ m，不满足要求。

综上所述，按钢筋笼不能碰到吊臂计算，此时高度 $H=50+2.5\tan75°=59.4$ m，所以取起吊高度为 60 m，机高 2 m，吊臂长为 $l=60/\sin75°=62.2$ m。所以取 70 m 长的吊臂，满足要求。

由于钢筋笼较重较长，在钢筋笼不能碰到吊臂的前提下，可以增大吊臂仰角，增加起吊高度，但此时应注意增加上部钢丝绳的长度。

对于 Z1 线标准幅来说，采用 Z1 线标准首开幅计算出来的钢丝绳直径和起吊高度数据能满足起吊安全要求。

b. 钢筋笼加固措施

在安装过程中，还必须加强钢筋笼的变形控制。由于钢筋笼是一个刚度极差的庞然大物，钢筋笼长度较大，起吊时极易变形散架，发生安全事故，为此采取以下加强技术措施。

将钢筋笼纵向、横向桁架作为起吊桁架，吊点设在纵、横桁架交点处，并对吊点处横向桁架加设斜筋，使钢筋笼起吊时有足够的刚度防止钢筋笼产生不可复原的变形。

对于拐角幅钢筋笼除设置纵、横向起吊桁架和吊点之外，另要增设“人字”桁架和斜拉杆进行加强，以防钢筋笼在空中翻转时发生变形。

为保证起吊安全，各道主吊和副吊吊点使用钢板或 ϕ40 圆钢与起吊桁架单面满焊。

c. 钢筋笼吊装方式

ⓐ平抬起吊

将 400 t 吊、150 t 吊吊具与钢筋笼的各吊点连接。

将钢丝绳拉紧，检查 400 t 和 150 t 吊的钢丝绳是否垂直于钢筋笼的中心线。如果不垂直移动吊车，直到吊车的钢丝绳垂直为止。

将钢筋笼平抬提离地面 1 m 左右，检查吊点附近焊点情况和穿扛有无弯曲。

ⓑ倾斜提升

400 t 主钩、辅钩同时提升钢筋笼，150 t 吊保持离地面 1 m 位置。

400 t 吊提高到 12～25 m，使钢筋笼倾斜。

400 t 吊起吊过程中注意主钩与副钩的同步控制。

ⓒ吊车对转

保持 400 t 吊不动，150 t 吊主钩向 400 t 吊方向旋转。

400 t 吊车逐渐收紧钢丝绳并向 150 t 吊方向旋转，直至将钢筋笼垂直立起。

150 t 吊车放绳，在地面摘掉大钩。

ⓓ钢筋笼水平方向运输

400 t 吊提钢筋笼保持下面空间 1～1.5 m，运输到孔口位置。

ⓔ吊放入槽

将钢筋笼吊放到孔口，将下部连接钢板与上节钢筋笼钢板焊接，将连接钢板与槽段划分线对齐，待焊口冷却后垂直放入槽孔。

在钢筋笼下放过程，逐层抽出穿杠，摘掉索具。

吊装笼前必须检查编号、尺寸，里、外面对号入座。

在钢筋笼上设置对位钢筋，在导墙上设置对位点，以保证预埋的接驳器对位准确。

吊放钢筋笼必须垂直对准槽中心，吊放速度要慢，不得强行压入槽内，发现受阻及时吊起经处理后重新吊放。将钢筋笼固定后，下导管，进行混凝土灌注。

4.4.10 成墙水下混凝土灌注

(1)成墙水下混凝土灌注前准备工作

混凝土浇筑之前，除有关混凝土制备、运输、浇筑、运输道路安排、劳动力配置等方面的准备工作之外，有关槽段的准备工作流程见图 4—25。

(2)成墙水下混凝土灌注

60 m 深地连墙灌注现场见图 4—29。

①混凝土配合比，应按流态混凝土设计，设计强度等级为 C40，抗渗等级 P8，混凝土坍落度以 20±2(单位为 cm)为宜。

②采用混凝土浇筑机架进行地连墙的混凝土浇筑，机架跨在导墙上沿轨道行驶。按施工组织设计规定的位置安装混凝土导管，导管采用法兰盘连接式导管，导管连接处用橡胶垫圈密封防水。导管在第一次使用前，在地面先作水密承压试验。导管内应放置保证混凝土与泥浆

隔离的管塞(橡皮球胆等)。其底部应与槽底相距 300～500 mm,导管上口接上方形漏斗。混凝土初灌量应经过试验,混凝土漏斗应能满足导管首次埋置深度和填充导管底部需要,并能减少墙底沉渣。首批混凝土数量应满足导管首次埋置深度和填充导管底部的需要。

③应在钢筋入槽后 4 h 内开始浇筑混凝土,浇筑前先检查槽深,判断沉渣是否过厚、有无坍孔,并计算所需混凝土方量。

④混凝土开始浇筑时,先在导管内放置隔水球(橡皮球胆等)以便混凝土浇筑时能将管内泥浆从管底排出。混凝土浇筑采用将混凝土车直接浇筑的方法,初浇时保证每根导管有 6 m^3 混凝土的备用量,见图 4—26。

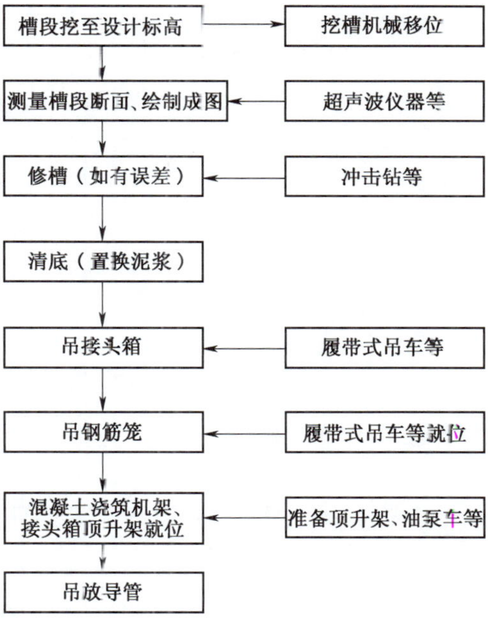

图 4—25　槽段准备工作流程

⑤混凝土浇筑中要保持混凝土连续均匀下料,混凝土面上升速度不低于 2 m/h,导管埋置深度控制在 2～6 m,见图 4—27(混凝土浇筑曲线图),在浇筑过程中随时观察、测量混凝土面相对高程和导管的埋深,严防将导管口提出混凝土面。同时通过测量掌握混凝土面上升情况,推算有无坍方现象。因故中断浇筑时间不得超过 30 min。

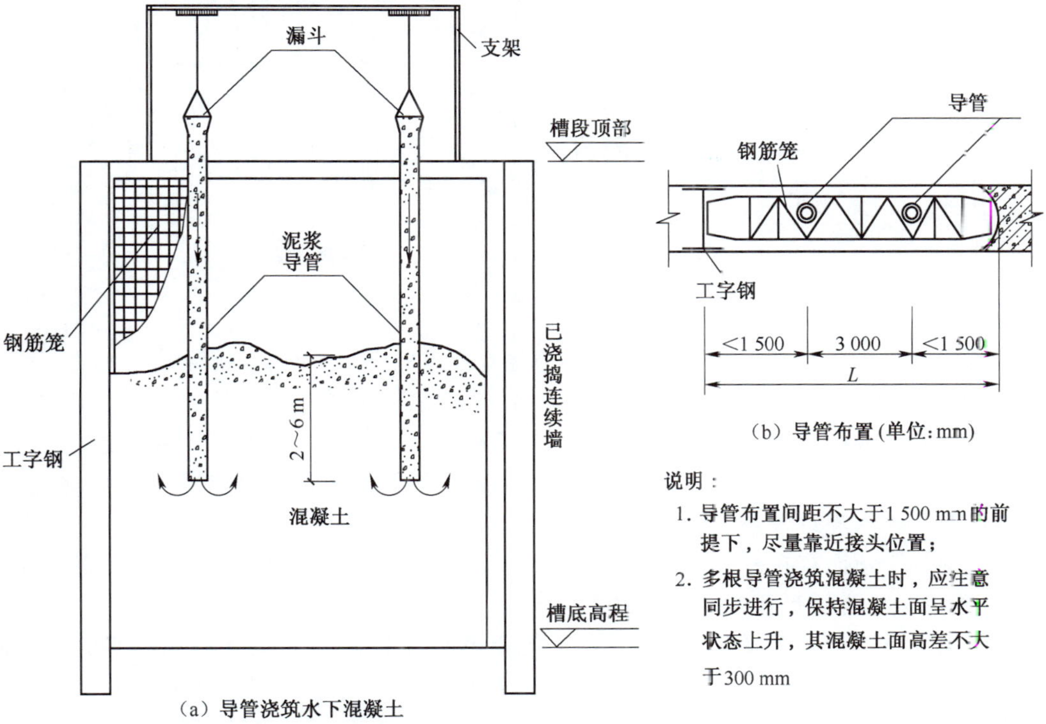

图 4—26　导管浇筑水下混凝土示意图

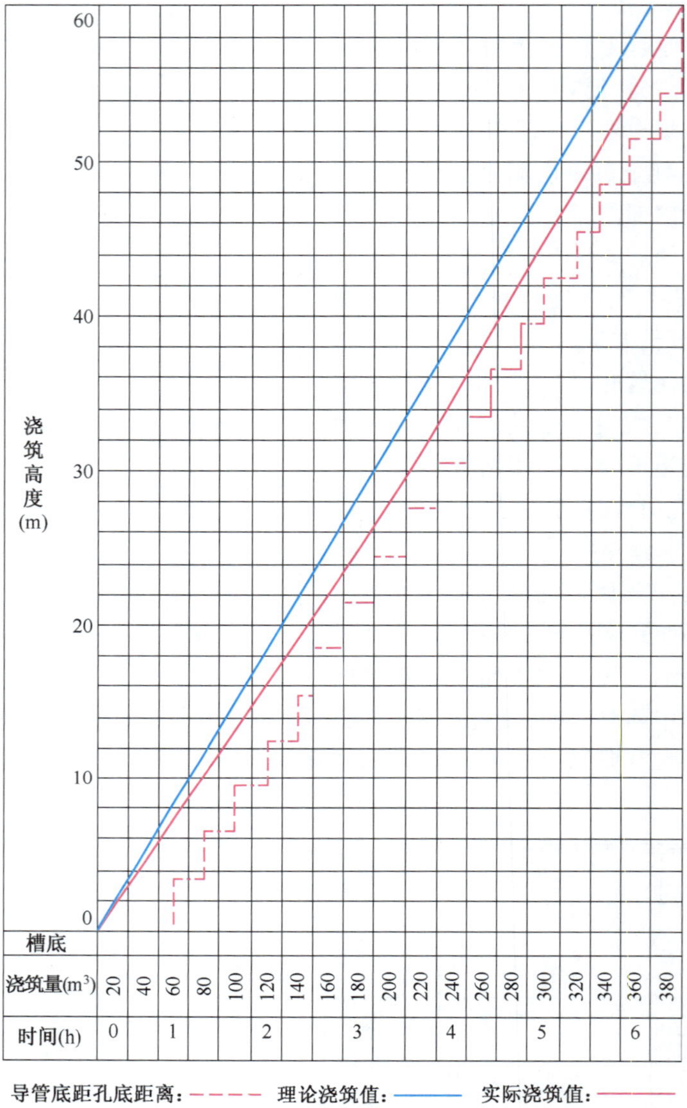

图 4—27 混凝土浇筑曲线图

⑥两根混凝土导管进行混凝土浇筑时，应注意浇筑的同步进行，保持混凝土面呈水平状态上升，其混凝土面高差不得大于 500 mm。以防止因混凝土面高差过大而产生夹层现象。

⑦在浇筑过程中，导管不能作横向运动，导管横向运动会把沉渣和泥浆混入混凝土内。

⑧混凝土浇筑时严防混凝土从漏斗溢出流入槽内污染泥浆，否则会使泥浆质量恶化，反过来又会给混凝土的浇筑带来不良影响。

⑨在混凝土顶面存在一层浮浆层，需要凿去，因此混凝土浇筑面应高出设计相对高程30～50 cm。对混凝土浇筑过程作好详细记录。

⑩每幅地下连续墙混凝土到场后先检查混凝土原材质保单、混凝土配比单等资料是否齐备，并做坍落度试验，检查合格后方可进行混凝土的灌注。混凝土浇筑时在前、中、后应做三次坍落度试验，并做好试块。每浇筑 100 m^3 混凝土做一组试块，不到 100 m^3 混凝土按 100 m^3 做一组，并另做一组抗渗试块。

⑪每幅墙的混凝土应按规范要求，做试块取样，做混凝土的抗压、抗渗试验。所做试块放入恒温池养护，7 d后送试验站标养池中养护，到龄期后作抗压、抗渗试验。

(3)接头箱安放和顶拔

①接头箱在钢筋笼下放之后安放，接头箱按设计分幅位置准确就位，接头箱下放后，再用吊机向上提升2 m左右，检查是否能够松动，然后利用其自重沉入填充砂石中，并将其上部固定，背后空隙用黏土回填密实。避免接头箱在混凝土灌注过程中移位或混凝土绕流下幅槽段，从而影响下幅槽段成槽施工和钢筋笼下放。

②在第一车混凝土和以后每根接头箱接头部位混凝土现场取混凝土试块，放置于施工现场水中，用以判断混凝土的初凝、终凝情况，并根据混凝土的实际情况决定接头箱的松动和拔出时间。

③对于上部的接头箱，为防止接头箱难于起拔的现象，接头箱制作精度(垂直度)应在1/1 000以内，安装时必须垂直插入，偏差不大于50 mm。同时，抽拔时掌握时机，一般混凝土达到自立程度(3.5～4 h)，即开始松动接头装置，每次抬高5 cm，每间隔5 min顶拔一次，严格按照混凝土浇筑记录曲线表所实际记录的混凝土在某一高度的终凝时接头装置允许顶拔的高度，严禁早拔、多拔。

④接头箱拔出前，先计算剩在槽中的接头箱底部位置，并结合混凝土浇筑记录，确定底部混凝土已达到初凝才能拔出。最后一节接头箱拔出前先用钢筋插试地连墙体顶部混凝土有硬感后才能拔出。

⑤接头箱拔出后水平放置在硬地坪上，冲洗干净晾干后刷上脱模剂备用。

(4)地下连续墙墙趾加固施工

①墙趾注浆施工方法

地下连续墙施工的同时在地下连续墙钢筋笼放入ϕ50注浆管(花管)作为墙趾注浆加固施工时的注浆孔，注浆管在接近顶部点焊于钢筋笼上，中腰用圆环套住保证注浆管牢固固定于钢筋笼。等钢筋笼放进所挖槽中再将焊点割掉，使注浆管自由下落插入槽底部的沉渣中(该注浆管上部高于圈梁顶面0.3 m、下部超出地下连续墙1.0 m，注浆管放置前须将铁管两端包起防止泥浆堵塞)注浆浆液采用单液水泥浆，连续墙混凝土浇筑完毕后，每个接头都要注浆，防止渗漏。

②工艺流程(图4—28)

③技术参数

要求加固后残渣层的强度和压缩模量大于原状土的指标，注浆压力及注浆量由试验而定，一般为以下参数，可根据注浆压力控制，也可根据注浆量控制。浆液配备见表4—16。

注浆压力：P=0.5～2 MPa

注浆流量：Q=15 ～20 L/min

注浆量：120 kg水泥/孔，240 kg水泥/幅(水灰比0.55)

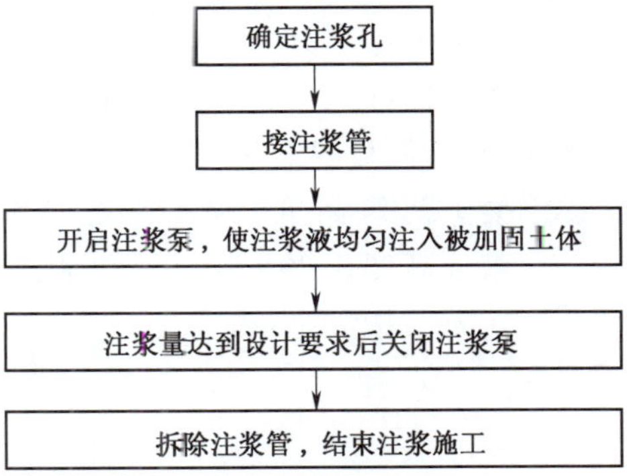

图4—28　注浆流程图

表4—16　浆液配备(重量比)

材料名称	水	水泥	膨润土
规　格	自来水	普硅42.5	200目
重量比	0.6	1	0.03

④施工顺序

注浆施工时，跳孔注浆(即：相邻两只脚趾注浆孔不可同时进行注浆施工)。

墙趾注浆加固后土体强度 $P_s>1.0$ MPa。

(5) 地下连续墙质量控制标准见表 4—17。

表 4—17　地下连续墙各部位的允许偏差值

项	序	检查项目		允许偏差或允许值(mm)	检查方法
主控项目	1	墙体强度及抗渗压力		设计要求	检查件记录或取芯试压
	2	垂直度		3‰	测声波测槽仪
一般项目	1	导墙尺寸	宽度	W+40	用钢尺量(W 为地下墙设计厚度)
			墙面平整度	<5	
			导墙平面位置	±10	
	2	沉渣厚度		≤100	超声检测
	3	槽深		+100	
	4	混凝土坍落度		180～220	坍落度测定仪
	5	钢筋笼尺寸		见相应规范	用钢尺量
	6	地下墙表面平整度		<30	用钢尺量
	7	永久结构时的预埋件位置	水平向	≤10	用钢尺量
			垂直向	≤10	水准仪

除表 4—17 外，常补充的还有以下几方面：

①泥浆黏度：在遇有较厚粉砂、细砂地层(特别是 10 cm 以上)时，可适当提高黏度指标，但不宜大于 45 s。

②泥浆比重：在地下水位较高，又不宜提高导墙顶相对高程的情况下，可适当提高泥浆比重，但不宜超过 1.25 的指标上限，并采用掺加重晶石的技术方案。

③混凝土浇筑：在单幅浇筑即将结束前，由于导管内外压差减小，埋管深度不再作限制，但不允许出现负压管。

④壁面平整：在 10 m 以上遇有少量粉细砂地层，对成槽稳定很不利的情况下，允许壁面有小面积剥落，但高度不宜大于 2 m，深度不宜大于 50 cm。

⑤混凝土浇筑高度：为保证墙面质量，通常情况下要求设计混凝土面低于导墙顶≥80 cm。实浇高度在 30～50 cm(包括劣化混凝土浮层)。

4.5　总　　结

结合本工程，对深层地连墙施工技术进行研究，解决了复杂地质条件下深层地下连续墙施工的技术难题，土方开挖过程中，地连墙表面平整，没有发现任何绕流鼓包的现象，同时地连墙表面和接缝处没有发生渗漏水的现象，保证了基坑围护结构的安全；主体结构施工阶段，地连墙支撑应力、深层水平位移等监测数据都正常，基坑尺寸满足主体结构的施工，保证了主体结构的施工质量。地连墙施工照片见图 4—29。

(a) 60 m深地连墙灌注现场

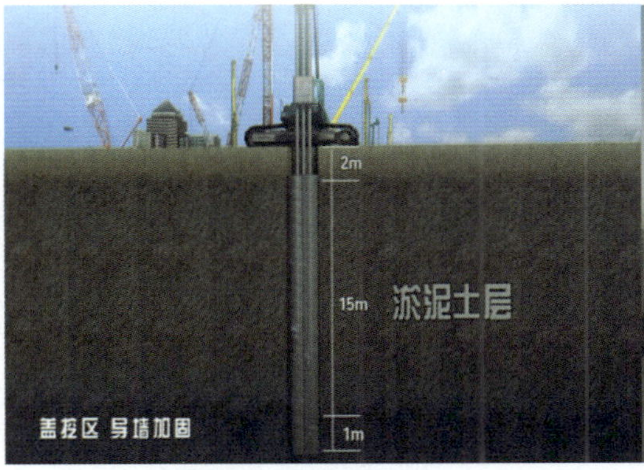

(b) 水泥搅拌桩封闭淤泥层示意图

(c) 高精度导墙现场

(d) 工字钢（白铁皮）防绕流

(e) 钢筋龙分段吊装

图 4—29

（f）钢筋笼下放

图 4—29 地连墙现场灌注照片

5 超深超大直径 AM 扩孔桩

5.1 概　　述

于家堡站房工程工程桩设计采用 AM 扩孔形式，共有 567 根。其中盖挖区有 100 根 HPE 钢管柱下桩，明挖区有 159 根格构柱下桩，施工阶段受压。

工程桩直径为 ϕ2 400 mmAM 扩 ϕ3 400 mm 和直径 ϕ2 200 mmAM 扩 ϕ3 200 mm。施作后，采取桩端、桩侧复式注浆，并且注浆量不得小于试桩注浆量。钢筋笼主筋为 33 根二级 ϕ32，加强筋为同样为二级 ϕ32，加强箍为 Q235 钢板箍@2 000 mm，厚 20 mm 宽 100 mm，螺旋箍筋为二级 ϕ16。主筋混凝土保护层厚度为 80 mm。混凝土采用 C50 防水防腐混凝土，抗渗等级为 P12。

桩基施工自 2010 年 4 月开始，至 2011 年 7 月顺利施工完毕。超声波桩身完整性检测：170 根；抗压静载荷试验：5 根；抗拔静载荷试验：7 根；低应变反射波法完整性检测，共检测 397 根桩。检测结果全部合格。

5.2 施工重难点分析

工程桩为大直径大深度 AM 扩孔钻孔灌注桩，AM 工法扩孔钻孔灌注桩有以下特点：

(1)单桩承载力大，桩直径为 2 400 mm，扩孔部分直径为 3 400 mm 和直径为 2 200 mm 扩孔部分直径为 3 200 mm。钻孔深度最深达 60 m 左右，垂直度和扩孔部分的尺寸要求偏差小。

(2)钢筋笼较长，总长度达 60 m 左右，采用两节吊装，需进行焊接连接，增长钢筋笼下放时间，对泥浆护壁要求较高。

(3)地质复杂，成孔时间长，扩孔时间长，极易造成塌方，对整个施工过程产生影响较大。

(4)对混凝土要求较高，各项指标必须达到设计实验要求。所以对混凝土的质量控制也是重中之重。

(5)由于南侧基坑内中间桩柱较多，加之旋挖机、履带吊自重大、荷载大，重型机械较多。

5.3 施工总体安排

根据对本工程工程桩的特殊性，在工程桩桩基设备选择上必须有保证措施，使用常规的正反循环施工机械已无法保证该工程桩基扩孔施工及成桩质量，应选择大型旋挖 AM 工法全液压可视可控扩孔旋挖钻机，才能满足本工程扩孔灌注桩施工各项精度要求，采用日本 LS-120RH、SWDM28 等 AM 旋挖钻机施工，以上设备的共同优点是成孔深度深，垂直度高，成孔直径大，成孔效率高等特点，具体见表 5—1 和表 5—2。

表 5—1 SWDM28 旋挖机主要性能参数

项　　目	主要参数	备　　注
整机重量	78 t	
最大钻孔直径	2 500 mm	
最大钻孔深度	86 m	6 节杆
发动机额定功率	250 kW	
最大扭矩	280 kN · m	
最大提升速度	55 m/ min	

表 5—2 主要设备需求表

序　　号	机械名称	设备型号	数　　量
1	旋挖钻机	SWDM28	2 台
2	旋挖扩孔钻机	LS-120RH	2 台
3	履带吊	SCC1500	2 台
4	履带吊	SCC1000	2 台

钢筋笼起吊后由履带吊自行走至桩位点进行中心定位，在定位过程中由驾驶员在操作室内利用钻机自身的垂直仪、水准仪检查机身的水平度和桅杆的垂直状况，进行水平度、垂直度的自动调整，使钻机达到最佳状态，在扩孔施工作业中，电脑输入参数影像监控，从而有效地保证成孔质量。同时所选钻机以原始土体挖掘方式进行施工，故成孔速度快。

通过柴油机带动液压系统旋转、进行原始土体切削、挖掘钻进成孔，因此该机在成孔过程中，不需动力电源，克服了施工集中用电的难题，减少投入。

泥浆可循环利用，节省资源，另外，所选钻机属低噪声、无振动环保型钻机，在钻进过程中噪声为 65 分贝以内，且在成孔过程中为原始土挖掘状态，通过钻斗提升直接卸土，从而使成孔过程实现无泥浆排放，减少环境污染，见图 5—1 和图 5—2。

图 5—1 AM 扩孔成孔施工作业

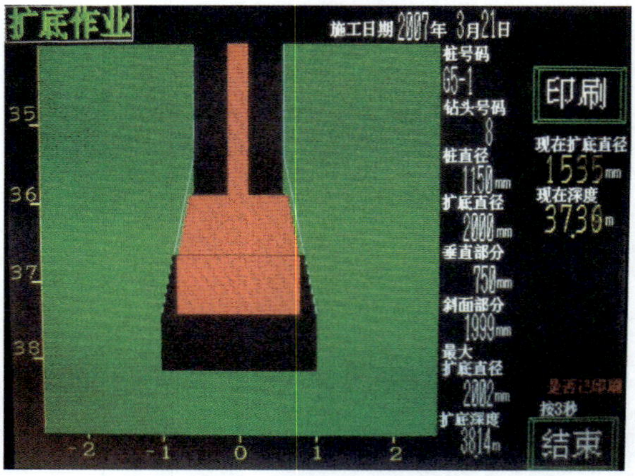

图 5—2 AM 扩孔施工影像管理装置

5.4 施工方案

5.4.1 施工现场准备

(1)施工组织设计中确定的施工组织机构各部门人员集中到位,明确施工准备目标,按项目部各人员的主要职能进行运行。

(2)完成对桩基作业人员的组织准备。

(3)完成对施工机械(具)的保养调试及清洁。保证在进场前机械(具)性能、状态良好。

(4)各种材料准备齐全,完成材料的购买,保证施工时各种材料及时到位。

(5)规划、组织好运输力量,对进场道路、路线进行考察、落实。

(6)办理好甲方、监理或当地有关部门要求办理的各种证件手续。

5.4.2 AM 工法扩孔钻孔灌注桩施工方法和步骤

(1)施工概述

①本工程 AM 扩孔钻孔灌注桩工程桩采用一台日本进口大型 AM 可视可控扩孔旋挖钻机进行施工,该机既可以进行原始土挖掘钻机成孔,也可以在等径桩成孔达到设计后进行扩孔成孔作业施工,利用人工造浆护壁工艺,钢筋笼均为现场制作。

②AM 工法扩孔钻孔灌注桩施工要求严格遵照国家标准《建筑桩基技术规范》(JGJ 94—2008)、《建筑地基基础工程施工质量验收规范》(GB 50202—2002)、《钢筋焊接及验收规程》(JGJ 18—2003)、《钢筋机械连接通用技术规程》(JGJ 107—2010)、《钢筋焊接接头试验方法标准》(JGJ/T 27－2001)、《混凝土强度检验评定标准》(GBJ 107—87)、《混凝土质量控制标准》(GB 50164—92)等进行。

(2)放桩位线

①根据设计院提供的桩位坐标数据放出工程桩桩位中心,做好保护及复核,并请监理单位进行现场复核。

②工程桩桩位中心点处用红漆做出三角标志。

③工程桩桩位放好后应及时处理保护,打好十字控制桩并做好保护措施。

(3)钻机定位

①钻机定位时,为保证 AM 扩孔旋挖钻机的稳定性,改善施工作业场地的地质条件,在钻机履带下垫 6 m×2.2 m 两块 30 mm 厚钢板,增加钻机履带与地面的接触面积,防止施工中土体不均匀沉降而造成钻机不稳。

②在钻机履带下垫 100～150 mm 厚木垫块塞住履带,防止施工中钻机移动。

③利用钻机水平装置,调整钻机水平度,保证钻机钻杆的垂直。

④桩位定位后拉引桩十字线,将钻杆中心与桩位十字线中心对齐,偏差不大于 20 mm。

⑤在埋设护筒前,根据钻机自身的垂直仪调整钻杆的垂直度后,再用经纬仪复测钻杆垂直度,保证垂直度在 3/1 000 范围内。

⑥钻机在完成定位、水平度和垂直度调整后,由驾驶员在操作室内对本机的水平度、垂直度、中心位置进行锁定,使桩机达到最佳状态,从而有效地保证成孔质量。

(4)钢护筒埋设

①钻机就位后,先钻一个比护筒直径略大的孔,深度比护筒略浅 50 cm,然后将护筒吊放入孔内采用旋挖钻机将其压入,并根据十字线,控制护筒中心位置。

②护筒采用 10～12 mm 钢板制作,上部做 1～2 溢浆孔,埋置深度可根据地表土质特征进行选定,护筒埋置深度不小于 3.0 m,以达到稳定孔口土体的目的,护筒直径应比桩直径大 200 mm。

③埋设护筒顶应比原始地面高出 200 mm,以达到控制地面渣土及浆液流入孔内的目的。

④埋设护筒后,根据十字引桩复核护筒中心,其中心线与桩位中心线不得大于 20 mm,且护筒与周围垂直,护筒周围应采用黏土夯实。

(5)钻机等径部成孔

①护筒埋设完毕后,用泥浆泵向孔内注入泥浆,钻机由随机柴油机驱动液压马达来转动钻杆,以钻杆、钻斗自重并利用液压加压旋转筒式钻头作为钻进压力进行原始土挖掘,当钻斗内装满土后,将钻斗提升,旋转钻机打开钻头斗门卸土到翻斗车上或卸土区内,关闭门将钻头旋转至钻进位置,并将机体旋转体的上部锁定住,再下降钻头,反复循环钻至设计深度,边钻进边加注泥浆。

②钻进中根据不同的地质条件合理调整钻进速度,一般最快不超过 10 m/h,严格控制泥浆的质量,及时向孔内注入泥浆使孔内水位高出钢护筒底部 2 m 以上。

③钻进中根据不同的地质条件,使用不同的钻具。

a. 在淤泥层、粉质土、粉砂层、砂层用密封性能比较好的双底板钻斗,以利于清除钻渣。

b. 在黏土层,用钻进效果较好的单底板漏空钻斗,保证快速钻进。

c. 在杂填土层,用合金螺旋钻头,以利于达到障碍物清除的目的。

d. 钻孔过程中,经常检查钻机本体内的垂直仪或用经纬仪双向随时检测钻机钻杆的垂直度,当钻孔有倾斜时,可往复进行扫孔修正,直至垂直度符合要求。

e. 在成孔过程中或成孔后孔壁坍塌,轻度塌孔应加大泥浆密度和提高水位;严重塌孔,应用回填黏土,待一定时间后采用低速钻进。

f. 钻孔时经常检查泥浆的性能,当各项指标超过上下限时,应及时调整。

g. 发生漏浆可适当加稠泥浆或倒入膨润土、黏土,慢速钻动;护筒周围及底部接缝用土回填密实,适当控制孔内水头高度,不要使压力过大。

h. 等径部成孔达到设计相对高程后,AM 扩孔旋挖钻机更换 AM 工法魔力铲斗进行扩孔成孔作业。

(6)扩孔成孔作业

AM 工法旋挖钻机更换 AM 工法扩孔魔力铲斗进行扩孔成孔作业,本工程为直径 2 400 mm扩至 3 400 mm,在扩孔施工时,操作人员先在电脑上设定扩孔参数,在电脑自动管理中心的指挥下进行扩孔施工作业,通过映像监视系统及时监测扩孔情况,确保扩孔成孔质量;回转扩孔铲斗在进行旋转中,铲斗的倒排镶嵌钛合金,被平均分成两份或四份进行砂砾的切削挖掘,实施水平扩孔作业,扩孔作业产生的砂砾被铲斗所容纳,收回铲斗将砂砾带出地面。扩孔成孔结束后,随机打印扩孔作业资料,用测绳复测孔深并组织监理单位进行验收确认。因本工程工程桩部分桩型是在上部进行扩孔成孔作业,当扩孔成孔作业完成后,更换等径捞渣筒将孔底沉渣清除至原钻孔深度。

(7)利用扩孔钻头进行一次清孔

清孔时将扩孔魔力铲斗(或捞渣筒,带挡板)放至孔底,通过铲斗旋转钻进渣土达到清孔目的。

(8)成孔质量检测(表 5—3)

在成孔(包括清底)完成后进行超声波测深,每孔均采用 2 点检测,以及时判定成孔质量情况,对完成工程桩孔壁的垂直度、平整度进行检测,对垂直度不合要求的孔重新进行修正;如有坍方现象发生,则对以后成孔的泥浆进行调整。

表 5—3　桩孔质量检测标准

项次	项 目	允许偏差		检测方法	备注
1	孔 径	不小于设计桩径		用 JJX 型井径仪超声波测井仪	设计要求
2	垂直度	3‰		用 JJX 型井径仪超声波测井仪	设计要求
3	孔 深	$^{-0}_{+300}$ mm		用测绳、超声波测井仪	GB 50202—2002
4	桩 位	纵轴方向	20 mm	用钢尺检测	设计要求
		垂直纵轴方向	20 mm		

对于垂直度发生明显偏差的点位,结合地质报告,判断其原因是由于地质因素还是人为因素;如有塌孔现象发生,记录塌孔的位置。

(9)钢筋笼制作及安装

①钢筋笼的制作

a. 钢筋材料采用 HRB335 热轧钢筋,主筋为 ϕ32 mm,箍筋 ϕ16 mm,加强箍采用宽 100 mm×厚 20 mm 的钢板箍。

b. 钢筋笼全笼最长长度约 60 m 左右,计划分两节制作,分节长度为 18.7m(空钻端)和 39.8 m,桩头为 1.8 m 长,弯锚入基础底板。各分段内主筋与主筋制作中采用机械接头,两段之间的对接采用搭接焊,并应符合设计及施工规范要求,机械接头应先做试件送验,合格后方可使用。

c. 钻孔灌注桩主筋净保护层为 ϕ80 mm,箍筋与主筋均采用电焊连接,钢筋主筋上每隔 3 m 设置一道钢垫块,沿钢筋笼四周均布置 3 块。

d. 定位钢板箍用厚度 20 mm,宽度 100 mm 的钢板制作,并与桩的主筋进行满焊,保证钢筋的牢固。

e. 钢筋笼制作时。应将主筋调直,除锈,下料准确。

f. 钢筋笼焊接应用 THJ502 焊条,焊距宽度不少于 0.8d,厚度不少于 0.3d。

g. 钢筋焊接过程中应及时清除焊渣,钢筋笼螺旋筋与主筋全部采用点焊,焊接必须牢固。

h. 钢筋笼制作允许偏差应符合《建筑桩基技术规范》(JGJ 94—2008)和图纸的相关规定。

i. 制作成形的钢筋笼,要分组堆放在平整的场地上,不得变形。

j. 注浆管的制作必须焊接牢固、密封,不得漏浆。

②钢筋笼的安装

a. 钢筋笼的安装,必须符合设计和施工规范要求,要严格执行《建筑地基基础工程施工质量验收规范》(GB 50202—2002)。

b. 在吊放钢筋笼时分两段吊装，要严防碰撞，不得变形。考虑钢筋笼自重约 26 t，起重高度在 40 m 左右，吊车选择 150 t(150 t 吊车主臂长度 50 m，作业半径 12 m，起重量为 50 t)，在吊放钢筋笼时，钻孔灌注桩在吊放钢筋笼时分两段进行吊装，要严防碰撞，不得变形。对接时，必须采用两台经纬仪保证钢筋笼的对接垂直度。主吊选用 150 t 履带式起重机，主臂长度 50 m，主要参数见表 5—4。

副吊选用 100 t 履带式起重机，主臂长度 39 m，主要参数见表 5—5。

表 5—4 150 t 履带式起重机的各项参数

工作半径 R(m)	有效起重量 Q(t)	角度(°)
9	62.5	77.6
10	60.4	76.2
12	50.8	73.4

表 5—5 100 t 履带式起重机的各项参数

工作半径 R(m)	有效起重量 Q(t)	角度(°)
9	46.2	76.7
10	44.7	75.1
12	35.9	72.1

c. 在吊放钢筋笼时，采用双机抬吊，共分 6 个吊点，以 150 t 履带吊为主吊，主吊点位置距上端在 0.5 m 处，副钩吊 2 个点，100 t 抬吊，抬点位于下端 4 个点。

(10)安装导管、二次清孔

①安装导管

a. 安装钢筋笼完成后，应尽快安装导管，并严格控制孔底沉渣。

b. 本工程采用 ϕ300 mm 导管，导管使用前须经过压水试验，试水压力为 1.0 MPa，导管接头用螺纹连接方式并加 O 形密封圈 ，各接头必须扭紧严防漏气漏水，用完后要清洗干净，丝扣要上油。

c. 吊放导管应位置居中，稳步沉放，防止卡挂钢筋笼，导管底距孔底 300～500 mm。

②气举反循环清孔

气举反循环清孔适用于第二次清孔；气举反循环清孔的主要设备机具包括空气压缩机、出水管、送气管、混合喷射器(专利号 ZL200720152047.5)等。设备机具规格一般应根据孔深、孔径等合理选择。出水管可利用灌注混凝土导管。

气举反循环清孔有以下优点：

a. 缩短了清孔时间。与正循环清孔相比，工效提高 5～10 倍。

b. 清孔较彻底。清孔前孔内沉渣厚度普遍较高，底部浆液比重大，清孔后，浆液比重为 1.05～1.2(根据实际施工地质要求确定)，沉渣厚度降到 100 mm 以下，满足设计及施工规范高标准的要求。

气举反循环清孔按以下施工要点进行：

a. 出水管下放深度以出水管底距沉淤面 30～40 cm 为宜；送气管下放深度一般以混合喷射器至液面距离与孔深之比 0.55～0.66 来确定；

b. 开始送气时应先向孔内供泥浆，停止清孔时应先关气后断水；

c. 送气量应由小到大，气压应稍大于孔底水头压力。若孔底沉淤较厚，块度较大或沉淀板结，可适当加大气量，摇动出水管，以利排渣；

d. 随着沉渣的排出，孔底沉淤厚度减少，出水管应同步跟进，以保持出水管底口与沉淤面的距离；

e. 清孔中应注意保证补浆充足和孔内泥浆液面稳定；

f. 清孔时灌入泥浆比重应小于 1.15，返浆泥浆比重小于 1.20，含砂率小于 4%，黏度 18～22 s，孔底沉渣应小于 100 mm。

在满足泥浆比重、黏度、含砂率及沉渣厚度控制指标后，请监理单位进行验收，合格后进行下道工序。

(11)混凝土的灌注

①导管承受压力计算

水下混凝土用钢导管灌注，导管内径为 300 mm，导管使用前应进行水密承压和接头抗拉试验。进行水密试验的水压不应小于孔内水深 1.3 倍的压力，也不应小于导管壁和焊缝可能承受灌注混凝土时最大内压力 P 的 1.3 倍。泥浆比重的加权平均值按 1.2 考虑，混凝土比重按 2.45 计，则导管的试压压力不应小于 1.91 MPa。本工程使用双密封圈丝扣连接导管，导管内径 300 mm，厚 6 mm，实际试压均大于 2.0 MPa，无漏水现象。

②初灌量控制

混凝土初灌量按下式计算：

$$H_1=H_w\times\gamma_w/\gamma_c=[60-(0.8+0.4)]\times12/24=29.4\ \text{m}$$

$$H_c=H_d+H_e=1.2\ \text{m}$$

$$V=H_1\times\pi d^2/4+H_c\times A=29.4\times3.14\times0.3\times0.3/4+1.2\times1.2\times1.2\times3.14=7.503\ \text{m}^3$$

式中　V——混凝土初灌量；

H_c——首批混凝土要求浇筑深度；

H_d——管底至槽孔底的高度，取 0.4 m；

H_e——导管的埋设深度，取 0.8 m；

A——工程桩的横截面面积；

H_1——槽孔内混凝土达到 H_c 时，导管内混凝土柱与导管外水压平衡所需高度；

H_w——预计浇筑混凝土顶面至槽孔水面或导墙顶面高差，即墙内泥浆深度；

γ_w——槽内泥浆重度，取 12 kN/m^3；

γ_c——混凝土拌和物重度，取 24 kN/m^3。

混凝土的初灌量不得小于 7.503 m^3。

③导管埋深控制

导管埋深太大、太小对成桩质量均有影响。埋深太小时，混凝土容易冲翻孔内的混凝土面而将沉渣卷入，造成夹泥甚至断桩，在操作过程中也易将导管拔出混凝土面；埋深太大时，混凝土顶升阻力很大，混凝土无力平行上推而仅沿导管外壁向上推挤至顶面附近再向四侧运动，这种涡流也易将沉渣卷入桩身四周，产生一圈劣质混凝土，影响桩身强度，且埋深较大时，上部混凝土长时间不动，坍落度损失大，容易发生堵管的断桩事故。导管埋深控制在 3～6 m 范围内，从而保证了工程质量。

④清孔结束后必须在 30 min 内灌注混凝土，否则必须重新清孔，水下混凝土采用 C50，混凝土的初凝时间控制在 8～10 h，单桩浇筑混凝土的浇筑时间应控制在 8 h 内；

⑤混凝土灌注中应使用隔水板及隔水球，在灌注前首先把隔水球放入导管内，再在混凝土料斗内放入隔水板，待料斗放满混凝土后快速打开隔水板，使混凝土顺着隔水球往导管内下落。

⑥要严格检查混凝土的坍落度及和易性，坍落度一般控制在 20～22 cm。

⑦在混凝土灌注中，技术人员要随时检查孔内混凝土上升的高度和灌注混凝土数量，控制埋管的深度，同时做好钻孔记录。

⑧混凝土灌注时，提升导管要慢并平稳提升，严防碰撞钢筋笼。

⑨按施工规范每根桩派专人做试块，标养试块每 50 m^3 做一组。

⑩为了保证桩头混凝土质量，最后一次混凝土浇筑量宜控制在设计桩顶相对高程以上约 1.5 m。

⑪混凝土的充盈系数不得小于 1.0 且不大于 1.2。

⑫施工过程中要做到施工质量四检测：自检、专检、抽检和互检。

⑬灌入过程中，应认真做好灌注原始记录，并及时分析整理。

5.4.3 钻孔灌注桩后压浆施工工艺

(1)钻孔灌注桩后压浆技术特点

后压浆技术是在已施工完成的钻孔灌注桩桩底和桩侧进行压浆，以达到消除桩底软弱垫层(沉渣)，改善桩土界面提高承载力的目的。

其优点是增加桩底土体强度、清除钻孔灌注桩桩底沉渣与桩侧泥皮的缺陷，提高桩基承载力、降低工程造价、缩短工期等优点。

(2)后压浆施工

①压浆机具选用，选用额定压力 3～10 MPa 的压浆机(根据孔深不同而定)，本工程根据设计要求注浆压力为 2.0～2.5 MPa 且注浆量不得小于试桩注浆量。

②压浆机顶端应放置单向阀，防止停止注浆时，下端注浆部位的浆液产生回流；在灌注桩混凝土灌注 8～10 h 后进行清水霹雳，清水霹雳时当压力表突然明显下降，表示注浆管底部混凝土已成功贯通，即可停止注水，并关闭单向阀防止回流堵塞；在成桩 7 d 后，开始进行水泥浆注入，流量不宜高于 75 L/min，以便水泥浆液自然渗入土层中，每根桩每一注浆断面必须一次注浆完成，如因机械故障等原因无法一次性完成注浆的，注浆间隔时间不得大于 12 h。

③注浆管采用 $\phi 38\times 5$ mm 钢管。桩侧压浆在压浆管底端连接围绕桩身的塑料软管，在软管上进行开洞，开孔部位采用橡胶皮封堵，桩底压浆在压浆管底部 200 mm 内侧面钻 4 排孔，底部不封闭，并采用橡胶皮包扎防止水泥浆进入管内造成堵管。

(3)后压浆施工工艺

①工艺流程(图 5—3)

②施工要点

a. 按设计要求和规范规定施工 AM 扩孔钻孔灌注桩，要保证桩的垂直度不超标，尽量减少孔底沉渣及孔壁泥皮厚度；在黏土层，要防止桩孔缩径，给下放钢筋笼和压浆管造成困难。

b. 进行注浆设计，重点是浆液扩散半径、注浆量和注浆压力的确定。

ⓐ浆液扩散半径

$$R=\sqrt{\frac{3kprt}{\beta \cdot n}}$$

式中 R——浆液扩散半径(cm)；

k——桩底桩侧压浆土层渗透系数；

p——注浆压力；

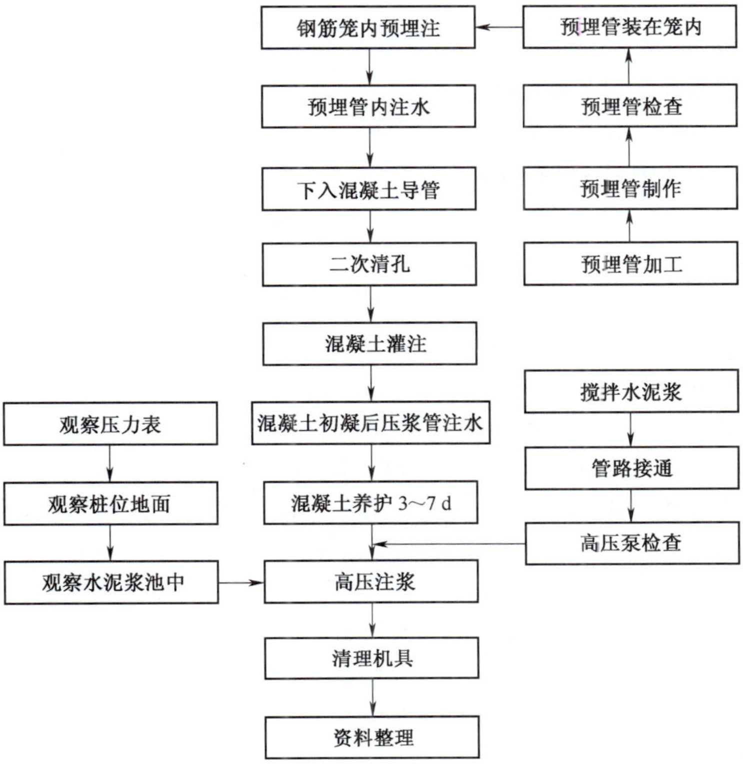

图 5—3　后压浆施工工艺流程

r——注浆管半径；

t——注浆延续时间(s)；

β——浆液相对黏度；

n——桩底桩侧土的孔隙率，

$$n=\frac{e_0}{1+e_0}$$

其中　e_0——桩底桩侧土的孔隙率比。

ⓑ注浆量

桩底注浆量：

$$Q_p=\pi(0.5d+\varepsilon nd^2)$$

桩侧注浆量：

$$Q_s=\pi[0.01\times(l-10)d+\varepsilon mnd^2]$$

式中　Q_p、Q_s——分别为桩底和桩侧注浆量(m^3)；

d、l——桩径和桩长(m)；

ε——注浆率(渗入性注浆为土孔隙充填率；劈裂注浆为土体挤压填充率)，对卵砾、中粗砂取 $\varepsilon=0.3\sim0.5$；对黏性土、粉土、粉细砂取 $\varepsilon=0.2\sim0.3$；

m——桩侧注浆横断面数，对纵向波形布点，m 取注浆点数的 1/4。

根据浆液扩散半径计算注浆量：

$$Q=2\pi RH\ nc$$

式中 Q——注浆量(m^3)；

R——浆液扩散半径(m)；

H——桩底桩侧注浆长度(m)；

n——桩底桩周土孔隙率；

c——浆液充填系数，软黏土：0.3～0.4，粉细砂 0.4～0.5，中粗砂 0.5～0.7，砂砾 0.7～1.0。

ⓒ注浆压力

$$P=k\gamma T+m\lambda H$$

式中 P——注浆压力(kPa)(未包括管线压损)；

k——系数，$k=1\sim3$；

γ——压浆点上覆土层重度(kN/m^3)；

m——桩底桩侧注浆段每加深 1 m，容许增加的压力值(kPa/m)，一般 $m=60\sim80$；

λ——与土性质有关的系数，一般 $\lambda=0.5\sim1.5$，结构松散渗透性强取大值，反之取小值；

H——桩底桩侧注浆段高度(m)。

根据本工程设计图纸要求，注浆仅以注浆压力控制，当压力达到设计压力 2～2.5 MPa 时即可满足要求。

c. 注浆选用水泥与水灰比：注浆水泥一般选用普通硅酸盐水泥，强度等级 P. O42.5，水灰比一般为 0.6～0.7，根据需要掺入外加剂。

d. 桩侧注浆层与注浆孔布置：桩侧注浆需选择适宜压浆的土层及选取桩身适当部位，本工程桩侧注浆为多断面注浆，注浆管同一断面均匀布置 3 根。

e. 桩底压浆管固定在钢筋笼内侧，下入桩孔内时，花管喷头应压入桩底持力土层一定深度，花管外部可用胶皮包住，用防水胶带缠牢，避免将出浆孔堵死。桩侧压浆管固定在钢筋笼外侧，压浆管按不同的注浆段，分别加工 500～600 mm 长的花管段，为防止花管孔眼堵死，入孔前应将花管段包牢。

f. 下入钢筋笼前，应先检测孔径和垂直度变化情况，发现有缩径、超径过大、孔斜超标及沉渣等情况时，应对桩孔进行修整，调整注浆层位，使之符合要求后方可下笼。压浆管接头焊接要牢固、密封，焊接后注清水检查是否有漏水泄压情况；接头连接可采用密封螺纹连接；压浆管顶部宜高出地面 100 mm，并用堵头堵严，防止泥浆杂物进入。

g. 压浆前要检查压浆设备是否正常运转，用测锤检查压浆管内有无堵塞现象，检查搅制的水泥浆的稠度或流动度及初终凝时间，配制的水泥浆量是否满足注浆需要。

h. 桩底桩侧注浆顺序，对于桩端持力层密实或桩不太长($l\leqslant30$ m)的情况下，为避免桩底注浆沿桩侧面上溢而无法实现预期的桩底压浆，宜先进行桩侧压浆，一周左右后，再进行桩底压浆，对于大于 30 m 的桩侧桩端注浆间隔时间不宜少于 2 h。

5.4.4 施工工序及流程

施工工序及流程图见图 5—4。

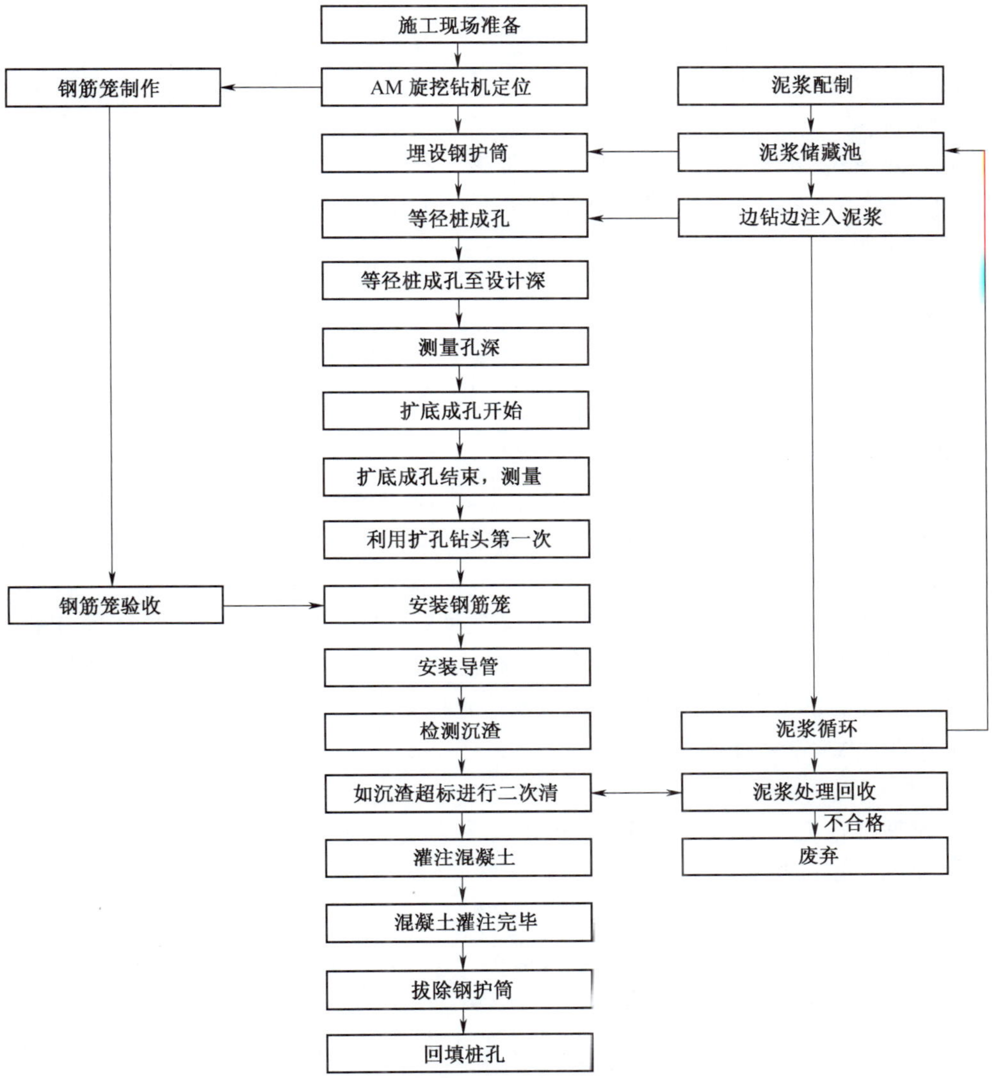

图 5—4 施工流程图

5.5 主要施工管理技术

5.5.1 钻孔前要求

(1)场地要求

清除场地内的淤泥和杂物，保证场地地表平整、坚实，能满足大型 AM 扩孔旋挖钻机的施工要求，对文明施工要求较高的，需进行场地硬化。

(2)常规 AM 扩孔灌注桩护筒要求

a. 用 10～12 mm 钢板制作，护筒内径宜比桩身设计直径大 200 mm。

b. 护筒埋设应准确，其中心线与桩位中心线的允许偏差不大于 20 mm。

c. 护筒埋置深度应超过杂质填土埋藏深度，在黏性土中不宜少于 1 m，在砂性土中不少于

1.5 m,且护筒底口埋进原土深度不应小于0.3 m;顶端高出地面0.2 m以上,并能满足泥浆液面高度的要求。

d. 护筒应保证坚实,四周不漏水。

(3)泥浆要求

a. 泥浆浓度(比重),结合本工程地质情况,采用AM旋挖扩孔钻机时取1.1～1.2。

b. 黏度(以500 mL泥浆通过5 mm漏斗所需时用s来表示),采用18～24 s。

c. 含砂率控制在6%以内。

5.5.2 成孔技术

(1)钻机就位

钻机定位后的钻杆中心与桩中心偏差不应大于20 mm。

(2)埋设护筒

隔孔施工在钻机成孔前,对埋设护筒的位置、深度和垂直度进行复核,以确保桩位正确性。成孔时采用隔孔跳跃式流水操作,保证成桩安全距离不小于4 d,以防止对邻桩产生影响。

(3)成孔垂直控制

确保桩身垂直在成孔垂直度控制是钻孔灌注桩顺利施工的重要条件,因此,该工程桩的施工计划采用国际先进的SWDM28旋挖钻机,旋挖钻进自带水准仪和钻杆垂直水准仪。在钻机就位之后以旋挖钻机自身的水准仪、垂直仪检查机身水平和垂直情况,同时可采用经纬仪双向复测钻杆垂直度,确保桩身成孔垂直度。

(4)控制钻进速度和泥浆指标

a. 控制钻杆钻进速度,应不大于10 m/h;在松散地层应不大于3 m/h。

b. 泥浆相对浓度控制在1.1～1.2。

(5)成孔检查

每桩孔成孔之后,应请监理工程师对孔的中心位置、倾斜度进行复验,必须达到设计、施工规范的要求后,方可进行下道工序施工。

a. 钻孔过程中,除经常检查旋挖钻机自带的水准仪和钻杆垂直水准仪的偏差数据外,要常用经纬仪双向检测钻杆的垂直度,如发现钻杆倾斜,必须及时纠正,保证成孔的垂直度在3/1 000以内。

b. 在钻孔过程中,如发现与设计地质情况不符时,及时报告监理工程师或设计单位,经监理工程师或设计确认批准后加以处理。

c. 扩孔成孔后,保存成槽期间的影响资料,并随机打印扩孔成孔参数资料,经监理工程师确认,符合要求后方可下放钢筋笼。

(6)清孔

a. 清孔采用气举反循环,清孔时,必须注意保持孔内水头,防止坍孔。

b. 清孔后,灌注水下混凝土前,孔底沉渣厚度应符合《建筑桩基技术规范》(JGJ 94—2008)、《AM工法旋挖取土可视可控全液压扩孔灌注桩设计、施工技术规程》(Q/DY B001—2007,上海市推荐性标准)及图纸中的设计要求50 mm。

c. 清孔后,对桩孔底500 mm以内的泥浆进行抽检,比重应小于1.25;含砂率不得大于8%;黏度不得大于28 s。

d. 不得用加深孔底深度的办法代替清孔。

(7)钢筋笼制作及安装

钢筋笼的制作必须符合设计和施工规范要求。对钢筋笼的规格和外形尺寸进行检查，控制偏差在允许范围之内，本工程加强箍采用 100 mm×20 mm 的钢板箍制作，钢板箍需由加工厂定作加工，满足钢筋笼椭圆度要求。下笼时监督施工人员对钢筋笼和钢护筒的连接，必须按规范进行操作并与钢筋笼要同心，并按要求放置垫块，每 3 m 一组，每组 3 块，成三角形布置。钢筋笼入孔后，用吊筋将钢筋笼固定在工作平台上。

(8)浇筑混凝土成桩

a. 钢筋笼安放就位后，应进行二次清孔，泥浆各项指标达到设计及规范要求后，应进行隐蔽工程验收，合格后立即开始灌注混凝土，并连续进行，直到灌注达到设计桩顶相对高程以上 1.0 m。

b. 工程采用 C50P12 商品混凝土，严格计量和测试管理，监督试块按要求制作。

c. 水下混凝土必须具有良好的和易性，控制坍落度为 20～22 cm。

d. 混凝土灌注过程中严格按照工艺规程进行，确保初灌量和控制导管不得左右移动，保证有次序地拔管和连续浇筑混凝土直至整桩完毕。初灌量计算如下

$$V \geqslant \frac{\pi h_1 d^2}{4} + \frac{\pi K D^2 h_2}{4}$$

$$h_1 = (h - h_2) r_w / r_c$$

式中　V——混凝土初灌量；

h_1——导管内混凝土柱与管外泥浆柱压力平衡所需的高度(m)；

h——桩孔深度(m)；

h_2——初灌混凝土下灌后，导管外混凝土面高度，取 1.3～1.8 m；

r_w——泥浆密度，取 1.15～1.2 t/m^3；

r_c——混凝土密度，取 2.3～2.4 t/m^3；

d——导管内径(m)；

K——混凝土充盈系数，取 1.3；

D——桩孔直径。

(9)钻孔灌注桩主要技术指标(表 5—6)

表 5—6　钻孔灌注桩主要技术指标

序号	项 目	标 准	检验方法	备 注
1	孔的中心位置	任何方向偏差不大于 20 mm	钢尺	设计要求
2	孔桩直径	不小于孔桩设计直径	超声波	设计要求
3	孔深	+300 mm	测绳	GB 50202—2002
4	垂直度	<3‰	超声波	设计要求
5	泥浆浓度(比重)	1.15～1.20 g/cm^3	比重计	GB 50202—2002
6	黏度	10～28 s	黏度计	JGJ 94—2008
7	含砂率	<8%	含砂率	JGJ 94—2008
8	沉 渣	≤100 mm	超声波	设计要求

续上表

序号	项目		标准	检验方法	备注
9	钢筋骨架	主筋间距	±10 mm	钢尺	设计要求
		长度	±50 mm	钢尺	设计要求
		箍筋间距	±20 mm	钢尺	设计要求
		直径	±10 mm	钢尺	设计要求
10	扩孔桩几何尺寸偏差		±20 mm	超声波	设计要求

5.5.3 施工技术措施

(1)确保成孔质量措施

①钻头外径不小于设计桩径,并经常核验钻头直径,防止出现缩颈,特别是扩孔部,在扩孔施工前必须复核扩孔钻头的尺寸是否与电脑显示的尺寸相符。

②护筒埋设位置应正确、垂直,周边应用黏土夯实。

③预防孔斜措施:

a. 钻机定位要准确、水平、稳定,使用钻机水准仪,调整钻机水平度,调整完成后再用钻机钻杆对准柱位中心,再次定位,然后把钻机的钻杆中心对准桩位,调整垂直度,并锁定钻机上定位装置,同时可利用经纬仪双向检测钻杆垂直度,反复检测,层层把关,确保桩孔倾斜率不大于3/1 000。

b. 在钻进过程中如发现钻机水平有变化,应及时调整修复。

c. 操作人员、机长、施工员应加强钻进过程的监测,根据钻机自身水准仪、垂直仪、经纬仪,如发现异常现象及时处理。

④钻杆接头应逐次检查。发现操作过程中的钻杆跟进不顺或带杆应及时调直修复或更换钻杆。

⑤在钻进过程中。孔内泥浆液面始终高于地下水位以上,以保证孔内泥浆起到平衡孔壁的作用。

⑥钻进过程中,采用人工造浆,由特定膨润土为主要材料进行配制而成,维持孔壁稳定方面更有效于泥浆,以更大范围的保证正常成孔,防止孔内漏水,缩孔,塌孔。如上述发生应采用如下措施:控制钻进速度,低速钻进。泥浆的配置应有专人进行管理,以确保成孔质量。

⑦预防缩径措施:

a. 根据试成孔的测试结果,及时调整钻头的规格和钻进方法。

b. 操作人员应注意提升钻具时,发现有受阻现象,必须重新复钻。

c. 在淤泥层应放慢钻进速度,保持泥浆的液面高度,慢速提升和进尺。

(2)确保钢筋笼制作及质保措施

①制作钢筋笼的钢材必须有出厂合格证和按批量进行机械性能复试报告,经复试报告,经复试合格后才能使用。钢筋笼对于机械接头,按现场500个接头为一批,做一组实验,如连续10批均符合要求,可将批次调整到1 000个接头一批。

②钢筋笼的制作应按设计要求和有关制作成形。

③钢筋笼采用环形模制作,钢筋主筋混凝土保护层允许偏差为±10 mm。为保证保护层

厚度垫块采用砂浆垫块。

(3)确保混凝土施工质量措施

①工程开工前，技术负责人必须按审定的施工组织设计对有关施工人员做好混凝土施工的技术交底节节工作。

②把好材料的质量关，不符合要求的材料不得使用。原材料应提供质保书，并按规定进行原材料试验工作。

③清孔结束后必须在 30 min 内灌注混凝土，否则必须重新清孔。

④混凝土初凝时间宜控制在 8～10 h。

⑤混凝土初灌时，混凝土应连续灌入，保证灌入混凝土后导管埋入混凝土中大于 2 m 以上。严禁将导管拔出混凝土面。

⑥混凝土灌注过程中应勤测混凝土顶面上升高度，随时掌握导管埋入深度，避免导管埋入过浅或过深。

⑦混凝土灌注的充盈系数不得大于 1.2。

⑧混凝土坍落度应严格按设计或规范要求控制。

⑨混凝土试块的制作，因本工程为大深度的扩孔钻孔灌注桩，混凝土用量相对大，因此必须保证每根桩不少于 4 组(12 块)。

⑩灌入过程中，应认真做好灌注原始记录，并及时分析整理。

⑪施工中要做到施工质量四检测：自检、专检、抽检和互检。

⑫做好各种施工记录、施工日记及其他施工管理台账。

(4)钻孔灌注桩质量通病的防治

①塌孔

a. 现象：在成孔过程中或成孔后，孔壁塌落，造成钢筋笼放不到位，桩底部有较厚的泥夹层。

b. 预防措施：如地下水位变化过大，采取升高护筒，增大水头，适当提高泥浆比重。

②桩孔偏斜

a. 现象：成孔后不直，出现较大垂直偏差。

b. 预防措施：安装钻机时要使机械设备地基稳固，同时可铺加钢垫板增加地基承载力，钻机钻杆和护筒中心二者应在同一轴线上，钻孔过程中用经纬仪及钻机自身垂直仪经常检查校正。钻杆、接头应逐次检查，及时调整。发现钻杆弯曲，及时修复或更换钻杆。在有倾斜的软、硬地层钻进时，应吊住钻杆控制进尺，低速钻进。

③缩孔

a. 现象：孔径小于设计孔径。

b. 防治方法：在容易缩孔的淤泥层及软塑、流塑土中注意放慢钻进速度，钻杆上下提升时在该层也应放慢速度。

④钢筋笼放置与设计要求不符

a. 现象：钢筋笼变形，保护层不够，深度位置不符合要求。

b. 防治措施：钢筋笼在运输和吊放过程中，每隔 3～4 m 装一个可拆卸的十字形临时支撑架，在钢筋笼吊放入孔后再拆除。在钢筋笼周围主筋上每隔 4 m 间距设置混凝土滚轮根据保护层的厚度和孔径设计。清孔时应把沉渣清理干净，保证实际的有效孔深满足设计要求。钢筋笼应垂直缓慢放入孔内，防止碰撞孔壁。钢筋笼放入孔内后，要采取措施，固定好位置。对在运输、堆放及吊装过程已经发生变形的钢筋笼，应进行修理验收合格后再使用。

⑤断桩

a. 现象：成桩后，桩身中部没有混凝土，夹有泥土。

b. 预防措施：混凝土坍落度应严格按设计要求或规范要求控制。浇筑混凝土前检查商品混凝土的和易性和流动度，保证混凝土灌注混凝土便拔套管，做到连续作业，一气呵成。浇筑时勤测混凝土顶面上升高度，随时掌握导管埋入深度，避免导管埋入过深或导管脱离混凝土面。

⑥钻孔漏浆

a. 现象：在成孔过程中或成孔后，泥浆向孔外漏失。

b. 预防措施：加大泥浆比重及黏度，或在泥浆中加入锯末、稻草末、有机纤维素聚合物，并在湿漏处慢速转动，稳定水位，护筒在回填层内埋设应穿过回填土进入原始土体 300 mm。

(5)注浆管堵塞防止及补救措施

①注浆管堵塞防止措施

注浆管的制作、安装必须焊接牢固、密封，不得漏浆，下放前对注浆管作全面检查，下放时在注浆管内注入清水检测气密性，注浆管底部绑扎的胶皮需绑扎密封牢固，防止灌注混凝土时浆液渗漏堵塞注浆管；

②注浆管堵塞补救措施

在一根注浆管堵塞的情况下，可通过另二根注浆管完成全部注浆量，当三根注浆管全部堵塞的情况下，需进行钻孔补注浆，发现异常情况应通知设计单位共同协商采取相应处理措施。

5.5.4 成桩的检验标准及方法

(1)成孔允许偏差及检测方法见表 5—7。

表 5—7 成孔允许偏差及检测方法

项次	项 目	允许偏差		检测方法	备注
1	孔 径	不小于设计桩径		超声波测井仪	设计要求
2	垂直度	3‰		超声波测井仪	设计要求
3	孔 深	－0 mm ＋300 mm		用测绳、超声波测井仪	GB 50202—2002
4	桩 位	纵轴方向	20 mm	用全转仪检测	设计要求
		垂直纵轴方向	20 mm		

注：①d 为桩的设计直径；②桩径允许偏差，正值指平均断面，负值仅指个别断面。

(2)钢筋笼制作允许偏差见表 5—8。

表 5—8 钢筋笼制作允许偏差

序号	项 目	允许误差(mm)	备注
1	钢筋笼直径	±5	设计要求
2	钢筋笼总体长度	±50	设计要求
3	主筋间距	±10	设计要求
4	箍筋间距	±20	设计要求
5	保护层	±10	设计要求

(3)焊接要求见表 5—9。

表 5—9 焊接要求

序号	项目名称		允许范围	备注
1	单面搭接焊	焊缝长度	>10d	JGJ 18—2003
2		焊缝宽度	>0.8d	
3		焊缝厚度	>0.3d	

(4)泥浆指标控制见表 5—10。

表 5—10 泥浆指标

管理项目	允许范围			测定结果	处 理 办 法
	下限	标准	上限		
黏度(s)	18	24	28	下限以下	添加膨润土 CMC 补充新液
				上限以上	添加水和分散剂
浓度 (比重)	—	1.15	1.2	下限以下	添加膨润土 CMC 新液补充
				上限以上	砂的场合:脱砂黏土的场合:水和分散剂
pH 值	7	8	9	下限以下	添加剂进行中和
				上限以上	添加剂进行中和
含砂量(%)			6%	上限以上	脱砂处理、废弃

(5)成桩检验方法

工程桩采用声波透射法进行桩身质量检测,工程桩检测数量不少于同一条件总桩量的 30%,剩余工程桩采用低应变法进行桩身质量检测。

对于同桩径的工程桩应进行工程桩的承载力检测,抽检数量不应小于总桩数量的 1%,且不少于 3 根,具体的承载力试验桩位置由设计院进行确定。

5.6 安全生产及应急处理措施

工程风险主要为因施工引起的工程安全、人身安全、施工范围内的建筑物和地下管线的损坏以及因质量事故、工期滞后等引起的经济损失。

5.6.1 钢筋笼吊装

工程桩钢筋笼总长约为 60 m,其中主钢筋笼长约 40 m,辅助钢筋笼长约 20 m,总重量约 26 t。钢筋笼吊装过程中变形、履带吊倾覆、钢筋笼入孔困难,是工程桩施工最大隐患。采取以下主要预防措施和应急措施。

(1)钢筋笼吊装过程中变形

原因分析:钢筋笼整体刚度不够;钢筋笼吊点距离过远造成挠度过大;钢筋笼接头质量差,不能满足吊装要求。

预防措施:

①采用 150 t(主吊)、100 t(副吊)双机抬吊方式将钢筋笼水平吊起,然后升主吊放副吊将钢筋笼垂直吊起,150 t(主吊)单独将钢筋笼运送到孔位置下放;

②钢筋笼起吊时主吊布置 2 个吊点，副吊布置 4 个吊点，吊环设在钢板箍位置；

③钢板箍内侧设支撑防止钢板箍变形，主筋焊接在钢板箍上；

④严格检查钢筋笼接头质量，包括焊接、机械连接以及吊点的焊接。

应急措施：钢筋笼变形主要发生在起吊时，当发现变形时，应立即停止起吊作业，将钢筋笼放回加工平台上进行修正加固，修正加固完成后，重新向监理工程师报验钢筋笼，合格后继续吊装作业。

(2)履带吊倾覆

原因分析：司机未按操作规程操作；履带吊行走施工道路不平整、地基承载力不够造成不均匀沉降；起吊、放钩过快造成较大冲击荷载；起吊重量过重；天气恶劣，风载过大。

预防措施：

①履带吊司机严格按操作规程操作，并通过培训持证上岗；

②履带吊、钢丝绳、滑轮等起吊设备要合格证，按规定年检，严禁超过检验期限的设备进场，并且定期检验、保养，保证设备在良好的状态下工作；

③两台履带吊配合台吊时，要有专人指挥，通信联络设备完好、通畅；

④钢筋笼在起吊、吊运过程中缓慢，要有人员配合，防止钢筋笼产生较大晃动，避免履带吊突然启动、停止而产生较大的冲击荷载；

⑤履带吊行走路线要平整、硬化，地基承载力达到 100 kPa 以上。清除地面上无障碍物；

⑥作业时，起重臂的最仰角不得超过出厂规定。当起重机如需要带载行走时，载荷不得超过允许载荷的 70%，重物应在起重机正前方向，并应拴好拉绳，缓慢行驶。严禁长距离带载行驶；

⑦在有 6 级及以上大风或大雨、大雪、大雾等恶劣天气时，应停止起吊作业。

应急措施：

①事故发生后，首先由旁观者立即通知现场负责人，并拨打应急救护电话“120”，通知有关部门和附近医院，到现场救护；

②现场总指挥由项目经理担当，负责全面组织协调工作，副经理带领相关人员负责事故现场抢救，电工应首先切断电源，防止触电事故发生，门卫到大门口迎接救护车辆及人员；

③及时抢救被砸人员或被压人员，最大限度的减少重伤程度，如有轻伤人员可采取简易现场救护工作，如包扎、止血等措施，以避免造成重大伤亡事故；

④查明事故原因、责任人，写出书面报告，制定或修改有关措施，防止此类事故发生；

⑤组织所有人进行事故教育。

(3)钢筋笼入孔困难

原因分析：桩孔下部发生缩径或塌方现象；桩孔的垂直度偏差较大；钢筋笼外形尺寸不符合要求或吊装时钢筋笼发生变形。

预防措施：

①合理安排各工序交错进行，相关的准备工作实现完成，减少各工序的搭接时间，尽量缩短桩孔的闲置时间，减少缩颈的程度。

②采用原装进口旋挖机械进行成孔，旋挖机自带垂直度检测装置，出现桩孔垂直度发生偏差后，机械自动报警。

5.6.2 成孔施工

本项目桩孔深 60 m。成孔困难、易产生塌方、深部缩径为成孔施工中的风险。

原因分析：地下障碍物众多，超深孔壁，深部土体受时间影响发生蠕变，导致桩孔缩颈。

预防措施：

①采用先进的原装进口旋挖机施工，为保证遇到障碍时能顺利挖孔，备用一台冲击钻机，随时准备进场施工；

②成孔时，选用黏度大，失水量小，使形成护壁泥皮薄而韧性强的优质泥浆，并根据成孔过程中土壁的情况变化选用外加剂，调整泥浆指标，以适应其变化，确保桩孔在挖孔过程中土壁稳定；

③泥浆池在制作前，必须充分考虑富余量，在施工遇到有异常地质段，突然出现孔段坍塌现象时，可以配制掺加重晶石粉的膨润土泥浆，灌入孔内提高混浆比重，堵塞地基空隙，防止孔段继续坍塌；

④施工中防止泥浆漏失并及时补浆，始终维持稳定孔内所必须的液位高度，保证泥浆液面比地下水位高；

⑤雨天地下水位上升时应及时加大泥浆比重和黏度，雨量较大时暂停挖孔，并封盖桩孔口；

⑥施工过程中严格控制地面的重载，不使土壁受到施工附近荷载作用影响过大而造成土壁塌方，确保墙身的光洁度

⑦成孔结束后进行泥浆更换，吊放钢筋笼、放置导管等工作，经检查验收合格后，立即浇筑水下混凝土，尽量缩短孔壁的暴露时间；

⑧安放钢筋笼做到稳、准、平，防止因钢筋笼上下移动而引起孔壁坍方。

应急措施：

①当遇到地下障碍物时，挖孔无法正常进行，应立即调冲击钻机进场作业；

②当发生缩径现象时，用抓斗反复清理该段孔壁，使其达到设计宽度；

③严重塌孔时，要拔除液压钻头并填入较好黏土重新成孔。局部坍塌可加大泥浆密度，已塌土体可用离心泵吸取。如发现大面积坍塌，将液压钻头提出地面，用优质黏土(掺入 20%水泥)回填至坍塌处以上 1～2 m，待沉积密实后再进行挖孔。

5.6.3 混凝土灌注施工

以直径为 2 400 mm 的工程桩为例计算，桩身长 60 m，有效桩长 38 m 的工程桩，需要混凝土量约 200 m^3。混凝土浇筑施工存在导管断裂、卡死无法继续使用、混凝土供应不连续、灌注混凝土出现夹层等风险。

(1)导管断裂、卡死

原因分析：由于导管长度达到 60 m，自重较大，且浇筑混凝土过程中，起拔导管时，可能发生导管的法兰接头被钢筋卡死，起拔设备的上拔力达不到要求，导管接头质量，商品混凝土供应不连续，浇筑中断时间过长。

预防措施：

①加工两套 60 m 长全新的导管，壁厚加强至 6 mm，另外每节导管连接的法兰也进行加强，以确保导管自身的刚度，防止起拔时发生导管断裂的情况；

②在先行幅钢筋笼制作时，设置备用导管仓，同正常的导管仓制作一样焊接导向钢筋，以便在紧急情况下可投入使用；

③采用 150 t 履带吊进行提升、拔出导管作业；

④保证商品混凝土供应，联系两个备用商品混凝土生产厂家，保证混凝土浇筑中断时间不超过 30 min。

应急措施：在混凝土浇筑过程中，一旦发生导管无法正常使用的情况，立即下放另一根导管到达混凝土面。利用损坏的导管继续浇筑一定方量的混凝土，以保证备用导管的埋管深度达到规范要求，通过导杆式泥浆泵将备用导管中的泥浆吸出，再通过备用导管继续完成剩余的混凝土浇筑施工。

出现导管无法正常使用时，立即将导管拔出，并将备用导管伸至混凝土浇筑面以下，抽出导管内泥浆继续浇筑。

(2)混凝土供应不连续

工程桩混凝土方量大，灌注时间长，存在混凝土供应不连续甚至中断的风险。

原因分析：主要商品混凝土供应厂家发生设备故障、停水、停电等突发事件；同时供应多个工程混凝土造成生产能力不足；混凝土运输车在运输途中发生交通堵塞或其他事故。

预防措施：

①采用一家主供应商，两家备用供应商保证混凝土供应；

②灌注混凝土提前 24 h 向搅拌站报混凝土供应计划，使搅拌站提前计划安排设备、人力、物资等准备工作；

③在混凝土浇筑过程中，保证有 30 m^3(3～4 车)混凝土备用量，并随时与搅拌站保持联系，掌握运输途中的混凝土运输车的数量、位置；

④应急措施：应立即联系备用搅拌站供应混凝土，并每隔 10 min 上下抽动导管，防止导管抱死。

(3)灌注混凝土出现夹层

桩水下混凝土灌注施工时，存在混凝土夹层的风险。

原因分析：工程桩在混凝土浇筑过程中，因导管接头不严密、首批浇筑混凝土量不足、混凝土浇筑时造成间断使首批混凝土失去流动性以及混凝土浇筑时局部塌孔等多种因素，都会造成工程桩混凝土出现夹层。

预防措施：

①导管埋入混凝土深度为 2.0～6.0 m，导管接头设橡胶密闭圈密闭。

②首批灌入混凝土量要足够充分，使其有一定的冲击量，能把泥浆从导管中挤出，同时始终保持快速连续进行，中途停歇时间不超过 30 min，孔内混凝土上升速度不低于 2 m/h，导管上升速度不要过猛，采取快速浇筑，防止时间过长造成塌孔；

③遇塌孔，可将沉积在混凝土上的泥土吸出，继续浇筑，同时应采取加大水头压力等措施。

5.6.4 地下管线的损坏

施工中，为了避免管线的损坏，给相关单位造成困难。对施工影响范围内的地下管线采取以下防护措施：

(1)对于工程基坑施工范围内和周边的地下管线在施工前必须进行刨验，对探明的管线和管线的产权单位协商制定切实可行的切改方案。

(2)对于基坑周边的管线进行跟踪监测。

(3)对埋深较大，管底距结构拱顶较近的管线。施工前对管线周围的土体进行注浆加固，采用自上而下分层注浆的方法，注浆深度至管底以下，并沿管线布设沉降观测点。

5.6.5　突发事件的应对措施

为防止停水、停电影响施工，配置 1 台 200 kW 发电机组；修筑两个 50 m^3 贮水池，供施工用水。一旦停水、停电，立即启动备用系统，把对施工的影响降低到最小；并立即对线路、管路进行检查维修，尽快恢复水电供应。

5.7　总　　结

通过采用国内最先进施工工艺 AM 扩孔桩进行工程桩的施工(图 5—5 和图 5—6)，工程桩成孔垂直度在 1/500，同时解决了大直径扩孔的难题。大直径钢筋笼采用计算机模拟计算加强措施及吊装方案，解决了大直径超长桩的施工难题，根据后期的桩基应力监测结果，桩基应力和垂直度全部满足设计要求，顺利保证了站房工程后期主体结构的顺利施工。

图 5—5　AM 扩孔机现场

图 5—6　直径 2.4 m、长度 80 m，重 30 t 超大桩钢筋笼

6 超大直径钢管柱施工技术

6.1 概　　述

京津城际延伸线于家堡站房工程共需要安装钢管柱的工程桩共有 174 根。其中盖挖区钢管柱 100 根，采用 HPE 液压垂直插入技术进行施工；明挖区钢管柱 74 根，采用明装法进行施工。

本工程永久性钢管混凝土柱直径为 1 400 mm，长度 20～24 m，钢管壁厚 35～42 mm。钢管柱内下放钢筋笼，浇筑混凝土，混凝土强度为等级为 C60 自密实混凝土。由于本工程基坑深度深，柱间跨度大等特点，造成本工程钻孔灌注桩单桩承载力大，桩直径大，深度深。永久性钢管混凝土柱垂直度高，要求偏差$\leqslant L/500$（L 为钢管柱的高度），永久性钢管混凝土柱锚入钻孔灌注桩的混凝土有效长度为 4 m。

6.2 HPE 液压垂直插入钢管柱原理及特点

6.2.1 HPE 液压垂直插入机施工工法原理

（1）首先，将 HPE 液压插入机械准确就位、定位，根据 HPE 液压插入机机身上的垂直调校装置调整垂直度。

（2）HPE 液压插入机定位垂直后，将钢柱吊起，用 HPE 液压插入机的液压定位器将钢柱抱紧，根据二点定位原理，抱紧钢柱后再复测垂直度。

（3）在保证垂直度后将钢柱在混凝土初凝前用 HPE 液压垂直插入机将钢管柱插入到灌注桩混凝土中，直至达到设计高程及标准要求为止。

（4）设备装置：液压定位器 2 个、垂直插入系统 2 个，水平调校装置 4 个，垂直调校装置 1 个、垂直仪 1 台。液压垂直插入机外形见图 6—1。

图 6—1　HPE 液压垂直插入机

6.2.2 HPE 插入法的优点

(1)垂直精度高，垂直度≤$L/500$(L 为钢管柱长度)；
(2)定位准确，单柱安装施工周期短，显著节约施工工期。
(3)避免常规永久性钢管柱安装人工入桩孔内施工作业，降低安全风险；
(4)无需埋设外钢套管，节约能源降低施工成本。

6.2.3 HPE 工法适用范围

HPE 工法适用范围见表 6—1。

表 6—1 HPE 工作适用范围

适 用 范 围		备 注
垂直度	≤$L/500$	L 为桩长
适用直径(mm)	300～2 500	钢柱的直径或边长
深 度(m)	≤50	钢柱的长度
重 量(t)	≤80	钢柱的重量

6.2.4 永久性钢管柱安装前的基本要求

(1)钢管柱加工要求

钢管柱对接的焊缝，外表面必须光洁、平整，不得出现凹凸不平的现象，几何尺寸要求如下。

①直径 0～+2 mm；
②总长度范围内弯曲矢高不超过 3 mm；
③2 m 范围内弯曲矢高不超过 1 mm；
④相邻两节接头及对接接头错边不超过 1 mm；
⑤椭圆度不超过 2 mm；
⑥端口平面与柱身垂直度 2 mm；
⑦纵向焊缝在同一条直线上；
⑧焊缝不凸出平面 1 mm。
⑨每根钢管柱加工时的垂直度控制在 5 mm 内。
⑩在钢管柱外壁和上口均安装吊点，必须满足现场起吊要求(包括倾斜、垂直起吊等)。
⑪钢管柱顶面不平度允许偏差不大于±2 mm。
⑫钢管柱加工长度允许偏差±10 mm。
⑬钢管柱及孔口加长管加工时在柱口及底部标定出其中心(在加长管顶施作 4 个直径 1 mm大小的圆点，这 4 个圆点拉十字线后的交点即为钢管柱的中心)，柱口与底部的圆点拉通线即为钢管柱中心线。

(2)场地要求

为了保证钢柱定位的精确度和垂直度，场地采用 250 mm 厚配二级 $\phi16$ 双层双向钢筋硬化地面，在钻孔灌注桩浇筑完成后，必须马上进行清理，以确保 HPE 液压插入机械就位、定位的准确。

(3)成桩垂直度要求

安装钢管柱的垂直度要求 1/500，并且桩的上部为空钻，因此对钻孔灌注桩成孔的垂直度要求也相应更高。

(4)灌注桩钢护筒的要求

护筒采用 16～20 mm 厚的钢板制作，保证护筒在施工时不易变形，且护筒上口做 1～2 个溢浆孔。

(5)灌注桩混凝土要求

考虑插入永久性钢管的需要，灌注桩的混凝土要有一定缓凝时间，缓凝时间不少于 36 h，同时要求混凝土运输至插入永久性钢管柱时间段内混凝土的坍落度不少于 10 cm。

(6)钢管柱法兰及底部(图 6—2)加工要求

钢管柱底部需加工成锥台形，并在底部焊接 4 根 ϕ32 mm 钢筋成锥形，锥形中心与钢管柱中心吻合，见图 6—3。

图 6—2 钢管柱底部外形

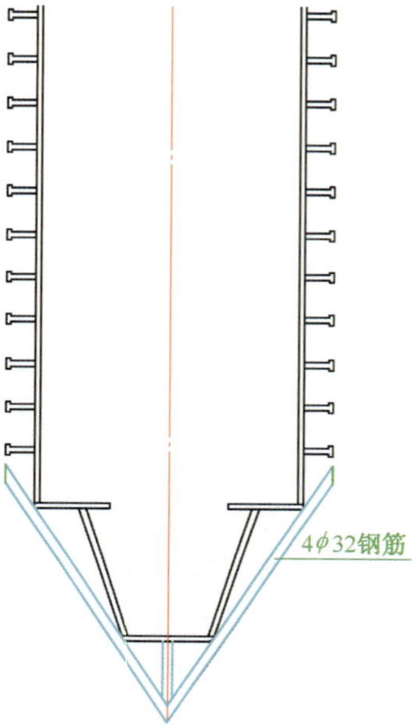

图 6—3 钢管柱底部详图

6.3 超大直径 HPE 钢管柱主要施工工序

6.3.1 柱下桩混凝土灌注

考虑 HPE 插入钢管柱的工艺要求，水下混凝土加混凝土外加剂，混凝土的初凝时间控制在 36 h。灌入过程中，应认真做好灌注原始记录，并及时分析整理。施工过程中要做到施工质量四检测：自检、专检、抽检和互检。

6.3.2 HPE 垂直插入机就位对中

混凝土灌注完成后，重新放出桩位中心，并将十字线标记在护筒上。复核桩位后，将 HPE

液压插入机械的定位器中心与基础桩桩位中心在同一垂直线上，然后吊装 HPE 垂直插入机就位，HPE 液压插入机根据定位器就位对中。

6.3.3　调整 HPE 垂直插入机水平度

就位对中后，HPE 液压插入机械可手动、自动调整水平度，并重新复核中心位置，满足要求后即可吊装永久性钢管柱入孔。

6.3.4　吊装永久性钢管柱

根据工程永久性钢管柱的长度，为保证吊装时不产生变形、弯曲，采用二台吊车多点抬吊，将永久性钢管柱垂直缓慢放入 HPE 垂直插入机上，抬吊的设计是保证钢管柱不产生变形、弯曲的前提，根据周边工地的施工经验，吊点设计见图 6—4。

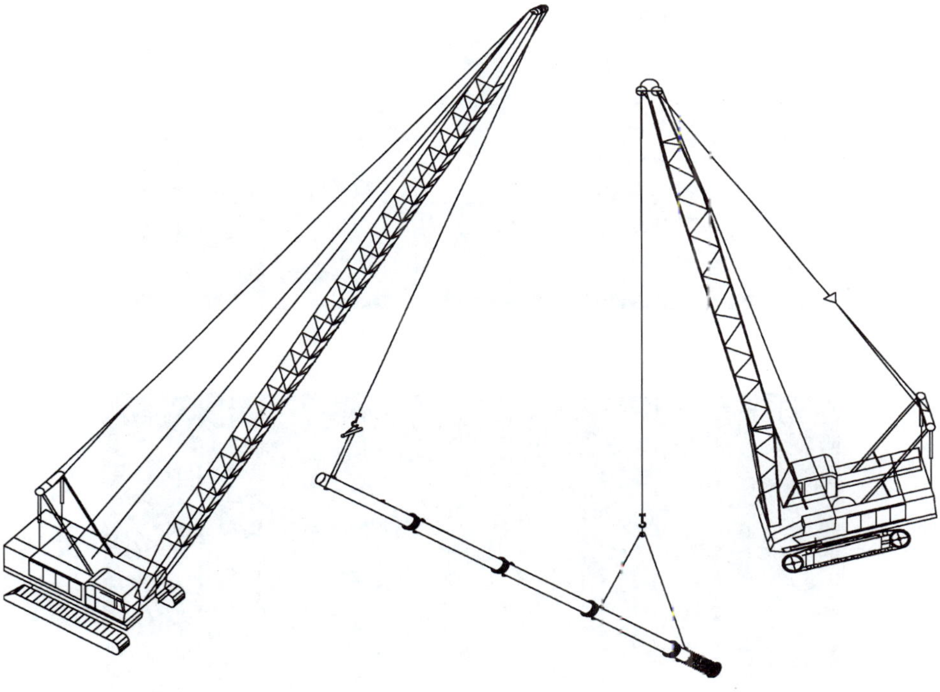

图 6—4　吊点设计

6.3.5　HPE 垂直插入机液压插入永久性钢管柱

永久性钢管柱吊放至 HPE 垂直插入机内，下入孔内至第二道法兰后，由 HPE 垂直插入机抱紧钢管柱，并复测永久性钢管柱垂直度，满足要求后垂直插入孔内，刚开始下放永久性钢管柱时，由于永久性钢管柱的自重，钢管柱能自由下入孔内一定深度，当浮力大于永久性钢管柱重量后，由 HPE 垂直插入机将永久性钢管柱抱紧，用液压插入装置的液压下压力将永久性钢管柱下压插入孔内，当永久性钢管柱顶相对高程都在地面以下一定的深度时，在永久性钢管柱顶部连接一根同直径的工具柱，利用工具柱将永久性钢管柱插入至设计相对高程；当永久性钢管柱插至混凝土顶面后，重新复测永久性钢管柱的垂直度，此时由垂直仪检测永久性钢管柱的垂直度，测定数据可根据电脑分析确定永久性钢管柱的垂直度，满足垂直度要求后继续下压插入至混凝土中;如不满足要求可调整 HPE 垂直插入机的水平度,直至永久性钢管柱垂直度满足要求。插入机施工见图 6—5～图 6—7。

图 6—5 液压插入机施工示意图

图 6—6 HPE 钢管柱吊装及就位现场

6.3.6 钢管柱四周回填碎石

HPE 液压垂直机垂直插入永久性钢管柱后,即可对永久性钢管柱四周进行砂或碎石回填,回填时碎石在钢管柱四周均匀填入,碎石回填高度与永久性钢管顶相对高程以下 500 mm,上部等工具柱拆除后回填;回填时排出的稳定液用泥浆泵抽至废浆池后外运清除。

图 6—7 HPE 机下插钢管柱现场

6.3.7 下放永久性钢管柱内钢筋笼并灌注混凝土

永久性钢管柱插入四周回填后，此时仍由 HPE 插入机抱紧永久性钢管柱，控制好柱顶相对高程即可进行永久性钢管柱内浇筑混凝土，先下放永久性钢管柱内的钢筋笼，采用吊筋将钢筋笼固定在永久性钢管柱上口，控制钢筋笼顶相对高程，再下放导管进行永久性钢管柱内的混凝土灌注，永久性钢管柱内混凝土为干作业灌注，在灌注时需特别注意永久性钢管柱法兰部位的混凝土密实度，当灌注到法兰部位时，需上下抽动导管使混凝土充分填筑法兰底部的空隙，灌注到永久性钢管柱顶以下 350～500 mm 后停止灌注，严防超灌造成混凝土凝结上部工具柱后无法拆除工具柱，并确保后期钢管柱顶法兰螺栓连接。

6.3.8 拆除送柱标准节 HPE 垂直插入机移位

当钢管柱四周回填并浇筑钢管柱内混凝土后，四周回填碎石已固定永久性钢管柱中心位置，即可拆除上部送柱工具柱，割除永久性钢管柱与送柱工具柱连接部位，拆除送柱工具柱后由吊车将 HPE 垂直插入机移位即可。

6.3.9 回填孔口拔除钢护筒

永久性钢管柱内的混凝土达到初凝后，对钢管柱内上口 350～500 mm 未浇筑混凝土的回填细砂，便于今后开挖清理，其余部位回填碎石或易密实的砂土至孔口，拔除钢护筒。

6.3.10 永久性钢管柱顶的保护

(1)钢管柱混凝土浇筑完成后进行先期养护。

(2)待混凝土初凝后对永久性钢管柱上部按以下方法进行回填处理并拔除钢护筒。

①用石屑或砂回填至原始地面－25 cm 处；

②浇筑一层 25 cm 厚的 C30 钢筋混凝土，钢筋可配置二级 ϕ16 双层双向，防止大型机械行走对钢管柱的挤压造成变形。

6.4 总　　结

通过采用计算机模拟计算吊装吊点及吊装过程，解决了钢管柱吊装难题。采用 HPE 地面定位液压插入钢管柱施工技术，地面全站仪地面两次定位，HPE 机自身平衡，钢管柱安装传感器全过程纠偏，将钢管柱定位精度保证在 5 mm，垂直度保持在 1/1 000。解决了钢管柱定位和垂直度要求极高的难题。盖挖区 HPE 钢管柱垂直度、定位等全部满足设计要求，为后期的主体结构施工奠定了基础，满足了后期行车限界的要求。

7　超深基坑降水施工技术

7.1　概　　述

降水包括城际火车站和市政Ⅱ、Ⅲ、Ⅳ标(图 7—1),整个大基坑降水施工总体考虑。

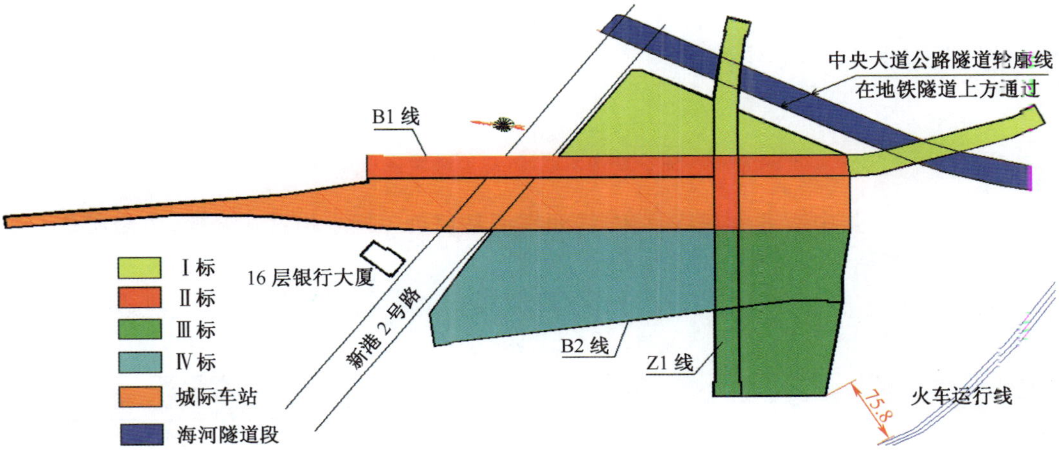

图 7—1　城际车站及Ⅰ、Ⅱ、Ⅲ、Ⅳ标分段图

(1)城际车站

本标段基坑开挖深度为 20.621～21.585 m,围护结构采用刚度大,止水效果好的地下连续墙,标准墙厚 1.00 m, 墙底相对高程－58.6～－59.6 m。

(2)第Ⅱ标段

本标段地铁 B1 线区间基坑深度约 20.8～21.818 m,采用 1 000 mm 厚地下连续墙,B1 线车站北部结构所在基坑采用明挖法施工,城际车站范围内的 Z1 线车站基坑开挖深度为 28.50 m,城际车站内的 Z1 线为大基坑的二级基坑,采用 1 000 mm 厚地连墙,墙底相对高程－58.6～－59.6 m。

(3)第Ⅲ标段

本标段地下一层结构基坑深度为 10.450 m,地下二层结构基坑开挖深度为 16.410～17.00 m,地下三层结构的开挖深度为 28.46～29.80 m(Z1 线)该标段围护结构采用地连墙。墙厚分别为 0.8 m、1.0 m、1.2 m,墙底相对高程－21.90m、－57.6～－59.6 m,见图 7—2。

(4)第Ⅳ标段

本标段社会停车场基坑深度为 16.410 m,B2 线局部深坑为 17.0 m,围护结构采用地连墙,墙厚分别采用 1.0 m、1.2 m,墙底相对高程－59.60 m。

按围护结构与承压含水层间的关系,本次降水设计分成 7 个区,见图 7—2,其中南部大基

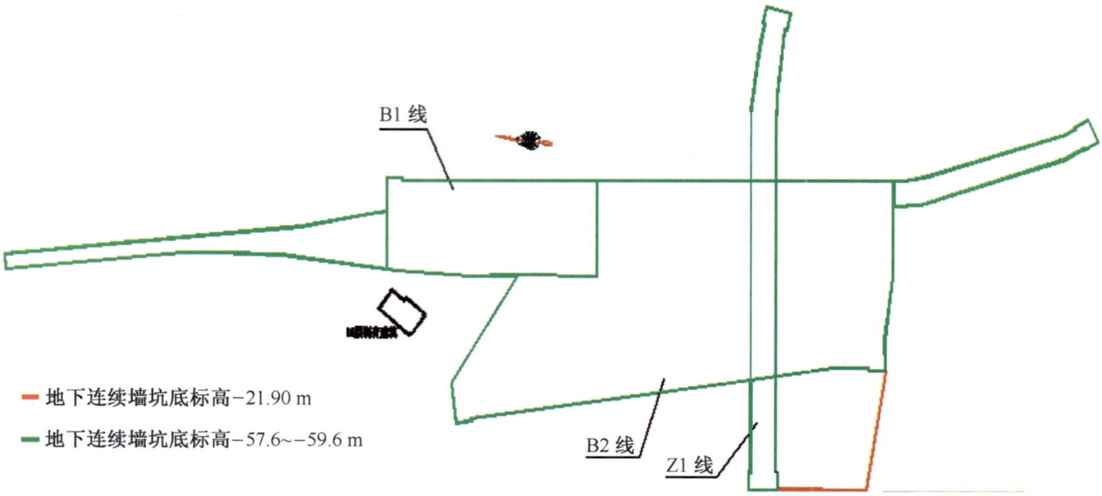

图 7—2　围护结构示意图(地连墙墙底相对高程)

坑分成 3 个基坑。其中南部大基坑及 Z1 线西南深基坑负一层采用盆式开挖,负二层负三层采用盖挖逆作法,其他区域采用明挖法。

本降水设计按照自然地面高程为大沽高程 1.40 m 计算。具体开挖深度见表 7—1。

表 7—1　基坑开挖深度一览

序号	标段	子项目	开挖深度(m)
1	Ⅱ标	B1 线	20.80
2			21.818
3		Z1 线	28.50
4	Ⅲ标	Z1 线	28.46
5			29.80
6		商业开发区	10.45
7		社会停车场,B2 线	16.410~17.00
8	Ⅳ标	社会停车场,B2 线	16.410~17.00
9	城际车站	城际车站	20.621~21.585

7.2　基坑降水目的

7.2.1　基坑降水目的

根据本工程的基坑开挖及基础底板结构施工的要求,基坑降水应达到以下目的。

(1)有效减少坑内被开挖土体的含水率,防止土体在开挖过程中发生纵向滑坡,便于挖掘机挖土、土方外运和坑内施工作业。

(2)有效降低下部承压含水层的水头高度,防止基坑底板发生管涌、突涌等不良现象,确保基坑底板的稳定性。

7.2.2 降水设计分区

对降水而言，本工程的环境敏感点主要包括 2 个：靠近城际站房 15.0 m 处有一 16 层高楼；在西南浅基坑南侧 76 m 处为正在运营的火车线。见图 7—3。

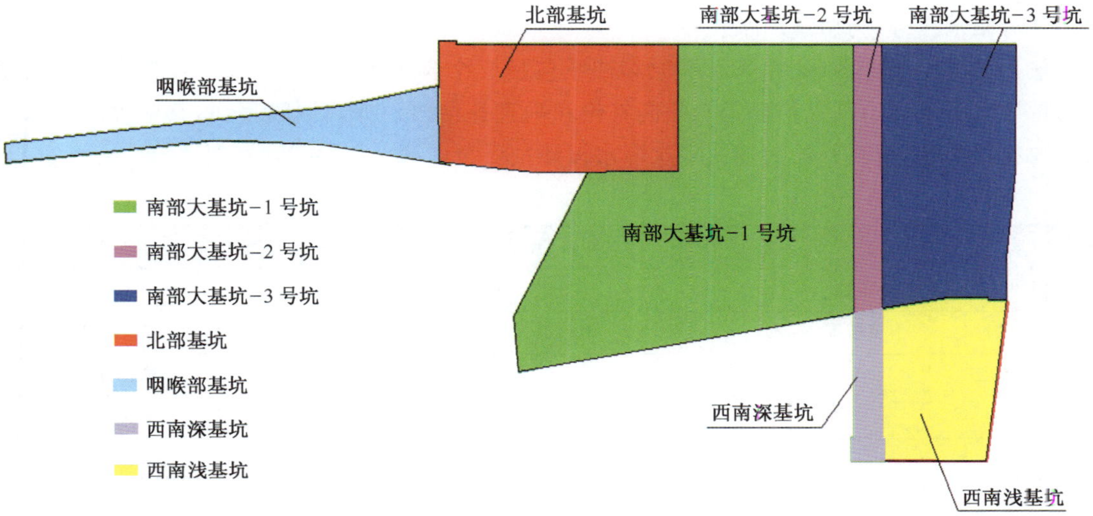

图 7—3 降水设计分区图

7.3 场区工程地质水文地质条件

7.3.1 工程地质条件

根据《岩土工程勘察报告》，拟建场区地层主要为第四系全新统人工填土层（人工堆积 Q_4^{ml}）、第Ⅰ陆相层（第四系全新统上组河床～河漫滩相沉积 Q_4^{al}）、第Ⅰ海相层（第四系全新统中组浅海相沉积 Q_4^{m}）、第Ⅱ陆相层（第四系全新统下组河床～河漫滩相沉积 Q_4^{al}）、第Ⅲ陆相层（第四系上更新统五组河床～河漫滩相沉积 Q_3^{al}）、第Ⅱ海相层（第四系上更新统四组滨海～潮汐带相沉积 Q_3^{m}）、第Ⅳ陆相层（第四系上更新统三组河床～河漫滩相沉积 Q_3^{al}）。

7.3.2 水文地质条件

根据岩土工程勘察报告，受基底构造、地层岩性和地形、地貌、气象以及海进、海退等综合因素影响，天津地区水文地质条件复杂。地下水类型可分为以下两类：松散岩类孔隙水赋存于第四系、第三系松散堆积层中；基岩裂隙水赋存于碳酸盐岩溶裂隙中。根据地下水埋藏条件，可以将地下水划分为浅层地下水和深层承压水。一般将埋藏较浅、由潜水及与潜水有水力联系的微承压水组成的地下水称为浅层地下水，而将埋藏相对较深（一般 70 m 以下），与浅层地下水没有直接联系的地下水称为深层承压水。

在自然条件下，天津地区总的地下水补、径、排特点：在水平方向上，浅层水和深层水由北向南形成补给，在垂直方向上，下卧含水岩组接受上覆含水岩组的渗透补给。

浅层地下水有以下补、径、排特点。

(1)补给：地下水接受大气降水入渗和地表水入渗补给，地下水具有明显的丰水期、枯水期变化，丰水期水位上升，枯水期水位下降。

(2)径流：由于含水介质颗粒较细，水力坡度小，地下水径流十分缓慢。

(3)排泄：排泄方式主要有蒸发、向深层承压水渗透和人工开采。

区间内表层地下水类型为第四系孔隙潜水。赋存于第Ⅱ陆相层及以下粉砂及粉土中的地下水具有微承压性，为微承压水。

依据王芸生等记载，天津滨海平原第四系包括五个含水组，见表7—2。各含水组地下水均为承压水类型补给其补给路径是侧向补给和垂直补给两种方式同时存在，其中第Ⅱ含水组以侧向补给为辅，垂直补给为辅。本次降水设计主要考虑第一和第二含水组。

表7—2 天津滨海地区第四系地层与含水岩系划分简表

地层			绝对年龄(万年)	层底深度(m)	含水岩组的划分
第四系	全新统		1.20	20～30	第Ⅰ含水组
	上更新统		37.00	131～178	第Ⅱ含水组
	中更新统	上	69.00	262～327	第Ⅲ含水组
		下	80.00	383～404	第Ⅳ含水组
	下更新统		300.00	550～575	第Ⅴ含水组

因本区地层比较复杂，先期进行抽水试验，根据抽水试验分析，本区地层有以下特点：

(1)上部潜水层初始水位为1.43 m，下部含水层初始水位埋深约为9.00 m，上下含水层水头差比较大；

(2)群井抽水试验过程中，大流量抽水时，上部潜水层水位变化不明显，说明潜水含水层与下部含水层之间水力联系比较弱，两层之间的相对层的隔水性比较明显；

(3)抽水试验过程中单井涌水量非常大，初步估计最深抽水井单井出水量达到80 t/h以上；

(4)从水位恢复试验曲线规律可以得出，在无围护的情况下，水位3 min内就恢复了10%，8 min内水位恢复到20%，5 h左右水位就恢复60%，前期水位恢复非常迅速；

(5)⑥2至⑨4层渗透系数比较大，各层水力联系比较明显，砂性较重。

鉴于以上特性，建议下部原命名的微承压含水层可以定义为承压含水层，承压含水层(⑥2至⑨4层)顶板最浅埋深为18.58 m，下部埋深达到60.0 m左右，依据Z1线纵剖面，基坑潜水含水层与承压含水层关系见表7—3。

表7—3 基坑潜水含水层与承压含水层关系

含水层	层号	底板埋深(m)	水位埋深(m)
潜水含水层	①1～④1	17	1.4
相对隔水层	⑤1～⑥1	18.56	
第一承压含水层	⑥2、⑥4、⑦2、⑦4、⑦9、⑧2、⑧4、⑧5、⑨2、⑨4、⑨5	58.09	9.0
相对隔水层	⑨3、⑩1、⑩3	65.2	
第二承压含水层	⑩2、⑩4、⑩5及以下	—	

7.4 基坑底板抗突涌(管涌)稳定性分析

开挖过程中，当基坑开挖深度在含水层顶板上 1.0 m 以上时，为防止基坑突涌，基坑底面的安全稳定性，可按下式进行验算：

$$h_s \cdot \gamma_s > F \cdot \gamma_w \cdot h_w$$

式中 F——基坑底面突涌安全系数(取 1.20)；

h_s——基坑底面至承压含水层顶板之间的距离(m)，计算时，承压含水层顶板埋深取最小值；

h_w——承压含水层顶板以上的承压水头高度(m)；

γ_s——基坑底面至承压含水层顶板之间土的层厚加权平均重度，取 19.0 N/m³；

γ_w——地下水的重度，取 10.0 kN/m³。

当基坑开挖深度在含水层顶板上 1.0 m 以内或低于含水层顶板时，为防止基坑管涌，需把地下水水位控制在开挖面下 1.00 m。

对于本工程，进行降承压水临界深度计算

$$1.2 \times 10 \times (18.58 - 9.0) = (18.58 - h_w) \times 19.0$$

临界深度：$h_w = 12.53$ m

即当基坑开挖深度大于 12.53 m 时，承压水安全水位在 9.0 m 以下。

7.4.1 南部大基坑

(1)B1 线深基坑稳定性分析

本基坑开挖深度为 20.08，大于 18.58 m，即低于承压含水层顶板最浅埋深，因此需把承压水水位下降至−21.08 m。

(2)城际车站深基坑稳定性分析

本基坑开挖深度为 20.621～21.585 m，大于 18.58 m，即低于承压含水层顶板最浅埋深，因此需把承压水水位下降至−21.621～−22.585 m。

(3)Z1 线深基坑稳定性分析

本基坑开挖深度为 28.50 m，大于 18.58 m，即低于承压含水层顶板最浅埋深，因此需把承压水水位下降至−29.50 m。

(4)出租车停车场和 B2 线深基坑稳定性分析

本基坑最大开挖深度为 16.410～17.00 m，大于 12.53 m 的承压水临界深度，因此承压水初始水位在 9.00 m 时，需降低承压水至−17.41～−18.00 m。

7.4.2 北部基坑

(1)B1 线深基坑稳定性分析

本基坑开挖深度为 20.08～21.818 m，大于 18.58 m，即低于承压含水层顶板最浅埋深，因此需把承压水水位下降至−21.08 m 和−22.818 m。

(2)城际车站深基坑稳定性分析

本基坑开挖深度为 20.621～21.858 m，大于 18.58 m，即低于承压含水层顶板最浅埋深，因此需把承压水水位下降至－21.621～－22.858 m。

7.4.3 咽喉口基坑

城际车站深基坑稳定性分析

本基坑开挖深度为20.621～21.585 m，大于18.58 m，即低于承压含水层顶板最浅埋深，因此需把承压水水位下降至－21.621～－22.585 m。

基坑开挖深度与安全承压水位关系见表7—4。

表7—4 基坑开挖深度与安全承压水位关系

序号	基坑	子项目	开挖深度(m)	安全承压水位埋深 D (m)	需要降低的水位幅度(m)
1	南部大基坑	B1线	20.80	21.80	12.80
2		Z1线	28.50	29.50	20.50
3		城际车站	20.621～21.585	21.621～22.585	12.621～13.585
4		社会停车场，B2线	16.410～17.00	15.14～16.08	6.14～7.08
5	西南深基坑	Z1线	28.46	29.46	20.46
6			29.80	30.80	21.80
7	西南深基坑	商业开发区	10.45	—	—
8	北部基坑	B1线	20.80	21.80	12.80
9		城际车站	20.621～21.858	21.621～22.858	12.621～13.858
10	咽喉口基坑	城际车站	20.621～21.585	21.621～22.585	12.621～13.585

7.5 降水工程重点难点分析与对策

根据本工程围护结构特征和拟建场地的地质水文地质特征，本基坑工程的安全极大程度上依赖于基坑降水的成功与否，这使得降水设计的可靠性更加重要。

7.5.1 工程重点难点分析

本基坑开挖深度较大，最深达29.80 m，已进入含水层，水位降深幅度大，且后期降水由降压变为基坑内疏干承压含水层中地下水。

基坑开挖面下为渗透性较大的承压含水层，其富水性强，地下水储量丰富，经过抽水试验分析，单井涌水量较大。

场区承压含水层砂性较重，成井及运行难度较大，不适当的成井及运行将加剧地层中砂土的流失。

承压水水位具有其自身变化规律，目前还没有掌握其全年变化规律，初始静止水位以抽水试验时9.0 m深设计计算。

本区基坑面积大，地连墙深度深，地连墙拐点也较多，出现地连墙渗漏的风险高。

在靠近城际站房15.0 m处为16层银行大楼，同时在枢纽西南基坑南侧76 m处为运营火车线，环境相对敏感。

根据以上分析，本工程降水设计、施工与运行均存在较大的难度与风险。

7.5.2 降水对策

(1)针对本工程特点,采用以下措施解决降水工程中的难点。

依据抽水试验报告,本区潜水与本区承压水水力联系微弱,因此在潜水层布置浅层降水管井,对坑内浅层土体进行疏干降水,以达到有效降低被开挖土体含水率的目的。

(2)基坑内需进行承压水降水的目的含水层为第一承压水含水层,采用降水管井进行降水,达到保证基坑安全及施工顺利进行的目的。

①对坑内开挖深度以下的承压水进行“按需减压”降水,即始终保持承压水位位于安全埋深以下。

②对坑内开挖深度以内的承压水进行“按需疏干”降水,即根据开挖进度,始终保证承压水位位于开挖面以下 1.00 m。

③在基坑内外(坑外主要指地连墙拐点处和总包提供的可能存在渗漏风险的地连墙处)布置水位观测井,根据地下水位监测结果指导降水运行,以及观测地连墙的渗漏情况;考虑到火车运营线及 16 层银行大楼的敏感性,在其附近设置观测井,与监测单位配合,观测本地区的水位变化情况。

④为解决成井可能导致的水土流失问题,必须采用适合本地区的成井工艺,选用适合本地层的填粒,优选合适的滤网,严格控制出水含砂率。

⑤开挖过程中,首先启动浅层降水井,同时观测承压水水位,当开挖深度与承压水水位达到临界状态时,方可逐步启动深层降水井,做到按需降水,应尽可能控制深层井的运行时间,以减小降水对坑外的影响。

⑥开挖过程中,必须确保减压降水井的不间断工作。根据减压井抽水量及观测井内的承压水位监测值,确定开启的减压井数量、抽水速率,合理控制承压水水位,将减压降水对环境的影响控制到最低程度。

⑦为确保减压降水井的不间断工作,施工现场应有双电源保证措施,应配置备用发电机组。

⑧考虑到本地区含水厚度大,达 40.0 m,水位埋深浅,因此必须考虑相应的封井方案。

⑨根据本场地承压水水位变化规律,以水位较浅时埋深修正设计计算。

7.6 水文地质计算

7.6.1 减压井分析计算

根据前述基坑突涌稳定性安全验算结果,必须对承压含水层采取有效的减压降水措施,才能防止产生基坑突涌破坏。为了有效降低和控制承压含水层水头,确保基坑开挖施工顺利进行,必须进行专门的水文地质渗流计算与分析。根据拟建场地的地质条件、基坑围护结构特点以及开挖深度等因素,本次设计采用三维渗流数值法进行计算,为减压降水设计与施工提供理论依据。

(1)基坑降水渗流计算数学模型

①潜水、承压水非稳定渗流的控制方程

多孔介质和流体不可压缩时非恒定达西渗流场求解的微分控制方程为

$$\frac{\partial}{\partial x}\left(k_{xx}\frac{\partial H}{\partial x}\right)+\frac{\partial}{\partial y}\left(k_{yy}\frac{\partial H}{\partial y}\right)+\frac{\partial}{\partial z}\left(k_{zz}\frac{\partial H}{\partial z}\right)+W=\frac{E}{T}\cdot\frac{\partial H}{\partial T}$$

$$E=\begin{cases}S,\text{承压含水层}\\S_s:\text{潜水含水层}\end{cases}\qquad T=\begin{cases}M\ \text{承压含水层}\\B\ \text{潜水含水层}\end{cases}\qquad S_s=\frac{S}{M}$$

式中 S——贮水系数；

S_y——给水度；

M——承压含水层单元体厚度(m)；

B——潜水含水层单元体地下水饱和厚度(m)；

k_{xx}、k_{yy}、k_{zz}——各向异性主方向渗透系数(m/d)；

H——点(x,y,z)在t时刻的水头值(m)；

W——源汇项(1/d)。

②定解条件

初始条件： $H(x,y,z,t)|_{t=0}=H_0(x,y,z,t_0)$

边界条件： $H(x,y,z,t)|_{\Gamma_1}=H_1(x,y,z,t)$

式中 $H_0(x,y,z,t)$——点(x,y,z)处的初始水位(m)；

Γ_1——类边界条件；

$H_1(x,y,z,t)$——点(x,y,z)在t时刻的边界已知水位(m)。

对整个渗流区进行离散后，采用向后差分法将上述数学模型进行离散，就可得到数值模型，由此计算、预测降水引起的地下水位的时空分布。

(2)基坑降水渗流计算数值模型的建立

为了克服由于边界的不确定性给计算结果带来随意性，定水头边界应远离源、汇项。通过试算，本次计算以整个基坑的东、西、南、北最远边界点为起点，各向外扩展约 1 000 m，即实际计算平面尺寸为 3 000 m×3 000 m，四周均按定水头边界处理。

地下水在降水过程中，基坑外的地下水将通过基坑周围的围护连续墙墙底绕流进入基坑，坑内地下水位大幅度下降，地下水流态为三维非稳定流，基坑内地下水的降压井是唯一的源、汇项。

根据研究区的几何形状以及实际地层结构条件，对研究区进行三维剖分。根据研究区水文地质特性、基坑围护连续墙埋藏深度，水平方向将水文地质概念模型剖分为 270 行、345 列，垂向将其剖分为 10 层，水文地质概念模型见图 7—4。在 VisualModflow 中的网格立体剖分见图 7—5，网格平面剖分见图 7—6。

7.6.2 地面沉降计算

对于单一均质土层，利用弹性压缩系数计算沉降量为：

$$\Delta S=-\zeta\frac{\gamma_\omega\Delta H}{E}S_0$$

若共有 N 层土层，则总的沉降量为：

$$\Delta S_{总}=-\sum_{i=1}^{N}\xi_i\frac{\gamma_w\cdot\Delta H_i}{E_i}S_{0i}$$

式中 ξ_i——为土层沉降经验系数；

ΔH——水位降深值(m)；

E——土层的压缩模量(MPa)；

S_0——土层的初始厚度(m)。

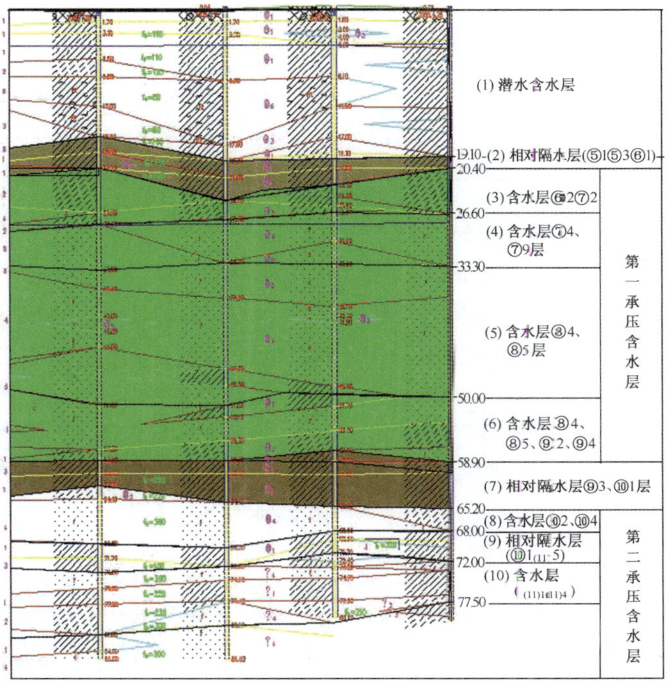

图 7—4 水文地质概念分层图

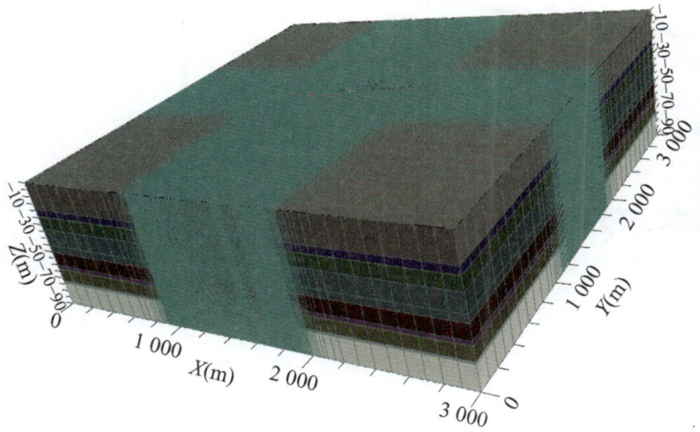

图 7—5 网格立体剖分图

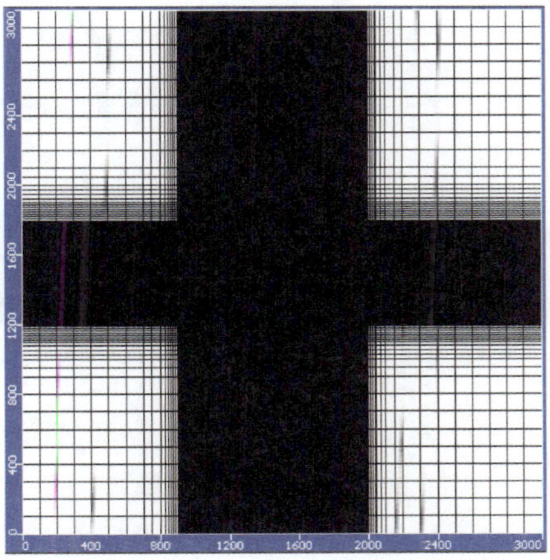

图 7—6 网格平面剖分图

7.6.3 降水设计方案

(1)南部大基坑降水设计(降水井结构参数见表 7—5)

表 7—5 降水井结构参数

名称	数量	材质	孔径(mm)	井径(mm)	滤管埋深(m)	孔深(m)
深层降水井	8	钢管	650	273	30～49	50
深层降水备用井	2		650	273	30～49	50
深层降水井	16		650	273	23～40	41
深层降水备用井	6		650	273	23～40	41
深层降水井	13		650	273	20～35	36
深层降水备用井	6		650	273	20～35	36

①南部大基坑周围范围内基坑降水设计

南部大基坑周围范围内基坑包括 20.80 m 深的 B1 线，16.0～17.0 深的 B2 和停车场，深 21.585 m 的国铁段。根据计算，当开挖至基坑底时，承压水静止水位为 9 m 深时需要在坑内布置 17 口深层降水井，降水 30 d 后承压水含水层的水位埋深等值线图见图 7—7。另依据《天津市轨道交通地下工程质量安全风险控制指导书》降水要求备用井按降水井的 40％布置，则需布置 7 口坑内备用深层降水井。

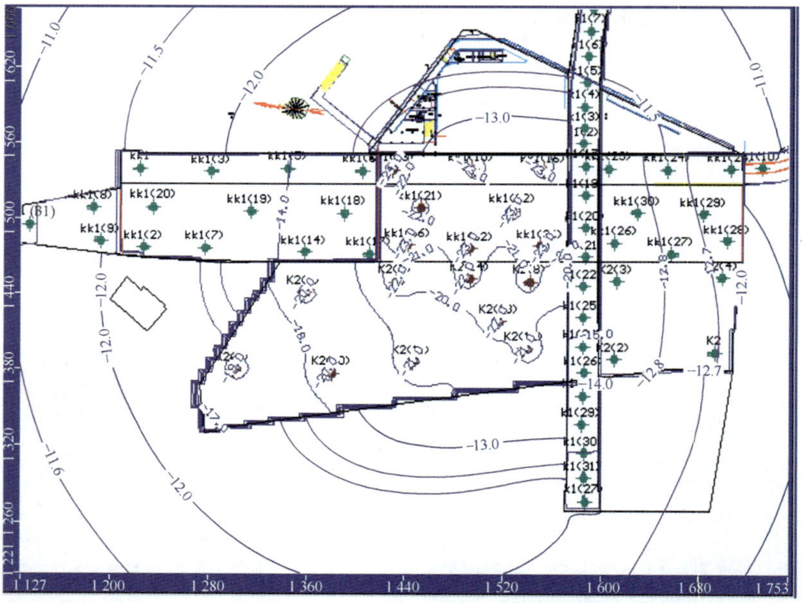

图 7—7 减压降水 30 d 后承压水含水层水位埋深等值线图(单位：m)

②南部大基坑中间部位基坑降水设计

南部大基坑中间部位基坑包括深 28.50 m 的 Z1 线段。根据计算，当开挖至基坑底时，承压水静止水位为 9 m 深时需要在坑内布置 8 口深层降水井，降水 30 d 后承压水含水层的水位埋深等值线图见图 7—8。另依据《天津市轨道交通地下工程质量安全风险控制指导书》降水要求备用井按降水井的 40％布置，则需布置 2 口坑内备用深层降水井。

③南部大基坑一3 号坑降水设计

南部大基坑一3 号坑包括 20.80 m 深的 B1 线，16.0～17.0 深的 B2 和停车场，深 21.585 m的国铁段。根据计算，当开挖至基坑底时，承压水静止水位为 9 m 深时需要在坑内

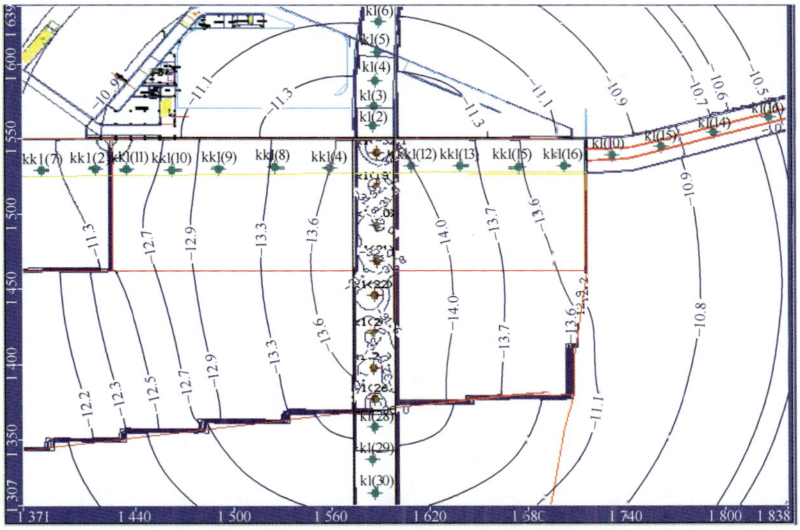

图 7—8　减压降水 30 d 后承压水含水层水位埋深等值线图(单位:m)

布置 12 口深层降水井,降水 30 d 后承压水含水层的水位埋深等值线图见图 7—9。另依据《天津市轨道交通地下工程质量安全风险控制指导书》降水要求备用井按降水井的 40%布置,则需布置 5 口坑内备用深层降水井。

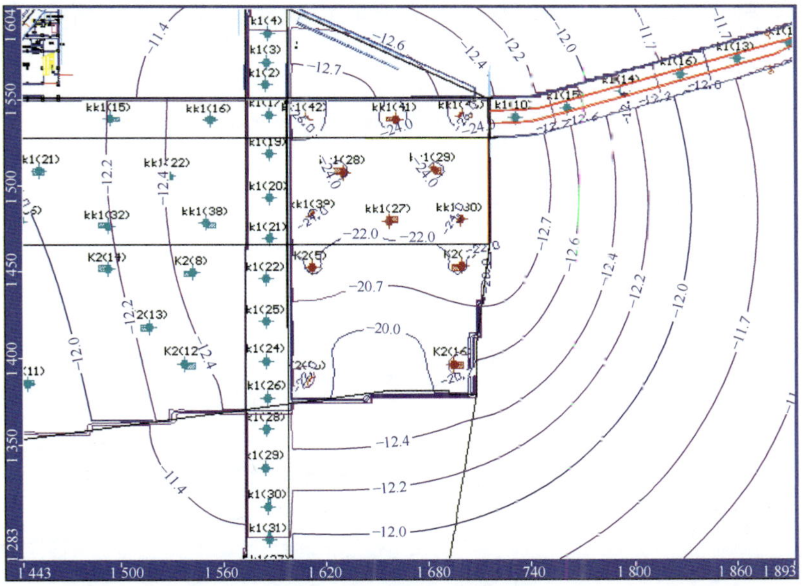

图 7—9　减压降水 30 d 后承压水含水层水位埋深等值线图(单位:m)

(2)北部基坑降水设计

北部基坑包括 B1 线和国铁段,根据计算当开挖基坑深度为 21.585 m 的基坑时,需要在坑内布置 11 口深层降水井,降水 30 d 后承压水含水层的水位埋深等值线图见图 7—10。另依据天津降水要求备用井按降水井的 40%布置,则需布置 5 口坑内备用深层降水井。降水井结构参数见表 7—6。

表 7—6 降水井结构参数

名称	数量	材质	孔径（mm）	井径（mm）	滤管埋深（m）	孔深（m）
深层降水井	11	钢管	650	273	23～40	41
深层降水备用井	5		650	273	23～40	41

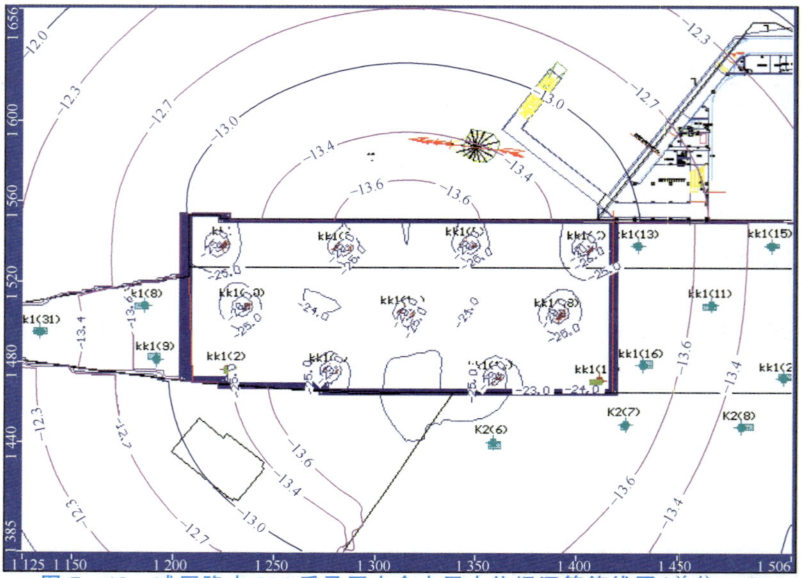

图 7—10 减压降水 30d 后承压水含水层水位埋深等值线图（单位：m）

(3)咽喉口基坑降水设计

咽喉口基坑为国铁北段。根据计算，当开挖基坑深度为 20.621～21.585 m 时，需要在坑内布置 8 口深层降水井，降水 30 d 后承压水含水层的水位埋深等值线图见图 7—11。另依据

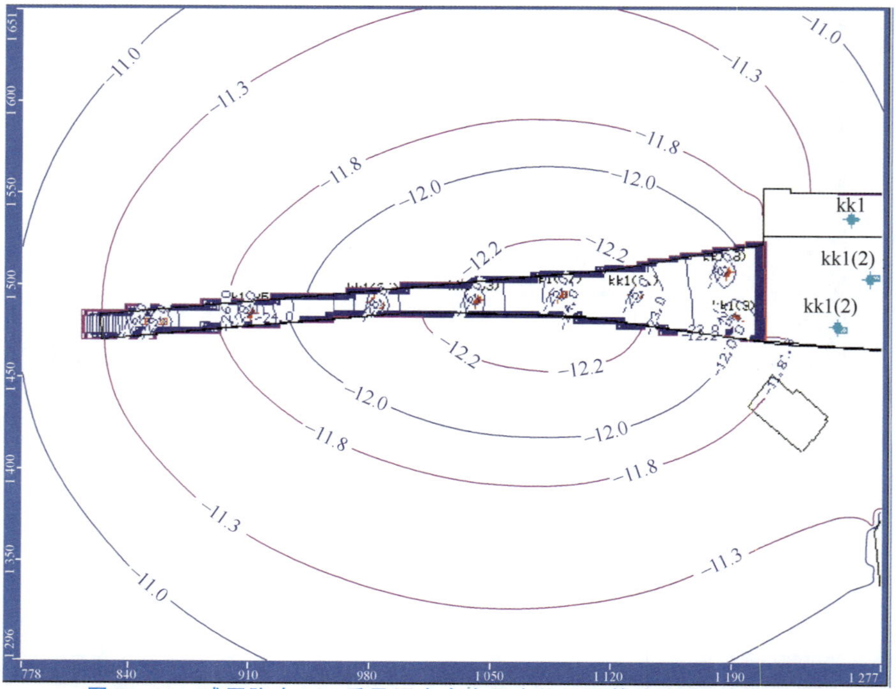

图 7—11 减压降水 30d 后承压水含水层水位埋深等值线图（单位：m）

天津降水要求备用井按降水井的 40%布置，则需布置 3 口坑内备用深层降水井。降水井结构参数见表 7—7。

表 7—7 降水井结构参数

名称	数量	材质	孔径(mm)	井径(mm)	滤管埋深(m)	孔深(m)
深层降水井	8	钢管	650	273	23～40	41
深层降水备用井	3		650	273	23～40	41

(4)沉降预测

依据各标段完全满足降水要求的情况下，对周边因降水引起的地面沉降进行预测，预测结果见图 7—12。周边地区最大沉降量约在 46.0～50.0 mm，但降水区域差异沉降小。

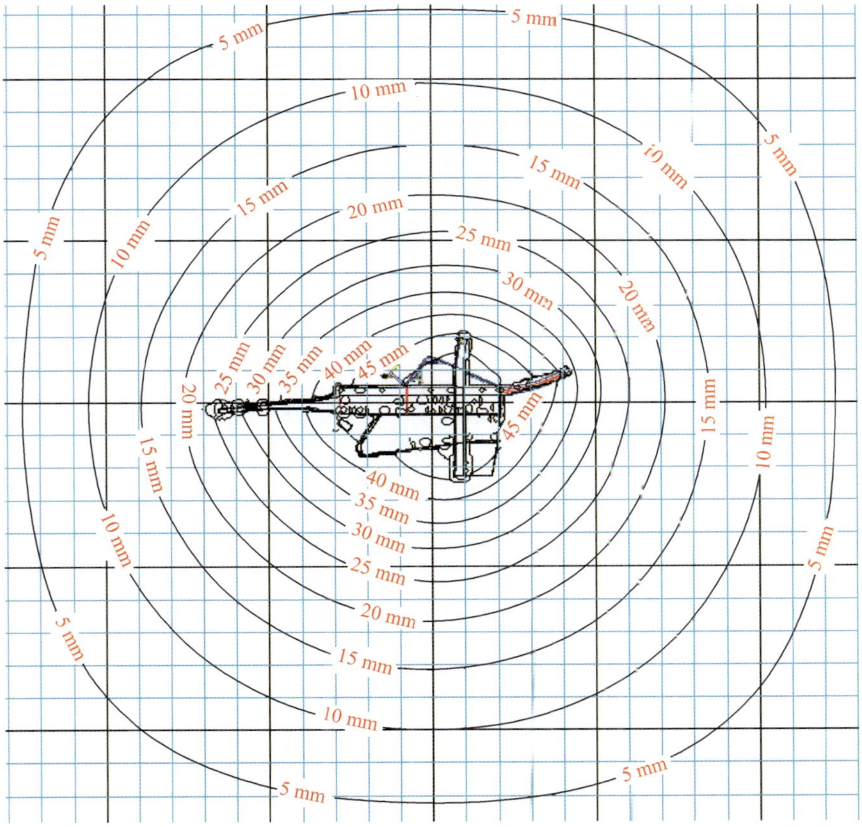

图 7—12 因降水引起的最终地面沉降预测图(网格间距 100.0 m)

7.6.4 浅层降水井分析计算

为确保基坑顺利开挖，需降低基坑开挖深度范围内的土体含水率。坑内疏干井数量按下式确定：

$$n = \frac{A}{a_{井}}$$

式中 n——井数(口)；

A——基坑需疏干面积（m^2）；

$a_井$——单井有效疏干面积（m^2）；

按照每 180～220 m^2 布设一口浅层降水井考虑，井底原则上按超过坑底 4～6.0 m 布置，同时为减少浅层降水对坑外的影响，浅层井井底尽量不超过承压含水层顶板，同时需考虑同区深层降压井过滤管段的设置，在开挖深度超过含水层的基坑，配置约 20％的井深至粉土层的浅水降水井另依据《天津市轨道交通地下工程质量安全风险控制指导书》浅层要求备用井按降水井的 20％布置。各标段浅层降水井井数量及结构参数见表 7—8。

表 7—8　浅层降水井结构参数

基坑	井数	井号	孔径(mm)	井径(mm)	滤管埋深(m)	孔深(m)	材质
南部大基坑－1 号	194		650	273	4～19	20	钢管井
	10		650	273	4～24	25	钢管井
南部大基坑－2 号	17		650	273	4～19	20	钢管井
	6		650	273	4～24	25	钢管井
南部大基坑－3 号	88		650	273	4～19	20	钢管井
	9		650	273	4～24	25	钢管井
西南深基坑	9		650	273	4～19	20	钢管井
	3		650	273	4～24	25	钢管井
西南浅基坑	54					16	水泥管
北部基坑	67		650	273	4～19	20	钢管井
	13		650	273	4～24	25	钢管井
咽喉口基坑	39		650	273	4～19	20	钢管井
	8		650	273	4～24	25	钢管井

浅层含水层中重力水存量可按下式计算

$$W=\mu V$$

式中　W——重力水储存量（m^3）；

μ——含水层的综合等效给水度；

V——含水层的体积（m^3）。

南部大基坑的面积约为 68 936.70 m^2，按水位降深 17 m 计算，则浅部重力水的排出量约为：

$$W=0.025\times 68\ 936.70\times 17=29\ 298.10\ m^3$$

西南深基坑面积约为 2 647 m^2，按水位降深 17 m 计算，则浅部重力水的排出量约为：

$$W=0.025\times 2\ 647\times 17=1\ 125\ m^3$$

西南浅基坑面积约为 12 419 m^2，按水位降深 17 m 计算，则浅部重力水的排出量约为：

$$W=0.025\times 12\ 419\times 10=3\ 104.75\ m^3$$

北部基坑面积约为 17 950 m^2，按水位降深 17 m 计算，则浅部重力水的排出量约为：

$$W=0.025\times 17\ 950\times 17=7\ 628.75\ m^3$$

咽喉基坑面积约为 8 217 m^2，按水位降深 17 m 计算，则浅部重力水的排出量约为：

$$W=0.025\times 8\ 217\times 17=3\ 492.22\ m^3$$

注：该计算中未包括第一承压含水层中粉土的重力水。

7.6.5 降水井数量

为便于观测坑外承压水水位变化及地连墙拐点处的渗漏情况，以及观测环境敏感点附近的水位变化情况，整个基坑场地需布置19口观测井，井深36.0～41.0 m，另考虑Z1线基坑的安全，靠近Z1线的南部1号坑和3坑内的降水井加深至41.0 m。

7.7 降水施工技术要求

7.7.1 成井技术要求

(1)成井必须满足设计井径、井深要求；

(2)成井完成后及时洗井，必须做到水清砂净，保证井底无沉淀淤泥；

(3)回填滤料必须选用0.2～0.3 cm的干净石砟，确保回填量；

(4)无砂管施工井管全部采用子母口井管，以防漏砂返砂将井淤死，并用5 cm宽的三排竹片，每节管用三道8号铁丝牢牢绑紧；

(5)钢管必须保证焊接质量；

(6)选用80目的滤网，用铁丝缠紧；

(7)井点定位必须避开支撑梁、柱等结构。

7.7.2 浅层降水井运行技术要求

(1)浅层降水井降水应在基坑开挖前15～30 d或更早进行，以保证有效降低开挖土体中的含水率，确保基坑开挖施工的顺利进行；

(2)根据开挖进度，井内水位应控制在基坑开挖面以下一定深度内。

7.7.3 深层降水井运行技术要求

(1)深层降水井的运行必须坚持“分层降水、按需降水、动态调整”，坚持运行过程的信息化施工管理；对于深层降水井，为减少降水对周围环境的影响，必须按需降水，随开挖深度的逐渐加大，逐步降低承压水头；降水运行时开启减压抽水井数量和抽水量大小，应根据基坑开挖深度和对应的安全承压水头埋深进行控制。降水运行时，随开挖深度的逐渐加大，逐步降低承压水头，以尽量减少减压降水引起的相邻地面沉降。基坑开挖深度与安全承压水位埋深之间的曲线关系见图7—13。

(2)在全部减压井施工结束后，进行1次单井及群井减压抽水试运行，检验施工用电及排水情况，同时观测各井水位，根据各井的实际位置和实际出水量，计算与确定承压含水层的水文地质参数。根据基坑分段开挖和支撑的施工实际工况，对降水运行进一步细化，提出每个工况下开启减压抽水井的数量和井号，并计算出该工况下承压水位的安全深度，以指导降水运行。

(3)减压降水运行过程中降水单位需每天将抽水量和承压水位的动态情况报告总包和监理，总包方应每天将各工况的进展情况及监测资料抄送给降水单位，以便降水单位制作各种图表，掌握降水运行的过程。

(4)基础底板施工完成后，包括养护阶段和地下室及上部结构施工阶段，在确保承压水水

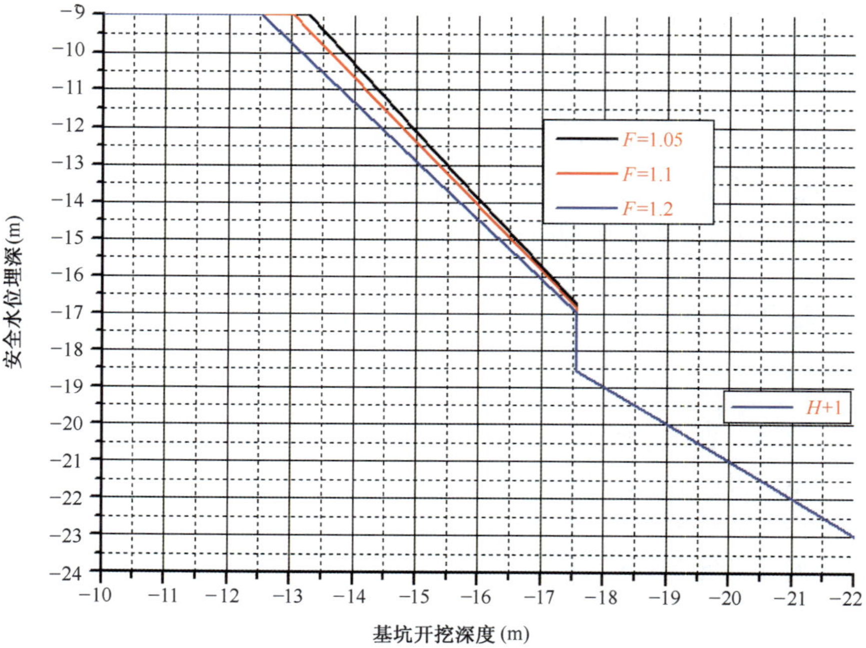

图 7—13 基坑开挖深度与安全承压水位埋深关系曲线图

头压力不大于抗浮力的情况下，逐步减少减压井的开启数量，直至静止水位情况下水头压力不大于抗浮力，降水全部结束。

7.8 安全运行应急预案

降水成功与否直接关系到整个工程的安全，所以在施工过程中不能忽视一些影响降水安全的因素。

7.8.1 电源保证

为了保证减压降水不间断，在施工现场除提供一路工业用电外，另外需配备柴油发电机，其功率不小于 120 kW。

为了保证柴油发电机处于完好状态，发电机应定期(1～2 周)试运行一次，保证应急时柴油发电机能够即时发动供电。施工现场临时用电电路采用双向闸刀，以确保工业用电与柴油发电机供电自由切换，保证应急时减压井能全部启动降水，确保在基坑开挖过程中减压降水不中断。

7.8.2 排水保证

排水是否正常将直接影响降水运行，施工现场必须合理布置排水沟，以能够迅速将大量地下水排入城市管道中。

7.8.3 井管保护

深层降水井井管采用直径为 273 mm、壁厚约 4 mm 的钢管，管材强度不是很高，同时部分浅层降水管井为水泥管，两种管井都经不起机械设备的碰撞和冲击。除降水单位必须保证井管连接处的焊接质量外，基坑开挖时必须保护降水井管。

坑内挖土时，挖机等施工机械不能直接碰撞坑内井管，井周边土不得用挖机操作，可以人工扦土，并要有专人指挥。

坑内所有降水井的井位应根据深基坑的支撑图正确定位，不能与设计的支撑相碰。对每口井均应设置醒目标志，并且对可能受车辆行走影响的电缆线以及管路部位加以防护，并且抽水人员加强对现场的巡视力度。

深层降水井井口应保持在原始地面与地面下埋深 9.0 m，井管应固定在混凝土支撑上，每口深层降水井需搭设降水平台。

7.8.4 监测措施

因基坑开挖深度比较深，必须委托专业监测单位对基坑围护结构和周边环境进行监测，加强信息化施工，监测数据必须提交一份给降水单位，对周边环境出现异常情况，监测单位必须通知降水单位，使降水单位根据数据实时调整抽水井数以及抽水井位置。

在合理的工作程序下，基坑开挖应加快进度，让基坑暴露的时间缩短，减少因开挖产生的沉降变形量。同时当基坑开挖时发现基坑内疏干深井的单井出水量没有显著的减少时应考虑地连墙是否渗漏，发现地连墙渗水的地方，及时阻漏，减少上层黏土层的固结变形，而引起基坑外水位的变化。

7.9 减压降水引起的地面沉降控制

(1)临近建筑物和地下管线的减压井抽水时间应尽量缩短。

(2)采用信息化施工，建议对坑内外观测井进行实时跟踪自动监测，发现问题及时调整抽水井数量及抽水流量，进行按需降水。

(3)环境监测资料应及时报送降水项目部，以绘制相关的图表、曲线，调控降水运行程序，确保基坑开挖安全和环境安全。

(4)在降水井群施工完成后，应进行试运行，再详细制定降压降水的运行方案。

(5)在降水运行过程中随开挖深度逐步降低承压水头，根据试运行得到的结果，按开挖深度确定井群的运行。在控制承压水头足以满足基坑稳定性要求的前提下，尽量减小承压水位降深，以减小和控制降水对环境的影响。

(6)对各种管线、需要保护的建筑、已建成的隧道、地下连续墙等，必须由专业监测单位进行监测。建议在基坑南侧、北侧按“十”字形布设地面沉降监测点。

(7)基坑施工过程中，如地下连续墙发生渗漏或严重渗漏，应及时采取封堵措施，以避免导致基坑外侧浅层潜水位发生较大幅度下降以及由此加剧坑外的地面沉降。

(8)当坑外观测井内的水位下降超过自然变化的最大值时，应加密监测次数。当地面沉降超过警戒值，必要时应考虑进行地下水回灌，回灌井另行根据沉降情况进行布设。

7.10 风险分析及应对措施

7.10.1 风险分析

(1)本工程基坑面积大，开挖深度深，地连墙周长长且拐点多，因地连墙出现裂缝而导致的坑外地下水渗漏将是本工程引起坑外沉降的主要风险；

(2)本基坑工程由开挖深度不同的基坑组成，其中坑中坑的Z1线基坑开挖是本工程施工的最大风险点；

(3)勘探孔未进行封孔处理或处理不当，造成深部承压水向坑底冒水、涌砂；

(4)坑内设置的监测孔或沉降监测孔进入承压含水层，没有保护措施向坑底冒水、涌砂；

(5)坑内桩基混凝土灌注不当，承压水沿桩的四周上冒水、涌砂；

(6)降水结束后，如封井措施不合理，则在封井过程中可能存在突涌问题；

(7)在靠近城际站房15.0 m处为16层银行大楼，同时在枢纽西南基坑南侧76 m处为运营火车线，环境相对敏感，如基坑出现渗漏，水位下降明显，将对该处环境造成恶劣的影响。

7.10.2 应对措施

(1)在地连墙拐点处布置坑外观测井，同时与地连墙施工队伍及监测单位密切配合，在施工过程中发现的可能出现渗漏的地连墙处布置坑外观测井，加强水位的观测与预警；

(2)从降水角度考虑，为加强降水应急、备用能力，考虑将Z1线二侧的部分减压井适当加深，在满足二层结构开挖的降水要求的同时，满足三层结构一定的应急处置能力；

(3)坑底如果局部出现冒水、涌砂迹象，开启附近的减压深井，降低水头；现象严重时，立即停止基坑开挖，在开启附近减压井降压的同时采用砂袋压重或往冒水孔覆土。

(4)由于该地区地层较为复杂，如果出现局部地层与布井位置地层水力联系不大而发生冒水、涌砂的情况。即停止该局部范围内的开挖，同时立即补井减压。

(5)搅拌桩渗漏处，及时封堵(搅拌桩接缝处采用高压旋喷加固措施)。

(6)16层银行大楼的保护。在大楼附近布设坑外观测井，如观测井水位下降明显，同时附近坑内抽水井水量或水位异常，则应启动应急反应系统。建议采用其他工程措施，以防止银行楼的不均匀沉降。

7.11 降水运行施工

7.11.1 降水试运行

在开始降水运行之前，准确测定各井口和地面相对高程，测定静止水位，安排好抽水设备、电缆及排水管道作生产性抽水试验运行，观测降水效果，检验抽水系统是否完好。抽出来的水应排入场外市政管道中，以免抽出的水就地回渗，影响降水效果，坑内的降雨积水应立即排出坑外，尽量减少大气降水和坑内积水的入渗。

7.11.2 正式运行

(1)抽水井个数和抽水量大小应根据基坑开挖深度和承压水头埋深要求进行控制。

(2)抽水需要全天24 h派人值班，并做好抽水记录，记录内容包括降压深井涌水量Q和水头降s，并在现场绘制s—t曲线，以掌握抽水动态，指导降水运行达到最优。

(3)整个降水过程中应备有双电源，以确保降水连续进行及基坑开挖安全。

(4)降水工作应在地下构筑物施工至上覆压力和地下水头的顶托力平衡后才能停止降水。停止降水的时间根据上覆压力与顶托力的平衡计算结果确定，计算结果应报送设计并取得设计的认可后，施工现场才能停止降水。

7.11.3 降水运行注意事项

（1）所有降水深井的井管口设置醒目标志，做好标识工作，与挖机施工人员做好井管保护工作。挖土时在靠近井管部位时尽可能使用人工扦土，避免对井的损坏。

（2）降水运行期间，现场实行 24 h 值班制，值班人员应认真做好各项质量和观测水位变化的记录。降水运行过程中对降水运行的记录，对停抽的井应及时测量水位，每天 1 次，将每天的降水运行记录提交一份给总包、监理及其他相关单位，对于水位出现的异常应及时分析整理。

（3）降水运行阶段，必须保证双电源，如遇电网停电，须提前 2 h 通知，以便及时采取措施，确保降水的效果。

7.12 地下水水位全自动监控

为了能够准确及时了解地下承压水状态，确保准确性和可靠性，降水运行阶段地下水监控采用全自动数据采集系统，监控地下水水位采用孔隙水压力计作为水位探头，DT515 数据采集仪全自动采集数据，配备软件和 PC 机对所采集的数据及时换算成地下水位，并绘制成实时曲线观测地下水水位，监控地下水位频率为 1～5 min。

压力传感器采用 200 kPa 级别 PW 系列弦式渗压计，用来测量承压水压力。PW 系列渗压计安装在降压井或观测井中是为了自动监测水井中的水位，渗压计置于井动水位以下通过电缆到钻孔的顶部，然后连接到自动数据采集仪上。

施工现场水位监测系统采用 1 台 DT515 全自动数据采集仪和约数只 PW 式传感器以及 1 台电脑组成（图 7—14 和图 7—15）。

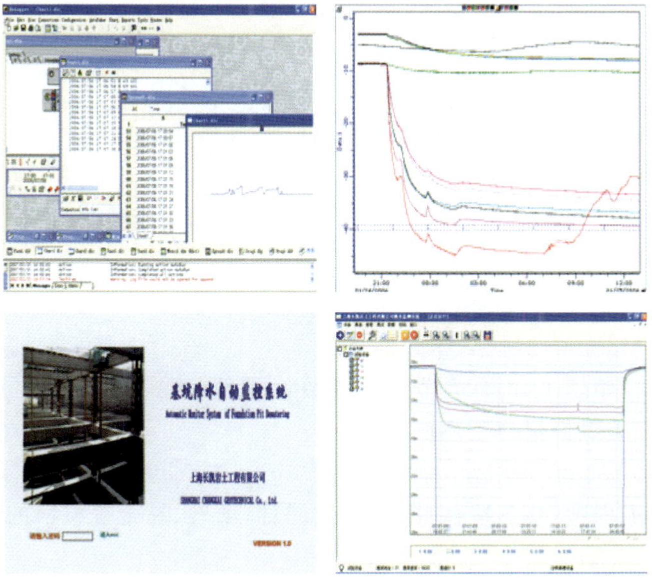

图 7—14 数据自动采集系统 1

图 7—15 数据自动采集系统 2

同时,水位监控也可采用自行研制的数据自动监测及自主开发的基坑降水自动监控系统软件,进行数据自动采集与地下水系统监控。

7.13 施工工艺及技术要求

7.13.1 工艺流程

准备工作→钻机进场→定位安装→开孔→下护口管→钻进→终孔后冲孔换浆→下井管→稀释泥浆→填砂→止水封孔→洗井→下泵试抽→合理安排排水管路及电缆电路→试验→正式抽水→记录。

7.13.2 设备选型

本工程钻井设备选用小型钻机,成孔采用正循环自然泥浆造浆,泥浆护壁回转钻进成孔,钻头选用带保径圈的三翼钻头,钻头直径按设计及规范要求选用,根据施工经验,使用这些钻头施工稳定性好,能确保成孔质量,能有效控制成孔中的缩径现象,为确保工程质量奠定基础。

7.13.3 施工技术要求

(1)准备工作

合同签订后,即开始施工部署,首先组建项目经理部,落实材料和人员,合理安排人财物,与甲方及工地上各相关单位保持密切协作。

(2)材料到位

专人负责进料,工程师核定,确保井壁管、过滤管、填砂、黏土等材料的质量。材料不到位,质量不符合要求不能开钻。

(3)进出场、定位、埋设护孔管

由甲方提供“三通一平”,钻机进场。钻井井位确定后应由甲方签字认可,基础牢固,应放在硬黏土或碎石道砟上。钻机安放稳固、水平、护孔管中心、磨盘中心、大钩应成一垂线。埋设护孔管要求垂直，并打入原状土中10～20 cm，外围用黏土填实夯实，井管、砂料到位后才能开钻，钻孔孔斜不超过1%（对转盘采用水平尺校平），要求整个钻孔孔壁圆整光滑，钻进时不允许采用有弯曲的钻杆。

（4）钻进清孔

钻进中保持泥浆比重在1.10～1.15，尽量采用地层自然造浆，整个钻进过程中要求大钩吊紧后徐徐给进（始终处于减压钻进），避免钻具产生一次弯曲，特别是开孔口不能让机上钻杆和水接头产生大幅摆动。每钻进一根钻杆应重复扫孔一次，并清理孔内泥块后再接新钻杆，终孔后应彻底清孔，直到返回泥浆内不含泥块，返出的泥浆含砂率<12%后提钻。

（5）下井管

按设计井深事先将井管排列、组合，下管时所有深井的底部按相对高程严格控制，并且保持井口相对高程一致。井管应平稳入孔，每节井管的两端口要找平，其下端有45°坡角，焊接时两节成90°的两个方向找直，并对称焊接，确保焊接垂直，完整无隙，保证焊接强度，以免脱落。为了保证井管不靠在井壁上和保证填砂厚度，在滤水管上下部各加一组扶正器4块，保证环状填砂间隙厚度大于150 mm，过滤器应刷洗干净，过滤器缝隙（约1 mm）均匀，外包一层40目滤网。下管要准确到位。自然落下，稍转动落到位，不可强力压下，以免损坏过滤结构。井管到位后下钻杆泥浆稀释到1.05左右，在稀释泥浆时井管管口应密封，使泥浆从过滤器经井管与孔壁的环状间返回地面，稀释泥浆应逐步缓慢进行。

（6）填砂

稀释泥浆比重在1.05后关小泵量，将填砂徐徐填入，并随填随测填砂顶面的高度，不得超高。降压井填砂应严格填砂规格与级配，填砂为砾砂。水平向填砂厚度不小于150 mm，垂向填砂高度严格按设计图纸进行。

（7）止水

降压井在填砂顶部填3 m厚的黏土球或优质黏土，以上再用黏性土填实，一直填到地面，才能开始洗井。

（8）洗井

洗井要求采用空压机洗井方法，用空压机洗井并清除井底存砂，要求洗井到清水，成井后水的含砂率达到凿井验收标准，确保洗井质量。

（9）下泵抽水

安装泵体要稳，泵轴垂直，深井下泵深度在35～38 m，连接好排水管及电源线路进行试抽水，测定井内水位及观测孔水位变化及流量。用6～15 t泵进行抽水。

7.13.4 成井施工控制

成井施工控制见表7—9。

表7—9 成井质量控制

序号	检验项目	质量标准	检查方法	责任人
成孔阶段	井位	<500 mm	经纬仪、钢尺	测量员
	孔深	±500 mm	测绳、钻杆	机长质量员

续上表

序号	检验项目	质量标准	检查方法	责任人
成孔阶段	垂直度	1%	水平尺	机长质量员
	井径	>650 mm	测量钻头	质量员
	泥浆比重	1.15～1.20	比重计	机长质量员
	沉渣厚度	≤300 mm	测 绳	机长质量员
成井阶段	泥浆比重	1.05～1.08	比重计	机长质量员
	井管及滤管长度	±500 mm	钢尺	质量员
	填砂厚度	+1 000 mm	测绳	机长质量员
	黏土厚度	+1 000 mm	测绳	机长质量员
	洗井	井喷状	目测	项目工程师
抽水	安装泵	±2 m	钢尺	质量员
	水位	±20 mm	水位计	测量员等
	流量	±2 m^3/h	水表	测量员等

7.14 总　　结

通过此方案有效实施，有效地减少坑内被开挖土体的含水率，防止土体在开挖过程中发生纵向滑坡，便于挖掘机挖土、土方外运和坑内施工作业。有效地降低了下部承压含水层的水头高度，防止基坑底板发生管涌、突涌等不良现象，确保基坑底板的稳定性。降水效果见图 7—16和图 7—17。

图 7—16　2012 年 Z1 线盖挖区基坑底部(－29 m)降水效果图

图 7—17 2012 年 Z4 线开挖区基坑底部(—21 m)降水效果图

8　超大基坑支撑施工技术

8.1　概　　述

基坑支撑体系针对站房工程明挖区的施工，明挖区基坑深度为 20.5 m，其中明挖Ⅰ区与明挖Ⅱ、Ⅲ区设计为 4 道混凝土支撑，明挖Ⅳ区设计为 5 道混凝土支撑，见图 8—1～图 8—3。

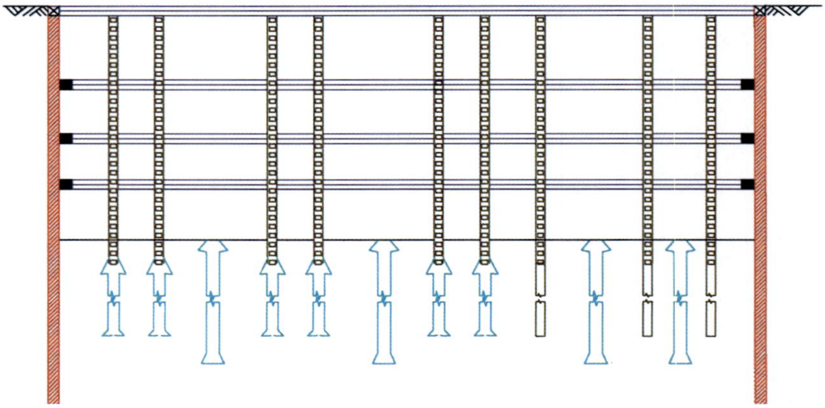

图 8—1　明挖Ⅰ区混凝土支撑示意图

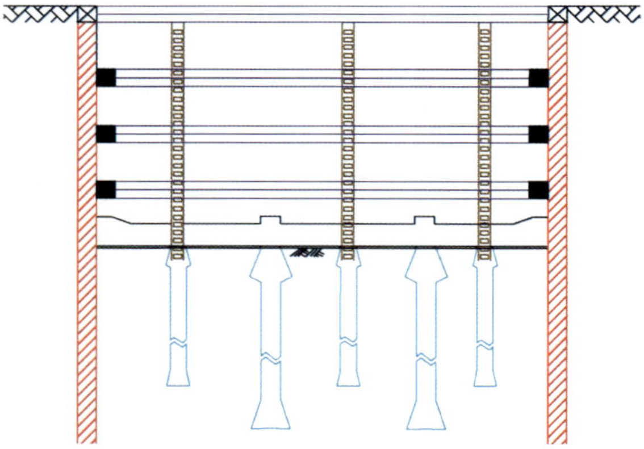

图 8—2　明挖Ⅱ、Ⅲ区混凝土支撑示意图

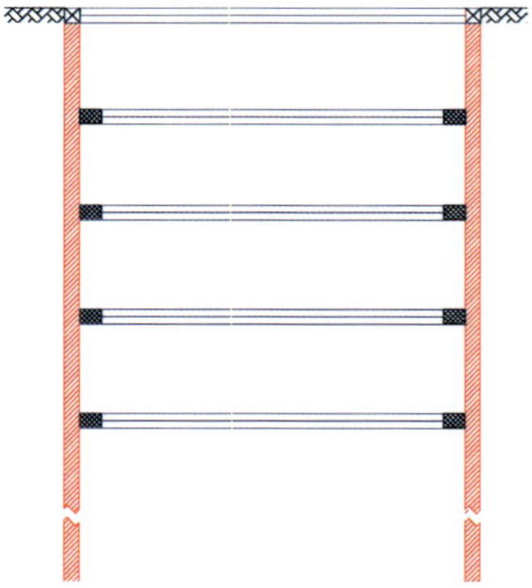

图 8—3　明挖Ⅳ混凝土支撑示意图

于家堡站房工程明挖区基坑，开挖深度达 20.5 m。其中：①明挖Ⅰ区设计为 4 道网格状混凝土支撑(图 8—4)，第一道支撑主要构件尺寸为 800 mm×800 mmn，撑于冠梁上；第二、三、四道支撑主要构件尺寸为 1 100 mm×1 300 mm，撑于腰梁上，腰梁尺寸 1 200 mm×1 400 mm。②明挖Ⅱ区设计为 4 道混凝土支撑，局部位置采用 5 道混凝土支撑。第一道支撑

主要构件尺寸为 800 mm×800 mm，撑于冠梁上；第二、三、四道支撑主要构件尺寸为 1 100 mm×1 300 mm，撑于腰梁上，腰梁尺寸 1 200 mm×1 400 mm。③明挖Ⅲ区设计为 4 道混凝土支撑。第一道支撑主要构件尺寸为 800 mm×800 mm，撑于冠梁上；第二、三、四道支撑主要构件尺寸为 1 100 mm×1 300 mm，撑于腰梁上，腰梁尺寸 1 200 mm×1 400 mm。④明挖Ⅳ区设计为 5 道混凝土支撑。第一道支撑主要构件尺寸为 800 mm×800 mm，撑于冠梁上；第二、三、四、五道支撑主要构件尺寸为 1 100 mm×1 300 mm，撑于腰梁上，腰梁尺寸 1 200 mm×1 400 mm。Ⅱ、Ⅲ、Ⅳ区支撑体系示意图见图 8—5。

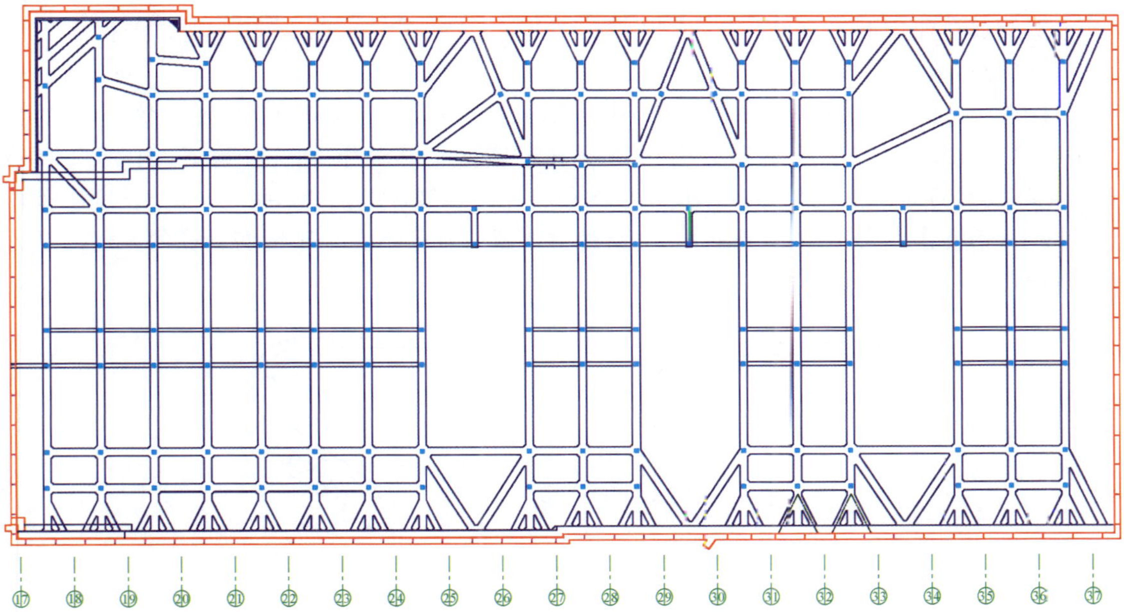

图 8—4　明挖Ⅰ区支撑体系示意图

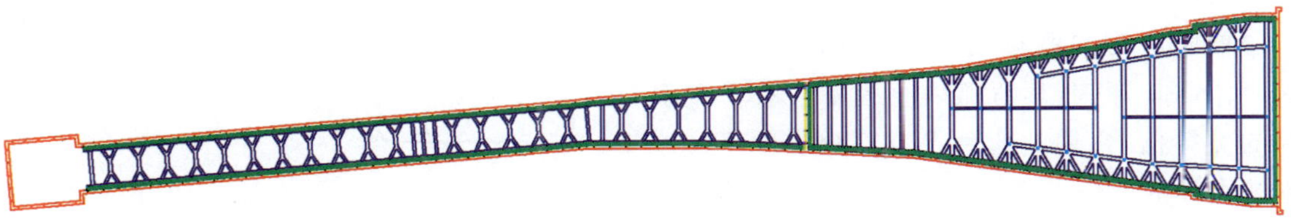

图 8—5　明挖Ⅱ、Ⅲ、Ⅳ区支撑体系示意图

8.2　支撑体系施工技术

8.2.1　支撑体系钢筋施工基本要求

(1)钢筋除锈

钢筋的表面应洁净。油渍、漆污和用锤敲击时能剥落的浮皮、铁锈等应在使用前清除干净。钢筋有部分锈蚀时可采用钢丝刷、砂盘进行手工除锈。

(2)钢筋切断

①将同规格钢筋根据不同长度长短搭配,统筹排料;先断长料,后断短料,减少短头,减少钢筋损耗。

②断料时应避免用短尺量长料,防止在量料中产生累计误差。为此,宜在工作台上标出尺寸刻度线并设置控制断料尺寸用的挡板。

③在切断过程中,如发现钢筋有劈裂、缩头或严重的弯头等必须切除;如发现钢筋的硬度与该钢种有较大的出入,应及时向现场技术人员反映,查明情况后方可继续使用。

④钢筋的断口,不得有马蹄形或起弯等现象。

(3)钢筋弯曲成形

①受力钢筋

HPB235 级钢筋末端应作 180°弯钩,其弯弧内直径不应小于钢筋直径的 2.5 倍,弯钩的弯后平直部分长度不应小于钢筋直径的 3 倍;当钢筋末端需作 135°弯钩时,HRB335 级、HRB400 级钢筋的弯弧内直径 D 不应小于钢筋直径的 4 倍,弯钩的弯后平直部分长度应符合设计要求;钢筋作不大于 90°的弯折时,弯折处的弯弧内直径不应小于钢筋直径的 5 倍。受力钢筋弯折见图 8—6。

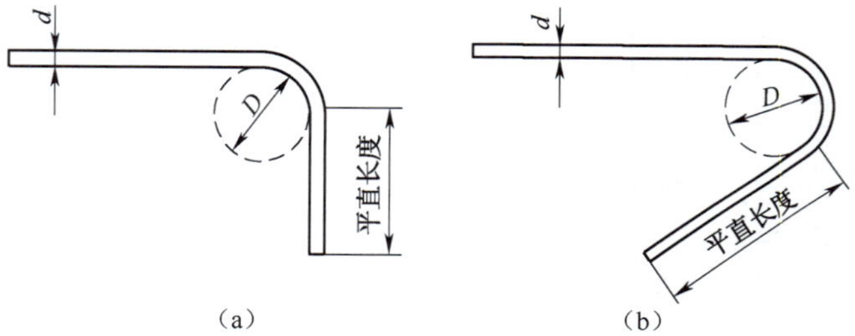

图 8—6 受力钢筋 90°与 135°弯折

②箍筋(图 8—7)

支撑体系施工时,箍筋的末端应作弯钩。弯钩形式应符合以下规定。

箍筋弯钩的弯弧内直径:HPB235 级钢筋末端应作 180°弯钩,其弯弧内直径不应小于钢筋直径的 2.5 倍,弯钩的弯后平直部分长度不应小于钢筋直径的 3 倍。且箍筋弯钩的弯弧内直径不小于受力钢筋的直径。

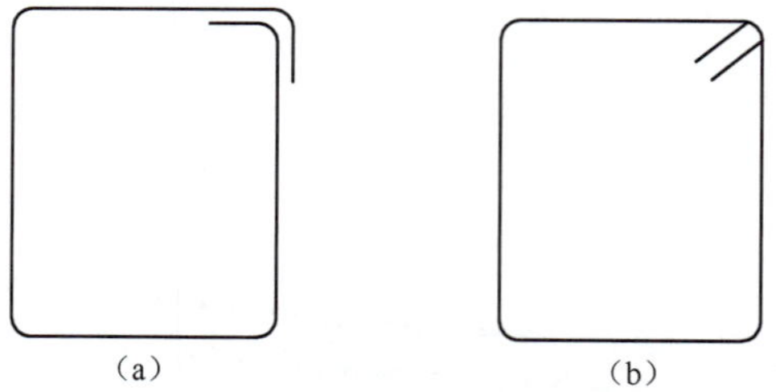

图 8—7 90°与 135°箍筋示意图

箍筋弯钩的弯折角度:对一般结构,不应小于 90°;对有抗震等要求的结构应为 135°,当 135°施工有难度时可以出现个别 90°。

箍筋弯后的平直部分长度:对一般结构,不宜小于箍筋直径的 5 倍;对有抗震等要求的结构,不应小于箍筋直径的 10 倍。

③钢筋连接

钢筋连接方式,可分为绑扎搭接、焊接、机械连接等。由于钢筋通过连接接头传力的性能总不如整根钢筋,因此设置钢筋连接原则为:钢筋接头宜设置在受力较小处,同根钢筋上宜少设接头,同一构件中的纵向受力钢筋接头宜相互错开。

a. 接头使用规定

直径大于 12 mm 以上的钢筋，应优先采用焊接接头或机械连接接头。

当受拉钢筋的直径大于 28 mm 及受压钢筋的直径大于 32 mm 时，不宜采用绑扎搭接接头。

轴心受拉及小偏心受拉杆件的纵向受力钢筋不得采用绑扎搭接接头。

直接承受动力荷载的结构构件中，其纵向受拉钢筋不得采用绑扎搭接接头。

b. 接头面积允许百分率

同一连接区段内，纵向钢筋搭接接头面积百分率为该区段内有搭接接头的纵向受力钢筋截面面积与全部纵向受力钢筋截面面积的比值。

钢筋绑扎搭接接头(图 8—8)连接区段的长度为 $1.3l_1$（l_1 为搭接长度），凡搭接接头中点位于该连接区段长度内的搭接接头均属于同一连接区段。同一连接区段内，纵向受拉钢筋搭接接头面积百分率应不宜大于 50%。

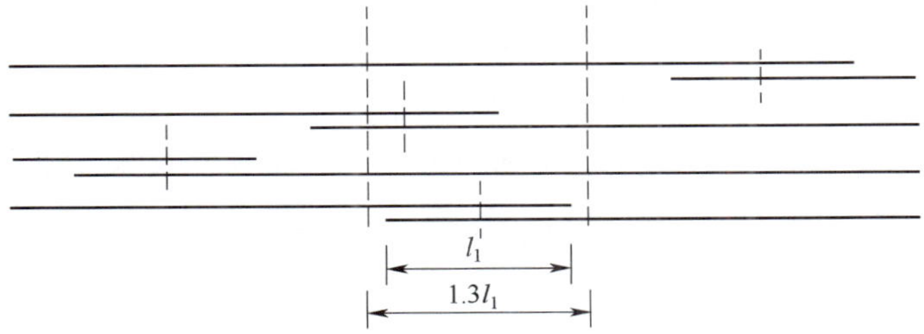

图 8—8 同一连接区段内的纵向受拉钢筋绑扎搭接接头

钢筋机械连接与焊接接头连接区段的长度为 35 倍 d（d 为纵向受力钢筋的较大直径），且不小于 500 mm。同一连接区段内，纵向受力钢筋的接头面积百分率应符合：受拉区不宜大于 50%；受压区不受限制；接头不宜设置在有抗震设防要求的框架梁端、柱端的箍筋加密区；当无法避开时，对等强度高质量机械连接接头，不应大于 50%；直接承受动力荷载的结构构件中，不宜采用焊接接头；当采用机械连接接头时，不应大于 50%。

c. 绑扎接头搭接长度

纵向受拉钢筋绑扎搭接接头的搭接长度应根据位于同一连接区段内的钢筋搭接接头面积百分率按下式计算：

$$l_1 = \xi l_a$$

式中 l_a——纵向受拉钢筋的锚固长度；

ξ——纵向受拉钢筋搭接长度修正系数，按表 8—1 取用。

表 8—1 纵向受拉钢筋搭接长度修正系数

纵向钢筋搭接接头面积百分率(%)	≤25	50	100
ξ	1.2	1.4	1.6

构件中的纵向受压钢筋，当采用搭接连接时，其受压搭接长度不应小于纵向受拉钢筋搭接长度的 0.7 倍，且在任何情况下不应小于 200 mm。

在梁、柱类构件的纵向受力钢筋搭接长度范围内，应按设计要求配置箍筋。

d. 钢筋机械连接

本工程钢筋机械连接采用剥肋滚轧直螺纹套筒连接。采用专门的滚压机床，对钢筋端部进行滚压，一次成形直螺纹，工艺流程见图8—9。

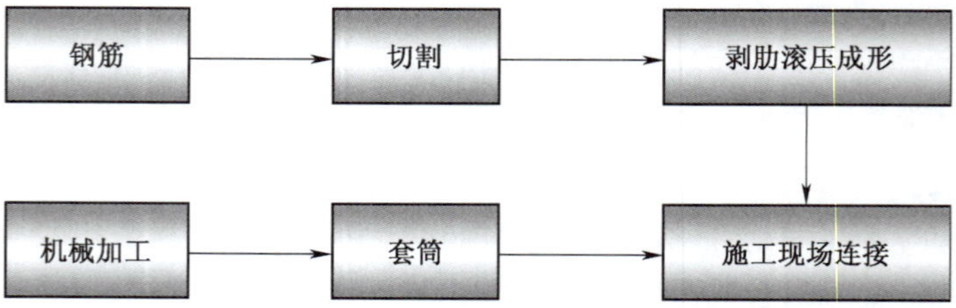

图8—9 钢筋端部滚压施工工艺

钢筋直螺纹丝头加工及检验：

ⓐ加工前准备：凡参与接头施工的操作工人，技术管理和质量管理人员，均应参加技术培训；操作工人应经考核合格后持证上岗。钢筋先调直后再下料，断头必须用无齿锯切割，切口端面要与钢筋轴线垂直，不得有马蹄形或挠曲，不得用气割下料。厂家提供套筒应有产品合格证；两端螺纹孔应有保护盖；套筒表面应有规格标记。

ⓑ直螺纹丝头加工：按钢筋规格调整好滚丝头内孔最小尺寸及涨刀环，调整剥肋挡块及滚压行程开关位置，保证剥肋及滚压螺纹的长度。加工钢筋螺纹时，采用水溶性切削润滑液；操作工人应逐个检查钢筋丝头的外观质量，检查牙型是否饱满、无断牙、秃牙缺陷，已检查合格的丝头盖上保护帽加以保护。

ⓒ直螺纹丝头的加工检验：经自检合格的丝头，应由质检员随机抽样进行检验，以500个同种规格丝头为一批，随机抽检10%，进行复检。加工钢筋螺纹的丝头牙型、螺距、外径必须与套筒一致，并且经配套的量规检验合格。

ⓓ螺纹丝头牙型检验：牙型饱满，无断牙、秃牙缺陷，且与牙型规的牙型吻合，牙齿表面光洁为合格品。

ⓔ螺纹直径检验：用专用卡规及环规检验。达到卡规、环规检验要求为合格品。

检验同时填写钢筋螺纹加工检验记录，如果有一个丝头不合格时，即应对该加工批丝头全部进行检验，切去不合格的丝头，查明原因并解决后重新加工螺纹，经再次检验合格后方可使用。

直螺纹接头连接及检验：

ⓐ直螺纹接头的现场连接：连接钢筋时，钢筋规格和套筒的规格必须一致，钢筋和套筒的丝扣干净、完好无损；连接钢筋时应对正轴线将钢筋拧入连接套筒。接头连接完成后，应使两个丝头再套筒中央位置互相顶紧，标准型套筒每端不得有一扣以上完整丝扣外露。

ⓑ直螺纹连接的外观检查：每一台班接头完成后，抽检10%进行外观检查，钢筋与套筒规格要一致，接头丝扣外露不超过一扣。

梁柱构件按接头数的15%进行抽检，且每个构件的接头抽检数不少于1个接头。基础、墙、板以100个接头为一个批次(不足100个接头时也作为一个验收批)进行抽检，每批抽检3个接头。如果有一个不合格，则该验收批接头应逐个检查，对查出的不合格接头应进行补强，如无法补强则应弃置不用。

直螺纹连接的试验检验：接头的现场检验应按验收批进行，同一施工条件下的同一批材料的同等级、同规格接头，以500个为一个验收批进行检验与验收，不足500个也应作为一验收批。

对接头的每一验收批应在工程结构中随机截取 3 个试件，按设计要求的接头性能等级做单向拉伸试验，按设计要求的接头性能等级进行检验与评定，并填写接头拉伸试验报告。

在现场连接检验 10 个验收批，全部单向拉伸试件一次抽样合格时，验收批接头数量可扩大一倍。

实际控制要点：

ⓐ滚压丝头的检验：对首件成品进行着重检验。合格的丝头应有良好的表面质量，不能有缺牙、断牙，并用卡尺检查螺纹长度（表 8—2）及其外径，端面无毛刺，否则应视为不合格丝头。检查时还要用相应的连接套筒进行旋转试验。合格的丝头为用手拧稍感吃力为准。每滚压 30 个丝头检查一次丝头尺寸及丝扣完整情况，发现偏差应及时调整滚丝机。不合格的丝头必须切掉重新加工。加工合格的丝头应套塑料保护帽，防止在钢筋运输过程损坏丝扣。

ⓑ钢筋的连接：钢筋直螺纹丝头每个头的滚压丝扣原则上连接套筒两端各剩余一扣，连接使用的工具为工具扳手。使用工具扳手，直到拧不动为止，确保两丝头端面相互顶紧。连接时注意套筒两端剩余丝扣要对称，同时要保证两丝头端面充分顶紧。对于有弯折钢筋的连接，钢筋不能自由转动，采用的处理方法为正反丝扣法，适用于两端均有弯折的钢筋连接，一端为正扣，一端为反扣，连接套筒也为正反扣套筒直接连接拧紧就可。

表 8—2 主要直螺纹套丝钢筋套丝长度表

序号	钢筋直径(mm)	拧紧力矩(N・m)	套丝长度(mm)
1	25	250	11.5
2	28	280	12
3	32	320	13

ⓒ成形连接接头的检验和试验：外观上检查丝扣的预留情况是否对称，是否为一扣。同时可用力矩扳手检拧，检查是否满足力矩要求。同等级、同形式、同规格按 500 个接头为一验收批或因实际工程项目划分不足 500 个接头为一验收批。从现场随机抽取 3 个试件，进行单向拉伸试验，如有一个试件不合格则加倍取样，即抽取 6 个试件进行复检，如仍有一个试件不合格则该验收批为不合格。

(4)钢筋安装

①钢筋安装绑扎前核对成品钢筋的钢号、直径、形状、尺寸和数量等是否与料单料牌相符。如有错漏，应纠正增补。

②准备绑扎用的铁丝、绑扎工具(如钢筋钩、带扳口的小撬棍)，绑扎架等。

钢筋绑扎用的铁丝，可采用 20～22 号铁丝，其中 22 号铁丝只用于绑扎直径 12 mm 以下的钢筋。

③准备控制混凝土保护层用的水泥砂浆垫块。

④支撑体系施工时垫块采用水泥砂浆垫块。水泥砂浆垫块的厚度，应等于保护层厚度。该工程保护层厚度为 30 mm，垫块的平面尺寸为 50 mm×50 mm。当在垂直方向使用垫块时，可在垫块中埋入 20 号铁丝。

⑤在架立筋上划点划出钢筋位置线。

⑥绑扎形式复杂的结构部位时，应先研究逐根钢筋穿插就位的顺序，并与模板工联系讨论

支模和绑扎钢筋的先后次序，以减少绑扎困难。

8.2.2 钢筋施工的其他要求

(1)钢筋放样

根据工程的施工图纸及规范要求，对工程各部位进行详细的钢筋配置，配置过程中，若发现冠梁(腰梁)与支撑节点处钢筋过密，一定要先放样，提前采取措施，便于现场的加工制作。配筋单必须先经审核，无误并签字后方可进行钢筋加工。应综合考虑原材用料，按照钢筋原材长度 9 m 和 12 m 两种长度适当比例制订下料计划，以减少钢筋加工的损耗。下料原则：同规格钢筋根据不同长度，长短搭配，统筹配料；先断长料，后断短料，减少短头，减少损耗。

(2)钢筋原材料进场和堆码

①原材钢筋进加工场时，钢筋应有出厂质量证明书或试验报告单。钢筋表面或每捆(盘)钢筋均应有标志。进场时应按批号及直径分批检验。检验内容包括查对标志、外观检查，并按现行国家有关标准的规定抽取试样作力学性能试验，合格后方可使用。

②钢筋堆放及加工场地要平整，找平碾压后浇筑 250 mm 厚 C20 混凝土，并形成有组织的排水。

③堆放场地的钢筋统一用枕木垫起，要求堆码整齐，不沾油污和泥水。钢筋须严格分类堆放，并按规定挂牌作出明确的标记。

④半成品的堆放要严格挂牌打捆，并分仓堆放，严禁不同成品搭边重在一起，造成错用乱用。

8.2.3 钢筋植筋施工

(1)植筋工程概况

由于在地连墙施工过程中，地连墙预埋直螺纹套筒接驳器在钢筋笼放置时位置会有偏差，造成在支撑梁施工时钢筋无法锚固，因此在这种情况下需要进行植筋施工。

(2)植筋准备

①材料准备

提前将植筋用的植筋胶报送监理方，并报送实验。植筋用钢筋使用与支撑梁使用的同批次钢筋，根据钢筋实际尺寸确定锚固搭接长度。

②定位放线

按照图纸相对高程和钢筋间距在地连墙上进行定位放线。

③施工工艺

钻孔→清孔→填胶黏剂→植筋→凝胶

(4)施工方法

①钻孔使用配套冲击钻。钻孔时，孔洞间距与孔洞深度应满足设计要求。

②清孔时，先用吹气泵清除孔内粉尘等再用清孔刷清孔，要经多次吹刷完成。同时，不能用水冲洗，以免残留在孔中的水分削弱黏合剂的作用。

③使用植筋注射器从孔底向外均匀地把适量胶黏剂填注孔内，注意勿将空气封入孔内。

④按顺时针方向把钢筋平行于孔洞走向轻轻植入孔中，直至插入孔底，胶黏剂溢出。

⑤将钢筋外露端固定在模架上，使其不受外力作用，直至凝结，并派专人现场保护。

⑥凝胶的化学反应时间一般为 15 min，固化时间一般为 1 h。

8.2.4　钢筋工程质量保证措施

钢筋工程属于隐蔽工程，在浇筑混凝土前应对钢筋进行验收，及时办理隐蔽工程记录。钢筋加工均在现场加工成形，钢筋工程的重点是钢筋的定位和连接以及梁的下料、绑扎，钢筋绑扎，以上工序均严格按照相关规范要求进行施工。钢筋绑扎、安装完毕后，应进行自检，重点检查以下几方面。

(1)根据设计图纸检查钢筋的型号、直径、根数、间距、加工尺寸(表 8—3)是否正确。

表 8—3　钢筋加工的允许偏差

项　　目	允许偏差(mm)
受力钢筋顺长度方向全长的净尺寸	±10
弯起钢筋的弯折位置	±20
箍筋内净尺寸	±5

(2)检查钢筋接头的位置及搭接长度是否符合规范规定。检查混凝土保护层厚度是否符合设计要求。

(3)钢筋绑扎是否牢固，有无松动变形现象。

(4)钢筋表面不允许有油渍、漆污。

(5)设置的钢筋保护层垫块数量、位置是否正确。

(6)钢筋位置的允许偏差见表 8—4。

表 8—4　钢筋绑扎允许偏差表

项次	项　　目		允许偏差(mm)	检验方法
1	网眼尺寸	绑扎	±20	尺量连续三挡取其最大值
2	骨架的宽度、高度		±5	尺量检查
3	骨架的长度		±10	
4	箍筋、构造筋间距	绑扎	±20	尺量连续三挡取其最大值
5	受力钢筋	间距	±10	尺量两端中间各一点取其最大值
		排距	±5	
6	钢筋起弯点位移		20	尺量检查
7	受力钢筋保护层	梁	±5	
		板	±3	

8.3　支撑体系模板施工

站房工程明挖区支撑体系施工时，模板采用木模板。模板体系的底模板采用 100 mm 厚混凝土垫层，混凝土强度等级为 C20。侧模采用 15 mm 厚胶合板。

根据明挖区支撑体系的尺寸，模板统一采用 2 440 mm 长×1 220 mm 宽×15 mm 厚胶合板进行加工。模板背面利用 50 mm×100 mm 木方设 4 道内龙骨，利用 ϕ48×3.0 mm 双钢管作外龙骨。并按照 200 mm+300 mm+300 mm 的间距设置 3 道对拉螺栓，见图 8—10。

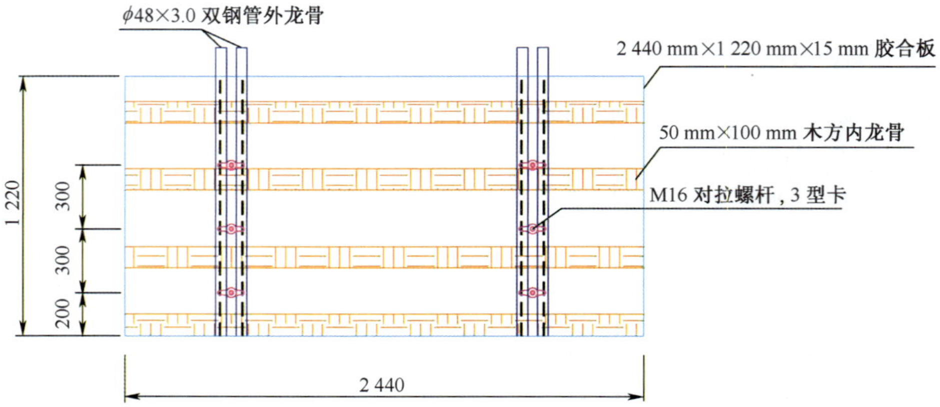

图 8—10 加工成形模板示意图(单位：mm)

模板支设前先进行混凝土垫层的浇筑，以便模板找平。在混凝土垫层上弹设模板支设线，并沿线每隔 1.2 m 埋设定位钢筋。

8.3.1 支撑梁模板

明挖区支撑梁的截面尺寸共有 1 100 mm×1 300 mm，1 100 mm×1 100 mm，1 100 mm×1 000 mm，1 100 mm×800 mm，1 000 mm×800 mm，800 mm×800 mm，800 mm×600 mm，600 mm×600 mm 八种规格及冠梁 1 000 mm×1 000 mm 和腰梁 1 200 mm×1 400 mm。

支撑梁模板支设时，将土方开挖至支撑梁底相对高程以下 100 mm，便于底模混凝土垫层的浇筑。垫层混凝土凝固达到强度等级后，进行钢筋绑扎的操作后进行支撑梁侧模板的支设。

(1)支撑梁模板概况

①截面高度 1 000 mm 以上的支撑梁模板支设(图 8—11)

底模：100 mm 厚 C20 混凝土垫层，垫层宽度每侧超出梁截面 100 mm，垫层上铺设塑料布；

侧模：15 mm 厚普通胶合板；

内龙骨：50 mm×100 mm 木方，设置 4 道；

外龙骨：双钢管 ϕ48×3.0 mm，间距 500 mm；

对拉螺栓：直径 ϕ16 mm，沿梁截面方向设置 3 道，间距为 200 mm+300 mm+300 mm，对拉螺栓纵向间距为 500 mm。

②截面高度 800 mm 的支撑梁模板支设(图 8—12)

底模：100 mm 厚 C20 混凝土垫层，垫层宽度每侧超出梁截面 100 mm，垫层上铺设塑料布；

侧模：15 mm 厚普通胶合板；

内龙骨：50 mm×100 mm 木方，设置 4 道；

外龙骨：双钢管 ϕ48×3.0 mm，间距 500 mm；

对拉螺栓：直径 ϕ16 mm，沿梁截面方向设置 2 道，间距为 200 mm+300 mm，对拉螺栓纵向间距为 500 mm。

(2)截面高度大于 1 m 的支撑梁侧模板安全性计算

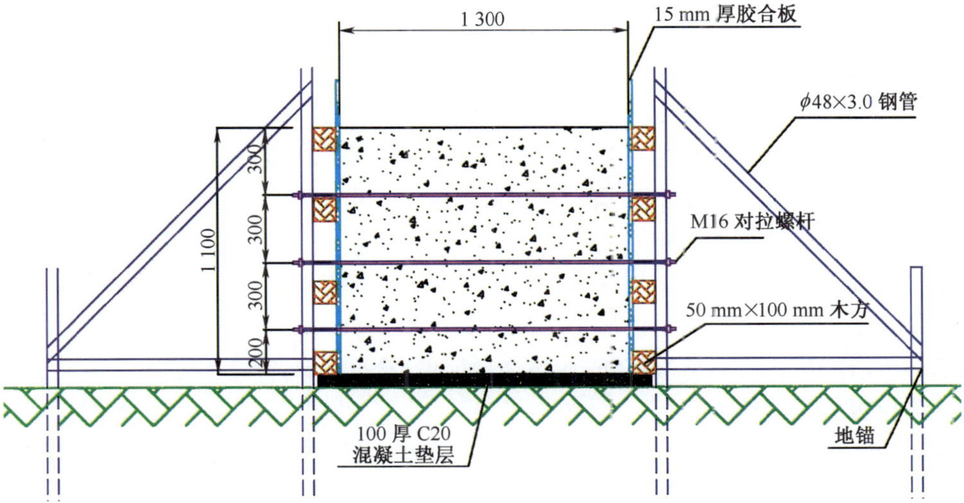

图 8—11 截面高度 1 100 mm 支撑梁模板剖面图(单位:mm)

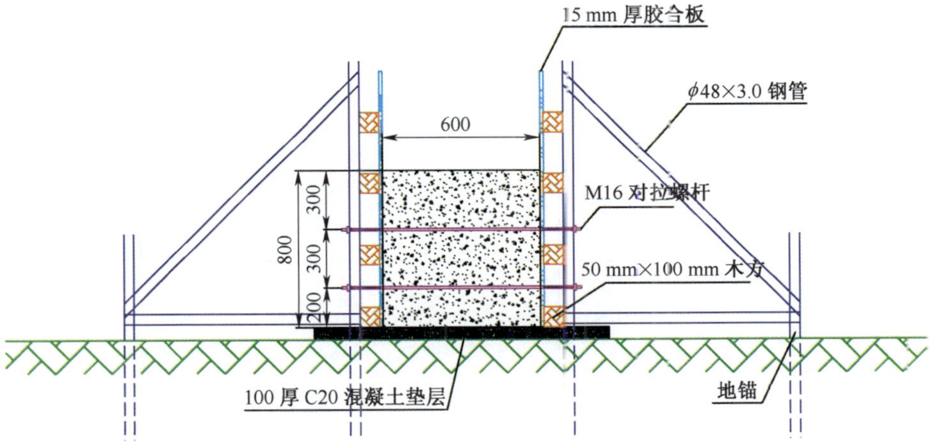

图 8—12 截面高度 800 mm 支撑梁模板剖面图(单位:mm)

①梁侧模板基本参数

计算断面宽度 1 300 mm,高度 1 100 mm。

模板面板采用 2 440 mm 长×1 220 mm 宽×15 mm 厚普通胶合板。

内龙骨布置 4 道,内龙骨采用 50 mm×100 mm 木方。

外龙骨间距 500 mm,外龙骨采用 $\phi48\times3.0$ 双钢管。

对拉螺栓布置 3 道,在断面内水平间距 200 mm+300 mm+300 mm,断面跨度方向间距 500 mm,直径 $\phi16$ mm。

②梁侧模板荷载标准值计算

强度验算要考虑新浇混凝土侧压力和倾倒混凝土时产生的荷载设计值;挠度验算只考虑新浇混凝土侧压力产生荷载标准值。

新浇混凝土侧压力计算公式为下两式中的较小值:

$$F=0.22\gamma_c t\beta_1\beta_2\sqrt{V} \qquad F=\gamma_c H$$

式中 γ_c——混凝土的重力密度，取 24.000 kN/m^3；

t —— 新浇混凝土的初凝时间，为 0 时（表示无资料）取 200/（T+15），取 5.710 h；

T ——混凝土的入模温度，取 20.000 ℃；

V ——混凝土的浇筑速度，取 2.500 m/h；

H ——混凝土侧压力计算位置处至新浇混凝土顶面总高度，取 1.000 m；

β_1——外加剂影响修正系数，取 1.000；

β_2——混凝土坍落度影响修正系数，取 0.850。

根据公式计算的新浇混凝土侧压力标准值 F_1=24.000 kN/m^2

实际计算中采用新浇混凝土侧压力标准值 F_1=25.000 kN/m^2

倒混凝土时产生的荷载标准值 F_2= 6.000 kN/m^2。

③梁侧模板面板的计算

面板为受弯结构，需要验算其抗弯强度和刚度。模板面板按照三跨连续梁计算，见图 8—13～图 8—15。

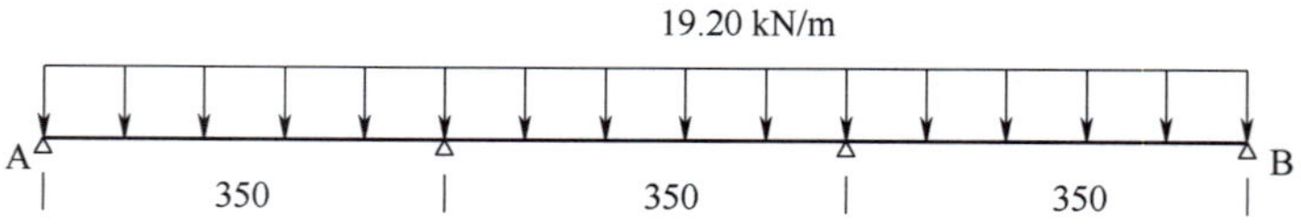

图 8—13 计算简图

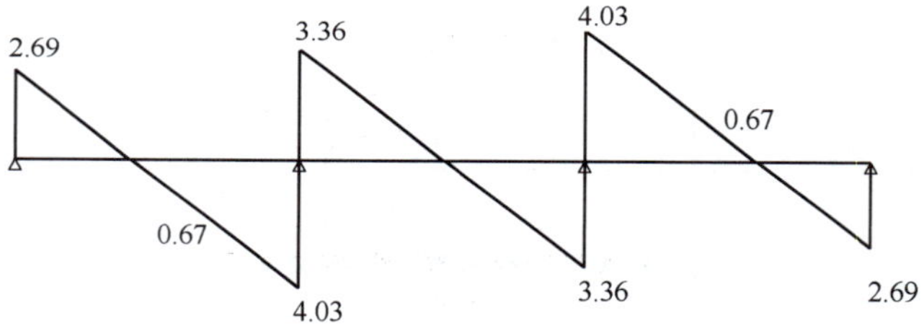

图 8—14 剪力图（kN）

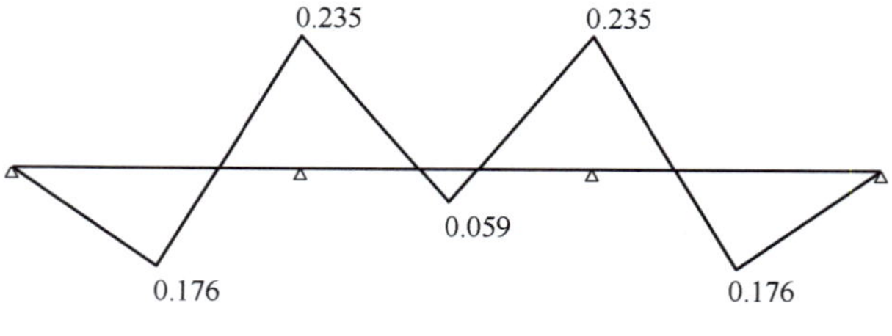

图 8—15 弯矩图（kN · m）

面板的计算宽度取 0.50 m。

荷载计算值 q = 1.2×25.000×0.500+1.4×6.000×0.500=19.200 kN/m

面板的截面惯性矩 I 和截面抵抗矩 W 计算。

本算例中，截面抵抗矩 W 和截面惯性矩 I 分别为：

$$W=50.00\times1.80\times1.80/6=27.00\ \text{cm}^3$$

$$I=50.00\times1.80\times1.80\times1.80/12=24.30\ \text{cm}^4$$

经过计算得到从左到右各支座力分别为：

$$N_1=2.688\ \text{kN}$$
$$N_2=7.392\ \text{kN}$$
$$N_3=7.392\ \text{kN}$$
$$N_4=2.688\ \text{kN}$$

最大弯矩 $M=0.235\ \text{kN}\cdot\text{m}$

最大变形 $V=0.8\ \text{mm}$

a. 抗弯强度计算

经计算得到面板抗弯强度计算值 $f=0.235\times1\,000\times1\,000/27\,000=8.704\ \text{N/mm}^2$

面板的抗弯强度设计值 $[f]$，取 15.00 N/mm^2。

面板的抗弯强度验算 $f<[f]$，满足要求。

b. 抗剪计算

截面抗剪强度计算值 $T=3\times4.0/(2\times500.000\times18.000)=0.672\ \text{N/mm}^2$

截面抗剪强度设计值 $[T]=1.40\ \text{N/mm}^2$

抗剪强度验算 $T<[T]$，满足要求。

c. 挠度计算

面板最大挠度计算值 $v=0.845\ \text{mm}$

面板的最大挠度小于 366.7/400，满足要求。

④梁侧模板内龙骨的计算

内龙骨直接承受模板传递的荷载，通常按照均布荷载连续梁计算。

内龙骨均布荷载按照面板最大支座力除以面板计算宽度得到。

$$q=7.392/0.500=14.784\ \text{kN/m}$$

按照三跨连续梁计算，最大弯矩考虑为静荷载与活荷载的计算值最不利分配的弯矩和，计算公式如下：

均布荷载 $q=7.392/0.500=14.784\ \text{kN/m}$

最大弯矩 $M=0.1\,ql^2=0.1\times14.784\times0.50\times0.50=0.370\ \text{kN}\cdot\text{m}$

最大剪力 $Q=0.6\times0.500\times14.784=4.435\ \text{kN}$

最大支座力 $N=1.1\times0.500\times14.784=8.131\ \text{kN}$

截面抵抗矩 W 和截面惯性矩 I 分别为：

$$W=5.00\times10.00\times10.00/6=83.33\ \text{cm}^3$$
$$I=5.00\times10.00\times10.00\times10.00/12=416.67\ \text{cm}^4$$

a. 抗弯强度计算

抗弯计算强度 $f=0.370\times106/83\,333.3=4.22\ \text{N/mm}^2$

抗弯计算强度小于 16.5 N/mm^2，满足要求。

b. 抗剪计算

最大剪力的计算公式如下：$Q=0.6ql$

截面抗剪强度必须满足：$T=3Q/(2bh)<[T]$

截面抗剪强度计算值 $T=3\times4\,435/(2\times50\times100)=1.331\ \text{N/mm}^2$

截面抗剪强度设计值 $[T]=1.60\ \text{N/mm}^2$

抗剪强度计算满足要求。

c. 挠度计算

最大变形 v =0.677×12.320×500.04/(100×11 000.00×4 166 666.7)=0.114 mm

最大挠度小于 500.0/250,满足要求。

⑤梁侧模板外龙骨的计算

外龙骨承受内龙骨传递的荷载,按照集中荷载下连续梁计算。

外龙骨按照集中荷载作用下的连续梁计算。

集中荷载 P 取横向支撑钢管传递力,见图 8—16～图 8—18。

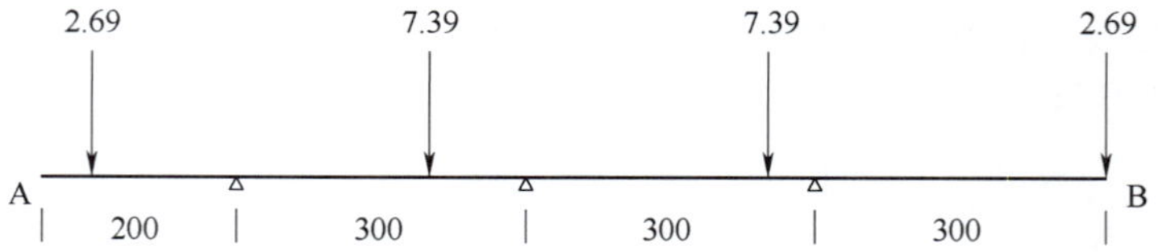

图 8—16　支撑钢管计算简图

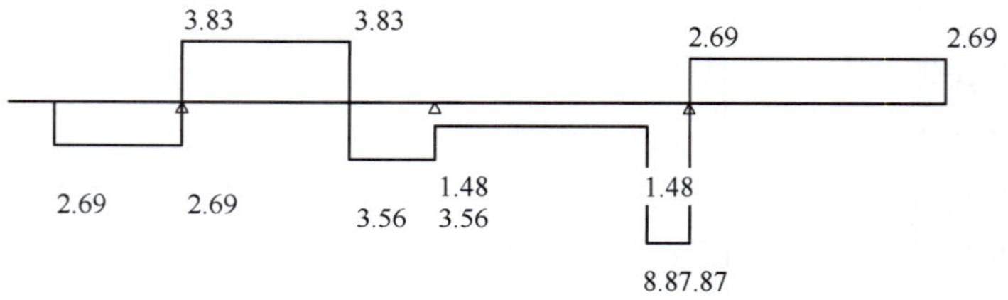

图 8—17　支撑钢管剪力图(kN)

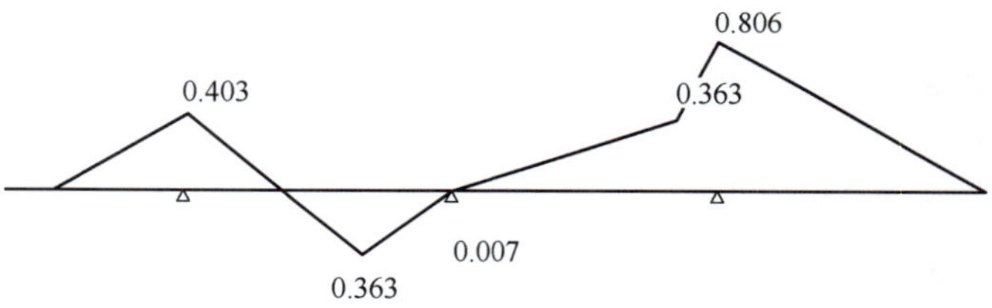

图 8—18　支撑钢管弯矩图(kN·m)

经过连续梁的计算得到:

最大弯矩 M_{max}=0.806 kN·m

最大支座力 Q_{max}=11.560 kN

抗弯计算强度 f=0.806×106/8 980.0=89.80 N/mm^2

支撑钢管的抗弯计算强度小于 205.0 N/mm^2,满足要求。

支撑钢管的最大挠度小于 300.0/150 与 10 mm,满足要求。

⑥对拉螺栓的计算

$$N < [N] = fA$$

式中　N——对拉螺栓所受的拉力;

A——对拉螺栓有效面积(mm^2)；

f——对拉螺栓的抗拉强度设计值，取 170 N/mm^2；

对拉螺栓的直径(mm)：16

对拉螺栓有效直径(mm)：13.55

对拉螺栓有效面积(mm^2)：A = 144.000

对拉螺栓最大容许拉力值(kN)：$[N]$ = 24.480

对拉螺栓所受的最大拉力(kN)：　N = 11.560

对拉螺栓强度验算满足要求。

(3)截面高度 800 mm 的梁侧模安全性计算

①梁侧模板基本参数

计算断面宽度 600 mm，高度 800 mm。

模板面板采用 2 440 mm(长)×1 220 mm(宽)×15 mm(厚)普通胶合板。

内龙骨布置 3 道，内龙骨采用 50 mm×100 mm。

外龙骨间距 500 mm，外龙骨采用双钢管 ϕ48×3.0。

对拉螺栓布置 2 道，在断面内水平间距 200+300 mm，断面跨度方向间距 500 mm，直径 ϕ20 mm。

②梁侧模板荷载标准值计算

强度验算要考虑新浇混凝土侧压力和倾倒混凝土时产生的荷载设计值；挠度验算只考虑新浇混凝土侧压力产生荷载标准值。

新浇混凝土侧压力计算公式为下两式中的较小值：

$$F = 0.22\gamma_c t\beta_1\beta_2\sqrt{V} \qquad F = \gamma_c H$$

式中　γ_c——混凝土的重力密度，取 24.000 kN/m^3；

t——新浇混凝土的初凝时间，为 0 时(表示无资料)取 $200/(T+15)$，取 13.333 h；

T——混凝土的入模温度，取 20.000 ℃；

V——混凝土的浇筑速度，取 2.500 m/h；

H——混凝土侧压力计算位置处至新浇混凝土顶面总高度，取 1.000 m；

β_1——外加剂影响修正系数，取 1.000；

β_2——混凝土坍落度影响修正系数，取 0.850。

根据公式计算的新浇混凝土侧压力标准值 F_1=24.000 kN/m^2

实际计算中采用新浇混凝土侧压力标准值 F_1=25.000 kN/m^2

倒混凝土时产生的荷载标准值 F_2= 6.000 kN/m^2。

③梁侧模板面板的计算

面板为受弯结构，需要验算其抗弯强度和刚度。模板面板的按照三跨连续梁计算，见图 8—19～图 8—21。

面板的计算宽度取 0.50 m。

荷载计算值 q = 1.2×25.000×0.500+1.4×6.000×0.500=19.200 kN/m

截面抵抗矩 W 和截面惯性矩 I 分别为：

$$W = 50.00\times1.80\times1.80/6 = 27.00\ cm^3$$

$$I = 50.00\times1.80\times1.80\times1.80/12 = 24.30\ cm^4$$

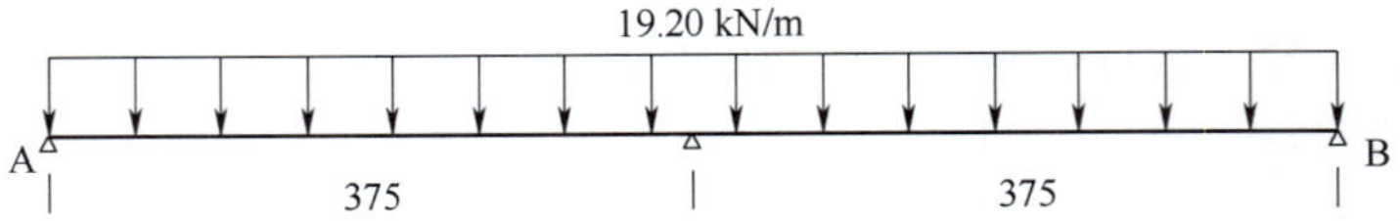

图 8—19 计算简图

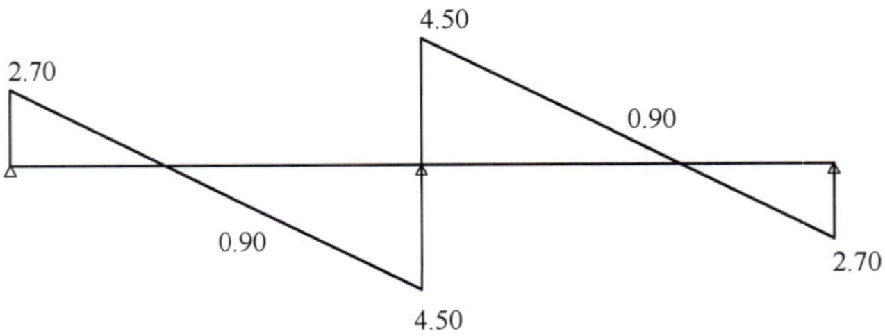

图 8—20 剪力图(kN)

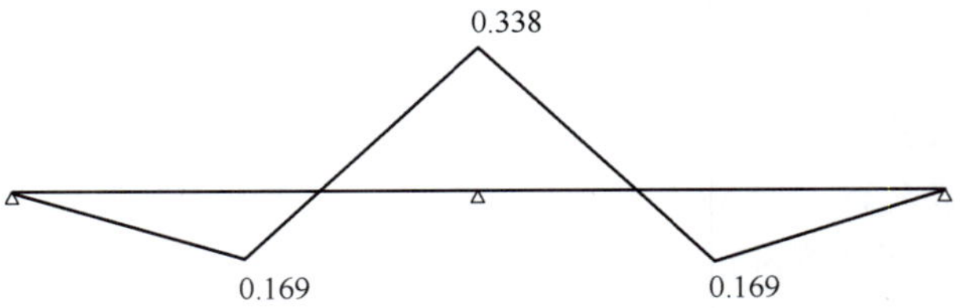

图 8—21 弯矩图(kN·m)

经过计算得到从左到右各支座力分别为：

$$N_1=2.700\ \mathrm{kN}$$

$$N_2=9.000\ \mathrm{kN}$$

$$N_3=2.700\ \mathrm{kN}$$

最大弯矩 $M=0.337$ kN·m

最大变形 $V=0.9$ mm

a. 抗弯强度计算

经计算得到面板抗弯强度计算值 $f=0.337\times1\,000\times1\,000/27\,000=12.481\ \mathrm{N/mm^2}$

面板的抗弯强度设计值 $[f]$，取 15.00 $\mathrm{N/mm^2}$。

面板的抗弯强度验算 $f<[f]$，满足要求。

b. 抗剪计算

截面抗剪强度计算值 $T=3\times4.5/(2\times500.000\times18.000)=0.750\ \mathrm{N/mm^2}$

截面抗剪强度设计值 $[T]=1.40\ \mathrm{N/mm^2}$。

抗剪强度验算 $T<[T]$，满足要求。

c. 挠度计算

面板最大挠度计算值 $v=0.857$ mm。

面板的最大挠度小于 400.0/250，满足要求。

④梁侧模板内龙骨的计算

内龙骨直接承受模板传递的荷载，通常按照均布荷载连续梁计算。

内龙骨均布荷载按照面板最大支座力除以面板计算宽度得到。

$$q = 9.000/0.500 = 18.000\ \text{kN/m}$$

按照三跨连续梁计算，最大弯矩考虑为静荷载与活荷载的计算值最不利分配的弯矩和，计算公式为：

均布荷载 $q = 9.000/0.500 = 18.000$ kN/m

最大弯矩 $M = 0.1ql^2 = 0.1 \times 18.000 \times 0.50^2 = 0.450$ kN·m

最大剪力 $Q = 0.6 \times 0.500 \times 18.000 = 5.400$ kN

最大支座力 $N = 1.1 \times 0.500 \times 18.000 = 9.900$ kN

截面抵抗矩 W 和截面惯性矩 I 分别为：

$$W = 5.00 \times 10.00 \times 10.00/6 = 83.33\ \text{cm}^3$$

$$I = 5.00 \times 10.00 \times 10.00 \times 10.00/12 = 416.67\ \text{cm}^4$$

a. 抗弯强度计算

抗弯计算强度 $f = 0.450 \times 106/83\ 333.3 = 5.14$ N/mm^2

抗弯计算强度小于 16.5 N/ mm^2，满足要求。

b. 抗剪计算

最大剪力的计算公式如下：$Q = 0.6ql$

截面抗剪强度必须满足：$T = 3Q/(2bh) < [T]$

截面抗剪强度计算值 $T = 3 \times 5\ 400/(2 \times 50 \times 100) = 1.520$ N/mm^2

截面抗剪强度设计值 $[T] = 1.60$ N/mm^2

抗剪强度计算满足要求。

c. 挠度计算

最大变形 $v = 0.677 \times 15.000 \times 500.04/(100 \times 11\ 000.00 \times 4\ 166\ 666.7) = 0.138$ mm

最大挠度小于 500.0/250，满足要求。

⑤梁侧模板外龙骨的计算

外龙骨承受内龙骨传递的荷载，按照集中荷载下连续梁计算，见图 8—22～图 8—24。外龙骨按照集中荷载作用下的连续梁计算。集中荷载 P 取横向支撑钢管传递力。

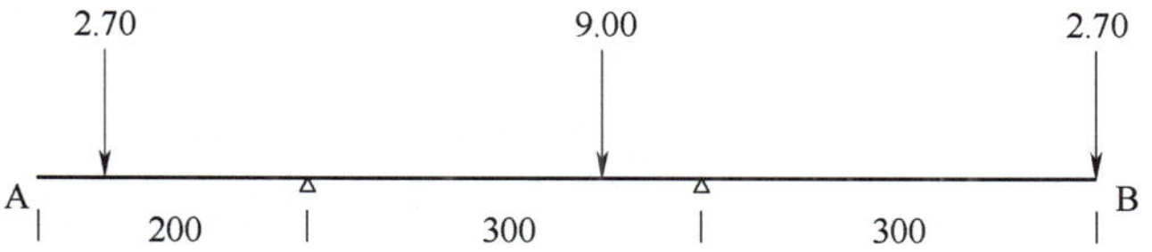

图 8—22 支撑钢管计算简图

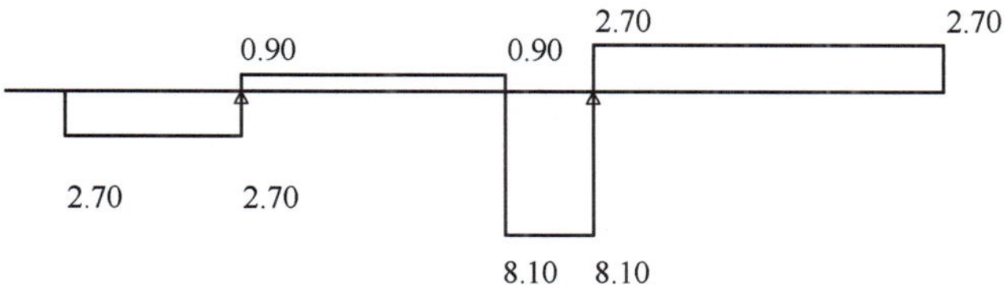

图 8—23 支撑钢管剪力图(kN)

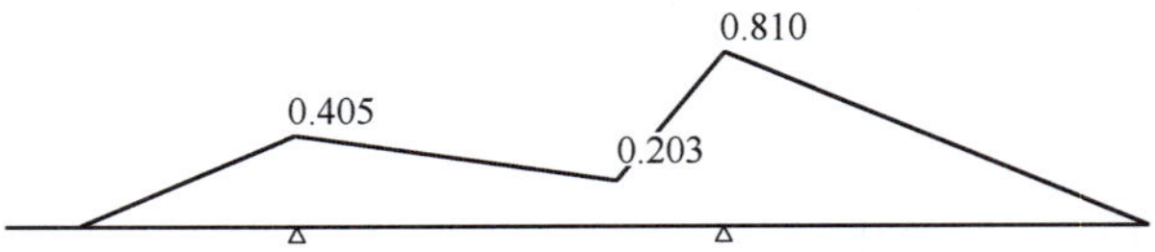

图 8—24 支撑钢管弯矩图(kN·m)

经过连续梁的计算得到：

最大弯矩 M_{max}=0.810 kN·m

最大变形 v_{max}=0.000 mm

最大支座力 Q_{max}=10.800 kN

抗弯计算强度 f=0.810×106/8 980.0=90.20 N/mm^2

支撑钢管的抗弯计算强度小于 205.0 N/mm^2，满足要求。

支撑钢管的最大挠度小于 300.0/150 与 10 mm，满足要求。

⑥对拉螺栓的计算

$$N < [N] = fA$$

式中 N——对拉螺栓所受的拉力；

A——对拉螺栓有效面积 (mm^2)；

f——对拉螺栓的抗拉强度设计值，取 170 N/mm^2。

对拉螺栓的直径(mm)：16

对拉螺栓有效直径(mm)：13.55

对拉螺栓有效面积(mm^2)：A=144.000

对拉螺栓最大容许拉力值(kN)：[N]=24.480

对拉螺栓所受的最大拉力(kN)：N=10.800

对拉螺栓强度验算满足要求。

8.3.2 腰梁模板支设

(1)腰梁模板概况(图 8—25)

于家堡站站房工程明挖区支撑体系中的腰梁尺寸统一为 1 200 mm×1 400 mm。模板施工时模板各构件尺寸与规格为：①侧模：2 440 mm×1 220 mm×15 mm 普通胶合板；②内龙骨：100 mm×100 mm 木方，设置 4 道；③外龙骨：双钢管 ϕ48×3.0 mm，间距 500 mm；④对拉螺栓：直径 16 mm，沿梁截面方向设置 3 道，间距为 200 mm+300 mm+300 mm，对拉螺栓纵向间距为 500 mm。对拉螺栓布置时与地连墙剔凿出的水平筋进行单面搭接焊相连。

(2)腰梁模板安全性计算

①梁侧模板基本参数

计算断面宽度 1 400 mm，高度 1 200 mm。

模板面板采用普通胶合板。

内龙骨布置 4 道，内龙骨采用 50 mm×100 mm。

外龙骨间距 500 mm，外龙骨采用双钢管 ϕ48×3.0。

对拉螺栓布置 3 道，在断面内水平间距 200 mm+300 mm+300 mm，断面跨度方向间距 500 mm，直径 16 mm。

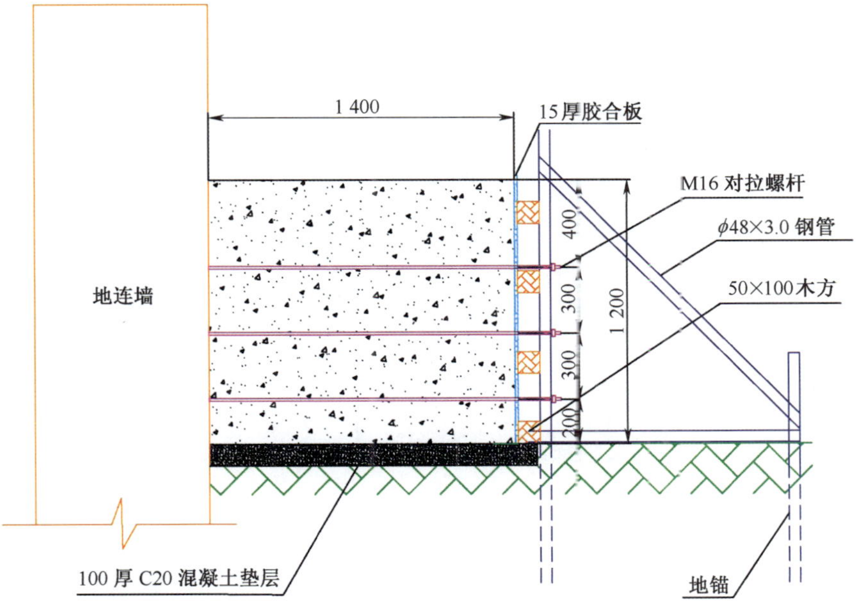

图 8—25 腰梁模板支设示意图(单位:mm)

②梁侧模板荷载标准值计算

强度验算要考虑新浇混凝土侧压力和倾倒混凝土时产生的荷载设计值;挠度验算只考虑新浇混凝土侧压力产生荷载标准值。

新浇混凝土侧压力计算公式为下二式中的较小值:

$$F = 0.22\gamma_c t\beta_1\beta_2\sqrt{V} \qquad F = \gamma_c H$$

式中 γ_c——混凝土的重力密度,取 24.000 kN/m^3;

t——新浇混凝土的初凝时间,为 0 时(表示无资料)取 $200/(T+15)$,取 13.333 h;

T——混凝土的入模温度,取 20.000 ℃;

V——混凝土的浇筑速度,取 2.500 m/h;

H——混凝土侧压力计算位置处至新浇混凝土顶面总高度,取 1.000 m;

β_1——外加剂影响修正系数,取 1.000;

β_2——混凝土坍落度影响修正系数,取 0.850。

根据公式计算的新浇混凝土侧压力标准值 F_1=24.000 kN/m^2

实际计算中采用新浇混凝土侧压力标准值 F_1=25.000 kN/m^2

倒混凝土时产生的荷载标准值 F_2= 6.000 kN/m^2。

③梁侧模板面板的计算

面板为受弯结构,需要验算其抗弯强度和刚度。模板面板的按照三跨连续梁计算,见图 8—26~图 8—28。

面板的计算宽度取 0.50 m。

荷载计算值 $q = 1.2\times25.000\times0.500+1.4\times6.000\times0.500=19.200$ kN/m

截面抵抗矩 W 和截面惯性矩 I 分别为:

$$W = 50.00\times1.80\times1.80/6 = 27.00\ cm^3$$

$$I = 50.00 \times 1.80 \times 1.80 \times 1.80/12 = 24.30\ \text{cm}^4$$

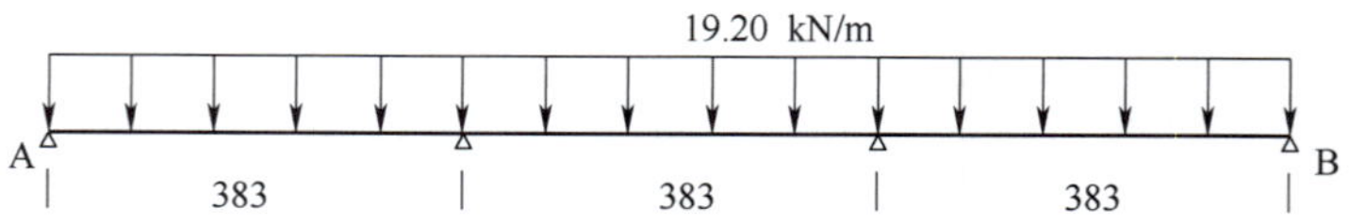

图 8—26 计算简图

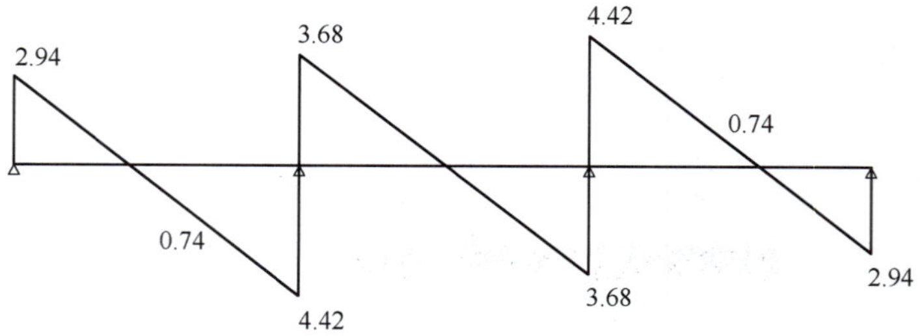

图 8—27 剪力图(kN)

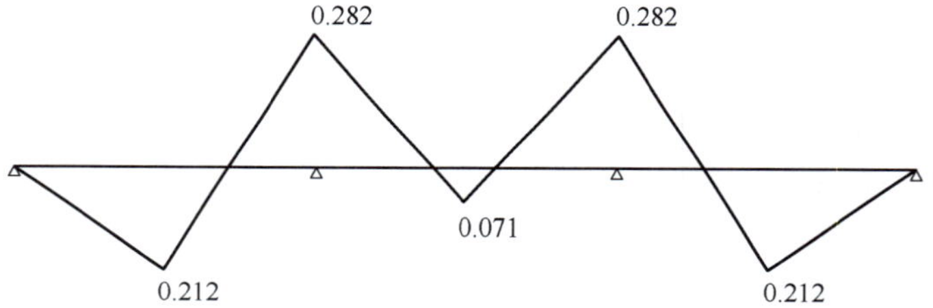

图 8—28 弯矩图(kN・m)

经过计算得到从左到右各支座力分别为：

$$N_1 = 2.944\ \text{kN}$$

$$N_2 = 8.096\ \text{kN}$$

$$N_3 = 8.096\ \text{kN}$$

$$N_4 = 2.944\ \text{kN}$$

最大弯矩 $M = 0.282\ \text{kN} \cdot \text{m}$

最大变形 $V = 1.2\ \text{mm}$

a. 抗弯强度计算

经计算得到面板抗弯强度计算值 $f = 0.282 \times 1\,000 \times 1\,000/27\,000 = 10.444\ \text{N/mm}^2$

面板的抗弯强度设计值 $[f]$,取 15.00 N/mm^2；

面板的抗弯强度验算 $f < [f]$,满足要求。

b. 抗剪计算

截面抗剪强度计算值 $T = 3 \times 4.4/(2 \times 500.000 \times 18.000) = 0.736\ \text{N/mm}^2$

截面抗剪强度设计值 $[T] = 1.40\ \text{N/mm}^2$。

抗剪强度验算 $T < [T]$,满足要求。

c. 挠度计算

面板最大挠度计算值 v =1.216 mm

面板的最大挠度小于 400.0/250,满足要求。

④梁侧模板内龙骨的计算

内龙骨直接承受模板传递的荷载,通常按照均布荷载连续梁计算。

内龙骨均布荷载按照面板最大支座力除以面板计算宽度得到。

$$q = 8.096/0.500=16.192\ \text{kN/m}$$

按照三跨连续梁计算,最大弯矩考虑为静荷载与活荷载的计算值最不利分配的弯矩和,计算公式如下:

均布荷载 $q = 8.096/0.500=16.192$ kN/m

最大弯矩 $M = 0.1ql^2=0.1\times16.192\times0.50^2=0.405$ kN·m

最大剪力 $Q=0.6\times0.500\times16.192=4.858$ kN

最大支座力 $N=1.1\times0.500\times16.192=8.906$ kN

截面抵抗矩 W 和截面惯性矩 I 分别为:

$$W = 5.00\times10.00\times10.00/6 =83.33\ \text{cm}^3$$

$$I = 5.00\times10.00\times10.00\times10.00/12 =416.67\ \text{cm}^4$$

a. 抗弯强度计算

抗弯计算强度 $f=0.405\times106/83\ 333.3=4.63$ N/mm^2

抗弯计算强度小于 16.5 N/mm^2,满足要求。

b. 抗剪计算

最大剪力的计算公式为:$Q = 0.6ql$

截面抗剪强度必须满足:$T = 3Q/(2bh) < [T]$

截面抗剪强度计算值 $T=3\times4\ 858/(2\times50\times100)=1.457$ N/mm^2

截面抗剪强度设计值 $[T]=1.60$ N/mm^2

抗剪强度计算满足要求。

c. 挠度计算

最大变形 v =0.677×13.493×500.04/(100×11 000.00×4 166 666.7)=0.125 mm

最大挠度小于 500.0/250,满足要求。

⑤梁侧模板外龙骨的计算

外龙骨承受内龙骨传递的荷载,按照集中荷载下连续梁计算。外龙骨按照集中荷载作用下的连续梁计算。集中荷载 P 取横向支撑钢管传递力,见图 8—29～图 8—31。

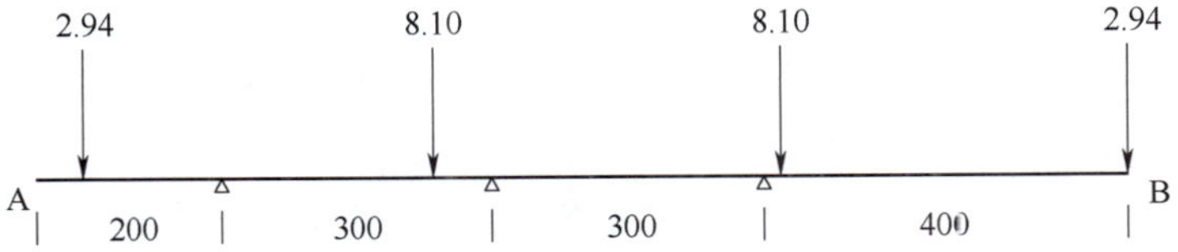

图 8—29　支撑钢管计算简图

经过连续梁的计算得到:

最大弯矩 $M_{max}=1.313$ kN·m

最大支座力 $Q_{max}=16.255$ kN

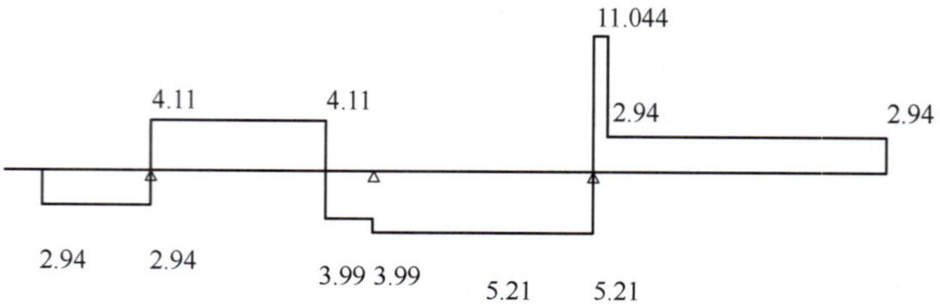

图 8—30 支撑钢管剪力图(kN)

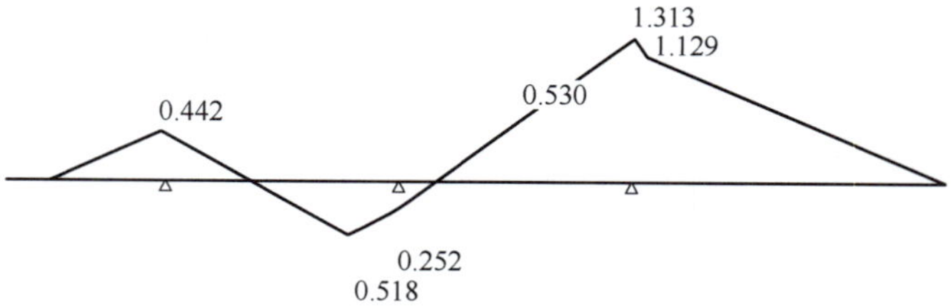

图 8—31 支撑钢管弯矩图(kN·m)

抗弯计算强度 $f=1.313\times106/8\ 980.0=146.16\ \text{N/mm}^2$

支撑钢管的抗弯计算强度小于 205.0 N/mm^2,满足要求。

支撑钢管的最大挠度小于 400.0/150 与 10 mm,满足要求。

⑥对拉螺栓的计算

$$N < [N] = fA$$

式中 N ——对拉螺栓所受的拉力;

A ——对拉螺栓有效面积 (mm^2);

f ——对拉螺栓的抗拉强度设计值,取 170 N/mm^2;

对拉螺栓的直径(mm):16

对拉螺栓有效直径(mm):13.55

对拉螺栓有效面积(mm^2):$A=144.000$

对拉螺栓最大容许拉力值(kN):$[N]=24.480$

对拉螺栓所受的最大拉力(kN):$N=16.255$

对拉螺栓强度验算满足要求。

8.3.3 支撑体系模板施工

(1)模板加工

站房工程的支撑体系模板统一采用尺寸为 2 440 mm×1 220 mm×15 mm 的普通胶合板进行加工制作。利用胶合板作为本工程支撑体系的模板具有以下优点:

①板幅大,自重轻,板面平整。既可减少安装工作量,节省现场人工费用,又可减少混凝土外露表面的装饰及磨去接缝的费用;

②承载能力大,特别是经表面处理后耐磨性好,能多次重复使用;

③材质轻,模板的运输、堆放、使用和管理等都较为方便;

④保温性能好,能防止温度变化过快;

⑤锯截方便，易加工成各种形状的模板。

模板加工时，每块胶合板作为一块模板的面板整张直接使用，尽量减少随意锯截，造成胶合板浪费。每块面板后设 4 道内龙骨。内龙骨的材料规格为 50 mm×100 mm 木方。每块胶合板与内龙骨相叠处至少钉 2 个钉子，钉子长度应为胶合板厚度的 1.5～2.5 倍。配制好的模板应在反面编号并写明规格，分别堆放保管，以免错用。

每块模板使用前必须涂刷脱模剂。在首次涂刷脱模剂时，必须对模板进行全面清理，清除模板板面的污垢和锈蚀，然后才能涂刷脱模剂，脱模剂要薄而均匀，不得漏刷。要注意涂刷脱模剂后的模板，不得长时间放置，以防雨淋或落上灰尘，影响拆模。

(2)模板支设

①垫层浇筑。

为保证模板的施工质量，防止模板下口跑浆，安装大模板前，应清扫、水冲或用鼓风机清理梁内杂物，并进行垫层的浇筑。支撑体系施工过程中，垫层的浇筑以超出冠梁、支撑梁和腰梁边线 100 mm 为宜。冠梁的垫层顶面相对高程以低于冠梁底边线 200 mm 为宜，支撑梁和腰梁的垫层顶面相对高程以低于梁底相对高程 100 mm 为宜。垫层浇筑混凝土强度等级为 C20 混凝土。浇筑垫层时注意做好垫层表面的砂浆找平。施工过程中杜绝用水泥袋封堵板底，避免造成“烂根”现象。

②测量放线。

垫层浇筑完成后，进行测量放线，弹设模板定位线和控制线。并在定位线上每 1.2 m 埋设一根定位钢筋。

③支设模板。

根据已弹出的模板控制线，进行支模。控制模板的位置，以保证梁内部的净空尺寸。支设模板前根据每根梁的不同规格尺寸弹设混凝土相对高程控制线。

冠梁模板的支设：进行冠梁模板支设时，保证露出的 100 mm 地连墙面平整。墙面凸出位置用人工凿平。冠梁模板紧靠混凝土墙面，并用对拉螺栓紧固。模板两侧利用 1 mm 长钢管顶托于两侧的土层上，以保证冠梁模板的稳固。

支撑梁模板的支设：支撑梁模板支设时严格按照弹设的模板控制线进行施工。在支撑梁两侧利用 1 m 和 1.2 m 长钢管组成三角钢架对支撑梁模板进行固定。沿梁方向，每 2 m 设置一组三角钢架，保证混凝土浇筑施工时模板的稳固。

腰梁模板的支设：支设腰梁模板时，设置的 3 道对拉螺栓与剔凿出的地连墙水平筋利用钢筋进行单面搭接。并在模板一侧利用 1 m 和 1.2 m 长钢管组成三角钢架对腰梁模板进行固定。

模板支设时模板的接缝不应漏浆，在浇筑混凝土前，木模板应浇水湿润，但模板内不应有积水。模板与混凝土的接触面应清理干净并涂刷隔离剂，但不得采用影响结构性能的隔离剂。浇筑混凝土前，模板内的杂物应清理干净。用作模板的地坪、胎模等平整光洁，不得产生影响构件质量的下沉、裂缝、起砂或起鼓。

模板支设完成后，要对模板的支设情况进行认真检查并经监理检查验收合格后方可进行下道工序的施工。模板施工过程中重点做好以下几点的控制。

a. 模板支设的位置是否严格符合模板支设的控制线；

b. 对拉螺栓和三角钢架是否紧固到位，对紧固不到位的要进行整改。

c. 模板支设完成后是否与垫层之间存在缝隙，存在缝隙的要利用砂浆进行封堵，采用后堵砂浆法时，必须在正常温度下，浇混凝土前半天按要求堵好砂浆，杜绝用水泥袋封堵梁底，避免造成“烂根”现象。

④对模板上弹设的混凝土相对高程控制线进行复核，确定相对高程无误。

(3)模板拆除

正常温度下，混凝土浇筑后 8 h，可松动对拉螺栓(腰梁除外)；混凝土强度达到 1.21 N/mm^2 后方可拆除模板。侧模拆除时的混凝土强度应能保证其表面及棱角不受损伤。拆除的模板和支架宜分散堆放并及时清运。

①侧模拆除时间(表 8—5)

表 8—5 侧模拆除时间表

序号	混凝土强度设计值	平均硬化气温在 25 ℃时的拆除时间(h)
1	≤C30	16
2	>C30	24

②底模拆除时的混凝土强度要求(表 8—6)

表 8—6 底模拆除时的混凝土强度要求

构件类型	构件跨度(m)	达到设计的混凝土立方体抗压强度标准值的百分率(%)
板	≤2	≥50
	>2，≤8	≥75
	>8	≥100
梁、拱、壳	≤8	≥75
	>8	≥100
悬臂构件	—	≥100

③拆模顺序

梁板模板的拆除顺序：梁侧模板→板模板→梁底模板→支柱→分类→清场。

④拆模施工

梁模板拆除：先将支柱上可调支托松下，使龙骨与模板分离，并让龙骨降至水平拉杆上，接着拆下全部边接模板的附件，再用铁钎撬动模板，使模板降下由龙骨支撑，拿下模板和龙骨，然后拆除水平拉杆、交叉撑和支柱。

梁、板模在确保表面不受损坏时方可进行拆除。先拆除夹杠，再拆除模板和对拉螺栓及附件，再用撬棍轻轻撬动模板，使之与混凝土分离。

拆下的模板及时清理黏结物，并分类堆放整齐，拆下的构配件及时集中统一管理，并做相应的防护处理。拆除前全面检查支撑体系的扣件连接、支撑体系等是否符合安全要求。拆除支撑先清除其上的杂物及地面的障碍物。拆除作业由上而下逐层进行，严禁上下同时作业。水平拉杆要跟随立杆逐层拆除。

(4)模板质量保证措施

模板工程是关系支撑体系质量的中心环节,必须精心设计,精心施工。在满足强度要求前提下,按照均匀、对称的原则进行设计,施工时不得随意改动。

①现浇结构模板安装偏差的规定(表 8—7)

表 8—7　现浇结构模板安装的允许偏差及检验方法

项　目		允许偏差(mm)	检　验　方　法
轴线位置		5	钢尺检查
底模上表面相对高程		±5	水准仪或拉线、钢尺检查
截面内部尺寸	基础	±10	钢尺检查
	柱、梁、墙	+4,−5	钢尺检查
层高垂直度	不大于 5 m	6	经纬仪或吊线、钢尺检查
	大　于 5 m	8	经纬仪或吊线、钢尺检查
相邻两板表面高低差		2	钢尺检查
表面平整度		5	2 m 靠尺和塞尺检查

检查数量:在同一检验批内,对梁、柱和独立基础,抽查构件数量的 10%,且不少于 3 件;板可按纵、横轴线划分检查面,抽查 10%,且均不少于 3 面。

②模板的拆除

侧模拆除时的混凝土强度能保证其表面及棱角不受损伤。

模板拆除时,不对结构形成冲击荷载。拆除的模板和支架宜分散堆放并及时清运。

③主要质量关键点的控制

梁侧面鼓出,梁上口尺寸偏大,板中部下挠。防止办法是梁、板模板通过设计确定龙骨、支柱的尺寸及间距,使模板支撑系统有足够的强度及刚度,防止浇混凝土时模板变形。模板支柱的底部支在坚实地面上,垫通长脚手板,防止支柱下沉,梁、板模板按设计要求起拱,防止挠度过大。梁模板上口有拉杆锁紧,防止上口变形。

8.4　支撑体系混凝土施工

8.4.1　混凝土材料、浇筑方式

①支撑体系混凝土施工过程中,冠梁混凝土与地连墙属于同一强度等级,C40P10。腰梁和支撑梁混凝土强度等级为设计混凝土强度等级 C30。

②采用泵送入模。

③混凝土坍落度控制在 160～200 mm。

④混凝土选用运输便利,质量信誉高,实力较强的混凝土搅拌站供应。

8.4.2　混凝土浇筑

(1)施工准备

提前与搅拌站进行联系,明确技术要求。施工前按方案要求准备好施工用机具,并由专人对机具的完好状态进行检查。提前组织参加混凝土浇筑施工的有关人员进行技术交底。

混凝土浇筑前应检查模板的支设是否牢固，混凝土浇筑相对高程线是否正确。并在混凝土浇筑期间保证水、电不中断，并备有应急措施。

浇筑前，应会同监理、质检等人员对模板、支架、钢筋等进行检查，做好隐蔽验收记录。

混凝土浇筑前，对模板及混凝土接茬处进行浇水湿润，但模板内不得有积水。

(2)混凝土浇筑

冠梁及第一道混凝土支撑采用混凝土汽车泵进行浇筑施工。第一道支撑以下的支撑梁及腰梁采用塔吊配合运输。

对搅拌站提供混凝土进场以后，由专职试验人员检查混凝土质量是否符合技术要求，如有不符要求的混凝土，坚决退货。具体检查项目为混凝土坍落度，一个工作台班检查 6 次；混凝土的和易性、混凝土的出站时间、进场时间、浇筑时间以及浇完时间；如在冬施期间施工还必须测量混凝土的出罐温度和入模温度。

混凝土振捣时振动棒的移动间距为 450 mm，振捣时间为 25～40 s，且间隔 20 min 后进行第二次复振。振动棒的振动半径为 300 mm，交错布置间距 1.5R 取 450 mm。

注意混凝土的振捣时间，过短不易振实，过长会引起混凝土分层现象，要以混凝土表面不再显著下沉、不再出现气泡、表面流出灰浆为准。

混凝土浇筑时，注意观察模板、支撑、钢筋情况，当发现有变形、位移时，要及时采取措施进行处理。

浇筑时按模板上的相对高程线拉白线控制相对高程，用刮杠找平后，用抹子抹平，在混凝土初凝前抹平，终凝前再次抹压，以防表面收缩裂缝产生。

混凝土每 100 m^3 留一组标养试块及两组同条件试块。标养试块及同条件试块均在现场制作。

混凝土侧模拆除时的混凝土强度应能保证其表面及棱角不受损伤。

8.4.3 混凝土养护

混凝土浇筑完每隔 2 h 进行一次浇水养护，保证混凝土处于湿润状态，浇水养护时间不少于 14 d。

8.4.4 混凝土质量标准

(1)主控项目

混凝土的配合比等必须符合设计要求和验收规范的有关规定。

混凝土的强度等级必须符合设计要求，混凝土试件在浇筑地点随机取样。混凝土运输、浇筑及间歇的全部时间不应超过混凝土的初凝时间。同一施工段的混凝土应连续浇筑。

现浇结构的外观质量不应有严重缺陷。

现浇结构不应有影响结构性能和使用功能的尺寸偏差。

(2)一般项目

首次使用的混凝土配合比应进行开盘鉴定，其工作性能应满足设计配合比的要求。开始生产时，应至少留置一组标准养护试件，作为验证配合比的依据。

现浇结构外观质量不宜有一般缺陷。

现浇结构拆模后的尺寸偏差应符合表 8—8 的规定。

表 8—8 混凝土结构尺寸允许偏差

项 目		允许偏差(mm)	检验方法
轴线位移	冠梁、支撑梁	15	钢尺检查
标 高		±10	用水准仪或拉线、钢尺检查
截面尺寸		+8,−5	钢尺检查
表面平整度		8	用 2 m 靠尺和楔形塞尺检查

8.5 支撑体系施工要点及工序

8.5.1 支撑梁施工要点

(1)冠梁施工要点

①冠梁施工时,首先对地连墙施工时的导墙进行破除。

②在地连墙上弹设冠梁的相对高程控制线,对地连墙超灌部分进行剔除,直至剔凿至干净的混凝土面。

③冠梁剔除时利用空压机进行人工剔除,剔除时特别注意保护地连墙锚入冠梁的钢筋,不能对钢筋造成破坏。

④冠梁剔除到相对高程控制线后,将冠梁两侧地面用人工平整干净便于后期支设模板。

⑤冠梁和支撑梁连接的交点处要预留支撑梁施工的节点工作面。

(2)支撑梁施工要点

①支撑梁施工前,首先对场地进行降水,以利于后期的支撑梁施工。

②支撑梁施工时,与冠梁连接的节点处对混凝土进行凿毛处理。

③支撑梁施工时,土方整体开挖至支撑梁底相对高程以下 100 mm,浇筑混凝土垫层。在垫层上铺设塑料薄膜,后进行钢筋和混凝土的施工。

④模板支设完毕后,要检查混凝土浇筑的相对高程控制线是否正确,不正确的要及时进行调整。

(3)腰梁施工要点

①腰梁施工时,首先对地连墙施工时预埋的接驳器进行清理。并检查预留腰梁接驳器的相对高程位置是否准确。相对高程位置存在问题或接驳器缺失的要进行植筋。

②腰梁施工时进行单侧支模,并用钢筋焊接在地连墙水平筋上对模板进行对拉,保证模板的牢固。

③腰梁施工时要提前预留与支撑梁的连接节点。

④腰梁进行混凝土浇筑前,对与地连墙接触的位置要进行找平并剔凿干净,保证腰梁的混凝土浇筑质量。

8.5.2 支撑梁施工工序

支撑梁施工工序见图 8—32,施工现场见图 8—33。

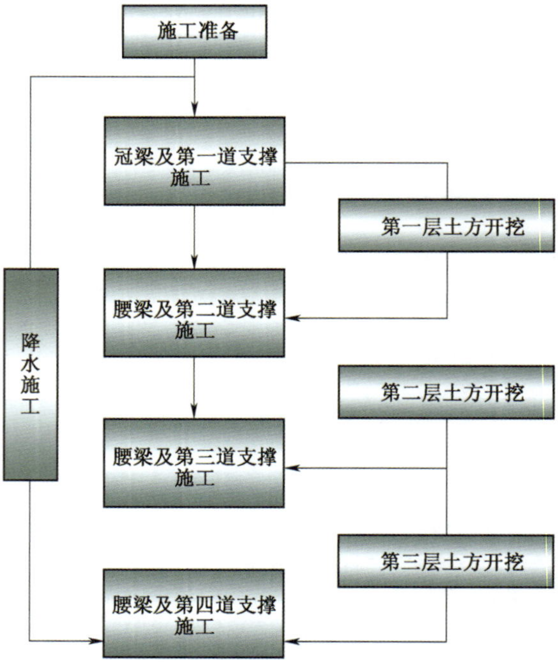

图 8—32　支撑梁施工工序

图 8—33　支撑施工现场

8.6 总　　结

通过对钢筋混凝土支撑的有效实施，基坑开挖过程中，支撑应力应变数据正常，保证了主体结构的顺利施工。

9 超深基坑开挖技术

9.1 概　　述

京津城际延伸线于家堡站站房工程分为盖挖区和明挖区，其中明挖区又分为明挖Ⅰ～Ⅳ区，土方工程量见表9—1。

(1)盖挖区与市政工程组合成大基坑，基坑长310.1 m，宽60.5 m，开挖深度22.1 m。负Ⅱ层土方盖挖，开挖深度12.4 m，土方量约23.3万m^3。

(2)明挖Ⅰ区与B1线组成相对较小的一个基坑，基坑长184.33 m，宽60.5 m，开挖深度22.1 m，土方量约24.7 m^3，支撑间距约5 m。

(3)明挖Ⅱ区基坑长146.9 m，宽20.8～57.9 m不等，开挖深度22.1 m，土方量约11.7万m^3。

(4)明挖Ⅲ、Ⅳ区(01～014轴)基坑长233.914 m，宽13.5 m～20.8 m不等，开挖深度19.9 m，土方量约7.05万m^3。

表9—1　土方工程概况表

范围	开挖方式	基坑占地(m^2)	开挖深度(m)	土方量(万m^3)	累计土方量(万m^3)
盖挖区	一层明挖	18 761.05	9.90	18.1	18.1
	一层盖挖	18 761.05	12.4	23.3	41.4
明挖Ⅰ区	第一层土明挖	11 488.37	1.2	1.38	
	第二层土明挖	11 488.37	5.7	6.5	
	第三层土明挖	11 488.37	5.2	5.78	
	第四层土明挖	11 488.37	4.5	5.0	
	第五层土明挖	11 488.37	4	3.9	
明挖Ⅱ区	第一层土明挖	5 441.8	1.2	0.45	
	第二层土明挖	5 441.8	5.7	2.1	
	第三层土明挖	5 441.8	5.2	1.85	
	第四层土明挖	5 441.8	4.5	1.5	
	第五层土明挖	5 441.8	4	1.1	
明挖Ⅲ、Ⅳ区	第一层土明挖	3 279.06	1.2	0.39	0.38
	第二层土明挖	3 279.06	5	1.64	1.98
	第三层土明挖	3 279.06	5.5	1.8	3.73
	第四层土明挖	3 279.06	5	1.64	5.33
	第五层土明挖	3 279.06	4.8	1.57	7.05

9.2 土方开挖总体思路

土方开挖总体思路是“整体分块、逐层开挖、先撑后挖、结构跟进”。

(1)整体分块开挖

根据设计图纸,整体分两大基坑进行开挖:明挖一区、明挖二区。

(2)逐层开挖

基坑开挖按照“先上后下”的原则,明挖基坑开挖一层土方,施工一道水平支撑梁,水平支撑梁达到设计强度后,再向下开挖一层土方,直至基坑底。

(3)先撑后挖

本工程支撑体系为钢筋混凝土支撑,按照土方开挖方案,必须在每道支撑施工完成以后,混凝土强度达到设计要求的时候方可进行土方开挖。由于支撑梁在开挖过程中已经支设完成,因此普通挖掘机很难进入基坑进行作业,但为保证基坑安全必须严格执行先撑后挖的施工思路。

(4)结构跟进

基坑开挖进度应与结构底板施工进度相一致,严格控制基坑暴露时间,开挖后 12 h 内完成垫层封闭。

(5)开挖原则

在开挖过程中,应遵循“先支护、后开挖、严止水、勤测量、分层分段、先撑后挖”的原则。开挖至基坑围护结构边界时,预留足够多的反压土体。

9.3 盖挖区土方开挖

依据设计图纸,盖挖区基坑长 310.1 m,宽 60.5 m,根据土方开挖区域划分,盖挖区负二层土方开挖分为五个阶段,开挖深度 12.4 m,土方量约 23.3 万 m^3。

9.3.1 盖挖区负二层土方施工

盖挖基坑负二层开挖深度 12.4 m,土方量约 23.3 万 m^3。采用两种方式挖土:

在基坑南侧做一个钢桥作为出土坡道,钢桥长 60 m,宽 10 m,双车道,坡度 1∶8,土方车通过出土坡道从地面直接进入负二层,掏挖土方,见图 9—1。开挖过程中,先开挖坡道四周的土方,形成作业面后,同时向南北两侧开挖,最后开挖出土坡道下部的土方。

出土坡道设置在负一层,利用原土作为负二层的坡道,坡道长 60 m,坡度 1∶5,面层浇筑 C30 混凝土垫层。出土钢桥用钢管柱支撑,钢管柱插入工程桩内,结构施工时在负一层、负二层上预留出口。

9.3.2 负二层土方开挖

负二层土方开挖时,挖掘机先进入负一层中板预留出土口向四周开挖,并在负二层修一条出土坡道,坡道修复完成后进行土方开挖,先挖 B-C 轴/57-38 轴土方,然后在进行其他区域土方开挖,同时利用修复完成的坡道将土方运走。负二层土方开挖路线示意图见图 9—2。

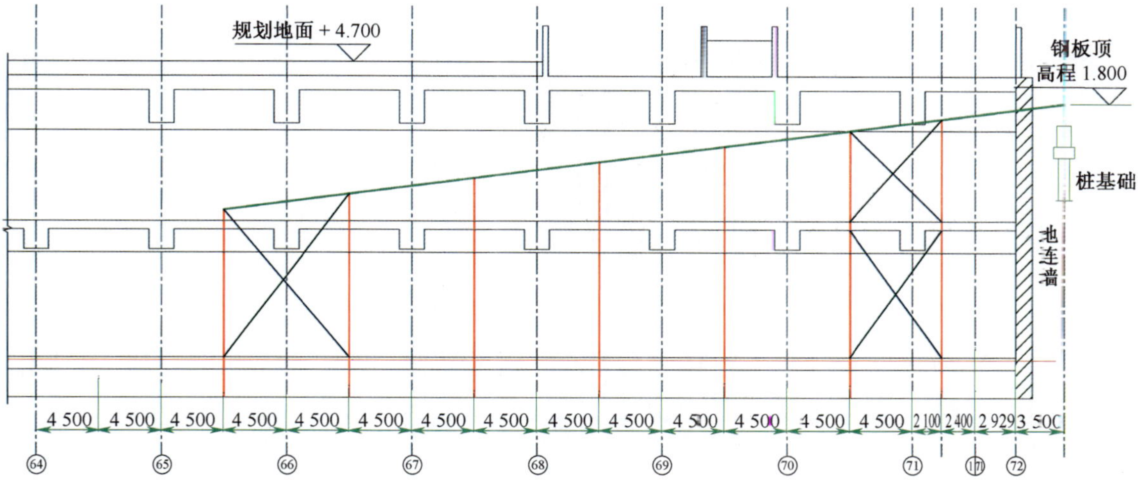

图 9—1 出土钢桥剖面图(单位:mm)

9.3.3 土方开挖机械选择

基坑长 310.1 m,宽 60.5 m,负二层开挖深度 12.4 m,土方量约 23.3 万 m^3。

该阶段计划连续土方开挖施工 90 d。为此,需要在工程段划分及出土机械效率方面采取措施,确保技术质量目标及工期目标的实现。

配备以下挖土机械及运输机械:

(1)挖掘机:出土钢桥处具备工作面后,钢桥每侧各布置 3 台 PC200 挖掘机,另外,配备 4 台挖掘机用于装车,共计 10 台 PC200 挖掘机。

(2)土方运输车辆:每日平均出土量约 4 000 m^3,计划采用 15 m^3 自卸车。

设备需用数量计算如下:

(1)PC200 挖掘机:18 台。

(2)15 m^3 自卸车:平均运输能力为:75 m^3/(台班·辆)(根据现场周边环境取平均运输一趟需要 1.5 h,其中装土时间为 10 min)。本阶段工程每日土方运输量为 4 000 m^3,则自卸车数 N_2=4 000/(75×2)=26.7 辆,运土时间按照日均 2 台班考虑,另外,考虑车辆维修等因素,取 30 辆。

综上所述,盖挖地下二层盖挖施工期间,机械总需用量汇总为:PC200 挖掘机 18 台,水平移动的龙门吊自卸抓斗提升系统 4 套,15 m^3 自卸翻斗车 30 辆。

9.3.4 土方开挖施工方法

(1)总体方式为“分层大错台整体退挖”。

运用“时空效应”原理,严格遵循“分层、分区、分块、对称、平衡、限时”的挖土施工原则,按照施工组织部署分区进行开挖,见图 9—3。

(2)盖挖区负二层盖挖土方开挖

盖挖逆作部分土方开挖的施工方法为:掏槽法,即竖向分层、纵向分块,纵向拉槽、横向扩边。

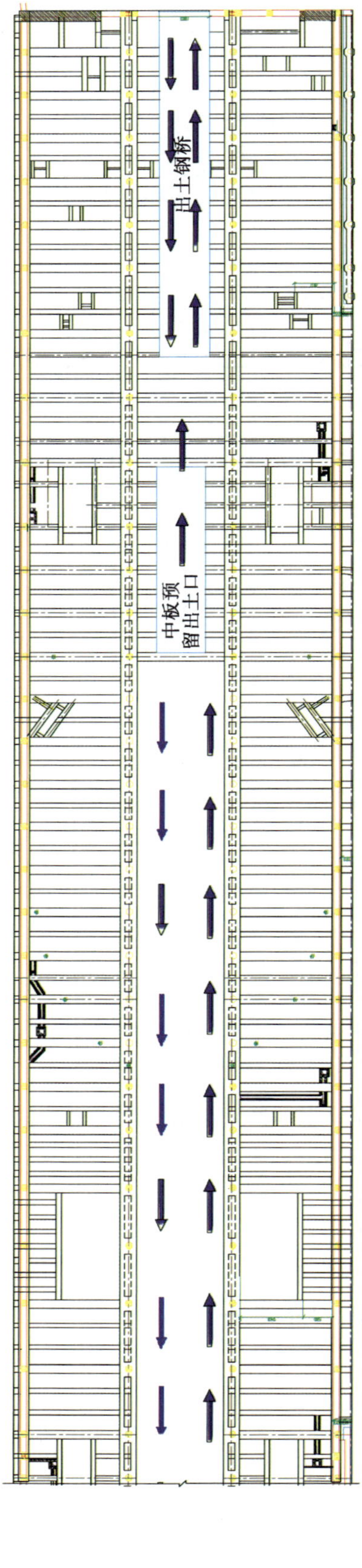

图 9—2 负二层土方开挖路线示意图

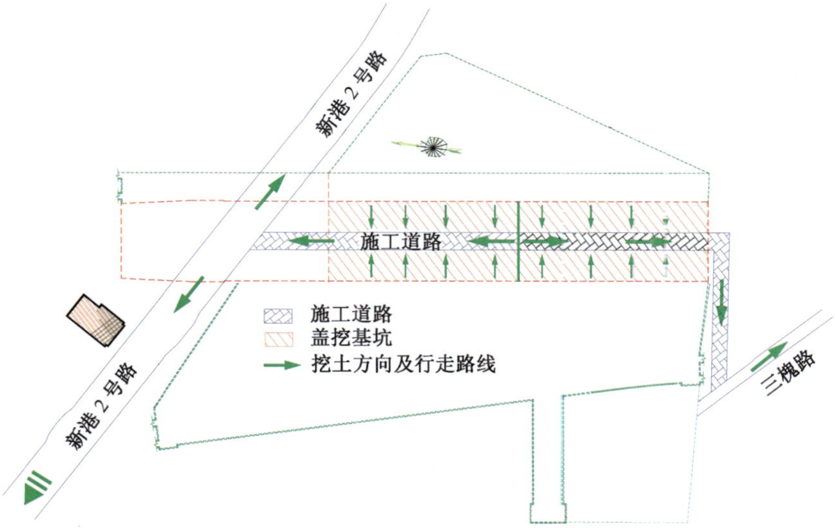

图 9—3　开挖示意图

①出土坡道土方开挖(图 9—4～图 9—8)

负二层盖挖方法为从出土钢便桥进入负一层中板，再从负一层中板上永久结构预留的出土坡道进入负二层，用挖掘机沿坡道掏挖至基坑底后，挖土时先从预留出土口周边进行土方开挖，然后在负二层修运土坡道，坡道修复完成后再进行负二层土方开挖，具体按以下思路进行开挖。

a. 第一阶段：土方开挖时挖机先从出土钢桥进入负一层中板，再从中板预留出土口进入负二层土方开挖。

图 9—4　出土坡道土方开挖示意图

b. 第二阶段：先挖负一层中板预留出周边土方，土方开挖完成后进行出土口坡道修复，坡道修复完成后采用掏槽法进行 B-C 轴/57-38 轴土方开挖，从 57 轴向 38 轴推进，土方采用出土坡道、钢桥倒运。

c. 第三阶段：B-C 轴/57-38 轴土方开挖完成后进行 A-B 轴/38-57 轴、C-D 轴/38-57 轴土方开挖，土方开挖从 38 轴向南推进。

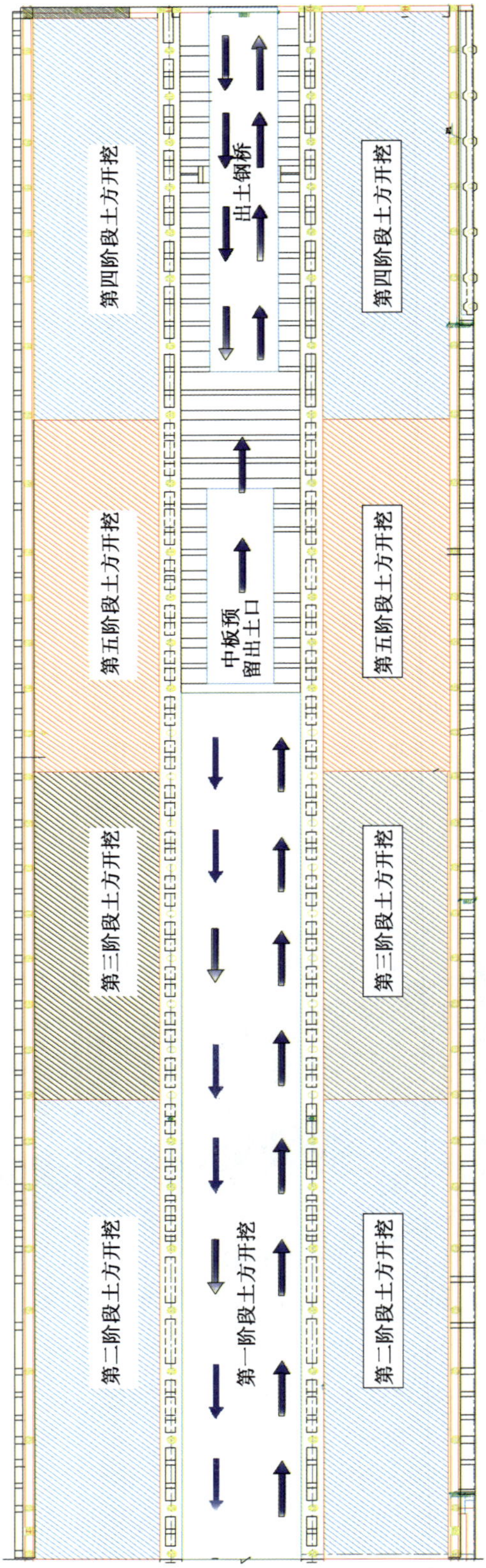

图 9—5 盖挖区土方开挖分区示意图

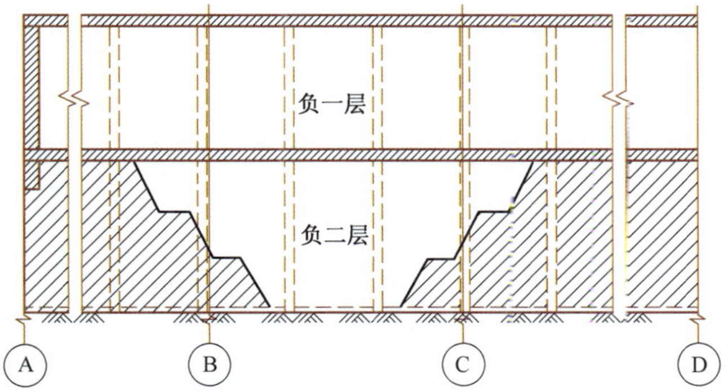

图 9—6　负二层掏挖法开挖示意图

d. 第四阶段：第二阶段土方开挖完成后进行第三阶段土方开挖，同时进行第二阶段主体结构施工。

e. 第五阶段：根据土方开挖情况最后进行预留出土口土方开挖，开挖时在负一层设置1台挖机进行倒土，在负一层中板上面设置一台长臂挖机进行预留出土口土方开挖，随时将土方倒走。

9.3.5　盖挖逆作通风机安装

(1)作业层通风机选择

本工程盖挖区负二层土方开挖时，整个南部大基坑已经形成一个封闭的地下大空间，盖挖作业层空间相对比较封闭，采光通风条件差。且内部有大量施工机械作业，空气污染严重，需要采取措施，改善施工作业层的空气质量，确保施工人员的健康。

废气的排放及人员所需新风的补充，均采用加压送风、机械排风的方式，同时使送风量大于排风量，在坑内形成正压，保证坑内各个区域都能有新风供给，并可防治外界烟气的进入。

①排风量计算：$Q_{排}=Q_1+Q_2=279\ 936\ m^3/h$

a. 施工机械废气量 Q_1＝机械数量×每小时排气量＝336 m^3/h

其中，机械台数取施工高峰机械数量，为 18 台挖掘机和 30 台运土车，排气量为 7 m^3/h。

b. 场地体积及施工产生废气量 Q_2＝场地体积×不利因数/h＝279 600 m^3/h

其中，场地体积取挖掘最大值 233 000 m^3，不利因数取 1.1～1.2，挖掘过程中，现场换气次数为 1 次/h。

②送风量计算：$Q_{送}=Q_3+Q_4=294\ 450\ m^3/h$

a. 施工人员所需新风量 Q_3＝人员数量×每小时新风量＝3 200 m^3/h

其中，人员取施工高峰数量，为 800 人，新风量为 4 m^3/h。

b. 场地体积及漏风量 Q_4＝场地体积×漏风系数/h＝291 250 m^3/h

其中，场地体积取挖掘最大值 233 000 m^3，漏风系数取 1.15～1.25，挖掘过程中，现场换气次数为 1 次/h。

③送、排风机台数计算

计算公式：

$$N=V\times n/Q$$

式中　N——风机数量(台)；

V——风量(m^3)；

n——换气次数(1 次/h)；

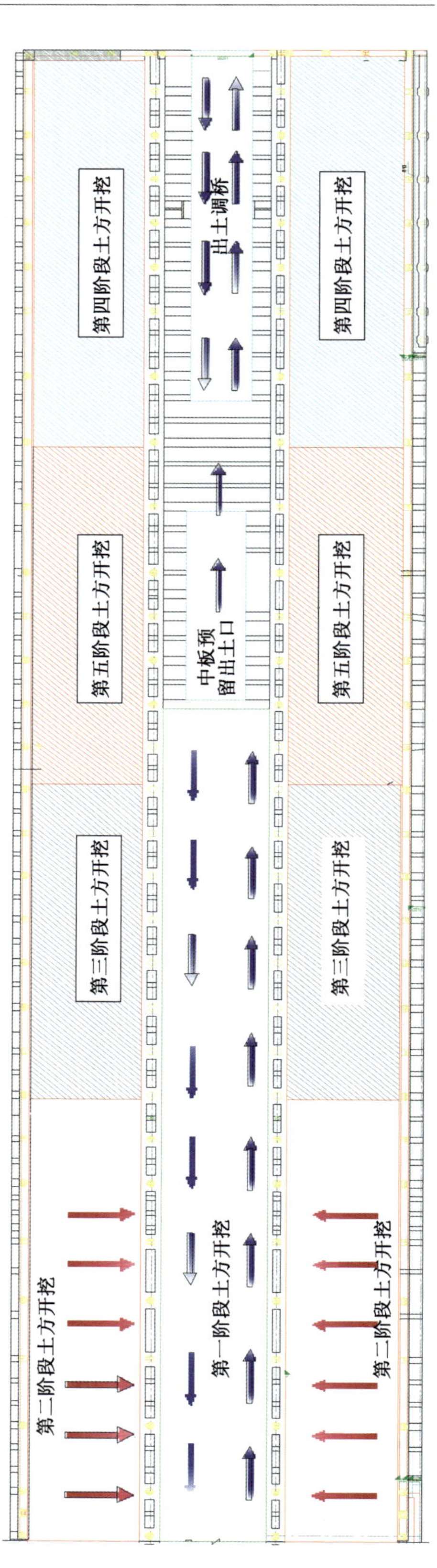

图 9—7 土方开挖工况示意图一

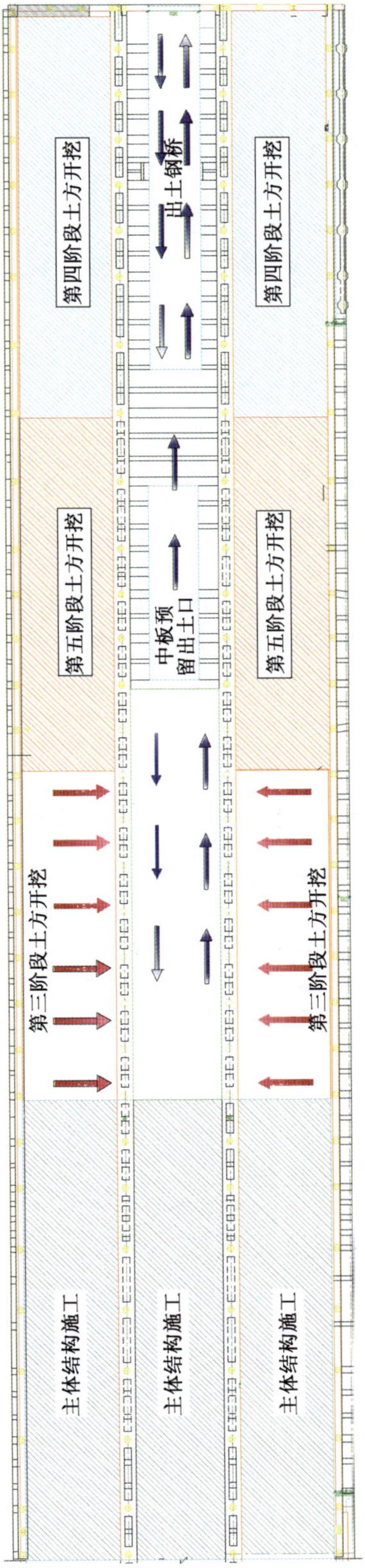

图 9—8 土方开挖工况示意图二

Q——所选风机型号的单台风量(m^3/h)。

排风机台数 $N_{排}=V\times n/Q=279\ 936/44\ 000=6.36$ 台，取整数 7 台。

其中，所选排风机风量为 44 000 m^3/h。

送风机台数 $N_{送}=V\times n/Q=294\ 450/51\ 000=5.77$ 取整数为 6 台。

其中，所选送风机风量为 51 000 m^3/h。

(2)风道口预留部署

由上述计算可知，盖挖逆作区段共需要安装排风机 7 台，送风机 6 台，每个通风洞口拟安装二台排风机和二台送风机，预留 3 个通风洞口，并单独留设 1 个排风口，通风洞口尺寸为 2 m×3 m。

(3)风机安装及注意事项

风机管道采用吊挂式，采用钢板托盘托挂于预埋的吊环上。

具体做法为：负二层顶板浇筑时，在各层风机管道安装部位预埋两排 4 个钢筋吊环，吊环由 ϕ22 圆钢制作而成，呈 U 形，宽 50 mm，高 100 mm，两侧水平展开锚入负二层顶板 200 mm；吊环上挂有焊接有长 1 000 mm、宽 200 mm、厚 5 mm 的钢板托盘，安装风机时顶托送风管道。

风机型号的选择根据现场实际情况，选择风量相近或稍大的；从现场排出的空气带有大量的灰尘颗粒，可以在出风口处设置湿帘，吸附污染物，集中回收，不污染环境；风机与湿帘尽量保持一定的距离，风机进出口过滤网一天拆洗一次，防止滤网堵塞，影响通风换气效果。

盖挖逆做坑内通风见图 9—9。

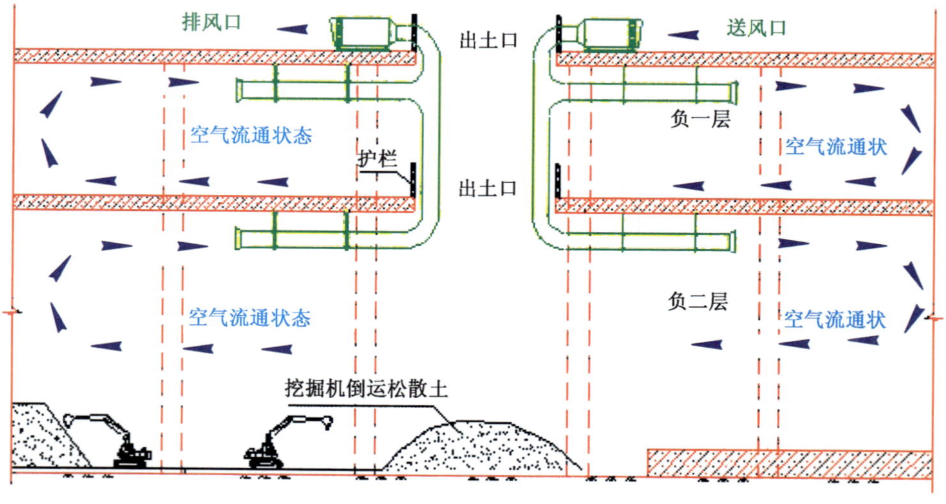

图 9—9　盖挖逆作法施工期间通风示意图

9.4　明挖区土方开挖

9.4.1　明挖一、二区土方开挖

明挖区各个区之间有地连墙分隔。明挖一区与市政工程组成相对较小的一个基坑，基坑长 184.33 m，宽 60.5 m，开挖深度 21 m，土方量约 23.4 万 m^3；明挖二区基坑长 146.9 m，宽

20.8～57.9 m 不等，开挖深度 21 m，土方量约 11.7 万 m^3；明挖区土方运输主要通过现场施工道路从新港 2 号路运出现场。明挖区施工见图 9—10～图 9—12。

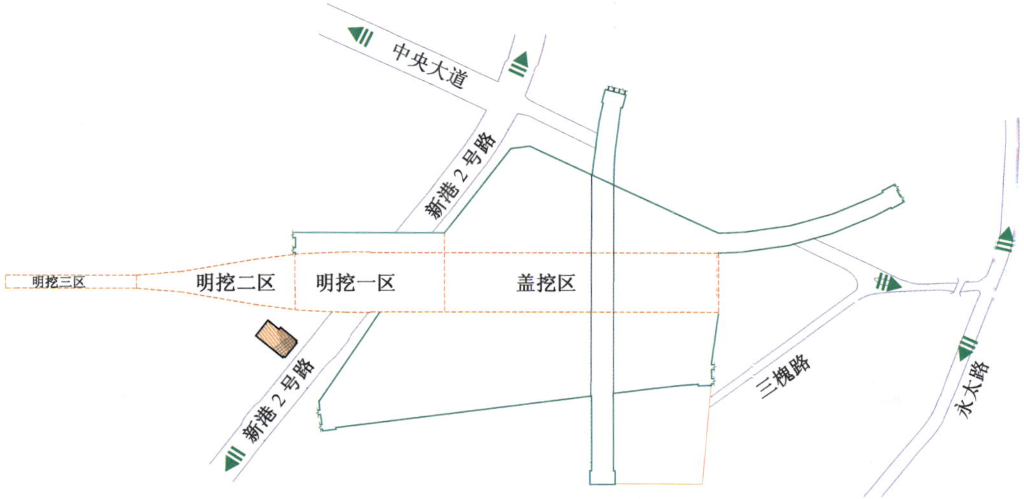

图 9—10 开挖示意图

图 9—11 明挖区施工 1

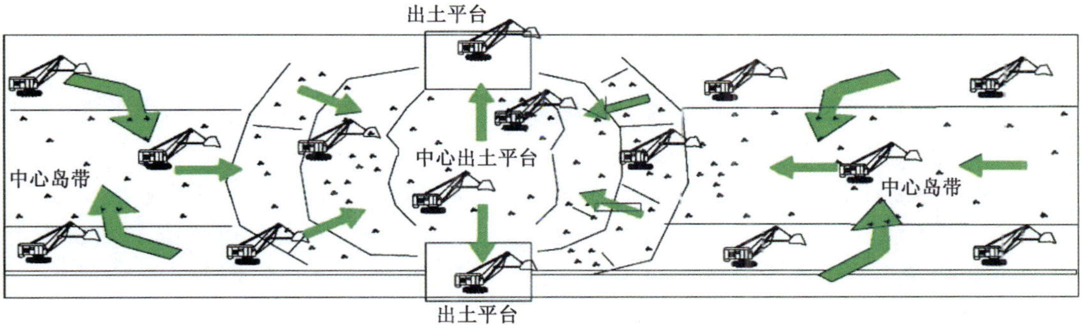

图 9—12 明挖区施工 2

基坑内共设有4道钢筋混凝土支撑，总的原则为：分层、分段逐级开挖，先撑后挖。明挖基坑水平支撑梁之间的间距较小，因此采用岛式挖土方式。明挖基坑施工计划分为以下两个阶段：

(1)第一阶段：开挖基坑较浅时，小型挖掘机、大型挖掘机配合使用，小挖掘机在水平支撑梁下挖土，堆放到中心岛上，大型挖掘机站在中心岛上向外倒土。为加快土方开挖进度，计划在水平支撑梁上浇筑临时出土平台，挖掘机站在出土平台上进行作业。

(2)第二阶段(图9—13)：开挖基坑较深时，大挖掘机效率降低，此时采用小型挖掘机和抓斗挖掘机相结合的开挖方式，小挖掘机接力将土方倒运至基坑地连墙边，抓斗挖掘机或长臂挖掘机将土方挖出基坑。将中心岛土方向短方向基坑两边分解，并重新休整土方台阶，基坑两边在出土平台设置挖铲式挖掘机，将台阶土抓至出土平台，倒运出施工现场。

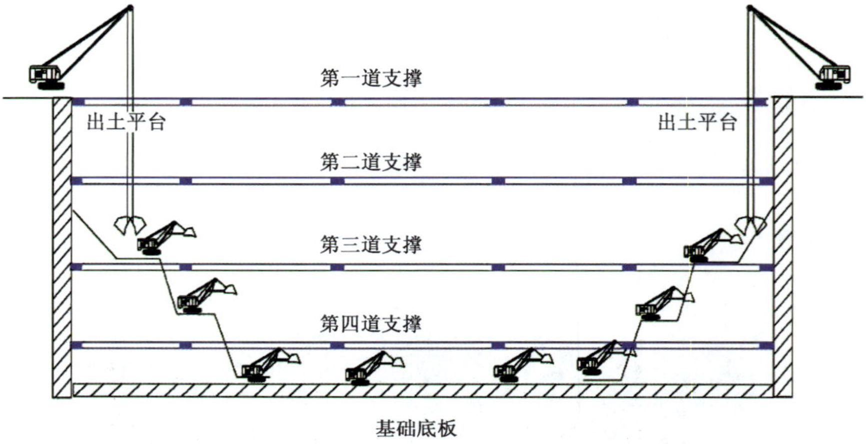

图9—13　第二阶段施工图

明挖土方施工时需要注意以下问题：

①每层土方开挖时，开挖至水平支撑梁下100 mm，夯实后浇筑混凝土垫层，施工支撑梁，待混凝土强度达到100%后，才可以开挖下一层土方。

②明挖基坑分隔墙处土方开挖时，必须保证分隔墙两侧的开挖深度相差不能超过2 m，超过2 m时，必须在开挖进度较快的一侧按照1∶2放坡开挖，预留反压土，待另一侧土方开挖至相同深度时，再将反压土挖除。

9.4.2　土方开挖机械选择

(1)明挖一区基坑土方开挖

明挖一区与B1线组成相对较小的一个基坑，基坑长184.33 m，宽60.5 m，水平支撑间距5 m，每层土方约6.25万 m^3，总土方量约24.7万 m^3。

根据施工进度计划安排，连续挖土时间为60 d，采用PC200型挖掘机(斗容量1 m^3)和劲工JG60-8L小型挖掘机(斗容量0.35 m^3，台班产量300 m^3)配合使用，小型挖掘机负责掏土、喂土，大挖掘机负责将土方倒运至地面。每台大型挖掘机配备3台小型挖掘机，基坑顶部1台大型挖掘机负责装车，另外，开挖至基坑底部时，将剩余土方倒运至基槽边，用抓斗挖掘机开挖剩余土方。

按下式计算挖土机需用数量：

$$N_1 = Q/P_d TmK_t$$

式中 N_1——挖土机需用台数；

Q——土方量(m^3)；

P_d——挖土机台班产量，取 500 m^3；

T——工期；

m——每天工作班数，取三班制；

K_t——时间利用系数，一般为 0.8～0.85，本例取 0.80。

N_1＝247 000/500×60×3×0.80＝3.43(台)，取 4 台；配备小型挖掘机 12 台，另外，当开挖至基底时，配备 4 台抓斗挖掘机(斗容量 0.5 m^3，台班产量 300 m^3)。

计算自卸车需用数量：

根据土方运距及周边交通情况分析，15 m^3 自卸汽车平均运输能力为：75 m^3/(台班·辆)(根据现场周边环境取平均运输一趟需要 1.5 h，其中装土时间为 10 min)。

本工程每日土方运输量为：247 000/60＝4 117 m^3

则，自卸车数 N_2＝4 117/(75×3)＝18.3，另外，考虑车辆维修等因素，取 22 辆，出土时间按照日均 3 台班考虑。

综上所述，明挖一区施工期间，机械总需用量汇总为：PC200 挖掘机 4 台，小型挖掘机 12 台，抓铲式挖掘机 4 台，15 m^3 自卸车 22 辆。

(2)明挖二区基坑土方开挖

明挖二区基坑长 146.9 m，宽 20.8～57.9 m 不等，开挖深度 22.1 m，土方量约 11.7 万 m^3。

根据施工进度计划安排，连续挖土时间为 45 d，土方开挖情况同明挖一区。

按下式计算挖土机需用数量：

$$N_1 = \frac{Q}{P_d TmK_t}$$

式中 N_1——挖土机需用台数；

Q——土方量(m^3)；

P_d——挖土机台班产量，取 500 m^3；

T——工期；

m——每天工作班数，取三班制；

K_t——时间利用系数，一般为 0.8～0.85，本例取 0.80。

N_1＝117 000/(500×45×3×0.80)＝2.2 台，取 3 台；配备小型挖掘机 9 台，另外，当开挖至基底时，配备 3 台抓斗挖掘机(斗容量 0.5 m^3，台班产量 300 m^3)。

计算自卸车需用数量：

根据土方运距及周边交通情况分析，15 m^3 自卸汽车平均运输能力为：75 m^3/(台班·辆)(根据现场周边环境取平均运输一趟需要 1.5 h，其中装土时间为 10 min)。

本工程每日土方运输量为：117 000/45＝2 600 m^3

则，自卸车数 N_2＝2 600/(75×3)＝11.6；另外，考虑车辆维修等因素，取 15 辆，出土时间按照日均 3 台班考虑。

综上所述，明挖二区施工期间，机械总需用量汇总为：PC200 挖掘机 3 台，小型挖掘机 9 台，抓铲式挖掘机 3 台，15 m^3 自卸车 15 辆。小于明挖一区使用量，根据流水施工的原则可按照明挖一区机械用量进行配置。

9.4.3 土方开挖施工方法

(1)施工工艺流程

基坑内共设有 4 道钢筋混凝土支撑，总的原则为：分层、分段逐级开挖，先撑后挖。

本工程基坑开挖考虑使用小型挖掘机、大型挖掘机和抓铲挖掘机或长臂挖掘机相结合的方式。由于基坑较深，水平支撑梁上下中心间距小，因此采用接力式挖土，小挖掘机在水平支撑梁下挖土，给大型挖掘机喂土，在大挖掘机处设置挖土中心岛，大挖掘机站在中心岛上作业，将土方倒运至设置在第一道支撑上的出土平台上，再由出土平台上装车运走。

①流程一(图 9—14)：开挖、平整场地至第一段第一层土方至第一道水平支撑梁下 100 mm，浇筑垫层，施作第一道水平支撑梁。待第一道混凝土支撑强度达到 100%后，进行第二层土方开挖。

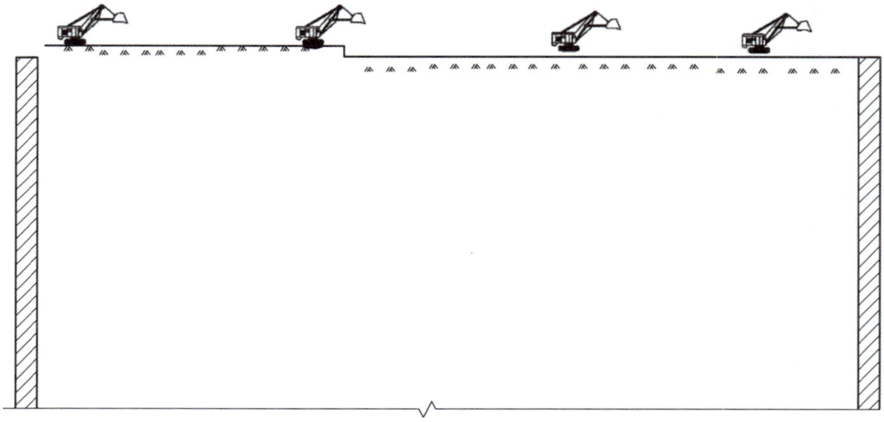

图 9—14 施工工艺流程一

②流程二(图 9—15)：第一道水平支撑梁达到拆模强度，开挖第二层土方。挖掘机在第一道水平支撑下挖土，送至基坑边出土平台处，由出土平台处挖掘机挖出坑外并装车运出场外，第二层土挖至第二道支撑以下 100 mm 处，进行第二道支撑的施工，待第二道混凝土支撑强度达到 100%后，拆模进行第三层土方的开挖。

③流程三：第三层土方开挖时，由于基坑较深，为有效利用挖掘机的效率，因此采用接力式挖土，先在中央形成中心岛，在通过中心岛倒运至出土平台处，最后通过出土平台装车运走。第三层土施工到第三道混凝土支撑以下 100 mm 以下，施工第三道支撑，待第三道混凝土支撑强度达到 100%后，拆模并开始修筑中心出土岛。

④流程四(图 9—16)：以第三道支撑顶面为相对高程设置的倒土中心岛开始起用，将第四层土由基坑的四周向中心岛汇集，保留第一至第三道支撑间的阶梯导土坡，将第四层土通过中心岛，导至出土平台运离施工现场。挖至第四道支撑以下 100 mm 处进行第四道混凝土支撑的施工。待第四道混凝土支撑强度达到 100%后，拆模并进行第五层土的开挖。

⑤流程五：第五层土下挖的过程中，预留二级导土台阶，将除中心岛范围内土第五层土阶梯式向中心岛汇集，通过中心岛向一级台阶接力，导至出土平台，运离施工现场。

⑥流程六：将第五层土方除中心岛范围内全部倒运走后，挖掘机集中在中心岛，将中心岛土方向短方向基坑两边分解，并重新休整土方台阶，基坑两边在出土平台设置挖铲式挖掘机，将台阶土抓至出土平台，倒运出施工现场。

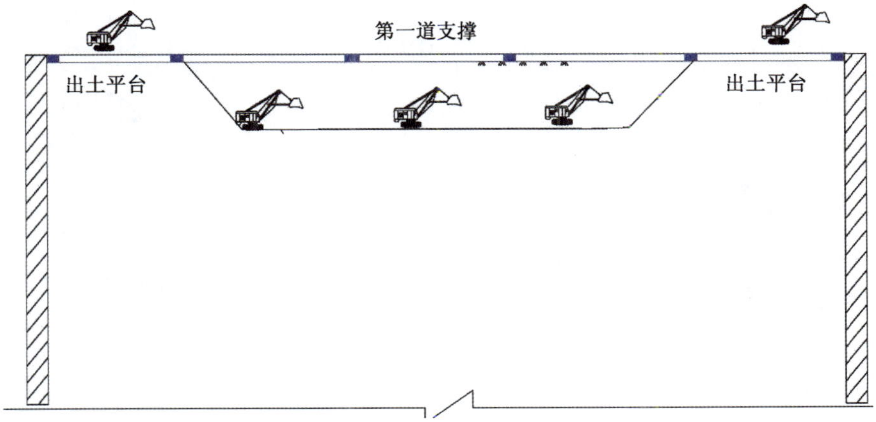

图 9—15 施工工艺流程二

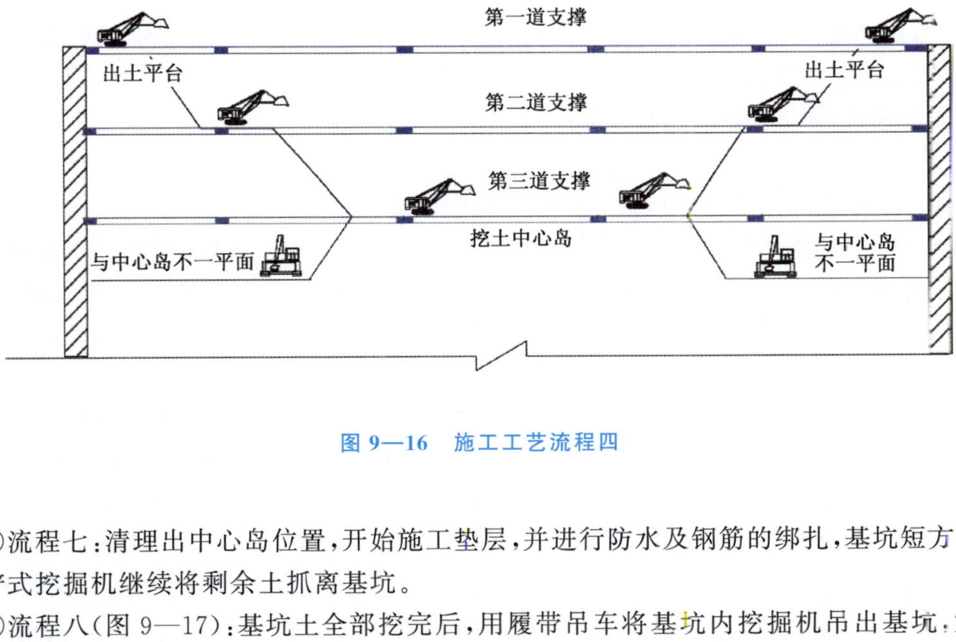

图 9—16 施工工艺流程四

⑦流程七：清理出中心岛位置，开始施工垫层，并进行防水及钢筋的绑扎，基坑短方向两侧靠挖铲式挖掘机继续将剩余土抓离基坑。

⑧流程八(图 9—17)：基坑土全部挖完后，用履带吊车将基坑内挖掘机吊出基坑，第二明挖段土方施工结束。

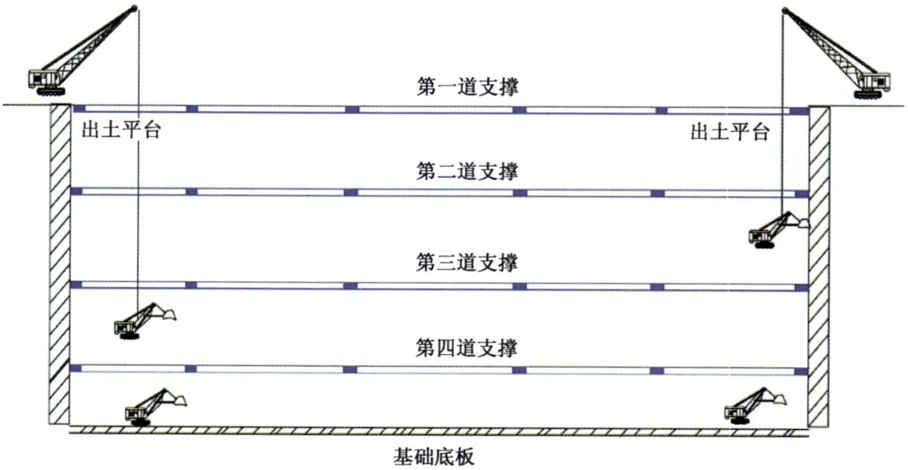

图 9—17　施工工艺流程八

9.5　土方开挖注意事项

9.5.1　常规注意事项

(1)盖挖区负二层北侧盖挖时,出土方式为在负一层顶板上设置桥式抓斗机,自卸汽车行走在顶板上,土方直接装车后拉至临时堆土场,施工前必须对负一层顶板荷载进行计算,并经过设计人员确认,如需加固必须加固完成后再进行土方开挖。

(2)深基坑挖土后土体回弹变形过大

深基坑土体开挖后,地基卸载,土体中压力减少,土的弹性效应将使基坑底面产生一定的回弹变形(隆起)。回弹变形量的大小与土的种类、是否浸水、基坑深度、基坑面积、暴露时间及挖土顺序等因素有关。如基坑积水,黏性土因吸水使土的体积增加,不但抗剪强度降低,回弹变形亦增大,所以对于软土地基更应注意土体的回弹变形。回弹变形过大将加大建筑物的后期沉降。

由于影响回弹变形的因素比较复杂,回弹变形计算尚难准确。施工中减少基坑回弹变形的有效措施,是设法减少土体中有效应力的变化,减少暴露时间,并防止地基土浸水。因此,在基坑开挖过程中和开挖后,均应保证井点降水正常进行,并在挖至设计相对高程后,尽快浇筑垫层和底板。必要时,可对基础结构下部土层进行加固。

(3)边坡失稳

目前挖土机械多用斗容量 1 m^3 的反铲挖土机,其实际有效挖土半径约 5～6 m,而挖土深度为 4～6 m,习惯上往往一次挖到深度,这样挖土形成的坡度约 1∶1。由于快速卸荷、挖土与运输机械的振动,如果再于开挖基坑的边缘 2～3 m 范围内堆土,则易于造成边坡失稳;挖土速度快即卸载快,迅速改变了原来土体的平衡状态,降低了土体的抗剪强度,呈流塑状态的软土对水平位移极敏感,易造成滑坡;边坡堆载(堆土、停机械等)给边坡增加附加荷载,如事先未经详细计算,易形成边坡失稳。

基坑土方开挖前,要根据地质条件(特别是打桩之后)、基础埋深、基坑暴露时间挖土及运土机械、堆土等情况，拟定合理的施工方案。

①针对以上易形成边坡失稳原因，合理分层、分区，分层开挖深度要求不大于 5.0 m，每层停机面宽度保持在 8 m 以上，基坑边缘和坡顶 3 m 范围内严禁堆土，边坡附加荷载要经过详细计算。

②在围护结构顶砌筑挡水墙，设置 30 cm×30 cm 截水沟，防止地表水流入基坑。

③在坡顶与坡脚处设置排水沟和集水井，及时用水泵抽取。

④对不在雨季开挖的一般土坡覆盖彩条布，让水直接流入排水沟，以免大量水流渗入土中。对在雨季开挖，也需要长时间保留的土坡、土质较差的土坡，为防止在土方开挖时发生滑坡等情况，在开挖的土层的坡面铺设钢丝网，用长 500 mm 的钢筋插入坡面，再在钢丝网上浇筑 100 mm 厚 C10 素混凝土。同时在坡顶与坡脚处设置排水沟与集水井，及时用水泵排水，并在坡脚下垒石挡土、滤水。

(4)开挖场地成品保护

在土方开挖前，基坑监测点、降水管井、钢管柱、钢格构柱均已施工完成，土方开挖阶段要注意对场地施工成品的保护。基坑开挖过程中，专门组织专职人员负责之前已完工成品质量保护，值班巡查，进行成品保护工作。

提前摸清基坑监测点、降水井线路布置、中间桩柱的具体位置，并绘制布置图，土体开挖前对挖掘机操作人员进行详细交底，以避免开挖过程中机械压碎破坏降水井管、碰撞钢柱。

在中间桩柱周边土体开挖时，围绕钢柱采用对称开挖，对称卸荷，两侧土体高差不超过 0.5 m，由远及近开挖中间桩柱周边土体，并预留一定范围的土体进行人工挖除。严禁挖掘机等机械碰撞钢柱及钢格构柱。如发生意外，立即停止施工，并采取角钢临时加固，加固后经设计、监理认可后再继续施工。盖挖区段开挖时，要提供充足的照明设备，以避免因光线不足而造成机械碰撞基坑内完工成品。

在土方开挖后对钢立柱的垂直度及相对高程进行检查，如发现钢立柱发生上浮等情况，立即采取临时加固措施(可采取浇筑加厚的配筋垫层等措施，具体方案须经设计、监理及建设单位认可)。

(5)淤泥质土层开挖注意事项

从地表起至－16.0 m 左右均属于淤泥质土层，由于淤泥质土具有软塑、流动、不稳定等特点，在土方开挖中，非常容易对工程桩、降水井等造成损害，因此在该层土方开挖时特需注意。

①加大对基坑的降水力度。虽然软土的渗透性较小，但降水对土体的固结效果较为明显，因此基坑开挖之前尽可能提前降水和确保降水时间是非常重要的。降水时间不少于 30 d。

②在用挖掘机接力转土，堆土高度尽量减小，不超过 2.0 m，堆土时间不要过长，及时转运出基坑外。

③土体开挖中，尽量将土体分为多层小块进行逐步开挖。

④在开挖过程中，注意基坑土体的变化，加强土体变形的监测。若有过大变形移位，及时停止作业，进行处理。

(6)盖挖负二层注意事项

在盖挖土方时，在可能存在风险的墙缝附近，人工采用“洛阳铲”先行开槽，验证墙缝质量及渗漏水情况。

先开挖地连墙接缝部位 1～1.5 m 深度土体，后开挖非接缝部位土体。对开挖地连墙接缝存在问题或薄弱部位，及时进行喷射防渗、早强混凝土。喷锚厚度 100～150 mm，挂 ϕ8@100 钢筋网，焊 ϕ22 @200 mm 水平筋与连续墙钢筋牢靠连接。

(7)作业层照明

土方开挖实行“三班制”工作，各开挖区段要配备足够多的照明设备，明挖区段使用镝灯，盖挖区段镝灯和碘钨灯配合使用，以利于夜晚开挖。

特别是盖挖逆作施工层，坑内机械多，机械与机械、机械与人员的协调，废气、烟尘的排放，新风的补充等均需要不间断供电。如果突然停电极有可能导致机械伤人以及烟气交换不畅引起人员伤亡。为此，需要设置应急照明线路，保障断电后 1 h 内有照明电源，使人员撤离。

9.5.2 雨期土方施工注意事项

(1)雨前防范技术措施

①做好防雨准备

a. 施工期间密切注意天气预报，大风来临前，做好相应防护及加固措施。

b. 配备足够的雨期防雨防潮材料和设备，包括潜水泵、塑料布、雨衣、雨鞋等。

②做好现场的排水系统维护

雨前对现场排水系统进行检查和维护。排水沟保证不滑、不陷、不堵塞、不积水。场区总排水按指定的排水去向平面先汇流到主干道旁的排水沟，经沉淀后再排放到市政下水道。运输道路将做好路拱，并进行硬化，保证雨后通行不陷。所有的马道、斜梯均钉防滑条。

③做好雨期材料、设备的储备和防护

a. 准备雨期施工材料及防护材料，水泥全部存入仓库，保证不漏、不潮，并应架空通风，四周设排水沟，避免积水。

b. 进入现场设备材料避免堆入在低、洼处，露天存放的垫高加彩条布盖好。堆放在现场的零星材料要归堆固定好。

c. 提前准备好水泵，遇到降水时，采用水泵将水排出场外。

(2)雨期施工技术措施

①一般措施

a. 雨期要及时发布气象资料，使全体职工了解信息，以便安排工作和生活，采取相应的措施。

b. 雨期施工期间，合理组织施工，对劳动力进行统筹安排，以土方施工为主线，晴天着重进行土方施工，雨天以结构施工为主。

c. 雷雨天气禁止进行一切室外作业。

d. 定时对现有排水沟进行疏浚。准备抽水泵作应急抢险，出现水情及时处理。

e. 在结构施工时，注意天气变化，防止雷雨突袭，保证混凝土连续浇捣顺利进行。现场准备一定数量的塑料布，作为覆盖刚浇筑混凝土和机具的使用。

②雨期基坑施工措施

a. 安排专人对基坑边坡的变形每天进行监测，如发现变形过大，要及时向项目经理部进行汇报；

b. 项目经理部购置足够数量的潜水泵，及时将基底的表层水排除。

c. 雨前用塑料布把土堆和放坡处覆盖，防止雨水冲刷。

d. 下雨期间停止挖土，雨前使各个施工区域的土体形成“盆地”(堆土区域除外)，在“盆地中央”挖一个集水井，把铁板水箱放在集水坑旁，先由污水泵把水抽入水箱，然后再由水箱把雨水排入基坑周围的排水沟。

③雨后技术措施

a. 风雨过后应对塔吊、大型机械设备等进行认真检查，发现问题及时整改加固，并经专业人员检查合格后方可投入使用。

b. 认真检查现场各种用电设施是否完好，确保不受水淹时方可投入正常运作。如发现被水浸泡或受潮，必须重新测。

9.5.3 冬期土方施工注意事项

(1)季前防范技术措施

①施工期间密切注意天气预报，大风来临前，做好相应防护及加固措施。

②根据工程实物量备好塑料薄膜、草包等保温覆盖材料、化学附加剂等有关材料，做好冬期施工职工劳动保护及生活安排。

③购置足够数量的铁锹及扫帚，及时清扫基坑周边及施工道路上的积雪。

④必须在冰冻前做好临时设施、供水管道的保温、维护工作，保证冬期施工正常进行。

⑤冬期前对现场排水系统进行检查和维护。排水沟保证不堵塞、不积水。场区总排水按指定的排水去向平面先汇流到主干道旁的排水沟，经沉淀后再排放到市政下水道。运输道路将做好路拱，并进行硬化。所有的马道、斜梯均钉防滑条。

(2)冬期施工技术措施

①一般措施

a. 冬期要及时发布气象资料，使全体职工了解信息，以便安排工作和生活，采取相应的措施。

b. 冬期施工期间，合理组织施工，对劳动力进行统筹安排，以土方施工为主线，结构为辅。

c. 凡遇雨雪冰冻天气，施工现场的道路、斜道、脚手架通道、扶梯、平台等工作面上，必须扫清冰雪，做好防滑工作。

d. 严格执行使用安全网、安全带、安全帽的规定，工作时间要集中思想，严肃认真，服从指挥。

e. 对架空的临时电线线路，要认真地检查和加固，严防因风雪的超载而发生线路倒塌等事故。

②冬期基坑施工措施

a. 安排专人对基坑边坡的变形每天进行监测，如发现变形过大，要及时向项目经理部进行汇报；

b. 机械设备进入冬期施工时，应更换冬期用润滑油和燃料以防加剧机器的不正常磨损。

c. 机械设备在启动前应在水箱内加入温水。夜间停用后，必须将水箱内积水放掉，防止引擎、水箱等冰冻胀裂。

d. 水泵停止使用前，应将水管提出水面，继续运转几分钟，以便排除泵内积水。

e. 在冰雪面行驶的运输设备，须装防滑链条，并用低挡控制，禁止急刹车。

f. 基坑周边及施工道路，在雪后必须尽快清扫干净积雪。

③雨雪后技术措施

a. 风雪过后应对塔吊、大型机械设备等进行认真检查，发现问题及时整改加固，并经专业人员检查合格后方可投入使用。

b. 认真检查现场各种用电设施是否完好，确保不受积雪覆盖时方可投入正常运作。

9.6 土方开挖应急措施

9.6.1 应急资源

应急资源的准备(图 9—18)是应急救援工作的重要保障，项目部应根据潜在事故的性质和后果预测，配备相应应急救援中所需的消防手段、救援机械和设备、交通工具、医疗设备和药品、生活保障物资。主要救援机械和设备物资见表 9—2。

表 9—2 主要应急物资储备表

序号	名　称	单位	数量	用途、位置
1	300 kW 发电机	台	2	应急发电，盖挖区和明挖区
2	油性聚氨酯	t	1	注浆堵漏，负一层和负二层
3	纳米水泥	t	4	注浆堵漏，负二层和地面
4	注浆引孔钻机	台	1	注浆堵漏，负二层和地面
5	双液注浆机	台	1	注浆堵漏，负二层和地面
6	普硅水泥	t	30	注浆堵漏，负二层和地面
7	水玻璃	t	1	注浆堵漏，负二层和地面
8	铁锹、洛阳铲	把	50	挖土，负二层和地面库房
9	麻袋片	只	1 000	堵漏，负二层和地面库房
10	编织袋	只	1 000	装土，负二层和地面库房
11	ϕ150 引水钢管	m	100	堵漏引流，负二层和地面
12	18 mm 厚木板	m^3	3	支立模板，负二层和地面
13	6 寸污水泵	台	2	抽排水，负二层和地面库房
14	2 寸小水泵	台	6	抽排水，负二层和地面库房
15	土方	m^3	500	回压，负一层和负二层
16	大功率应急灯	台	5	照明，负一层和负二层
17	手电筒	只	10	照明，随身携带
18	对讲机	台	10	通信，随身携带
19	空压机	台	2	喷锚，负二层和地面
20	喷锚机	台	2	喷锚，负二层和地面
21	碎石	m^3	8	喷锚，负二层和地面
22	石屑	m^3	8	喷锚，负二层和地面
23	氧气乙炔	套	2	切割，负二层和地面
24	土工布	m^2	500	遮盖，负二层和地面

续上表

序号	名 称	单位	数量	用途、位置
25	小推车	辆	10	材料转运，负二层和地面
26	绝缘手套	双	10	防止触电，负二层和地面库房
27	医药箱	箱	1	紧急救治，负二层和地面库房
28	方木	m^3	10	支立模板，负二层和地面
29	脚手架钢管	t	3	支立模板，负二层和地面
30	汽车泵	台	1	使用商品混凝土搅拌站，呼叫后 30 min 内即可到达
31	固定泵	台	2	
32	泵管	套	2	泵管紧随开挖面同步布置

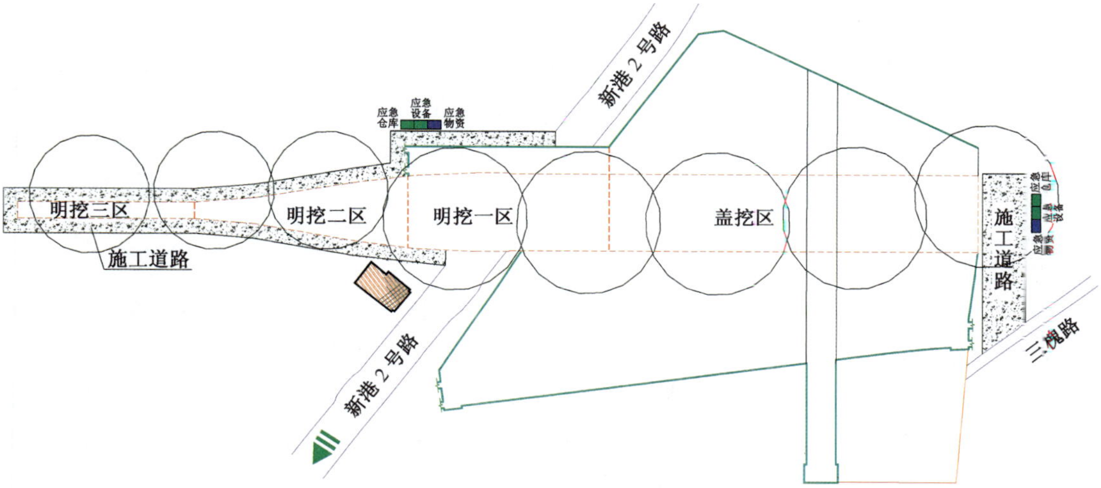

图 9—18 应急物资准备及应急通道示意图

应急设备：注浆设备、钻孔设备、空压机、喷锚机、备用发电机、小推车等

应急仓库：手电、铁锹、水泵、手套、急救箱、编织袋、棉布等

应急物资：水泥、水玻璃、聚氨酯、砂袋、方木等

应急抢险队及外部支援：基坑开挖前，组建一支 50 人抢险队，抢险队包括结构队、土方队、注浆队、杂工队、降水队和喷锚队等成员，抢险队队员全部经过培训和演练训练，并经考核合格后选用。

(1)抢险队统一着装，配备专用安全帽、衣裤、反光背心、腰带及工具包等。

(2)抢险队员平时安排在施工现场担任巡逻保安和清洁工，一旦出现险情，立即投入抢险工作。

(3)抢险队员在负二层及以下开挖时，常驻现场安排专用宿舍，组织集中住宿，宿舍安装警铃，保证宿舍中队员能随时获得抢险报警信号。

(4)加强和相邻标段的联系沟通，能使各家的应急抢险队形成联动，一旦险情较大时，能相互协助。

9.6.2 具体应急措施

(1)边坡失稳

①预防措施

a. 边坡加固的水泥搅拌桩质量严格控制，精细施工。

b. 土方开挖严格执行方案，坑内土体严禁超挖，坑外放坡土体严禁欠挖。

c. 加强日常巡视，发现连续墙墙体倾斜、墙外土体位移、竖向支撑体系、开挖土体边坡有变形过大或破坏处等异常，信息及时反馈。

d. 加强坡面排水、基坑降水。

e. 基坑边限制堆放重物，并限定安全距离。

②应急处理措施

a. 边坡失稳事故发生时，安排专人及时关闭三槐路中新药业大门口旁边的煤气管道阀门，及时关闭项目部办公区门前路边上的给水阀门 。

b. 管线负责人立即向管线监护人或主管部门报告，由其指导或派专人对管线进行抢修。在抢修队伍赶到前，项目部责成有关施工队伍停止可能继续造成电信、供电电缆、煤气管道等安全的作业活动。

c. 对上部先变形挤压下部滑动的推动式滑坡，采取卸荷减重的方法，在滑坡体上削去一部分土，并加强排水，一方面减轻自重，另一方面在坡脚堆土抵御滑坡体滑动，达到平衡。

d. 对下部先滑动，上部失去支撑而引起的牵引式滑坡，用上部卸荷，下部支挡的办法来处理，如用临时素混凝土挡土墙、插入圆木等。

(2)地连墙渗漏

①预防措施

a. 成立地连墙接缝巡视小组，负责地连墙接缝巡视，确保及时发现险情并采取措施，实行24 h巡视制度，白天每2 h巡逻一次，夜间每3 h巡逻一次，并对巡视结果做好记录。

b. 水位监测：利用基坑外观测井监测基坑外水位，结合基坑外水位变化预测地连墙接缝是否渗漏水 ，按照要求观测掌握基坑内水位计变化规律，结合基坑外水位情况整体分析监控。水位监测由专业降水队和负责日常观测和数据上报。

c. 开挖前对每幅地连墙进行质量分析，并预处理。

d. 墙趾注浆：每幅墙严格按照要求进行墙趾注浆，尽量填充墙趾沉渣，提高地连墙承载力，预防地连墙不均匀沉降导致接缝开裂引起渗漏。

e. 接缝处注浆和接缝外高压旋喷桩精细施工。

f. 基坑开挖前，采用三重管双高压施工工艺在地连墙外侧接缝处施工两根ϕ800高压止水旋喷桩。旋喷桩与导墙下水泥搅拌桩搭接2 m，下部至基坑底10 m。

g. 墙缝工字钢内侧注浆：基坑开挖前，在工字钢接头位置预留的袖阀管中注浆，尽量填充密实可能存在于接缝处的夹泥，见图9—19。

②应急处理措施

地下连续墙发生渗漏险情根据渗流部位、流量、渗漏点大小等划分为轻度渗漏、严重渗漏和突涌。当墙面或接缝出现轻微渗水且不会有扩大趋势时，可判定为轻度渗漏；当墙面或接缝出现较大渗水且极可能会有扩大趋势时，可判定为严重渗漏；当墙面或接缝出现突发性大量涌水涌砂时，即为突涌。各类险情可结合如下措施处理。

a. 轻度渗漏处理

轻度渗漏以水平注浆封堵方法为主，注浆材料可选用水泥—水玻璃双液浆、油性聚氨酯。用电锤钻引孔，然后埋设注浆管进行注浆堵漏，见图9—20。

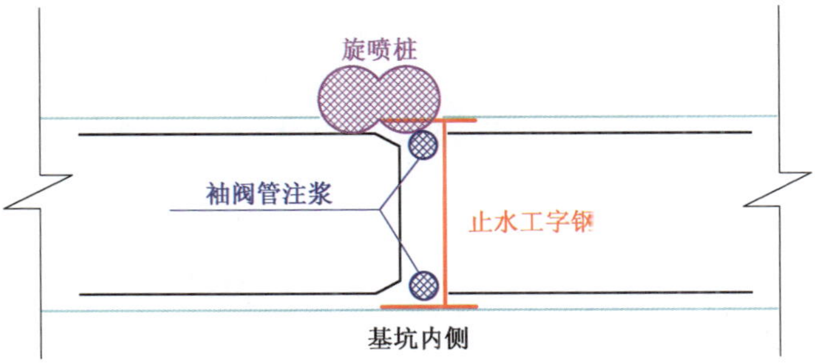

图 9—19 墙缝工字钢内侧注浆

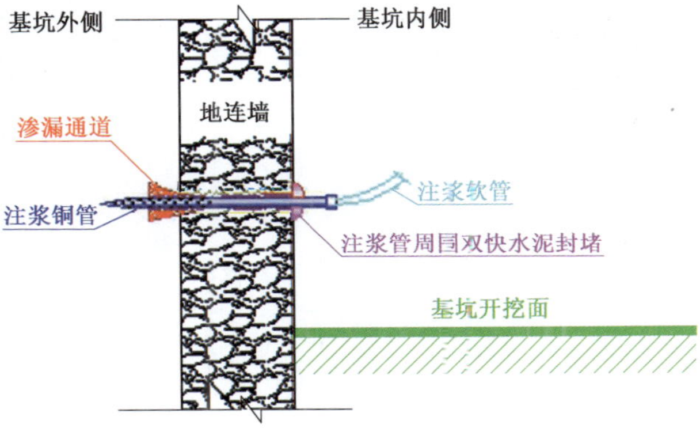

图 9—20 轻度渗漏处理

b. 严重渗漏处理(图 9—21)

开挖面以上墙面或接缝严重渗漏处理方案：开挖面以上严重渗漏以先设置泄水管、后水平注浆封堵方法为主，基坑外垂直注浆为辅，注浆材料优先选用油性聚氨酯、纳米水泥双液浆。

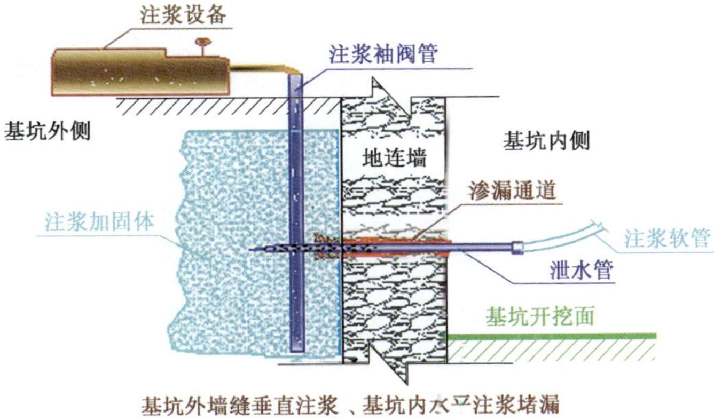

图 9—21 严重渗漏处理

开挖面以下墙面或接缝(往上漏水)严重渗漏处理方案：漏水点附近先使用麻袋片或棉被铺设过滤泥砂，安装泄水管，并局部进行回填使流量减小，同时在基坑外渗漏点附近垂直注浆(图 9—22)，注浆材料以双液浆或油性聚氨酯封堵为三。

如果渗漏水非常混浊，含砂率高、渗漏量较大时，下部土体可能严重流失而出现空洞，此时应立即进行土方回填，并严禁重型机械靠近，并采用单液浆或双液浆注浆方式填冲地下空洞。

③接缝或墙壁突涌处理(图 9—23)

突涌以先回填反压土、注浆封堵方法为主，注浆材料优先选用油性聚氨酯、纳米水泥双液浆。

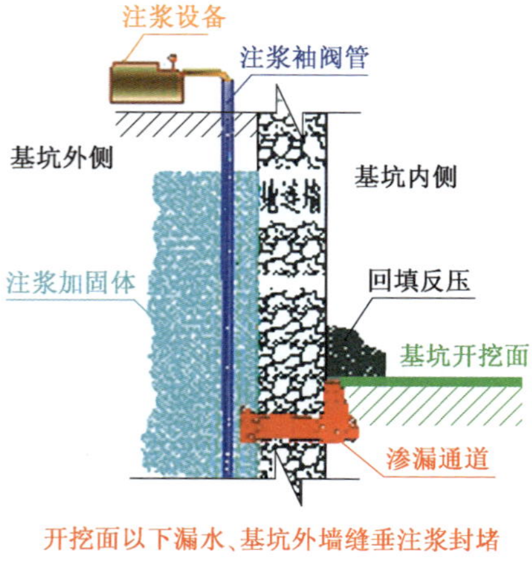

图 9—22 垂直注浆封堵

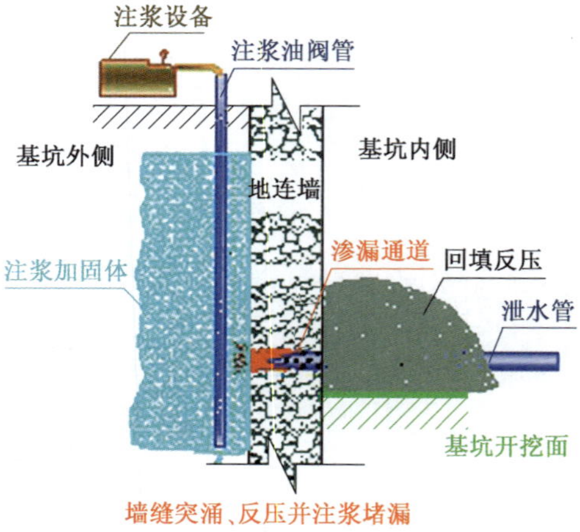

图 9—23 接缝、墙壁突涌处理

(3)基底突涌

①预防措施(图 9—24)

a. 严格控制降水井水位，密切关注水位变化。

b. 严格监控降水施工，做到信息化施工。

c. 恢复已破坏的降水(压)井位，下步施工中严格保护。

d. 现场降水供电系统采用双回路供电方案，保证降水系统持续进行。

②应急处置措施

a. 做好人员准备，安排杂工队夜间在现场轮班，确保出现险情能立即到位。

b. 备好土袋等返压物和围堰物。

c. 一旦发现有基底突涌，立即施作反压过滤层，同时启动周边的降压井，实施承压水降压，直至突涌停止，并详细分析发生的突涌的原因，指导下步降水运行管理。

d. 处理完成后必要时对突涌部位注浆加固。

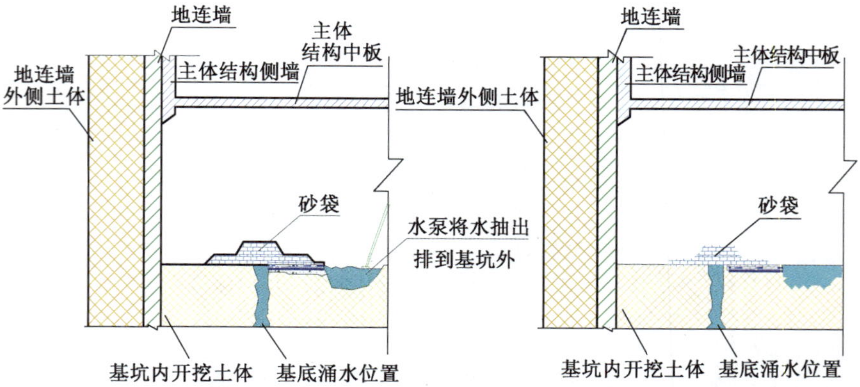

(a)铺设过滤层、反压砂袋、埋设引流管立即启动周边减压井抽水减压

图 9—24

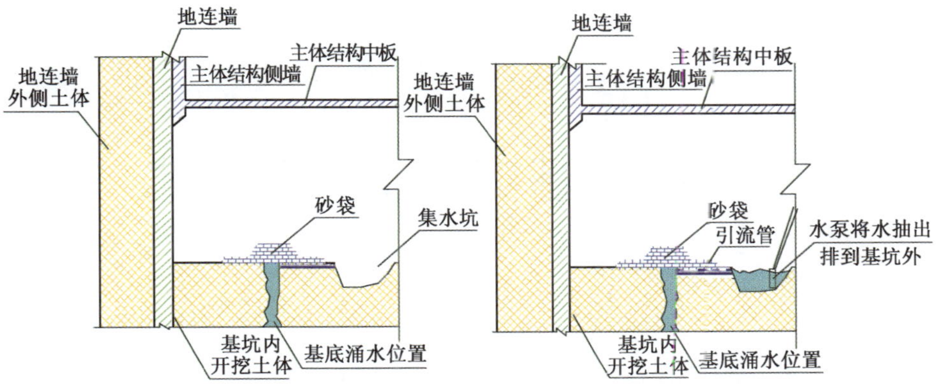

(b) 在附近开挖集水坑，同时将水流引导到集水坑，并抽走

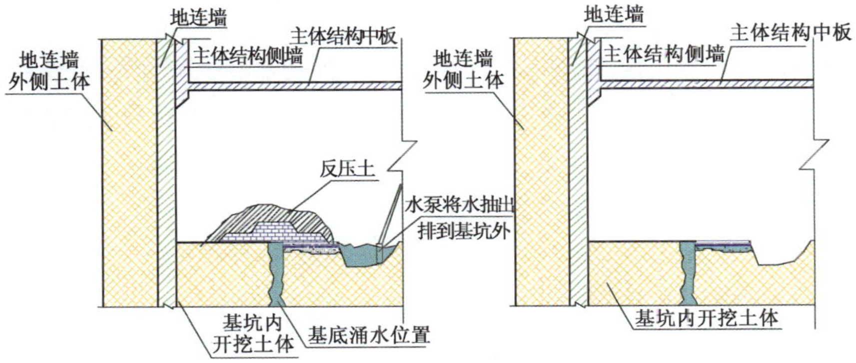

(c) 回填土方进行反压 (d) 险情解除，继续施工

图 9—24 基底突涌防治措施

9.7 总　　结

通过采用半顺半逆施工工艺和明挖混凝土支撑体系施工工艺。解决了超深基坑施工难题。盖挖出土采用修建钢出土便桥方式，盖挖板留大型出土口，解决了盖挖施工出土难题。地下二层盖挖出土见图 9—25。明挖区按照正常施工计划完成所有的基坑工程，盖挖区采用钢便桥的出土方式，节约工期 2 个月多，显著降低了施工费用。

图 9—25 地下二层盖挖出土

10 超深基坑防水施工技术

10.1 概　　述

京津城际延伸线于家堡站站房工程地处天津市滨海新区，属于沿海地区。地下水位高，且本站房工程为国内首批全地下站房工程。防水施工质量是确保站房工程后期运营阶段正常使用的关键。

于家堡站房工程主要采用结构混凝土自防水，配合以新型高分子ECB防水卷材、钢边止水带、遇水膨胀止水胶及可维护注浆管等措施性防水相结合共同构筑严密的防水防线。

10.2 卷材防水施工

10.2.1 外防内贴

外防内贴法是在浇筑好的垫层或在地下连续墙上进行施工的卷材防水施工方式，将卷材防水层铺贴在垫层和地下连续墙上时，施工方法见图10—1。

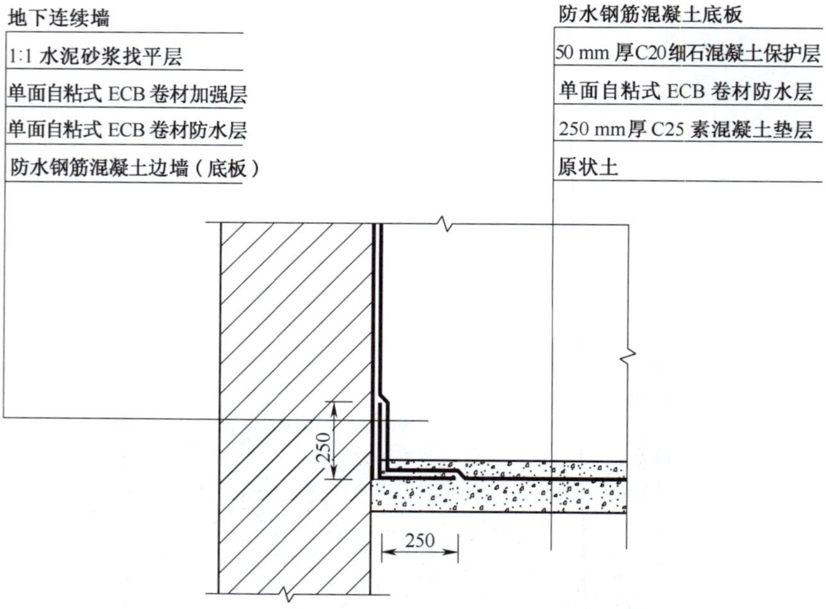

图10—1　于家堡站站房工程结构内衬墙外防内贴施工法示意图(单位：mm)

(1)在地下连续墙表面不平整处用1：1水泥砂浆找平。地连墙与垫层之间须干铺一层附加层，附加层翻起宽度每边250 mm。

(2)找平层基本干燥后方可铺贴卷材防水层，铺贴时应先铺立面、后铺平面，先铺转角、后铺大面。在全部转角处应铺贴卷材附加层，附加层双面自粘式 ECB 防水卷材，并应仔细粘贴紧密。

(3)立面施工时，地连墙必须提前做面层处理，铺贴防水层的基层面应坚实，保证钢钉能牢固的钉在基层面上，应对基层面灰渣进行清扫。

(4)基层面不允许有明水，必须洁净、平整、坚实，无凸起的石子、钢筋头等尖锐物。其平整度用 2 m 靠尺进行检查，直尺与基层的间隙不超过 5 mm，且只允许平缓变化。

(5)所有阴阳角部位采用 1∶2.5 水泥砂浆倒角，阴角可做成 5 cm×5 cm 的倒角，阳角可采用水泥砂浆圆顺处理，半径 $R \geqslant 30$ cm。

(6)地连墙接缝必须做到无渗漏水；当有渗漏水时，应进行修缝堵漏，做到无水作业。边墙卷材横(环)向铺设，铺设长度一般应超出混凝土湿接缝及预留钢筋顶端 500 mm。边墙卷材采用机械固定法固定于基层表面，在自粘式 ECB 防水板上端 30 cm 处间隔 40 cm、距竖向侧边 50 cm 起每隔 50 cm 用水泥钉将塑料热熔垫片固定于围护墙上。将自粘式 ECB 防水板与固定好的塑料热熔垫片用热风枪焊合固定。绑扎或焊接边墙钢筋时应对铺设好的卷材用模板等临时保护措施进行防护，确保卷材不受破坏。

(7)结构底板下先施作混凝土垫层，待垫层达到一定强度后再铺设卷材。底板卷材纵向铺设，避免阴角处出现搭接面，从而影响防水效果。铺设长度一般应超出混凝土湿接缝及预留钢筋顶端 500 mm。

(8)施工需防水结构，将防水层压紧。如为混凝土结构，则永久保护墙可当一侧模板。

10.2.2 顶板采用外防外贴法

外防外贴法是将立面卷材防水层直接铺设在需防水结构的外墙外表面，本工程主要用于顶板结构卷材防水。顶板外防外贴施工见图 10—2。

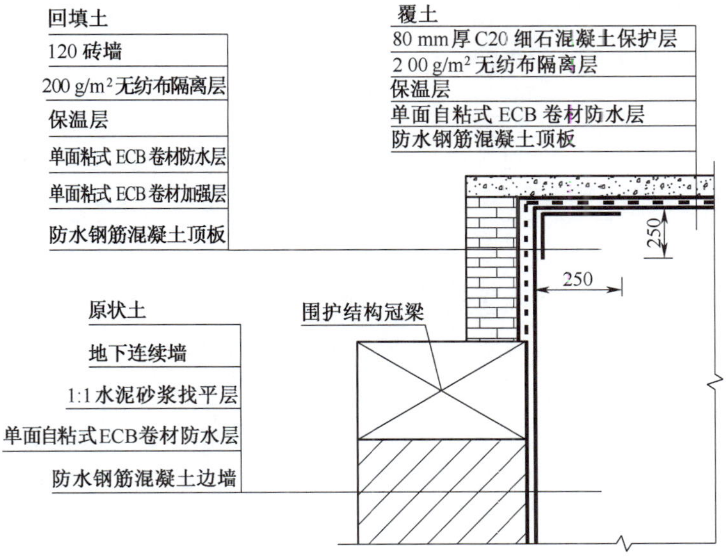

图 10—2 外防外贴顶板及局部后砌砖墙施工图(单位：mm)

外防外贴法的具体要求：

①在浇筑结构顶板完成后，用木抹子反复收水压实，使基层表面平整坚实，无不良存在。表面平整度不超过 5 mm，且只允许平缓变化。

②主体结构顶板完成后，铺贴立面卷材时，应先将接茬部位的各层卷材揭开，并将其表面清理干净，如卷材有局部损伤，应及时进行修补。卷材接茬的搭接长度，单面自粘式 ECB 防水卷材为 150 mm。当使用两层卷材时，卷材应错茬接缝，上层卷材应盖过下层卷材。

③基层表面的突出物从根部凿除，并在凿除部位用聚氨酯密封膏刮平压实；当基层表面出现凹坑时，先将凹坑内酥松表面凿除后用高压水冲洗，待槽内干燥后，用聚氨酯密封膏填充压实；当基层上出现大于 0.3 mm 的裂缝时，应在裂缝部位凿出深 1 cm、上口宽 1 cm 的三角形凹槽，然后用聚氨酯密封膏进行嵌缝密封。

④所有阴角部位均应采用 1∶2.5 水泥砂浆进行 5 cm×5 cm 的倒角处理。

⑤平直顶板采取纵向铺设，避免阴角处出现搭接面，从而影响防水效果。拱形断面采取环向铺设即沿侧墙立面由下向上铺设卷材。

⑥在大面积铺贴卷材之前，应先在转角处粘贴一层卷材附加层，然后进行大面积铺贴，先铺平面、后铺立面。

⑦顶板保护层采用 200 g/m^2 的无纺布和 80 mm 厚 C20 细石混凝土进行浇筑。

10.2.3 防水板施工工艺流程

(1)侧墙卷材铺设施工工艺

基层处理 → 弹线下料 → 节点附加层处理 → 热熔垫片固定 → 自检验收 → 卷材铺设 → 卷材焊接固定 → 自检验收 → 卷材焊接检测 → 自检验收 → 漏点修补 → 自检验收 → 漏点复查修补 → 隐蔽验收 → 覆盖保护

(2)底板及顶板卷材铺设工艺

基层处理 → 弹线下料 → 节点附加层处理 → 卷材铺设及固定 → 卷材焊接 → 卷材焊接检测 → 验收 → 漏点修补 → 漏点复查修补 → 隐蔽验收 → 防水保护层施工

(3)平顶板及顶板卷材铺设工艺

基层处理 → 弹线下料 → 节点附加层处理 → 卷材铺设及固定 → 自检验收 → 卷材焊接 → 卷材焊接检测 → 漏点修补 → 自检验收 → 漏点复查修补 → 隐蔽验收 → 铺设土工布 → 防水保护层施工

(4)拱形顶板及顶板卷材铺设工艺

基层处理 → 弹线下料 → 节点附加层处理 → 卷材铺设及固定 → 自检验收 → 爬焊机焊接卷材纵向接缝 → 卷材焊接检测 → 漏点修补 → 自检验收 → 漏点复查修补 → 自检验收 → 手提焊枪焊接卷材横向接缝 → 隐蔽验收 → 铺设土工布 → 防水保护层施工

10.2.4 单面自粘式 ECB 卷材(防水板)施工方法

(1) ECB 防水板施工准备

①基层处理

底板垫层上无脚印即可进行基层处理，先处理侧墙后处理基层，清除过程中要特别注意清除各种尖锐物体及砂石、灰尘等物；地连墙不能有明水，基层要平整、坚实，无突起的石子、钢筋头及注浆管等尖锐物。突起鼓包部分只允许平缓变化。

所有阴阳角部位采用1∶2.5水泥砂浆倒角，阴角可做成5 cm×5 cm的倒角，阳角可采用水泥砂浆圆顺处理，$R \geqslant 30$ cm。阴阳角部位需特别注意地连墙与底板垫层结合处、降水井、格构柱及塔基桩与底板垫层结合处。

支撑梁腰梁位置破除后做基层处理时，接驳器位置要从端部割除，后进行抹灰找平。

以上工作由主体结构队伍施工完成以后交接给防水队，防水队在施工过程中发现不符合以上要求的点位及时处理，施工完成以后按照报验程序进行检查，验收合格后进入下一道工序。

②防水卷材及其他材料进场准备

a. 防水卷材每5 000 m^2 作为一个检验批次，不足5 000 m^2 的也可作为一个检验批次，产品合格证等资料齐全。在监理旁站下进行取样，在该批次中随机抽取3卷进行尺寸偏差和外观检查，在上述检查合格的样品中，再随机抽取试样送实验室进行检测。

b. 防水卷材进场后进行自检：防水板表面应平整、无裂纹、机械伤害、孔洞、折痕、气泡等，在规格确定的长度内不允许有接头。防水板表面凹痕深度不得超过板材厚度的5%(0.1 mm)

c. 塑料热熔垫片(图10—3)：塑料热熔垫片按照设计要求应选用与防水板材相熔的材质，每个热熔垫片配套一个金属垫片，以便射钉枪能够正常使用。

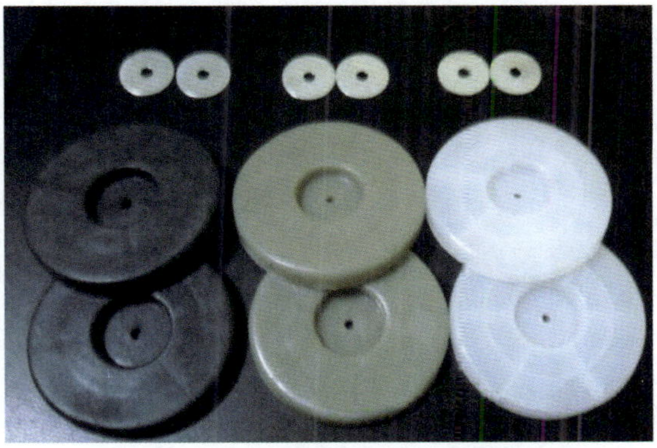

图10—3　塑料热熔垫片及配套金属垫片

d. 橡胶垫片：15 cm×15 cm橡胶垫片，用于钢钉处理鼓包用，鼓包处理完成以后按照验收程序进行复验，复验合格以后进入下一道工序。

e. 聚氨酯密封胶用于补强防水层周边未焊牢出现开口时黏结用。

f. 其他材料：双面自粘式胶条、缓膨胀性遇水膨胀止水胶、双组分聚硫密封膏、无纺布、丁基橡胶密封胶黏带等。

③施工机械

防水板爬焊机、手提式塑料焊枪、检漏器、铁压轮、卷尺、墨线盒、射钉枪。

④放线

根据防水卷材的长度和宽度，事先在垫层上进行弹线，保证材料合理的利用不浪费。

(2)附加层施工

附加层宽度500 mm，地连墙上250 mm，底板垫层上250 mm。附加层自粘层向外，铺设防水卷材时撕掉塑料薄膜与防水卷材黏结，见图 10—4。

(3)铺设侧墙防水卷材

按照设计要求为横环向铺设，即沿侧墙竖向由下向上铺设卷材，施工时尽量以爬焊机焊接为主，当施工条件爬焊达不到爬焊机作业要求时使用手提式焊枪进行焊接。

①固定热熔垫片

热熔垫片与金属垫片配合使用，保证射钉枪的正常使用。固定热熔垫片时必须使用射钉枪，保证热熔垫片钉结牢固。

在铺设自粘式 ECB 防水板之前，距防水板上端 30 cm 处间隔 40 cm、距竖向侧边 50 cm 起每隔 50 cm 用水泥钉将塑料热熔垫片固定于围护墙上，然后将自粘式 ECB 防水板与固定好的塑料热熔垫片用热风枪焊合固定，塑料热熔垫片应选用与防水板材相熔的材质，使防水板与热熔垫片融化黏结为一体。

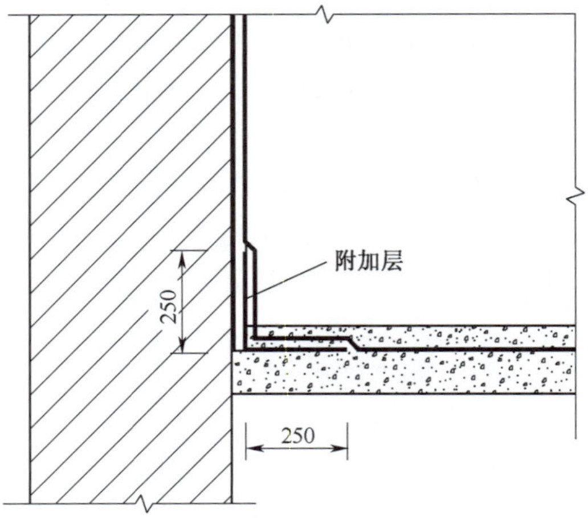

图 10—4 附加层示意图(单位:mm)

②铺设防水板

a. 固定防水板时，由低向高、由一侧向另一侧的顺序施工。端头第一块防水板由下向上与热熔垫片进行热熔固定，后续的防水板经过接缝焊接后，由接缝处向另一侧与热熔垫片进行固定。

b. 焊接时将焊接面用干净抹布擦干净到用手擦不会有灰尘的程度。

两幅防水板之间搭接 15 cm，利用防水板爬焊机进行焊接，防水板焊接采用双焊缝，控制好速度和温度，单条焊缝有效焊接宽度不小于 15 mm(图 10—5)。在焊接过程中一定要控制好搭接宽度，在焊机前方 50 cm 处将两端防水板扶正。

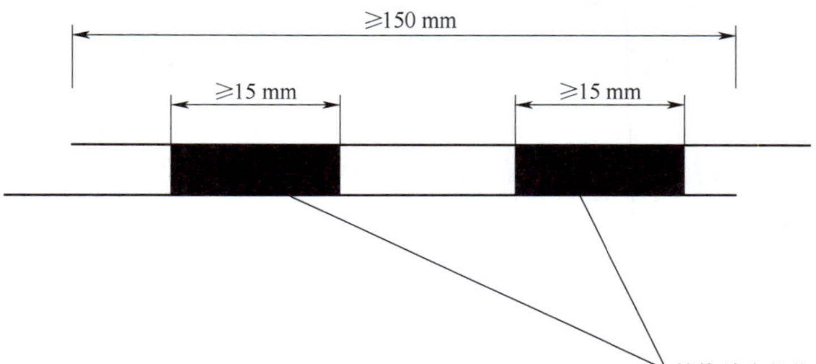

图 10—5 焊缝有效宽度示意图

c. 在结构侧墙范围铺设防水板进行搭接时应在卷材与结构之间加设 30 cm 宽双面自粘胶条(图 10—6)。

d. 铺设卷材时不得拉得过紧或出现大的鼓包，铺设好的卷材应与基面凹凸起伏一致，保持自然、平整、服帖。如果铺设完毕后，卷材中间出现大的鼓包，应重新铺设或在鼓包中间钉钢钉固定，钉钢钉时采用大小为 5 cm×5 cm 的橡胶垫片；固定完毕后，在钢钉垫片外用大小为

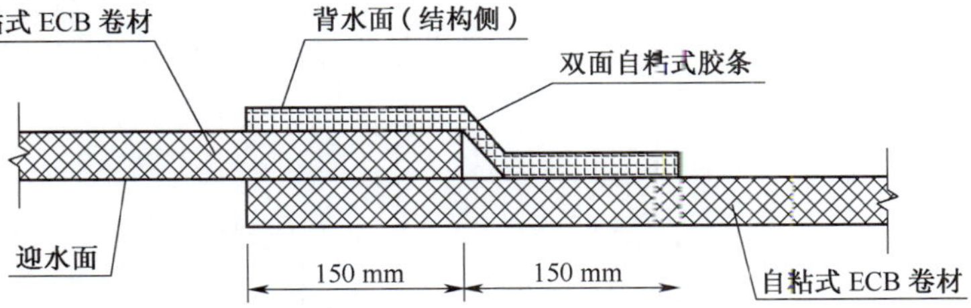

图 10—6　双面自粘胶条铺设示意图

15 cm×15 cm 的 ECB 卷材补强;如发现补强防水层周边有开口现象,则需再次压紧或用聚氨脂密封胶封闭。

e. 纵向焊缝和横向焊缝搭接处除正常焊接外,应用热熔法另覆盖一块宽度不小于 150 mm×150 mm 的同类卷材。

f. 焊接过程中不能停顿,整条焊缝必须一气呵成。

g. 在爬焊机不易焊接的部位可采用手持焊机进行焊接。

(4)铺设底板、顶板防水板

顶板防水施工防水板铺设要点与底板要求一致,注意铺设方向按照设计要求底板卷材沿基坑纵向铺设,顶板铺设时,平直顶板采取沿纵向铺设,避免阴角处出现搭接面,拱形断面采取沿基坑横向铺设。

①清理垫层

底板防水板铺设之前,将垫层清扫干净,将铺设墙体防水板时遗落的杂物进行清理,不得有明水、钉子等尖锐物体。

②铺设防水板

a. 按照排版图提前弹线,做好错缝。

b. 焊接时将焊接面用干净抹布擦干净到用手擦不会有灰尘的程度。两幅防水板之间搭接 15 cm,利用防水板爬焊机进行焊接,防水板焊接采用双焊缝,控制好速度和温度,单条焊缝有效焊接宽度不小于 15 mm。在焊接过程中一定要控制好搭接宽度,在焊机前方 50 cm 处将两端防水板扶正。

c. 纵向焊缝和横向焊缝搭接处除正常焊接外,应用热熔法另覆盖一块宽度不小于 150 mm×150 mm 的同类卷材。

d. 焊接过程中不能停顿,整条焊缝必须一气呵成。

e. 环向搭接时下层板应压住上层板,即底板防水板与侧墙防水板搭接时,底板防水板在上,侧墙防水板在下。

f. 在爬焊机不易焊接的部位可采用手持焊机进行焊接。

g. 焊缝若有漏焊、假焊应予以补焊,若有烤焦、焊穿处,以及外漏的固定点必须用同材质的防水板进行补焊。补丁满贴在破损部位,补丁四周距离破损边缘的最小距离不小于 10 cm,不得有翘边空鼓等现象。

(5)降水井和塔吊钢结构基础处防水板施工

底板防水板铺设至降水井处时,将防水板断开,井管两侧的防水板分别留出降水井口位置,最后在管井处利用爬焊机进行对接。

管井处防水板铺设完毕，防水保护层施工前，在管井与防水板交界处用 600 mm 宽的丁基橡胶密封胶黏带做细部处理，上下各 300 mm。塔吊钢结构基础防水施工与降水井方式一致，详见图 10—7。

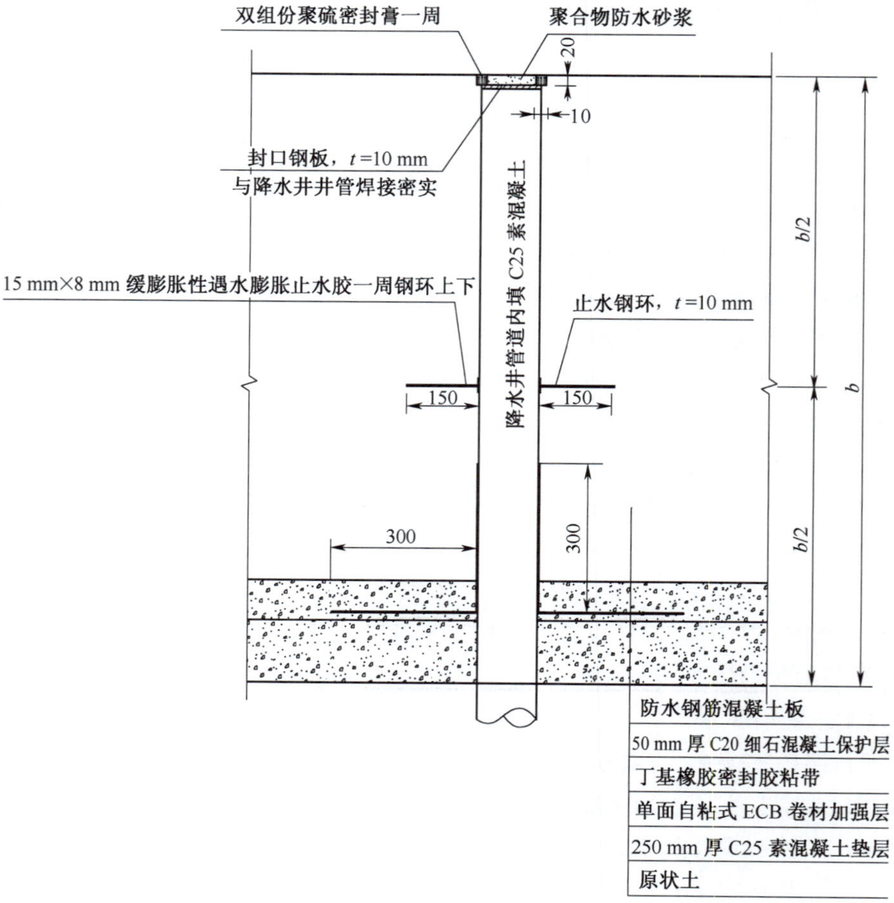

图 10—7 塔吊钢结构基础防水施工(单位：mm)

(6)工程桩与底板(底梁)连接防水

工程桩的主钢筋与底板(底梁)的钢筋连接，因而底板的附加防水层在工程桩位置断开，要求防水板做封边处理，保证防水的可靠性。工程桩表面凿毛处理，并在每根工程桩主筋根部用 15 mm×10 mm 缓膨胀性遇水膨胀止水胶打封一圈。

(7)预插钢管柱与底板(底梁)连接防水

盖挖区由于钢管柱在工程桩施工时已经插入结构底板，在防水施工时除按照工程桩处理以外，还需要对钢管柱进行以下处理。

①底板(底梁)内侧与钢管柱相交处设置预留槽(宽 15 mm、高 20 mm)，槽体内填双组分聚硫密封膏。

②预埋注浆管，利用预埋注浆管进行灌注浆。

③底板(底梁)下部与钢管柱接触部位设置一道缓膨胀性止水胶。采用专用密封胶条固定缓膨胀性止水胶。

(8)施工缝及后浇带的防水板做法

顶板和侧墙的接缝处应在防水板背水面增加一道 500 mm 宽,沿接缝对称设置的单面自粘式 ECB 防水板加强层,底板需要在防水保护层上铺设宽度为 500 mm,沿接缝对称设置的单面自粘式 ECB 防水板加强层。

(9)变形缝的防水板做法

顶板和侧墙的变形缝处应在防水板背水面增加一道 800 mm 宽,沿接缝对称设置的单面自粘式 ECB 防水板加强层,底板需要在防水保护层上铺设宽度为 800 mm,沿接缝对称设置的单面自粘式 ECB 防水板加强层。

10.3　防水混凝土

10.3.1　防水混凝土的一般要求

裂缝控制宽度:迎土面不大于 0.2 mm,背土面其余不大于 0.3 mm,裂缝不得贯通;防水混凝土结构衬砌厚度不应小于 250 mm。

防水钢筋混凝土钢筋保护层厚度:顶板板面迎土面钢筋保护层厚度 50 mm、背土面 40 mm;顶板梁迎土面钢筋保护层厚度 60 mm、背土面 50 mm;底板迎土面钢筋保护层厚度 60 mm、背土面 50 mm。

防水混凝土结构底板的混凝土垫层强度等级为 C25;抗压强度等级不小于 10 MPa;

防水混凝土耐腐蚀系数不应小于 0.8。

10.3.2　混凝土材料要求

(1)细粗骨料的选择

细粗骨料应严格执行(JGJ 52)和(JGJ 53)的标准。

集料选择直径不大于 4 cm,级配良好,杂质含量不应超过 1%,砂采用中砂,含泥率不得超过 2%,砂率宜为 35%～40%,灰砂比为(1∶2)～(1∶2.5),水灰比控制在 0.55,泵送混凝土的坍落度不得大于 18 cm。

(2)外加剂的要求

本工程属于大体积混凝土,为控制混凝土的收缩裂缝,满足防腐耐久要求,在混凝土中需添加阻锈剂、防腐剂、防水剂。

(3)胶凝材料的用量

水泥用量:水泥采用 P·O42.5 水泥,每立方米混凝土水泥用量不得小于 300 kg,水胶比≤0.4。

拌制混凝土使用的水:采用不含有害物质的洁净水。pH 值小于 4 的酸性水和 pH 值大于 9 的碱性水、硫酸盐含量(按 SO_4^{2-} 计)超过水重量的 1%的水,以及海水均不得使用。

配置混凝土严格控制坍落度损失,不得产生泌水现象,且流动性和工作性要好。

10.3.3　对防水混凝土的施工要求

(1)防水混凝土应采用机械搅拌,搅拌时间不少于 2 min。掺外加剂时,应根据外加剂的技术要求决定搅拌时间。为保证防水混凝土有良好匀质性,不易采用人工拌和。

(2)混凝土在运输过程中必须注意防止产生离析现象及坍落度和含气量的损失,同时要防止漏浆。如果发生显著的泌水离析现象应加入适量的原水灰比的水泥浆复拌均匀。

(3)混凝土施工时应分层浇筑,分层振捣,每层厚度不得超过 300 mm 相邻两层浇筑时间间隔不超过 2 h,确保上下层混凝土在初凝之前结合好,不形成施工缝。浇筑混凝土的自落高度不得超过 2.0 m,否则应适用串筒、溜槽或滑管等工具进行浇筑。

(4)防水混凝土必须采用机械振捣密实,振捣时间在 10～30 s,以混凝土开始出浆和不冒气泡为准,并避免漏振、欠振和超振。

(5)混凝土施工要尽量连续浇筑,尽量减少施工缝,因施工需要留设施工缝,必须征得设计同意。

(6)防水混凝土模板加固的螺栓以及其他预留预埋件必须有止水措施,并符合设计要求。

(7)防水混凝土施工采用泵送混凝土施工,混凝土坍落度控制在 150～200 mm 范围内。混凝土的供应必须保证混凝土连续施工,防止堵管造成混凝土施工中断。

(8)在施工过程中应严格控制混凝土的温度。夏季混凝土入模温度不宜大于 25 ℃;混凝土温度峰值不宜超过 55 ℃;混凝土内温(最高时)与大气表温不宜超过 25 ℃,采用措施可以降低内温,表层应有保温措施,缩减内外温差。

冬期防水混凝土施工时必须注意混凝土表面温度与环境温度之差不能超过 15 ℃。

10.4 各种止水带做法

10.4.1 中埋式钢边止水带预埋

于家堡站房工程盖挖区主体结构预留施工缝、后浇带均设置钢边止水带,止水带安装采用盆式安装方法,保证振捣时产生的气泡能够顺利排出,使止水带部位的混凝土与止水带之间咬合密实不透水。止水带两翼与水平方向的夹角控制在 15°～20°之间。

(1)材料要求

钢边橡胶止水带为橡胶止水带,材料宽 350 mm,其硬度(邵尔 A)变形缝 60±5 度、施工缝 60±5 度,拉伸强度≥12 MPa,拉断伸长率≥450%,压缩永久变形(70 ℃×24 h)≤30%、(23 ℃×168 h)≤20%;撕裂强度≥25 kN/m,脆性温度≤−45 ℃;

(2)施工要求

①施工缝预留

钢边橡胶止水带安装完成后进行施工缝、后浇带下茬子,采用快易收口网进行施工缝、后浇带预留;下茬子时过钢边止水带中心 20 mm,收口网要严密。

施工缝(变形缝)的施工应符合下列规定:

a. 先浇混凝土表面必须凿毛,并凿除先浇混凝土表面的水泥砂浆和松软层,用水冲洗干净。凿毛时,混凝土必须达到的强度:人工凿毛时 2.5 MPa;风动机凿毛时 10 MPa。

b. 纵向施工缝后浇混凝土前,应在凿毛后的先浇混凝土面上,铺一层厚 25～30 mm、水胶比较混凝土略小的 1∶1 水泥砂浆,或铺一层厚约 30 cm 的混凝土,其粗骨料宜比后浇混凝土减少 10%,然后按设计要求设置止水条或止水带,再涂刷水泥净浆,及时浇筑混凝土。

c. 环向施工缝后浇混凝土前,应将其表面浮浆和杂物清除后,设置制品型遇水膨胀止水条或中埋式止水带,涂刷水泥净浆,并及时浇筑混凝土。

d. 浇捣靠近止水带附近的混凝土时，应严格控制浇捣的冲击力，避免力量过大而刺破止水带，同时还必须充分振捣，保证混凝土与止水带紧密结合，施工中如发现有破裂现象应及时修补。

e. 二次衬砌脱模后，若发现施工中有走模现象，致使止水带（图 10—8）过分偏离中心，则应适当凿除或填补部分混凝土，对止水带进行纠偏。

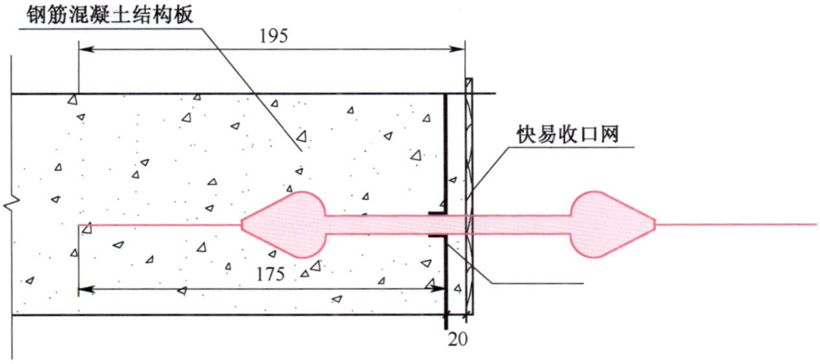

图 10—8 钢边橡胶止水带预埋示意图（单位：mm）

②钢边橡胶止水带安装

钢边橡胶止水带在施工缝、后浇带部位预埋时要准确，设在钢筋混凝土结构板二分之一处，其中点与施工缝、后浇带对齐，做到平、直、顺，不得出现扭曲、变形等现象。预埋时用钢筋夹固定在钢筋上，固定点间距不得大于 400 mm，固定应牢固、可靠，见图 10—9。

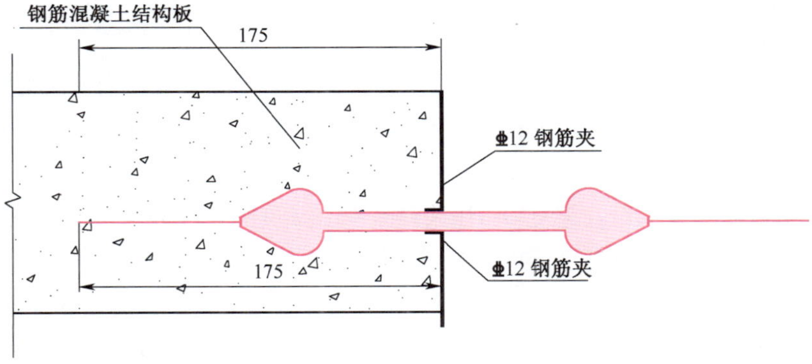

图 10—9 钢边橡胶止水带预埋示意图（单位：mm）

③钢边止水带部位混凝土振捣

浇筑混凝土时钢边止水带部位混凝土振捣应进行充分振捣，保证施工缝（图 10—10）部位的混凝土充分密实，这是止水带发挥作用的关键，振捣时严禁振捣棒触及止水带，防止损坏止水带。

(3)钢边橡胶止水带的施工规定

①预埋钢边橡胶止水带时，应确保位置准确、固定牢靠，其中间空心圆环应与变形缝的中心线重合。

②钢边橡胶止水带安装时应安装牢固。

③钢边橡胶止水带定位时，应使其在界面部位保持平展，不得使橡胶止水带翻滚、扭结，如

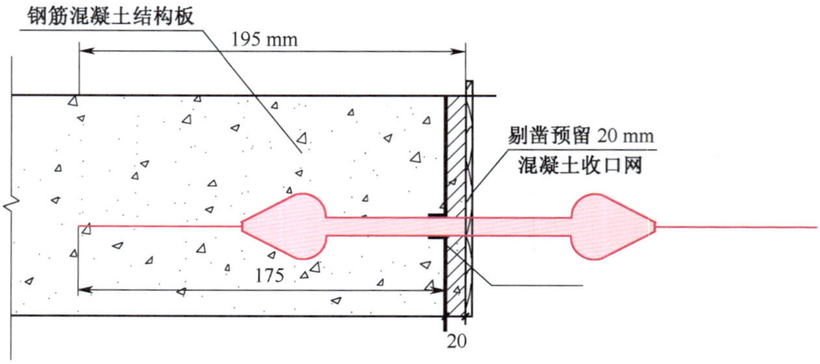

图 10—10 预留施工缝剔凿示意图

发现有扭结不展现象应及时进行调整。

④剔凿预留茬子时必须在顶板上面弹墨线，将距钢边止水带中心 20 mm 混凝土全部剔凿干净。

10.4.2 中埋式可注浆橡胶止水带

(1)橡胶止水带

中埋式可注浆橡胶止水带安设在防水钢筋混凝土结构(板)厚度 1/2 处，其中间空心圆环与变形缝中心对齐。其安装、固定、转角、混凝土振捣等要求参见钢边橡胶止水带。

中埋式可注浆橡胶止水带采用现场硫化对接接头，接头部位抗拉强度不得低于母材强度 80%。止水带的接头不得设在转角处。

(2)可维护注浆管

中埋式可注浆橡胶止水带两侧圆孔兼作注浆管，注浆管注浆清洗后应可重复注浆。

当变形缝部位出现渗漏水时，利用中埋式可注浆橡胶止水带的两侧注浆管进行注浆堵漏处理，注浆后应进行清洗，以重复使用。

注浆管每 4～5 m 设一个注浆孔，与注浆导管连接；注浆管与注浆导管连接应牢固；出浆孔间距不大于 30 mm，出浆孔应为单向，防止混凝土进入；注浆导管口部应露出混凝土表面，方便现场注浆。注浆导管的开孔部位应做好临时封堵，避免浇筑混凝土时杂物进入堵塞导管。注浆导管应在结构内穿行一段距离后再引出结构表面，引出位置与变形缝缝体的净距应不小于 20 cm。

(3)背贴式止水带

背贴式止水带在边墙和拱墙环向变形缝与施工缝时设置，埋设在衬砌与防水板之间，背贴式止水带固定采用热熔衬垫板及射钉固定，后采用防水板与热焊枪将热熔衬板后焊接，以达到射钉孔内防水要求。

止水带安装位置应符合以下要求：

①止水带埋设的位置宜按衬砌厚度的一半确定，其安装的径向位置，较设计允许偏差为 ±5 cm，安装的纵向位置允许偏离中心为 ±3 cm。

②止水带应与衬砌端头模板正交，以确保止水带安装方向和质量。

止水带的施工应符合以下规定：

①止水带连接前应做好接头表面的清刷与打毛，搭接长度不得小于 10 cm，宜采用小型热焊机进行焊接，焊缝宽度不得小于 50 mm。

②止水带接头必须焊接良好，接头外观应平整光洁。

③橡胶止水带接头宜采用热压机硫化搭接胶合，接头强度不应低于母材的 80%。

④采用以冷接法专用黏结剂连接时，搭接长度不得小于 20 cm，黏结剂涂刷应均匀（按照产品说明书指示顺序操作）并压实。

10.5 结构防水构造

10.5.1 施工缝的位置

各层板除结合后浇带设置施工缝外，不另设纵向施工缝，横向施工缝间距 8～16 m，侧墙按照设计要求平均 3～5 m 间距进行留设。

10.5.2 一般施工缝防水卷材

除盖挖逆作结构边墙外的所有部位。

(1)施工缝基面按《地下工程防水技术规范》的要求处理。

(2)钢边橡胶止水带：宽度 350 mm，钢板厚 0.8 mm。

(3)防水加强层：位于施工缝外侧，防水附加层的内侧，防水加强层设置宽度 50 cm，采用的材料与外侧附加防水层相同。

(4)可维护注浆管。

10.5.3 盖挖逆作结构边墙施工缝防水材料

(1)缓膨胀性遇水膨胀水胶两道。

(2)可维护注浆管。

10.5.4 变形缝槽体要求

(1)按设计要求变形缝槽体宽度 20 mm。

(2)变形缝槽体内应干净、干燥、槽体内无钢筋或其他杂物。每条变形缝位于顶板、侧墙和底板位置应连续、平顺、不得有错位和偏移，结构尺寸准确。

10.5.5 变形缝防水材料

(1)中埋式可注浆橡胶止水带。

(2)外贴式橡胶止水带。

(3)双组分聚硫密封膏。

(4)柔性保护层：其作用是保护双组分聚硫密封膏。

(5)防水加强层：采用与柔性防水层相同的材料，变形缝加强层宽度 1000 mm（两侧各 50 cm）。

(6)填充料：变形缝缝体内不得填充刚性和耐久性差的材料，选用三元乙丙橡胶板填充。

10.6　各种节点的防水做法

10.6.1　顶板、中板、底板与地下连续墙节点防水

设计图纸中要求结构板钢筋与连续墙的钢筋相连的部位，附加防水层不能连续须断开，应采取有效的防水措施。板与连续墙相接部位，底板与连续墙相接部位的预留钢筋处，用专用注胶器将缓膨胀性止水胶挤在每根钢筋周围，挤出数量宽度和厚度为 15 mm×8 mm，每根钢筋点的止水胶应连续、确保用量。节点防水设计要求具体见图 10—11。

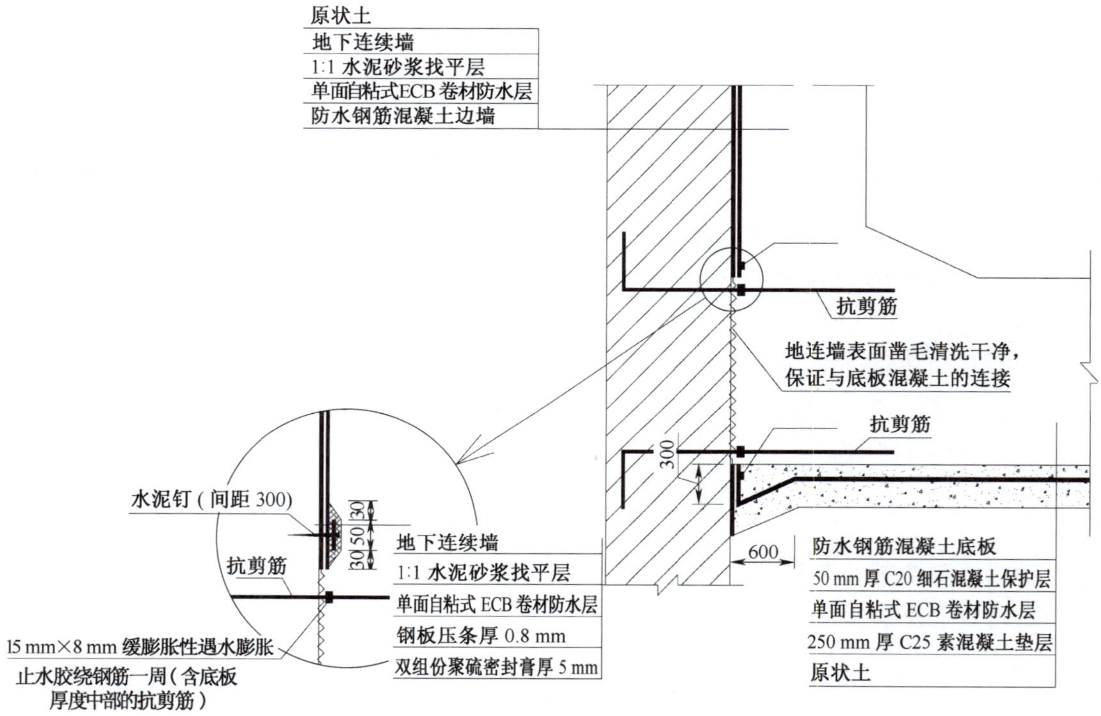

图 10—11　节点防水设计图（单位：mm）

10.6.2　工程桩与底板（底梁）连接防水

盖挖钢管柱埋件穿过底板和底梁，伸入到工程桩，工程桩的主钢筋与底板（底梁）的钢筋连接，因而底板的附加防水层在工程桩位置断开，要求防水应作特殊处理，保证防水的可靠性。工程桩处节点做法见图 10—12。

（1）底板（底梁）内侧与钢管柱相交处设置宽 15 mm、高 20 mm 的槽，槽体内填满双组分聚硫密封膏。

（2）预埋注浆管，利用预埋注浆管进行灌注浆。

（3）底板（底梁）下部与钢管柱接触部位设置一道缓膨胀性止水胶。采用专用密封胶条固定缓膨胀性止水胶。盖挖钢管柱防水见图 10—13。

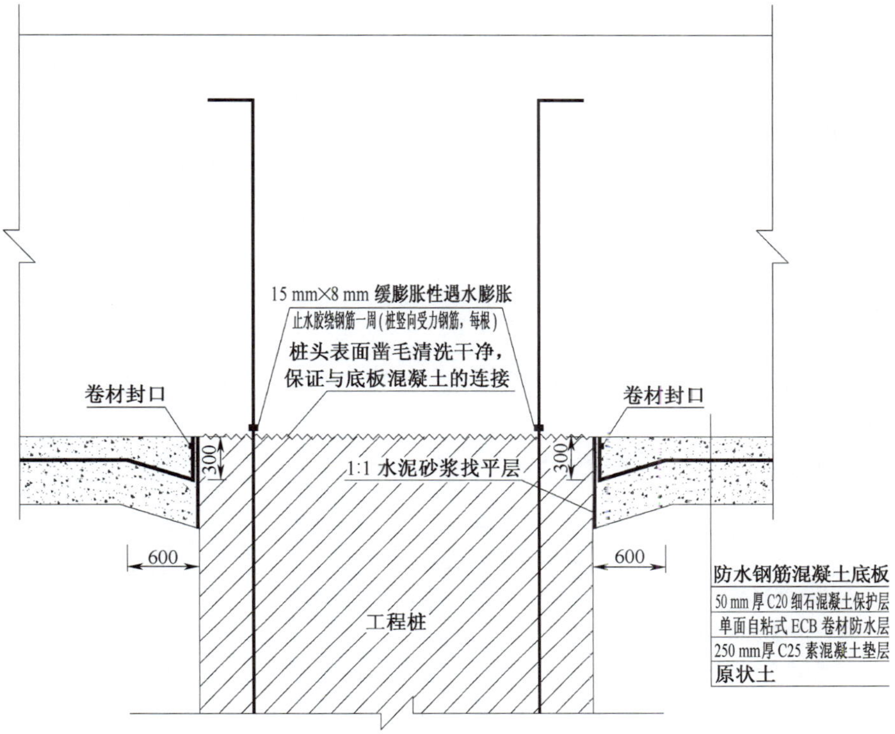

图 10—12 工程桩节点处防水图(单位：mm)

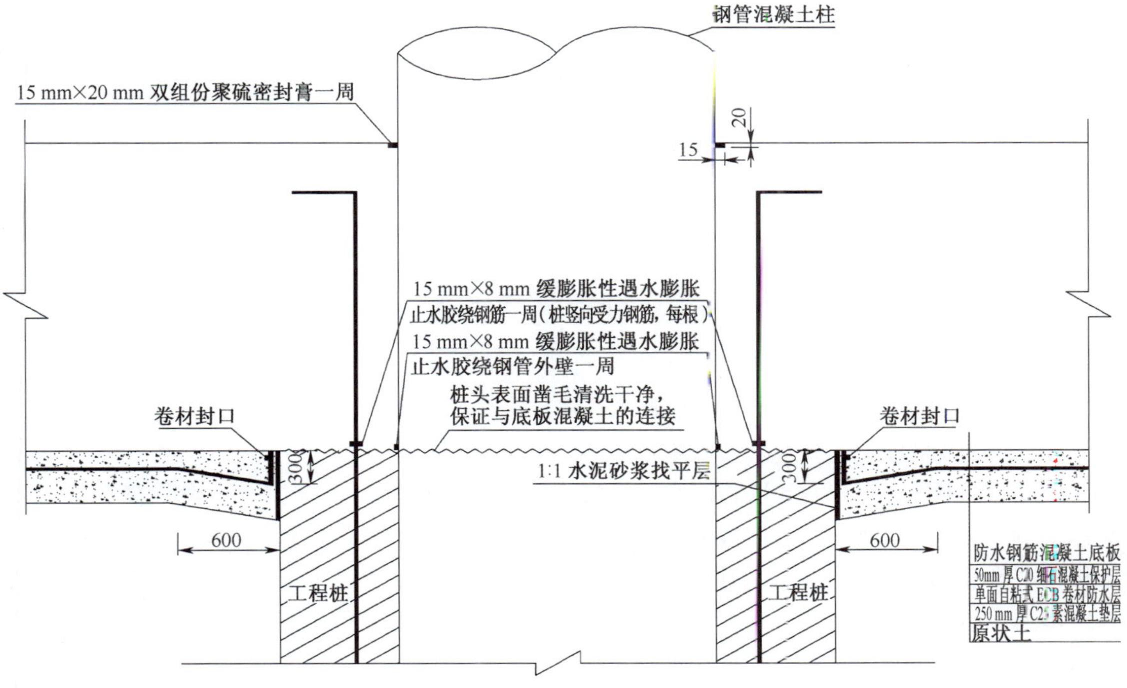

图 10—13 盖挖钢管柱防水图(单位：mm)

10.6.3 端头井处盾构吊装孔后浇混凝土部位的防水做法

主体结构端头井处盾构吊装孔部位的顶中板的混凝土需要待盾构区间施工完毕后方可浇筑，在新旧混凝土接缝处需做防水处理，按施工缝防水做法处理。

防水工程施工非常重要，其施工质量的好坏将直接影响到建筑物的使用功能。在工程施工中，将从防水原材料的质量控制、专业施工队伍的选择、施工过程控制、节点设计及做法等方面着手，确保防水工程的施工质量。

10.6.4 阴阳角增补处理

在阴阳角等部位，增加柔性防水附加层一道，宽度不小于 1 000 mm，作为特殊防水薄弱部位的增强处理。

阴阳角处理详见图 10—14。

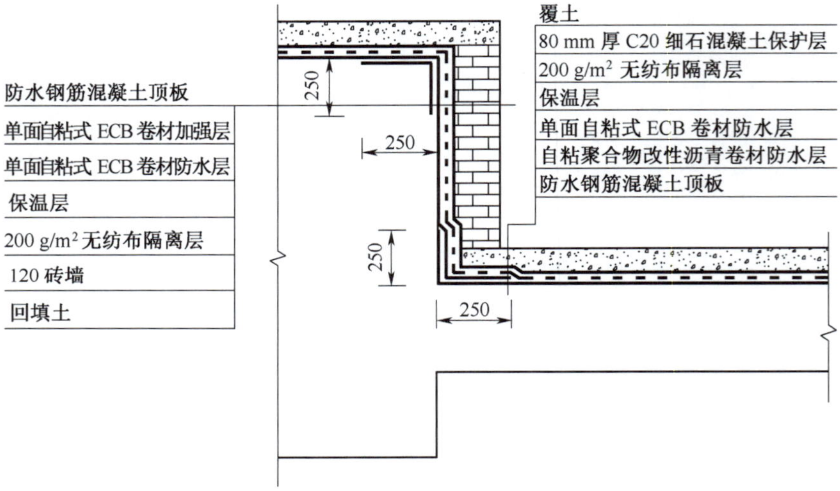

图 10—14 顶板阴阳角防水做法(单位:mm)

10.6.5 节点防水施工

(1)顶板与连续墙节点防水施工(图 10—15)

(2)底板与连续墙节点防水施工(图 10—16)

(3)钢格构柱与底板节点处防水施工

因明挖一区、二区开挖基坑跨度大，横撑过长，故在钢筋混凝土支撑下设置钢格构柱用以支撑混凝土梁。由于底板浇筑时，格构柱穿透底板结构，由此造成底板防水薄弱节点过多。由于格构柱和止水环无结构要求，但是为保证防水效果，施工时计划采用 10 mm 厚钢板将格构柱内部用 E43 型焊条从上侧单面焊满封闭，焊缝饱满，焊接质量符合规范要求，并在外部按照降水井焊接止水环，并用缓膨胀止水胶密封。

(4)72 轴地连墙与中板、顶板防水节点(图 10—17)

(5)与市政交界处防水做法，采用自黏层黏接(图 10—18)

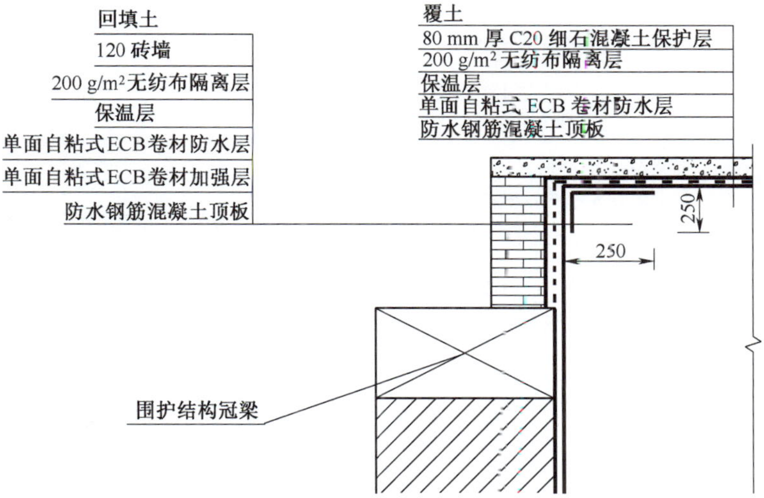

图 10—15 顶板与连续墙节点防水做法(单位:mm)

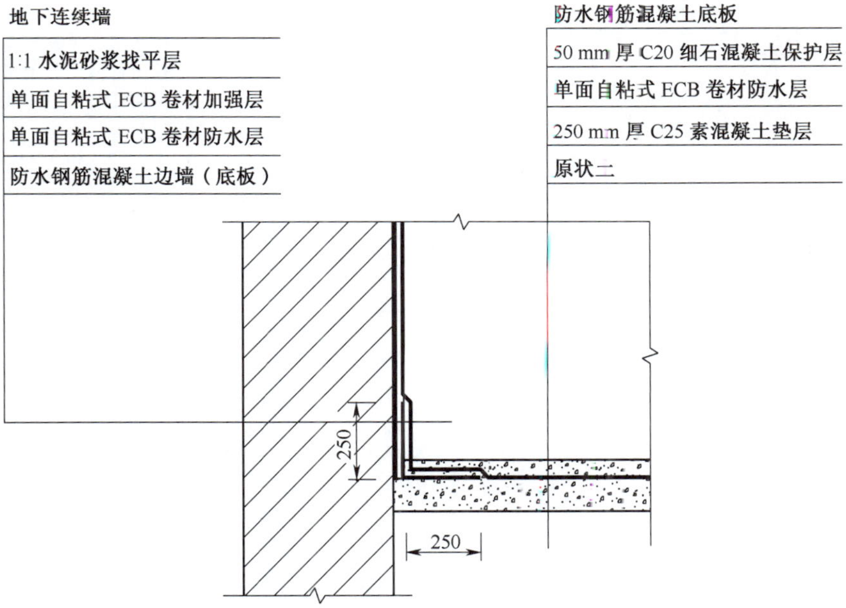

图 10—16 底板与连续墙节点防水做法(单位:mm)

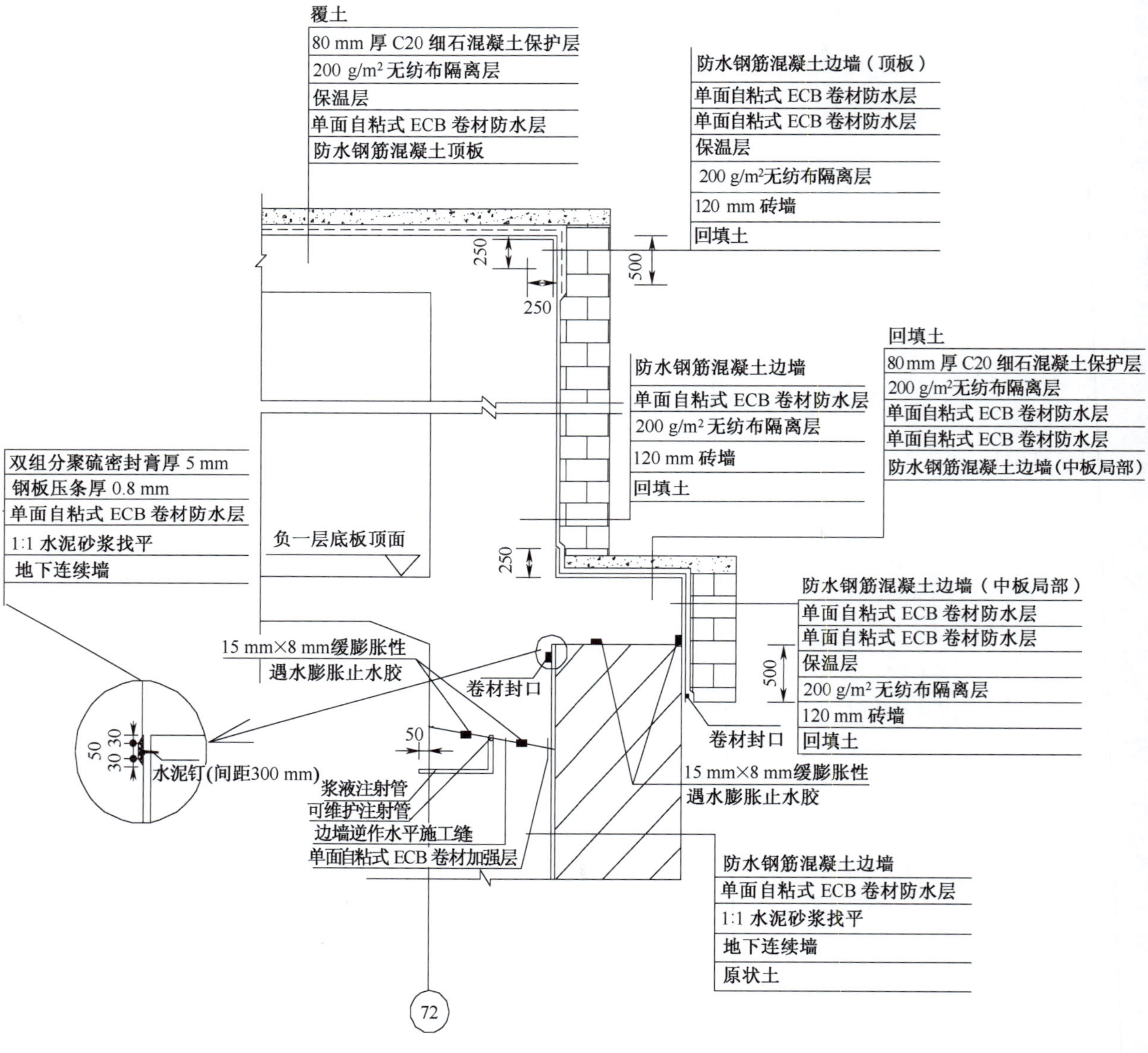

图 10—17　72 轴地连墙与中板、顶板防水节点图(单位：mm)

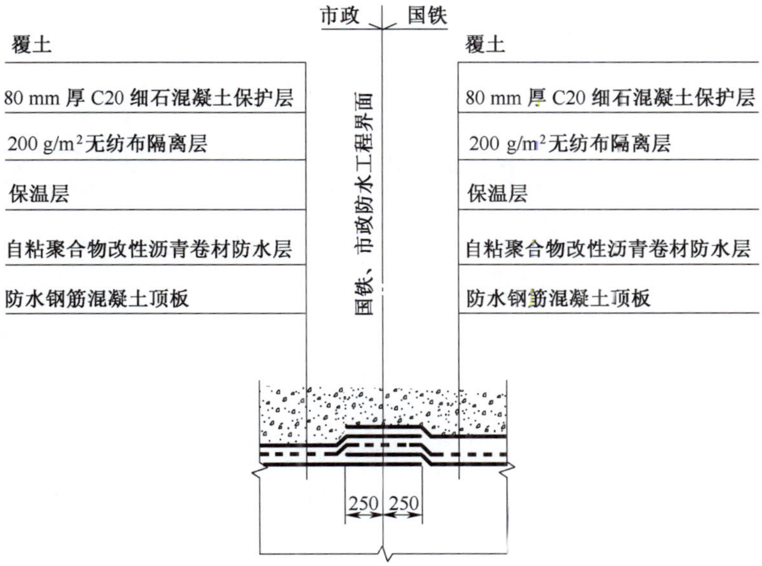

图 10—18 与市政交界处防水做法(单位:mm)

11 基坑开挖过程中的监测技术

11.1 基坑监测的目的及概述

京津城际延伸线于家堡站站房工程属于沿海地区的深基坑工程，基坑开挖深度大，土质条件差，施工时间长。为确保基坑施工及周边建筑物的安全必须进行基坑监测。

城际车站南部大基坑周边建筑物均已拆除（保留的天津银行建筑物位于城际车站的北侧）；本基坑周边的管线主要为新港2号路上的地下管线，已切改完毕。

11.2 监测目标及原则

11.2.1 监测目标

作为庞大而复杂的交通枢纽建设工程，往往因其地质条件复杂、建设周期很长、区域涵盖范围广、施工困难、设计计算理论尚不完善等诸多方面的问题，在建设过程中会出现工程质量难以保证、工程进度难以把握、工程风险难以控制的情况，而为确保工程安全进行的施工监测由于条件限制，使得花费大量的人力物力获得的数据得不到充分利用，工程事故不断。关键是各类监测数据浩如烟海，必须通过及时有效地分析处理，从中汲取出有价值的内容和信息，及时反馈至建设管理单位，这对于保证工程质量和基坑的施工安全具有极其重要意义。

本工程监测的主要目的：

(1)通过将监测数据与预测值作比较，判断上一步施工工艺和施工参数是否符合或达到预期要求，同时实现对下一步的施工工艺和施工进度控制，从而切实实现信息化施工；

(2)通过监测，及时掌握和提供基坑、围(支)护系统、地表及的变化信息和工作状态，确保本工程基坑开挖期间周边的道路、管线正常运行；

(3)通过监测，及时发现基坑施工过程中的环境变形发展趋势，及时反馈信息，达到有效控制施工对建筑物及管线影响的目的；

(4)通过监测，及时调整支撑系统的受力均衡问题，使得整个基坑开挖过程能始终处于安全、可控的范畴内；

(5)将现场监测结果反馈给建设单位、设计单位，使设计能根据现场工况发展，进一步优化方案，达到优质安全、经济合理、施工快捷的目的；

(6)通过跟踪监测，在换撑和支撑拆除阶段，施工科学有序，保障基坑始终处于安全运行的状态；

(7)必要时为业主提供法律及公证所需要的证据。

11.2.2　设计基本原则

(1)系统性原则

所设计的监测项目有机结合,并形成有效四维空间,测试的数据相互能进行校核。

运用、发挥系统功效对基坑进行全方位、立体监测,确保所测数据的准确、及时。

在施工工程中进行连续监测,确保数据的连续性。

利用系统功效减少监测点布设,节约成本。

(2)可靠性原则

设计中采用的监测手段是已基本成熟的方法。

监测中使用的监测仪器、元件均通过计量标定且在有效期内。

在设计中对布设的测点进行保护设计。

(3)与结构设计相结合原则

对结构设计中使用的关键参数进行监测,达到进一步优化设计的目的。

对结构设计中,在涉及的受力部位及受力内容进行监测,作为反演分析的依据。

依据设计计算情况,确定围护结构及支撑系统的报警值。

依据业主、设计单位提出的具体要求进行针对性布点。

(4)关键部位优先、兼顾全面的原则

对围护体及支撑系统中相当敏感的区域加密测点数和项目,进行重点监测。

对勘察工程中发现地质变化起伏较大的位置和施工过程中有异常的部位进行重点监测。

除关键部位优先布设测点外,在系统性的基础上均匀布设监测点。

(5)与施工相结合原则

结合施工实际确定测试方法、监测元件的种类、监测点的保护措施。

结合施工实际调整监测点的布设位置,尽量减少对施工质量的影响。

结合施工实际确定测试频率。

(6)经济合理原则

监测方法的选择,在安全、可靠的前提下结合工程经验尽可能采用直观、简单、有效的方法。

监测元件的选择,在确保可靠的基础上择优选择国产及进口之仪器设备。

监测点的数量,在确保全面、安全的前提下,合理利用监测点之间联系,减少测点数量,提高工作效率,降低成本。

11.3　监测项目及技术方法

11.3.1　监测项目内容及测点布置

在进行基坑开挖及支护施工过程中,每个分步开挖的空间几何尺寸和开挖部分的无支撑暴露时间,都与围护结构、土体位移等存在较强的相关性。这就是基坑开挖中经常运用的时空效应规律,做好监测工作可以可靠而合理地利用土体自身在基坑开挖过程中位移的潜力,从而达到保护环境和最大限度保护相关方面利益的目的。

根据本工程的场区环境、基坑本身的特点及相关工程的经验,按照安全、经济、合理的原则布设监测点。

(1)地下管线变形监测

具体测点情况需根据管线改排情况现场确定，测点数量暂估 60 点。

监测点布点原则每 15 m 布设一个垂直位移。距场地最近的一排管线同时观测水平位移。

监测点固定好后，用水准仪测得监测点的相对高程，并以两次测得数据的平均值作为初始相对高程；水平位移初始值用全站仪或经纬仪测得各监测点的初始轴线。

(2)地表沉降剖面监测

为了监控基础施工对周围土体的影响范围，拟在 2 倍基坑开挖深度范围内布设坑外地表沉降剖面监测点。

拟在基坑外分别布设地表沉降剖面，每组沉降剖面从基坑围护外侧算起，按 5 m 的间距设置 5 个垂直位移监测点，在基坑外共布设 5 组沉降剖面，共计 25 点，编号 D1-i～D5-i。

如点位遇到障碍物时可将点位作就近平行移动。

(3)围护顶部变形监测

拟在基坑周圈围护顶面上布设墙顶垂直位移及水平位移监测点，布设 19 个顶部变形监测点，编号 Q01～Q22。

测点利用长 8 cm 带帽钢钉直接布置在新浇筑的围护顶部上，并测得稳定的初始值。

(4)围护结构侧向位移监测

在地下连续墙钢筋笼绑扎并埋设带导槽 PVC 塑料管，以监测围护墙体侧向变形。拟布设 14 个墙体测斜孔，编号 P01～P14。

测斜孔深同各区域围护墙体钢筋笼基本同深。

(5)潜水水位观测

拟在基坑外侧埋设潜水水位观测孔，孔深不超过 18 m，控制在孔底至微承压水层顶距离大于 2 m，避免潜水与微承压水相通，并视各区域开挖深度进行适当调整。

布设 14 个潜水水位观测孔，编号 SW01～SW14。具体位置可能会视地下障碍物分布情况适当调整。

用 ϕ89 钻头成孔，钻进尽可能采用清水钻进，埋设直径为 ϕ53 的专用水位监测 PVC 管，PVC 管外使用特殊土工布进行无缝包扎，下管后用中砂密实，孔顶附近再填充泥球，以防止地面水的渗入。埋设完成后，立即用清水洗孔，以保证水管与管外水土体系的畅通，并在管口加盖套筒。

(6)支撑轴力监测

通过在混凝土支撑结构内安装钢筋应力计或在钢管支撑上安装表面应变计来测定支撑的轴向受力，应力(变)计安装时分左右两侧进行，以便能准确确定轴力数值。

在逆作法的梁板上布设 40 组内力监测点，由于暂未获得该区域梁板分布情况，内力测点将根据现场情况进行，共计 80 只钢筋应力计。

(7)围护墙体钢筋应力监测

拟在基坑地墙钢筋笼内设置竖向应力监测断面，根据各基坑开挖深度从墙顶往下每间隔 5 m 布设一组断面直到坑底以下 10 m 处(结合支撑位置和土层情况作适当调整)，应力计分别在迎土面和迎坑面对称分布。

在围护结构钢筋笼成笼后、放入基槽前将应力计焊接在设计深度处的墙体主筋上并作好保护措施，避免混凝土浇筑时破坏。

(8)立柱桩垂直位移监测

为了解基坑施工对立柱桩的影响，掌握基坑支护系统的稳定性，在立柱桩的顶部进行设点。在基坑内的中间柱布设 4 个静力水准监测断面共 70 点，编号暂定为 J1-i～J4-j，采用静力水准仪进行监测。

对于采用静力水准进行竖向位移测量的立柱、在具备静力水准测量条件前采用精密水准进行测量，以保证数据的完整性。

(9)墙侧土压力监测

在地下连续墙迎土面埋设土压力计。为确保数据的可比性，埋设位置应与测斜管尽量重合，并与钢筋应力计深度位置对应。

根据各基坑开挖深度，拟在基坑外侧布设土压力孔 4 孔，每孔布设 8 只土压力计，编号为 TY01～TY04。

(10)墙外孔隙水压力监测

在土压力孔旁设置孔隙水压力监测孔。埋设时用粗砂作为透水填料，透水层填料厚度取为 0.8 m，每个孔隙水压力计之间用黏土球填料隔离，投放黏土球时，应缓慢、均衡投入。

在基坑外侧布设孔隙水压力监测孔 4 孔，每孔布设 6 只孔隙水压力计，编号为K01～K04。

(11)坑内土体分层沉降监测

在基坑内进行土体分层沉降监测。共计布设坑内土体分层沉降孔 10 孔，编号 HT01～HT10，每孔设置 3 个磁环，按坑底向下间隔 5 m 分别布设。

在坑外布设 4 个土体分层沉降孔，编号 FC01～FC04，每孔设置 4 个磁环，从地表开始间隔 5 m 进行布设。

(12)主体结构内力监测

在主体结构内力监测主要针对楼板中的钢筋进行应力监测。共计布设楼板应力监测点 20 处，每点布设 2 只应力计，分别在楼板上下皮钢筋各布 1 只应力计，共计 40 只钢筋应力计。待支撑楼板确定后再确定测点位置。

(13)中间柱钢筋应力监测

根据在基坑内中间柱的实际分布情况布设 10 处立柱桩应力监测点，中间柱内每处布设 4 只应力计，共计 10×4=40 只应力计；布设时需考虑与静力水准监测断面布置结合。

11.3.2　监测技术方法

为保证所有监测工作的统一，提高监测数据的精度，使监测工作有效的指导整个工程施工，监测工作采用整体布设，分级布网的原则。即首先布设统一的监测控制网，再在此基础上布设监测点(孔)。

(1)垂直位移监测高程控制网测量

采用独立高程系，由于本项目施工范围较大，在远离施工影响范围以外至少布置 4～6 个稳固高程基准点，沉降变形监测基准网以上述稳固高程基准点作为起算点，组成水准网进行联测。

基准网按照国家Ⅱ等水准测量规范要求执行，精密水准测量的主要技术参照表 11—1。

表 11—1 精密水准测量的主要技术要求

每公里高差中误差(mm)		水准仪等级	水准尺	观测次数	往返较差、附合或环线闭合差(mm)
偶然中误差	全中误差	DS_1	铟瓦尺	往返测各一次	$\pm4\sqrt{L}$ 或 $1.0\sqrt{n}$
±1	±2				

注：L 为往返测段、环线的路线长度(以 km 计)，n 为测站数。

外业观测使用 WILD NA2＋GPM3 自动安平水准仪(标称精度：±0.3 mm/km)往返实施作业。

观测措施：本高程监测基准网使用 WILD NA2＋GPM3 自动安平水准仪及配套铟瓦尺，外业观测严格按规范要求的二等精密水准测量的技术要求执行。为确保观测精度，观测措施制定如下。

作业前编制作业计划表，以确保外业观测有序开展。

观测前对水准仪及配套铟瓦尺进行全面检验。

观测方法：往测奇数站“后—前—前—后”，偶数站“前—后—后—前”；返测奇数站“前—后—后—前”，偶数站“后—前—前—后”。往测转为返测时，两根标尺互换。

测站视线长、视距差、视线高要求见表 11—2。

表 11—2 视线长、视距差、视线高

标尺类型	视线长度		前后视距差	前后视距累计差	视线高度	
	仪器等级	视距			视线长度 20 m 以上	视线长度 20 m 以下
铟瓦	DS1	≤50 m	≤1.0 m	≤3.0 m	0.5 m	0.3 m

测站观测限差见表 11—3。

表 11—3 观测限差

基辅分划读数差	基辅分划所测高差之差	上下丝读数平均值与中丝读数之差	检测间歇点高差之差
0.4 mm	0.6 mm	3.0 mm	1.0 mm

两次观测高差超限时重测，当重测成果与原测成果分别比较其较差均没超限时，取三次成果的平均值。

垂直位移基准网外业测设完成后，对外业记录进行检查，严格控制各水准环闭合差，各项参数合格后方可进行内业平差计算。高程成果取位至 0.01 mm。

(2)监测点垂直位移测量

按国家二等水准测量规范要求，历次垂直位移监测是通过工作基点间联测一条二等水准闭合线路，由线路的工作点来测量各监测点的高程，各监测点高程初始值在监测工程前期两次测定(两次取平均)，某监测点本次高程减前次高程的差值为本次垂直位移，本次高程减初始高程的差值为累计垂直位移。

高程测量误差≤1 mm。

(3)监测点水平位移测量

采用轴线投影法。在某条测线的两端远处各选定一个稳固基准点 A、B，经纬仪架设于 A 点，定向 B 点，则 A、B 连线为一条基准线。观测时，在该条测线上的各监测点设置觇板，由经纬仪在觇板上读取各监测点至 AB 基准线的垂距 E，某监测点本次 E 值与初始 E 值的差值即为该点累计水平位移，各变形监测点初始 E 值均为取两次平均的值。

采用瑞士瑞士 TCA2003A 全站仪或 T2 经纬仪来测试，水平位移精度±2 mm。

(4)围护结构侧向位移监测

在地下连续墙钢筋笼上埋设带导槽 PVC 管，测斜管管径为 ϕ70 mm，内壁有二组互成 90°的纵向导槽，导槽控制了测试方位。埋设时，应保证让一组导槽垂直于围护体，另一组平行于基坑墙体。测试时，测斜仪探头沿导槽缓缓沉至孔底，在恒温一段时间后，自下而上逐段测出 X 方向上的位移。同时用光学仪器测量管顶位移作为控制值。在基坑开挖前，分两次对每一测斜孔测量各深度点的倾斜值，取其平均值作为原始偏移值。"+"值表示向基坑内位移，"−"值表示向基坑外位移。

仪器采用美国新科测斜仪进行测试，测斜精度±0.1 mm/(500 mm)，见图 11—1。

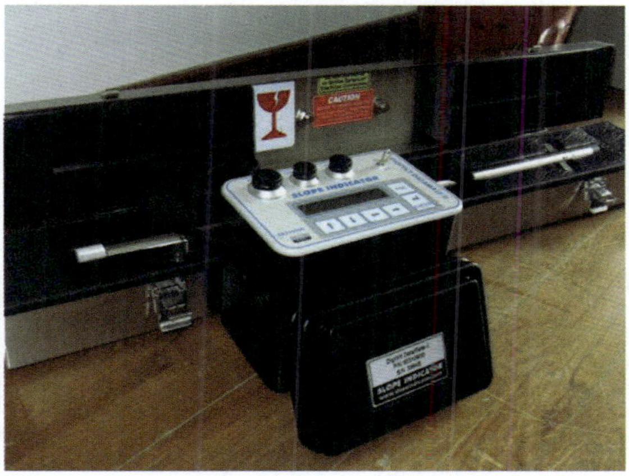

图 11—1　测斜仪

测试原理见图 11—2。

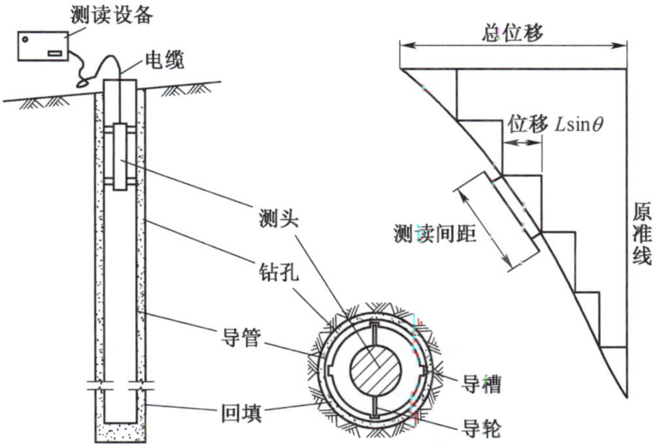

图 11—2　测斜仪工作原理

计算公式：

$$X_i = \sum_{j=0}^{i} L\sin\alpha_j = C\sum_{j=0}^{i}(A_j - B_j)$$
$$\Delta X_i = X_i - X_{i0}$$

式中　ΔX_i——i 深度的累计位移(计算结果精确至 0.1 mm)；

X_i——i 深度的本次坐标(mm)；

X_{i0}——i 深度的初始坐标(mm)；

A_j——仪器在 0°方向的读数；

B_j——仪器在 180°方向上的读数；

C——探头标定系数；

L——探头长度(mm)；

α_j——倾角。

(5)坑外潜水水位观测

在基坑开挖施工中，须在基坑内进行大面积疏干降水，以保持基坑内土体相对干燥，以便于土方开挖和土渣运输，如果止水帷幕的实际效果不够理想，将势必对周边环境和建筑物造成危害性影响，严重将造成基坑管涌、塌方的危害。为了使浅层地下水位保持一适当的水平，掌握深层承压水位的变化情况，以使周边环境处于相对稳定可控状态，加强对坑内、外潜水水位和承压水位的动态观测和分析，对于了解和控制基坑降水深度、判定围护体系的隔水性能，分析坑内、外地下水的联系程度具有十分重要的意义。

对于水位动态变化的量测，可在基坑降水前测得各水位孔(图 11—3)孔口相对高程及各孔水位深度，孔口相对高程减水位深度即得水位相对高程，初始水位为连续二次测试的平均值。每次测得水位相对高程与初始水位相对高程的差即为水位累计变化量。

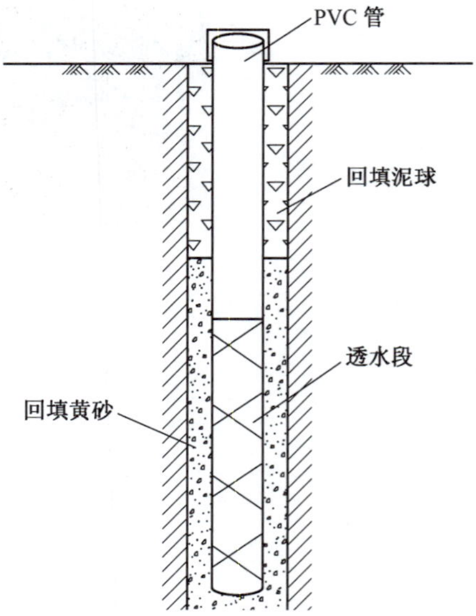

图 11—3　水位孔剖面图

坑内的水位观测由降水单位观测。

采用 SWJ-90 电测水位计，水位观测精度≤10 mm。

(6)支撑轴力监测

①钢筋混凝土支撑

为掌握混凝土支撑的设计轴力与实际受力情况的差异，防止围护体的失稳破坏，须对支撑结构中受力较大的断面和应力变幅较大的断面进行监测。支撑钢筋制作过程中，在被测断面的左右两侧埋设钢筋应力计，支撑受到外力作用后产生微应变。其应变量通过振弦式频率计来测定，测试时，按预先标定的率定曲线，根据应力计频率推算出混凝土支撑钢筋所受的力。计算公式为：

$$F_g = K(f_i^2 - f_0^2) \tag{11—1}$$

然后根据支撑中混凝土与钢筋应变协调的假定，可得计算公式：

$$F=\left(\frac{A_cE_c}{A_gE_g}+\frac{A_s}{A_g}\right)\cdot F_g \tag{11—2}$$

式中 F ——混凝土支撑受力(kN)(计算结果精确至 1 kN);

F_g ——钢筋计受力(kN)(计算结果精确至 1 kN);

A_s——钢筋截面积(m^2);

A_g——钢筋计截面积(m^2);

A_c——支撑混凝土截面积(m^2);

f_i——钢筋计的本次频率(Hz);

f_0——钢筋计的初始频率(Hz);

K——钢筋计的标定系数(kN/Hz^2)。

采用 ZXY—Ⅱ型振弦式频率读数仪作为二次读数仪,将由公式(11—2)解得的 F 作为混凝土支撑轴力,支撑轴力测量误差≤10%$F\cdot S$。

②钢管支撑

钢支撑轴力监测一般采用表面应变计来测试支撑的轴向压力,在钢支撑表面安装表面应变计,支撑受到外力作用后产生形变。其应变量通过振弦式频率计来测定,测试时,按预先标定的率定曲线,根据应力计频率推算出支撑轴向所受的力。计算公式为:

$$F=S\,K(f_i^2-f_0^2)$$

式中 F——支撑轴力(kN)(计算结果精确至 1 kN);

S——支撑截面积(m^2);

f_i——应变计的本次读数(Hz);

f_0——应变计的初始读数(Hz);

K——应变计的标定系数($kN/Hz^2/m^2$)。

(7)围护墙体应力监测

由于本工程基坑开挖面积大,为了测定地连墙或围护桩的设计受力与实际受力情况的差异,防止围护结构的失稳破坏,须对其进行应力监测。在钢筋笼焊接完成后,将应力计焊接在设计深度处的墙体主筋上,并将导线引出,同时作好保护措施避免混凝土浇筑时被破坏。

用频率计实测振弦式钢筋应力计频率的变化,根据出厂时标定的频率—应力率定值,求得应力变化值。计算公式为:

$$\sigma_s=K(F_0^2-F_x^2)/S$$

式中 K——应变计的标定系数($kN/Hz^2/m^2$);

F_0——应力计初始频率(Hz);

F_x——应力计本次频率(Hz);

σ_s——实测钢筋计的应力(MPa);

S——应力计截面积(m^2)。

(8)坑内土体回弹监测

基坑开挖是卸荷的过程,随着基坑内土体开挖有应力释放过程,引起坑内土体回隆,严重时,坑外土体涌入基坑形成坑底隆起,在砂质地区还在动水压力作用下出现涌砂,将对工程造成严重影响,危及基坑安全;同时围护墙体将发生向坑内的形变,引起墙背土体发生沉降,而布设在地表的测点难以反映深部土体在垂直方向上的位移变化。可通过埋设回隆观测孔和分层沉降观测孔，利用分层沉降仪可量测基坑开挖过程中土层的回隆量及坑外土体的沉降量，依据回隆的量和速率及早发现问题。

在埋设的测管内慢慢放入沉降仪测头，每到一个磁环埋设点，沉降仪测头感应信号并启动声响器，根据声响读取钢尺距管顶的距离，管顶高程以二等水准联测求得，由管顶高与沉降仪钢尺上的读数求得磁环埋设点的高程。各点累计沉降量等于实时测量值与其初始值的变化量。本次测量值与前次测量值的差值为本次变化量。

采用 CJY-80 钢尺沉降仪测沉降。

(9) 墙侧土压力监测

基坑开挖施工中，由于坑内土体卸载，导致墙体内外土压力失衡。对地墙迎土面及迎坑面侧土压力的变化进行监测，可以有依据地控制开挖速率，以达到施工的安全。用频率计实测振弦式土压力计频率的变化，根据出厂时标定的频率—压力率定值，求得土压力值。计算公式为：

$$P=K(F_0^2-F_x^2)$$

式中 K——率定系数(kN/Hz^2)；

F_0——土压力计初始频率(Hz)；

F_x——土压力计测试频率(Hz)；

P——实测的土压力值(kPa)。

(10)坑外孔隙水压力监测

基坑开挖及降水将引起基坑外孔隙水压力的变化，对坑外侧的孔隙水压力的变化进行监测，可以有依据地分析开挖及降水的影响程度，以达到施工的安全和及早报警的目的。用振弦式孔隙水压力计实测其频率的变化，根据出厂时标定的频率—压力率定值，求得孔隙水压力值。计算公式为：

$$P=K(f_i^2-f_0^2)$$

式中 P——孔隙水压力(kPa)(计算结果精确至 1 kPa)；

f_i——压力传感器的本次读数(Hz)；

f_0——压力传感器的初始读数(Hz)；

K——压力传感器的标定系数(kPa/Hz^2)。

(11)立柱隆沉监测

由于基坑内土方的开挖，坑内土体卸载造成坑底土体回弹，带动立柱上升，回弹量的大小关系到围护结构的稳定性。采用瑞士 WILD NA2＋GPM3 自动安平精密水准仪来测试。为了能实现实时监控，选择 3 条监测剖面对其立柱桩采用静力水准系统进行监测；但在具备静力水准测量条件前采用精密水准进行测量，以保证数据的完整性。

11.3.3 监测初始值测定

为取得基准数据，各观测点在施工前，随施工进度及时设置，并及时测得初始值，观测次数不少于 3 次，直至稳定后作为动态观测的初始测值。

测量基准点在施工前埋设，经观测确定其已稳定时方才投入使用。稳定标准为间隔半个月两次观测高程差不超过 2 倍观测点精度。基准点不少于 3 个，并设在施工影响范围外。监测期间定期联测以检验其稳定性。并采用有效保护措施，保证其在整个监测期间的正常使用。

11.3.4 施工监测频率

根据工况合理安排监测时间间隔，做到既经济又安全。根据以往同类工程的经验，拟定监测频率见表 11—4（最终监测频率须与设计、总包、业主、监理及有关部门协商后确定）。

原则上每个监测项目的监测周期自监测对象所处区域或附近基坑土建施工开始到土建施工完毕为止。周边环境如地表沉降等项目在土建施工开始前测定原始值。

表 11—4 监测频率

监测内容	监测频率				
	围护施工	坑内降水	开挖及主体施作	底板浇筑后	支撑拆除期间
现场巡视	1 次/1 d				
地下综合管线变形监测	1 次/3 d	1 次/3 d	1 次/1 d	1 次/3 d	1 次/1 d
周边地表沉降剖面监测	1 次/3 d	1 次/3 d	1 次/1 d	1 次/3 d	1 次/1 d
围护顶部变形监测	—	1 次/3 d	1 次/1 d	1 次/3 d	1 次/1 d
围护结构侧向位移监测	—	—	1 次/1 d	1 次/3 d	1 次/1 d
立柱柱垂直位移监测	—	1 次/3 d	1 次/3 d	1 次/7 d	1 次/3 d
支撑轴力监测	—	—	1 次/1 d	1 次/3 d	1 次/1 d
地墙钢筋应力监测	—	—	1 次/3 d	1 次/7 d	1 次/3 d
坑底土体回弹监测	—	—	1 次/3 d	结束	结束
墙侧土压力监测	—	—	1 次/3 d	1 次/7 d	1 次/3 d
孔隙水监测	—	—	1 次/3 d	1 次/7 d	1 次/3 d
主体结构内力监测	—	—	1 次/3 d	1 次/7 d	1 次/3 d
坑外潜水水位观测	—	1 次/1 d	1 次/1 d	1 次/3 d	1 次/1 d

注：①现场监测将采用定时观测与跟踪观察相结合的方法进行，监测频率可根据监测数据变化大小进行适当调整，以能系统反映所测变形的变化过程且不遗漏其变化时刻为原则；

②监测数据有突变时，监测频率加密到每天 2～3 次，必要时实施跟踪监测；

③各监测项目的开展、监测范围的扩展，随基坑施工进度不断推进；

④当变形数据趋于平缓时，在有充足的证据证明变化趋于稳定时，经监理工程师同意后可以停止相应项目的监测工作。

由于工程的特殊重要性，应每天不间断的对工程周边环境及基坑施工工况进行全面的现场巡视工作，并做好相应的文字观测记录和影像记录。

11.3.5 报 警 值

监测报警指标一般以总变化量和变化速率两个量控制，累计变化量的报警指标一般不宜超过设计限值。当下列监测值达到极限值的 80%，即为报警值，首先采用口头或电话通知的方式告知业主、设计、监理、施工单位等相关各方，后通过书面形式在日报表上进行明示。结合相关规范及多年监测工程经验，报警指标初步拟定为表 11—5(须得到有关单位的确认)。

表 11—5　报警指标

项目	报　警指　标	备注
周边地下管线变形	累计 30 mm，3 mm/d	
基坑周边地表竖向位移	累计 35 mm,3 mm/d	
围护顶部水平位移	累计 30 mm,3 mm/d	
围护顶部竖向位移	累计 20 mm,3 mm/d	
地下连续墙深层水平位移	累计 50 mm,3 mm/d	
坑外潜水水位	下降 1 000 mm,500 mm/d	
支撑内力	根据设计值确定	
围护墙体内力		
楼板内力		
立柱柱垂直位移	累计 35 mm,3 mm/d	
坑内土体回弹	累计回弹 35 mm,3 mm/d	

11.3.6　监测项目保护措施

为保证所有监测项目在施工过程中能够顺利实施，并及时提供可靠的监测数据，测点的保护工作尤为重要，并需要业主、监理以及施工单位的大力配合。

(1)地表沉降点监测保护措施

当地表沉降点设置于道路或是有车辆来往地段时，应在测点处钻一直径不小于 110 mm、深约 20～60 cm 的孔，钻孔深度根据硬路面层厚确定。然后在孔内插入长 30～80 cm 的圆头钢筋至软土层中，钢筋头低于地面 5～10 cm，并用回填土将钢筋头以下部位填实，孔口加盖一窨井盖，不高于路面为准。具体措施见图 11—4。

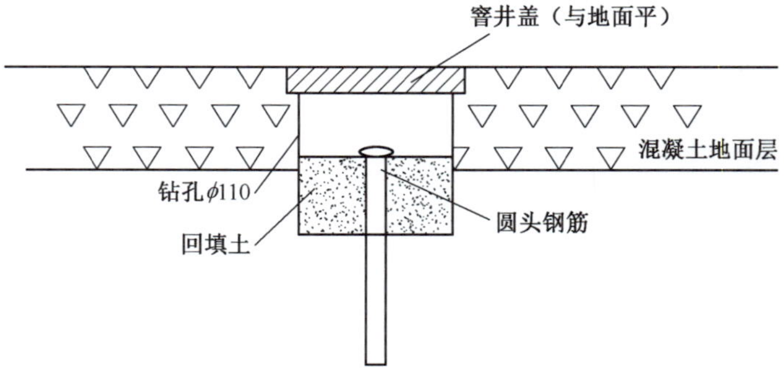

图 11—4　地表沉降点检测保护措施

(2) 测斜孔和水位孔的保护措施

为有效保护测斜孔和水位管，可根据场地实际情况对测斜管或水位管的顶部可采用高出地面和低于地面两种思路来进行保护，同时使用金属盖或混凝土盖保护，并在测点附近做小红旗及测点标志牌来醒目标示，以提醒施工人员。具体措施见图 11—5。

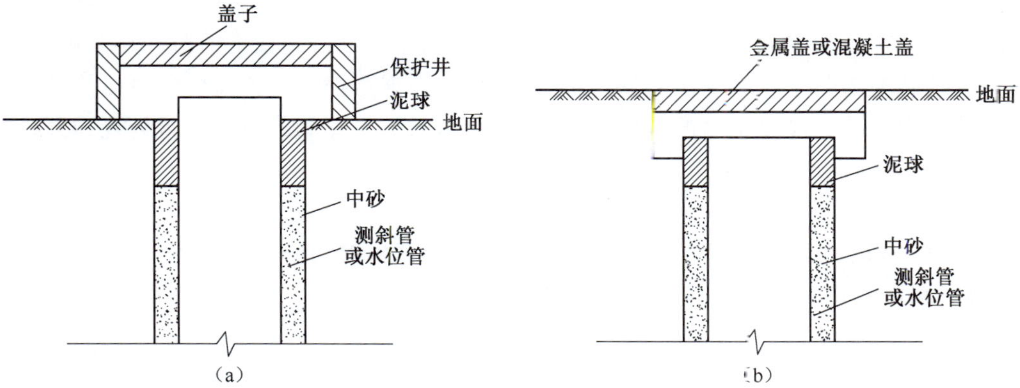

图 11—5 测斜孔和水位孔的保护措施

(3)围护墙体应力监测保护措施

在围护结构钢筋笼成笼后、放入基槽前将应力计焊接在设计深度处的墙体主筋上,焊接时要特别注意在应力计上浇点水或是用湿布裹住应力计,以避免焊接温度过高造成应力计损坏。连接应力计的导线应分别编号并用细钢丝固定在钢筋上,在钢筋笼顶部约 1 m 处汇集各导线入 $\phi70$ 的 PVC 管内引出地面,将各导线端头密封在 PVC 管顶部,PVC 管顶部加盖密封、底部塞满软布密封以防止水泥浆进入。具体措施见图 11—6。

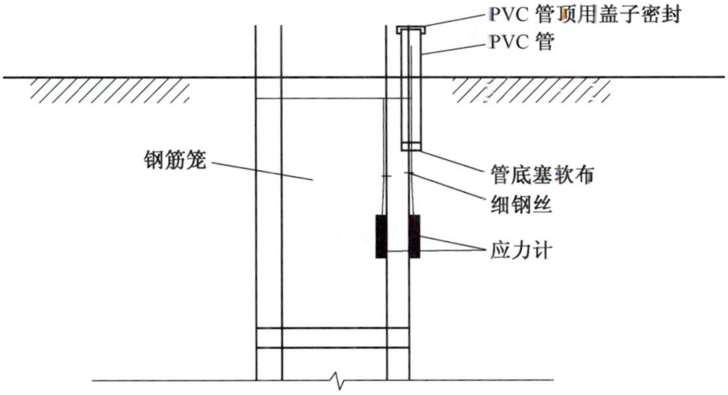

图 11—6 围护墙体应力监测保护措施

11.4 静力水准系统

逆作法施工区域的地下结构工程基坑内中间柱垂直位移及差异沉降拟采用静力水准自动化监控系统。在监测系统的安装时间方面需作适当安排,才能保证监测系统的正常运行。

静力水准仪系统具有监测点多、测量范围大、精度高、数据可自动化采集等优点。在地下结构工程及社会停车场施工期间,可以对既有顶板及中间柱(顶板形成以后)进行全天候的实时监控量测,能够满足对大量数据采集、分析并及时准确的反馈,当中间柱沉降指标出现超过预警值、报警值时,可以及时采取措施进行 24 h 监控量测,及时反馈中间柱的差异沉降的变化趋势。

静力水准仪系统由传感器、数据采集装置、一套计算机监控管理系统组成。数据采集装置放置在监测仪器附近，对所接入的仪器按照监控主机的命令或预先设定的时间自动进行控制、测量，并就地转换为数字量暂存于数据采集装置中，并根据监控主机的命令向主机传送所测数据，并向管理中心传送经过检验的数据入库，监测技术人员对存储的数据进行处理和分析。

11.4.1 静力水准仪的原理

仪器依据连通管的原理，用传感器测量每个测点容器内液面的相对变化，再通过计算求得各点相对于基点的相对沉降（隆起）量，与基准点相比较即可得测点的绝对沉降（隆起）量，见图11—7。

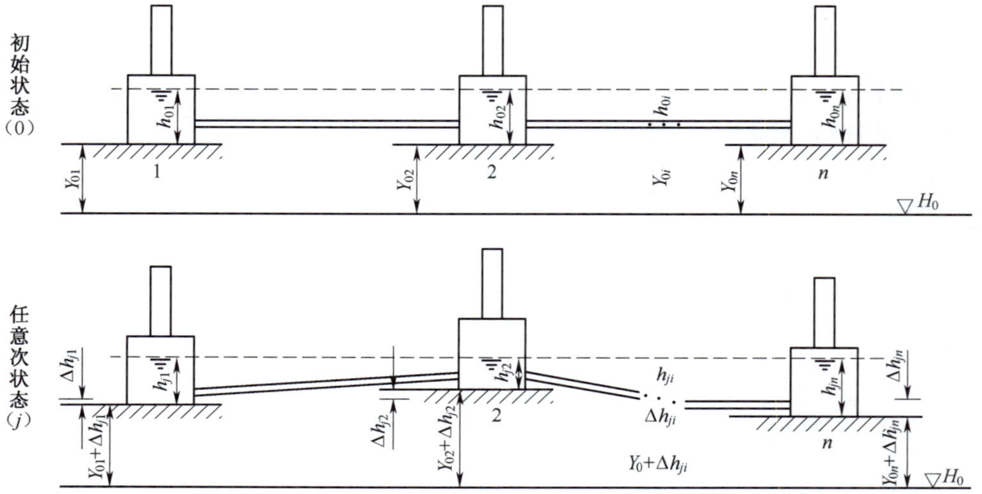

图 11—7 静力水准仪测量原理示意图

在图11—7中，设共布设有 n 个测点，1号点为相对基准点，初始状态时各测量安装高程相对与（基准）参考高程面 H_0 间的距离则为：Y_{01}、…、Y_{0i}、…、Y_{0n}（i 为测点代号，$i=0$、1、…、n）；各测点安装高程与液面间的距离则为 h_{01}、h_{0i}、…、h_{0n}，则有：

$$Y_{01}+h_{01}=Y_{02}+h_{02}=\cdots=Y_{0i}+h_{0i}=\cdots=Y_{0n}+h_{0n} \tag{11—3}$$

当发生不均匀沉陷后，设各测点安装高程相对于基准参考高程面 H_0 的变化量为：Δh_{j1}，Δh_{j2}、…、Δh_{ji}、…、Δh_{jn}（j 为测次代号，$j=0$、1、…、n）；各测点容器内液面相对于安装高程的距离为 h_{j1}、h_{j2}、…、h_{ji}、…、h_{jn}。由图11—7可得：

$$\begin{aligned}(Y_{01}+\Delta h_{j1})+h_{j1}&=(Y_{02}+\Delta h_{j2})+h_{j2}\\&=(Y_{0i}+\Delta h_{ji})+h_{ji}\\&=(Y_{0n}+\Delta h_{jn})+h_{jn}\end{aligned} \tag{11—4}$$

则 j 次测量 i 点相对于基准点1的相对沉陷量 H_{i1}：

$$H_{i1}=\Delta h_{ji}-\Delta h_{j1} \tag{11—5}$$

由式（11—4）可得：

$$\begin{aligned}\Delta h_{j1}-\Delta h_{ji}&=(Y_{0i}+h_{ji})-(Y_{01}+h_{j1})\\&=(Y_{0i}-Y_{01})+(h_{ji}-h_{j1})\end{aligned} \tag{11—6}$$

由式（11—3）可得：

$$(Y_{0i}-Y_{01})=-(h_{0i}+h_{01}) \tag{11—7}$$

将(11—7)式代入(11—6)得：

$$H_{i1}=(h_{ji}-h_{j1})-(h_{0i}-h_{01}) \tag{11—8}$$

即通过传感器测得任意时刻各测点容器内液面相对于该点安装高程的距离 h_{ji}(含 h_{j1} 及首次的 h_{0i})，则可求得该时刻各点相对于基准点 1 的相对高程差。如把任意点 $g(1,\cdots,i,n)$ 做为相对基准点，将 f 测次做为参考测次，则按(11—8)式同样可求出任意测点相对 g 测点(以 f 测次为基准值)的相对高程差 H_{ig}：

$$H_{ig}=(h_{ij}-h_{ig})-(h_{fj}-h_{fg}) \tag{11—9}$$

11.4.2　静力水准仪的安装(图 11—8)

静力水准仪通过其底板固定在测点上，同一条静力水准各测点之间安装底板的安装高差要求不得大于 3 mm，在仪器安装前，利用水准仪等仪器，依据设计位置现场具体放样。安装时，用螺栓将静力水准仪固定在安装底板上，仪器安装也需水平，见图 11—8。

静力水准是利用液体的连通器原理进行工作，在向仪器加入静力水准专用液体时，应从一端开始，排出管路中的气泡。将静力水准管路与各测点仪器连通时，要求连接处稳固、密封，不易脱落及漏液。

将仪器电缆接入安装在现场的测量控制单元，完成静力水准的安装。静力水准仪可采用保护箱保护，静力水准管路的管路及仪器采集系统的电缆均在槽架或保护管中。

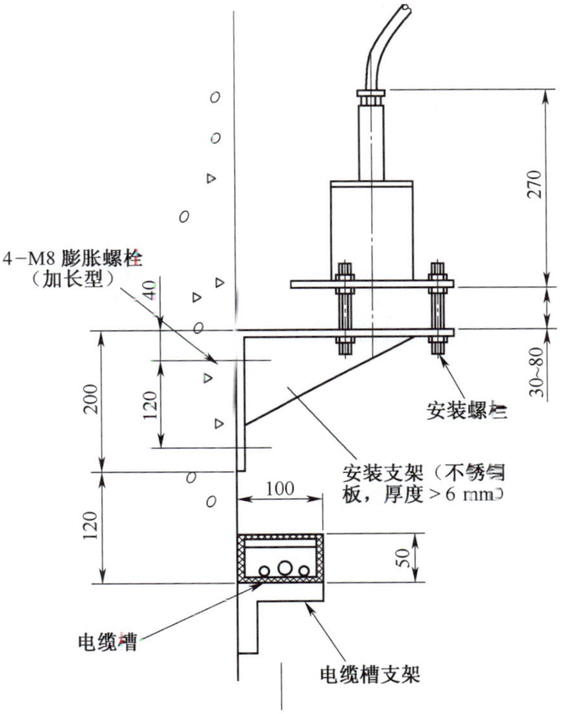

图 11—8　静力水准仪安装示意图(单位：mm)

数据采集单元安装：现场安装前对数据采集模块进行拷机及相关试验，对模块进行筛选，确保其达到规定技术指标。数据采集单元安装位置要考虑仪器接入和维护方便，一般在观测站中高度不宜超过 1.6 m，用 4 个地脚螺栓连接，安装后机箱平整，仪器进线整齐、标志明确，信号线、通信线、电源线与数据采集单元接线端子的接头均用镀银冷压接头，以保证可靠性。将机箱的接地端子连接到观测站地线上。

系统组成：数据自动采集系统由静力水准仪、数据采集智能模块、监控主机等构成。数据采集装置采集数据后，根据监控主机的命令向主机传送所测数据，由监控主机对数据进行处理和分析。

静力水准测量技术要求：依据《建筑变形测量规程》(GB 50026—2007)3.4.1 条，按一级静力水准测量技术要求执行。即：

二次观测高差较差限差≤±0.3 mm。

环线及附合线路闭合差≤±0.3$\sqrt{n}$ (n 为高差个数)。

11.4.3 安装的时机的选择

由于静力水准观测系统具有灵敏度高，精度高的特点。其缺点是易受外界影响，如振动、温度变化幅度大引起数据漂移等。安装调试复杂(整个系统内液体不能有气泡现象；整个系统各传感器需要大致处于一个水平面，系统距离愈长调试愈复杂)，整个测线基本在一个水平面上，各传感器之间的联系会把挖土机械挡住而无法施工进而影响施工进度，或挖土机械把静力水准系统破坏殆尽无法测量。因此在安装使用过程中必须得到各参建单位的大力配合，并选择既不影响施工又不能破坏静力水准系统的时机进行安装。根据施工工序图，安排在顶板施工完后，在顶板下面的中间柱上部安装静力水准系统。这样既能将施工可能造成影响降至最小，又保证静力水准系统的安全。届时须根据静力水准测点布置要求为仪器安装提供条件(可能需要搭建施工作业平台以利于安装该系统)，并在施工中不损坏。在具备静力水准测量条件前采用精密水准进行测量，以保证数据的完整性。

由于自动化监测系统是一个多原理、多技术、多学科的复杂系统。系统的每一个技术细节关系到监测数据的准确性。所以，标准化的定期校验和随时校正相结合将贯穿整个作业流程。人工监测作为自动化监测的参考数据必不可少，其将为自动化监测系统的调校提供参照手段。

11.5 总　　结

11.5.1 高铁站房项目与鸿运住宅小区距离

高铁站房项目与鸿运住宅小区距离较近，与鸿运住宅小区 5 号楼最近约 34.4～54.4 m，但与鸿运住宅小区 2 号楼距离约 192.4 m，重点对鸿运小区进行监测汇总如下。

11.5.2 距离鸿运住宅小区最近监测点数据情况

(1)地下连续墙深层侧向位移监测

选代表性监测点 TP16 孔和 TP18 孔数据，绘制历时曲线，见图 11—9。

(2)坑外水位监测

选代表性监测点 TSW05 孔和 TSW06 孔数据，绘制历时曲线，见图 11—10。

监测数据统计见表 11—6。

表 11—6　监测数据统计表

孔号	水位高程(m)			最大下降量	备注
	初始值	最高值	最低值		
TS05	0.38	1.26	−0.15	0.53	未超标
TS06	0.30	0.99	−0.20	0.50	

(3)建筑物沉降监测

由图 11—11 可以看出地下连续墙侧向位移未超标，坑外水位较为稳定，基坑施工过程中受控。

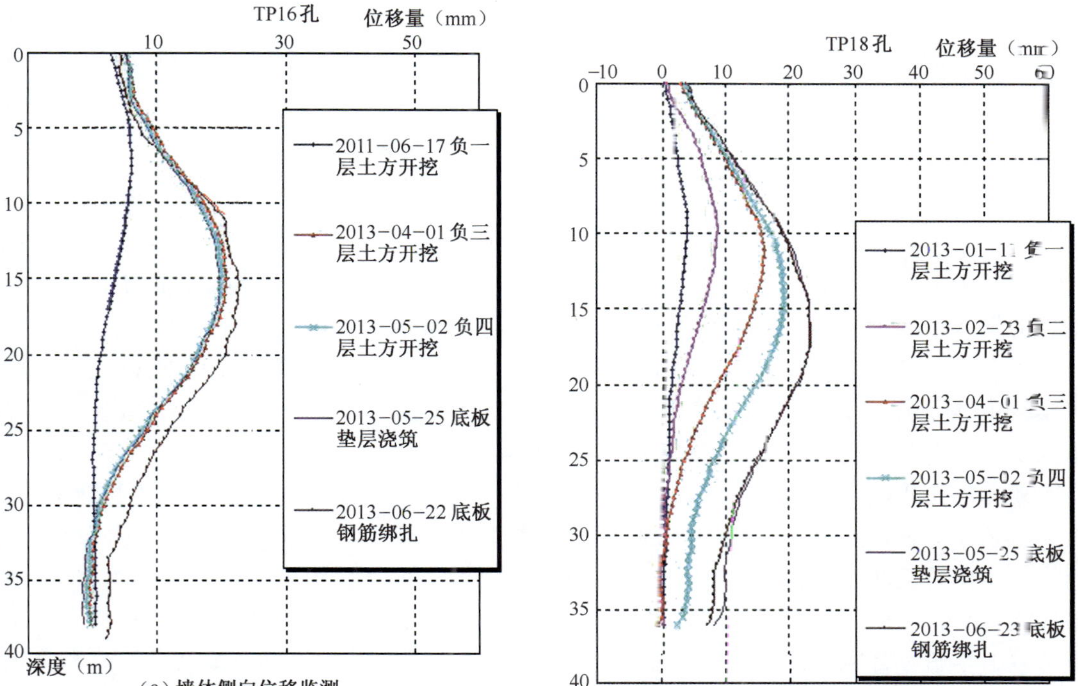

（a）墙体侧向位移监测

（b）墙体侧向位移监测

图 11—9　历时曲线图

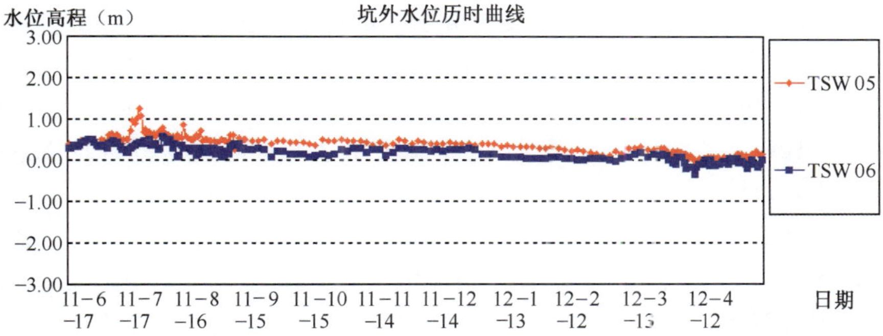

图 11—10　历时曲线图

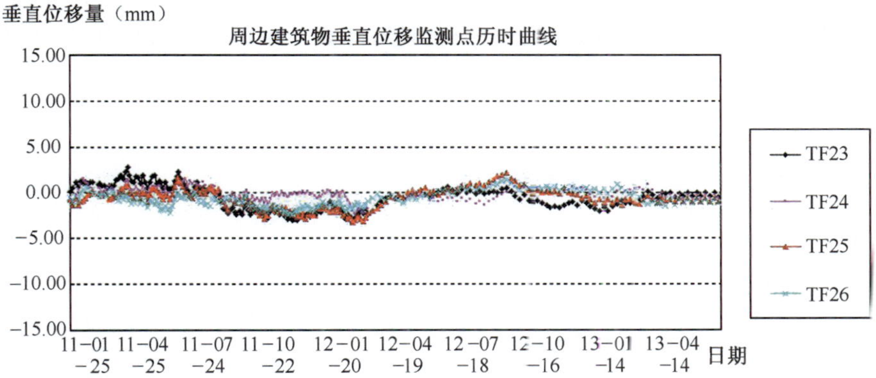

图 11—11　建筑物沉降监测图

12 结　论

深基坑工程是一个很有发展潜力的工程，不断增加的工程数量，复杂多变的工程环境为深基坑的发展提供了一个广阔的舞台。本书主要针对深基坑工程的发展进行研究，以及对深基坑工程今后的发展进行了展望。为了满足社会主义现代化建设的需要，相信在以后的基坑工程实践中，随着支护理论的不断发展和支护技术的不断进步，新技术的不断推广，基坑工程技术水平将会不断提高和发展，深基坑工程必将日益完善。

随着现代化城市的建设发展和高铁建设的步伐加快，越来越多的城市规划更加超前，为了更加有效地节约地上资源，一些大型商场、停车场和高铁逐渐转入地下，更多的交通枢纽工程和综合体建设逐渐连接起来。这就给本来空间有限的地下工程的施工带来挑战，特别是地质条件差、周边环境复杂、施工工期紧张等特点的地下工程更是难上加难，通过对复杂地质条件下全地下车站综合施工技术的研究总结，为后期综合地下工程的建设提供宝贵的技术资料和经验。

本书依靠天津市滨海新区于家堡综合交通枢纽工程之一京津城际延伸线于家堡高铁站，根据天津滨海地区地质条件复杂，淤泥层超厚，地下潜水、承压水丰富等特点，借助于本工程集高铁、地铁、停车场等综合施工要求，解决诸多技术难题。于家堡站房为纯地下站房，地下两层，该站房基坑面积超大，基坑超深。为保证工程的安全和质量，综合考虑进度和成本控制，初步设计阶段，整个交通枢纽工程委托一家设计院进行整体设计。通过对现场的调查，考虑到后期不同性质不同标段施工的影响，结合本工程的基坑布置特点，针对基坑开挖方案进行多种技术方案的论证比较，最终于家堡综合交通枢纽工程南侧综合大基坑采用半顺半逆施工技术来解决复杂地质条件下站房主体结构的施工，既能缩短工期又能保证在沿海复杂地质条件下站房施工的基坑和结构安全。同时采用 HPE 下插钢管柱施工技术，保证高铁线间柱高精度的要求。基坑北侧采用钢筋混凝土对撑保证了基坑的变形稳定，通过对深层异型地下连续墙施工技术、AM 扩孔桩施工技术、利用正式桩架设临时钢便桥施工技术、基坑综合监测技术等不断创新，顺利完成于家堡复杂地质条件下全地下车站的建设，该基坑综合技术填补了国内在该领域的空白，技术含量高，达到了国际先进水平，具有非常广阔的推广和应用价值。

参考文献

[1] 任建喜，冯晓光，刘慧，等. 地铁车站深基坑围护结构变形规律监测研究[J]. 铁道工程学报，2009，03：89-92.

[2] 刘勇，冯志，黄国超，等. 北京地铁工程深基坑围护结构变形研究[J]. 地下空间与工程学报，2009，02：329-335.

[3] 金志仁，何继善. 基于距离判别分析方法的深基坑支护方案优选研究[J]. 岩土力学，2009，08：2423-2430.

[4] 黄镜华. 深基坑支护结构设计理论及工程应用[J]. 科技信息，2009，35：696-697.

[5] 叶为民，万敏，陈宝，等. 深基坑承压含水层降水对地面沉降的影响[J]. 地下空间与工程学报，2009，S2：1799-1805.

[6] 史春乐，王鹏飞，王小军，等. 深基坑开挖导致邻近建筑群大变形损坏的实测分析[J]. 岩土工程学报，2012，S1：512-518.

[7] 白廷辉. 上海轨道交通深基坑工程新技术与实践[J]. 地下空间与工程学报，2005，04：554-560.

[8] 雷明锋，彭立敏，施成华，等. 长大深基坑施工空间效应研究[J]. 岩土力学，2010，05：1579-1584+1596.

[9] 王春波，丁文其，陈志国，等. 超深基坑工程渗流耦合理论研究进展[J]. 同济大学学报(自然科学版)，2014，02：238-245.

[10] 李云安，张鸿昌，糜崇蓉. 深基坑工程变形控制及其影响因素的有限元分析[J]. 水文地质工程地质，2001，04：1-5+18.

[11] 徐杨青. 深基坑工程设计的优化原理与途径[J]. 岩石力学与工程学报，2001，02：248-251.

[12] 王洪德，秦玉宾. 软弱地层地铁车站深基坑开挖过程仿真及安全性分析[J]. 安全与环境学报，2013，02：196-201.

[13] 邹广电. 基于一个上限分析方法的深基坑抗隆起稳定分析[J]. 岩土力学，2004，12：1873-1878.

[14] 韩传梅，陈喜，武永霞. 深基坑降水工程试验及降水方案设计[J]. 地下水，2007，06：40-42+46.

[15] 谢文利，王方，何琴. 深基坑工程存在的问题以及发展展望[J]. 山西建筑，2007，10：146-148.

[16] 王卫东，李进军，徐中华. 敏感环境条件下深基坑工程的设计方法[J]. 岩土工程学报，2008，S1：349-354.

[17] 李必红，周健，史秀志. 深基坑支护结构选型决策的 Fisher 判别分析模型[J]. 重庆大学学报，2011，09：109-116.

[18] 朱志华，刘涛，单红仙. 土岩结合条件下深基坑支护方式研究[J]. 岩土力学，2011，S1：619-623.

[19] 陈建国，胡文发. 深基坑支护技术的现状及其应用前景[J]. 城市道桥与防洪，2011，01：91-94+9.

[20] 刘爱华，黎鸿，罗荣武. 时空效应理论在软土深基坑施工中的应用[J]. 地下空间与工程学报，2010，03：571-576+594.

后　　记

光阴荏苒，岁月如梭。六年时间转瞬即逝，京津城际延伸线天津至于家堡工程即将迎来八月底的正式开通。同时，我们组织编写的《京津城际延伸线工程建设丛书》也即将出版发行。手捧书稿清样，回想京津城际延伸线天津至于家堡工程的建设历程，心情久久不能平静，作为该工程建设的管理者，有三句话，写下来作为该丛书的后记。

第一句话：京津城际延伸线天津至于家堡工程全长只有44.75双线公里，与已开通的高铁里程相比微不足道。但麻雀虽小，五脏俱全，是大规模铁路建设的一个缩影，其建设过程反映了我们铁路建设者的艰辛、探索、奋斗和拼博。

京津城际延伸线位于沿海淤泥层复杂地质条件下，工程包含有砟轨道、无砟轨道、特大桥、明挖隧道和大直径泥水盾构、全地下车站和大跨单层网壳穹顶钢结构及大型既有站场过渡施工改造工程等项目，几乎涵盖高铁建设中所有类型项目，施工技术和管理控制的难度极大，同时，规划方案滞后及征拆工作不能如期完成严重影响着工程进展。比如：天津市规划13处下穿延伸线的道路方案与本工程建设不同步；塘沽地区货运通道方案批复滞后两年；既有津山线塘沽站要建高速场，且明挖隧道横穿车站调车场引起的塘沽站及本地区货运功能的调整，涉及到塘沽站场改建和新港编组站改扩建，新增进港二线和货运通道及泰达站的改扩建工程；大面积住宅拆迁滞后，等等。这些都严重制约着工程进度。为克服诸多因素对工期的影响，编者通过现场大量调查和详细研究，对多个节点进行方案优化。在满足规范的前提下，对进出港疏解线最小曲线半径由300米调整到275米，减少了原定拆迁的3层商铺4 000多平米和部分住宅，节约了拆迁费3.5亿元，根除了拆迁的滞约；优化了跨越方式，少建了一座连续梁桥，跨越津滨轻轨和唐津高速公路原设计分别用273 m空间刚架和主跨80 m连续梁桥，优化方案后，在津滨轻轨和唐津高速的交叉点用主跨128 m连续梁桥跨越，减少了受既有轻轨铁路只能夜间施工3小时对工期的制约，美化了景观，并节省3 500万元；对盾构隧道下穿方案经反复研究，对原设计要拆除的东顺旅馆（极高风险），采取地面加固和洞内注浆相结合的方案，减少拆除旅馆房屋3 415 m^2，节省投资约1.2亿元。上述方案的优化，将施工受拆迁影响和环境因素滞约对施工的干扰降到了最低，共为国家节约了5亿多元的建设投资。

这只是诸多问题及其解决过程的一部分。

总之，在组织该项目建设过程中，我们提出“科学组织、精细管理、塑造精品、誓创一流”的目标，引领各参建单位创建津滨建设文化；遵循“安全第一，质量至上，生命为大”的理念，严格按照精细化管理的要求，做到“精、严、细、实”；以高度的责任感和使命感，以对事业的无限忠诚，面对和克服各类问题。我想这正是铁路建设者为实现中国梦的作为。正如郑板桥的诗所言：“咬定青山不放松，立根原在破岩中，千磨万击还坚劲，任尔东西南北风。”

第二句话：铁路建设既要探索、实践和拼博，也要不断总结。

京津城际延伸线工程建设基本结束了，投入运营后必将造福于人民，这是建设者的自豪和光荣。但我们没有满足于此，我们深深地感到：京津城际延伸线工程建设过程中的一些技术、做法、解决问题的思路、方法、理念，对未来铁路建设或有一些借鉴作用。于是我们组织编写了《京津城际延伸线工程建设丛书》，旨在总结建设过程中各方面的经验。从大纲的确定、书稿的编写，到专题研究和最终审定，前后历经约 2 年多的时间，这期间我们邀请了许多专家学者座谈、研究，书稿几经修改。参与编写人员付出了努力也提高了自己。通过这次《京津城际延伸线工程建设丛书》的编写，有一个重要的体会就是，对工程建设的深度总结既有利于铁路建设，也有利于铁路建设队伍自身提高。

第三句话：感谢！

在京津城际延伸线建设过程中，铁路总公司总工程师何华武院士亲自组织审查方案，先后数次深入现场检查指导工作，并在百忙之中为本丛书作序，是对我们工程建设者最大的激励和鞭策，在此致以诚挚的谢意！在本丛书编纂过程中，还得到了王磊、安鸿逵两位老专家和中国铁道出版社江新锡副总编的指导，在此一并致谢！

同时，对京津城际延伸线工程广大建设者的努力工作和各界人士对本项目的关心、帮助和支持表示感谢！

张凤龙

二〇一五年五月六日